BACHILLERATO

FILOSOFÍA

D. Sánchez Meca, J.D. Mateu Alonso

1

UT6

UT7 1.1, 1.2, 3

Teoría de la argumentación

Tipos de argumentos

falacias formales e informales

paradojas

los sesgos cognitivos

T12

T13, 14

ANAYA

Esta serie de Filosofía ha sido creada por Anaya Educación para Bachillerato.
En la realización de esta obra han intervenido:

Edición
Manuel Andaluz

Equipo técnico
Encarna Miranda

Corrección
Isabel Gallego

Diseño
Dirección de arte: Javier Serrano. Cubiertas e interiores: Patricia Gómez Serrano.
Desarrollo gráfico de cubierta: Juan Carlos Quignon, Rafael Sombría y Miguel Ángel Castillejos

Gráficos
Miguel Ángel Castillejos y Rafael Sombría

Edición gráfica
Mar Merino

Fotografías
Age, Aisa, Album, Archivo Anaya (Ashok, B.; Boé, O.; Calonge, N.; Candel, C.; Cosano, P.; Cruz, M.; Departamento de Histología y Anatomía de la Universidad de Navarra; García Pelayo, Á.; Hernández Moya, B.; Leiva, Á.; Lezama, D.; Martin, J.; Martín, J.A.; Ortega, Á.; Ramón Ortega, P.-Fototeca de España; Rivero Jove, V.; Ruiz Pastor, L.; Steel, M.; Vázquez, A.), Cordon/Corbis, ESA, Getty, Index, NASA, Scala, 123RF-Quickimage.

Las normas ortográficas seguidas en este libro son las establecidas por la Real Academia Española en la *Ortografía de la lengua española,* publicada en el año 2010.

Nuestras publicaciones mantienen el rigor en el uso y en la selección de los contenidos, en las imágenes y en el lenguaje, para cumplir con la **no discriminación** por razón de género, cultura u opinión.

ISBN: 978-84-678-2736-1 - Depósito Legal: M-5724-2015 - Printed in Spain.

ET15777/1E3I - 8460031

Índice

Bloque 6: Cultura y sociedad

Cómo usar este libro

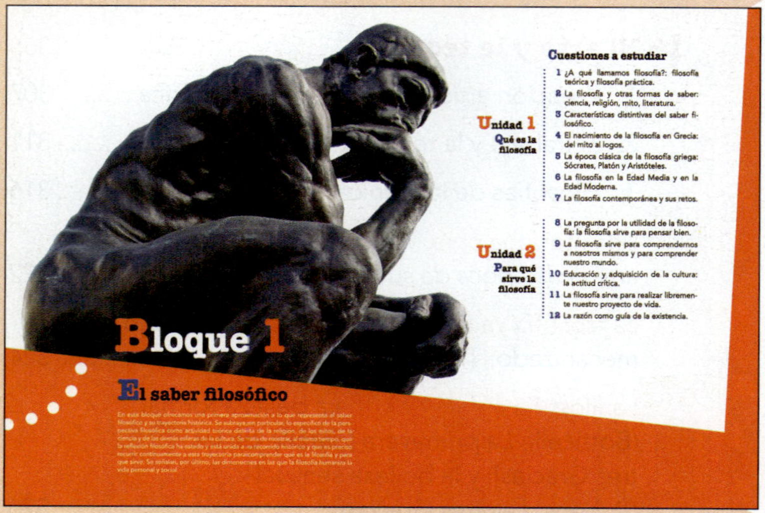

Bloques de contenido

El libro está organizado en seis bloques de contenidos: 1.° *El saber filosófico*, 2.° *El conocimiento*, 3.° *La realidad*, 4.° *El ser humano desde la filosofía*, 5.° *La racionalidad práctica: ética y filosofía política* y 6.° *Cultura y sociedad*.

Los bloques temáticos desarrollan los contenidos establecidos por el currículo oficial, interrelacionándolos, para ofrecer una perspectiva general de los problemas que estudia la filosofía.

Unidades temáticas

El libro está integrado por diecisiete unidades, cada una de las cuales se inicia con un texto motivador que presenta el tema objeto de reflexión.

Las unidades se dividen en epígrafes y subepígrafes, para exponer de forma ordenada la información, que se transmite con un lenguaje claro y riguroso y se acompaña con fotografías, actividades y textos.

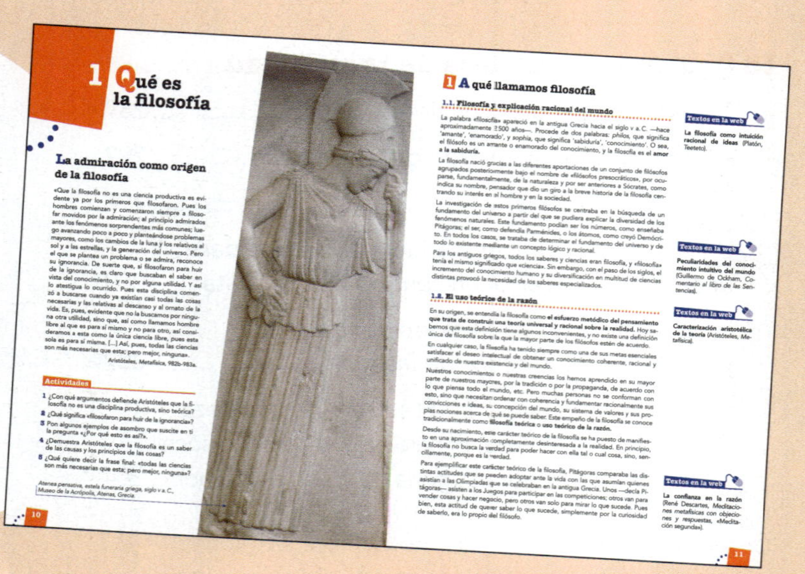

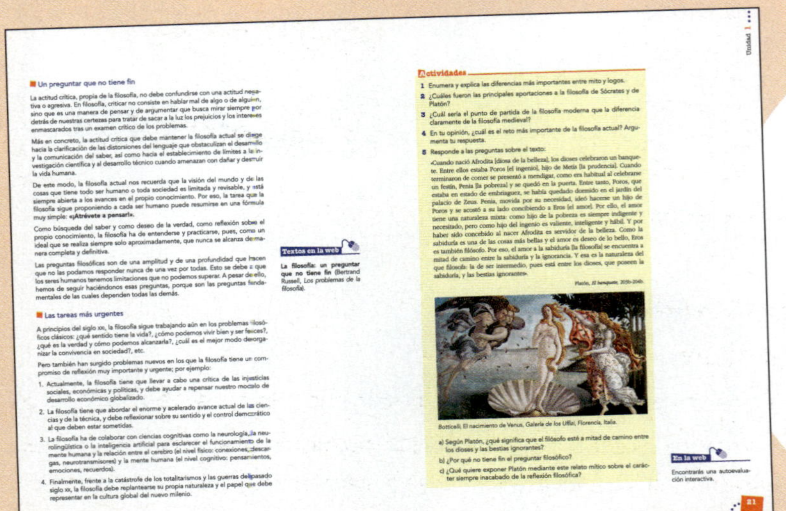

Actividades y textos

Además del contenido teórico, que se expone sin interrupciones en cada epígrafe para favorecer la tarea de estudio, cada apartado se cierra con unas actividades, para comprobar lo aprendido y reflexionar sobre ello, y un texto para conocer el punto de vista de un filósofo sobre el tema tratado.

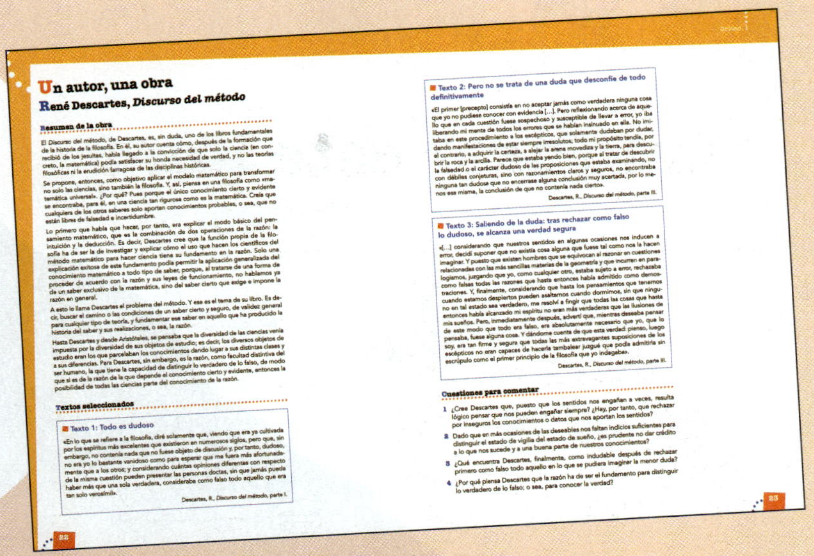
Un autor, una obra
René Descartes, *Discurso del método*

Un autor, una obra

Esta sección se centra en el análisis de una obra concreta de un filósofo que se ocupa de los contenidos presentados en la unidad. Tras introducir la obra propuesta para situarla en su contexto, se reproducen tres fragmentos escogidos para mostrar tres puntos de vista complementarios sobre el tema objeto de estudio.

La filosofía va al cine
¿Se puede creer en todo lo que vemos?

La filosofía va al cine

Este apartado tiene como objetivo aproximar la filosofía a los intereses de los alumnos por medio del cine. Las películas escogidas son actuales y han sido seleccionadas siguiendo el criterio de su relación con los contenidos de la unidad. Las cuestiones planteadas sobre ellas pretenden incitar a la reflexión.

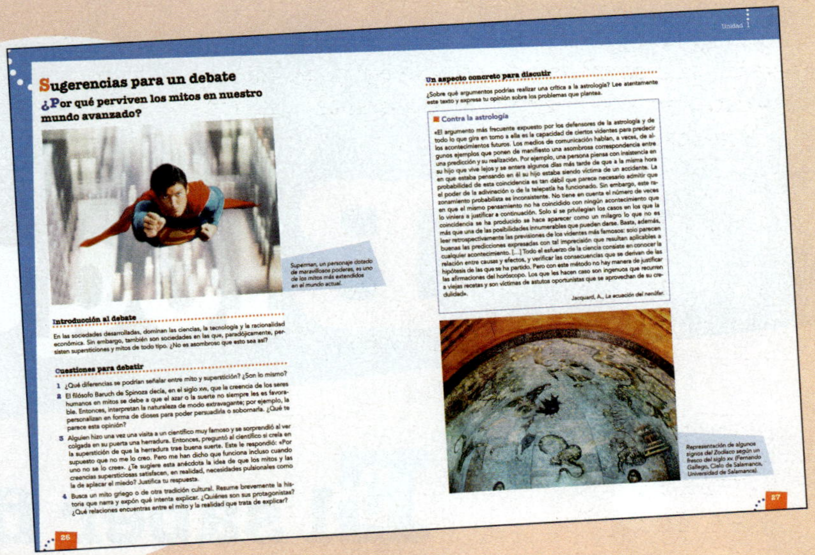
Sugerencias para un debate
¿Por qué perviven los mitos en nuestro mundo avanzado?

Final de la unidad

Las unidades terminan con una doble página de contenido diverso, aunque comparten la intención de fomentar el debate y la reflexión. En dichas páginas se sugieren temas para debatir, se analizan obras de arte, se proponen ejercicios de lógica, se plantea un juego para comprobar si las máquinas piensan o se cuenta un cuento.

La web del alumnado y de la familia en anayaeducacion.es

¿Qué es? Un espacio lleno de recursos digitales para mejorar tu aprendizaje.

¿Cómo accedo? Regístrate en nuestra web e introduce el número de licencia que encontrarás al abrir este libro.

¿Cuándo accedo? Cuando el icono indique que en **www.anayaeducacion.es** dispones de recursos relacionados con el contenido que estás estudiando. Y, por supuesto, visita la web siempre que quieras descubrir y aprender más.

Bloque 1

El saber filosófico

En este bloque ofrecemos una primera aproximación a lo que representa el saber filosófico y su trayectoria histórica. Se subraya, en particular, lo específico de la perspectiva filosófica como actividad teórica distinta de la religión, de los mitos, de la ciencia y de las demás esferas de la cultura. Se trata de mostrar, al mismo tiempo, que la reflexión filosófica ha estado y está unida a su recorrido histórico y que es preciso recurrir continuamente a esta trayectoria para comprender qué es la filosofía y para qué sirve. Se señalan, por último, las dimensiones en las que la filosofía humaniza la vida personal y social.

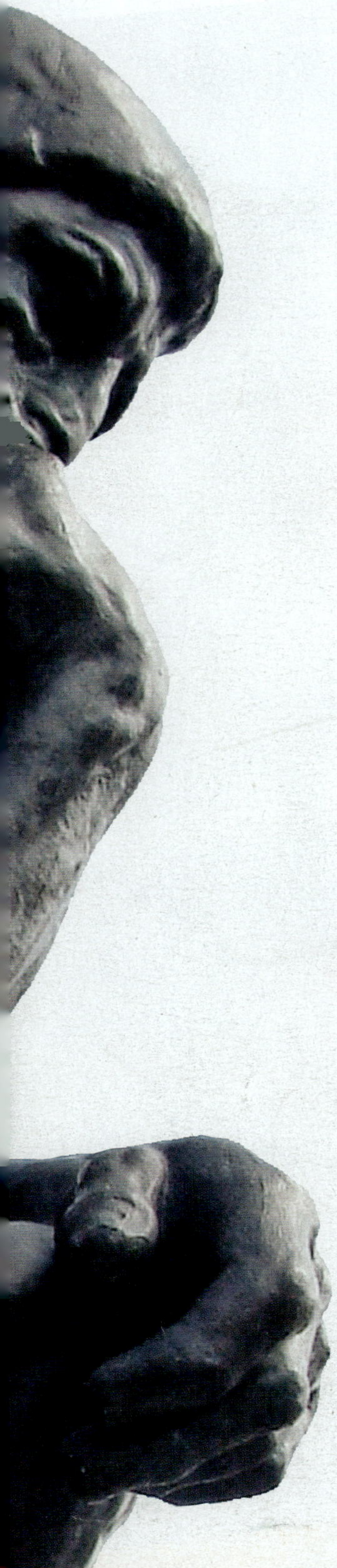

Cuestiones a estudiar

Unidad 1
Qué es la filosofía

1 ¿A qué llamamos filosofía?: filosofía teórica y filosofía práctica.

2 La filosofía y otras formas de saber: ciencia, religión, mito, literatura.

3 Características distintivas del saber filosófico.

4 El nacimiento de la filosofía en Grecia: del mito al logos.

5 La época clásica de la filosofía griega: Sócrates, Platón y Aristóteles.

6 La filosofía en la Edad Media y en la Edad Moderna.

7 La filosofía contemporánea y sus retos.

Unidad 2
Para qué sirve la filosofía

8 La pregunta por la utilidad de la filosofía: la filosofía sirve para pensar bien.

9 La filosofía sirve para comprendernos a nosotros mismos y para comprender nuestro mundo.

10 Educación y adquisición de la cultura: la actitud crítica.

11 La filosofía sirve para realizar libremente nuestro proyecto de vida.

12 La razón como guía de la existencia.

1 Qué es la filosofía

La admiración como origen de la filosofía

«Que la filosofía no es una ciencia productiva es evidente ya por los primeros que filosofaron. Pues los hombres comienzan y comenzaron siempre a filosofar movidos por la admiración; al principio admirados ante los fenómenos sorprendentes más comunes; luego avanzando poco a poco y planteándose problemas mayores, como los cambios de la luna y los relativos al sol y a las estrellas, y la generación del universo. Pero el que se plantea un problema o se admira, reconoce su ignorancia. De suerte que, si filosofaron para huir de la ignorancia, es claro que buscaban el saber en vista del conocimiento, y no por alguna utilidad. Y así lo atestigua lo ocurrido. Pues esta disciplina comenzó a buscarse cuando ya existían casi todas las cosas necesarias y las relativas al descanso y al ornato de la vida. Es, pues, evidente que no la buscamos por ninguna otra utilidad, sino que, así como llamamos hombre libre al que es para sí mismo y no para otro, así consideramos a esta como la única ciencia libre, pues esta sola es para sí misma. [...] Así, pues, todas las ciencias son más necesarias que esta; pero mejor, ninguna».

Aristóteles, *Metafísica*, 982b-983a.

Actividades

1. ¿Con qué argumentos defiende Aristóteles que la filosofía no es una disciplina productiva, sino teórica?
2. ¿Qué significa «filosofaron para huir de la ignorancia»?
3. Pon algunos ejemplos de asombro que suscite en ti la pregunta «¿Por qué esto es así?».
4. ¿Demuestra Aristóteles que la filosofía es un saber de las causas y los principios de las cosas?
5. ¿Qué quiere decir la frase final: «todas las ciencias son más necesarias que esta; pero mejor, ninguna»?

Atenea pensativa, estela funeraria griega, siglo v a. C., Museo de la Acrópolis, Atenas, Grecia.

1 A qué llamamos filosofía

1.1. Filosofía y explicación racional del mundo

La palabra «filosofía» apareció en la antigua Grecia hacia el siglo v a. C. —hace aproximadamente 2 500 años—. Procede de dos palabras: *philos*, que significa 'amante', 'enamorado', y *sophia*, que significa 'sabiduría', 'conocimiento'. O sea, el filósofo es un amante o enamorado del conocimiento, y la filosofía es el **amor a la sabiduría.**

La filosofía nació gracias a las diferentes aportaciones de un conjunto de filósofos agrupados posteriormente bajo el nombre de «filósofos presocráticos», por ocuparse, fundamentalmente, de la naturaleza y por ser anteriores a Sócrates, como indica su nombre, pensador que dio un giro a la breve historia de la filosofía centrando su interés en el hombre y en la sociedad.

La investigación de estos primeros filósofos se centraba en la búsqueda de un fundamento del universo a partir del que se pudiera explicar la diversidad de los fenómenos naturales. Este fundamento podían ser los números, como enseñaba Pitágoras; el ser, como defendía Parménides, o los átomos, como creyó Demócrito. En todos los casos, se trataba de determinar el fundamento del universo y de todo lo existente mediante un concepto lógico y racional.

Para los antiguos griegos, todos los saberes y ciencias eran filosofía, y «filosofía» tenía el mismo significado que «ciencia». Sin embargo, con el paso de los siglos, el incremento del conocimiento humano y su diversificación en multitud de ciencias distintas provocó la necesidad de los saberes especializados.

Textos en la web

La filosofía como intuición racional de ideas (Platón, *Teeteto*).

Textos en la web

Peculiaridades del conocimiento intuitivo del mundo (Guillermo de Ockham, *Comentario al libro de las Sentencias*).

1.2. El uso teórico de la razón

En su origen, se entendía la filosofía como **el esfuerzo metódico del pensamiento que trata de construir una teoría universal y racional sobre la realidad.** Hoy sabemos que esta definición tiene algunos inconvenientes, y no existe una definición única de filosofía sobre la que la mayor parte de los filósofos estén de acuerdo.

En cualquier caso, la filosofía ha tenido siempre como una de sus metas esenciales satisfacer el deseo intelectual de obtener un conocimiento coherente, racional y unificado de nuestra existencia y del mundo.

Nuestros conocimientos o nuestras creencias los hemos aprendido en su mayor parte de nuestros mayores, por la tradición o por la propaganda, de acuerdo con lo que piensa todo el mundo, etc. Pero muchas personas no se conforman con esto, sino que necesitan ordenar con coherencia y fundamentar racionalmente sus convicciones e ideas, su concepción del mundo, su sistema de valores y sus propias nociones acerca de qué se puede saber. Este empeño de la filosofía se conoce tradicionalmente como **filosofía teórica** o **uso teórico de la razón.**

Desde su nacimiento, este carácter teórico de la filosofía se ha puesto de manifiesto en una aproximación completamente desinteresada a la realidad. En principio, la filosofía no busca la verdad para poder hacer con ella tal o cual cosa, sino, sencillamente, porque es la verdad.

Para ejemplificar este carácter teórico de la filosofía, Pitágoras comparaba las distintas actitudes que se pueden adoptar ante la vida con las que asumían quienes asistían a las Olimpiadas que se celebraban en la antigua Grecia. Unos —decía Pitágoras— asisten a los Juegos para participar en las competiciones; otros van para vender cosas y hacer negocio, pero otros van solo para mirar lo que sucede. Pues bien, esta actitud de querer saber lo que sucede, simplemente por la curiosidad de saberlo, era lo propio del filósofo.

Textos en la web

Caracterización aristotélica de la teoría (Aristóteles, *Metafísica*).

Textos en la web

La confianza en la razón (René Descartes, *Meditaciones metafísicas con objeciones y respuestas*, «Meditación segunda»).

1.3. El uso práctico de la razón

Aunque el objetivo propio de la filosofía es la explicación, el análisis crítico y la comprensión de la realidad, también se la cultiva como instrumento para la modificación o corrección del mundo natural o humano. Esto es así porque la realidad humana es esencialmente social y activa.

El ser humano conoce el mundo transformándolo, y vive su vida siempre con otros. Conocimiento humano, acción y sociedad son inseparables. Al abordar racionalmente no cómo son las cosas, sino cómo deben ser, entramos en el terreno de la **filosofía práctica** o **uso práctico de la razón.**

La finalidad práctica de la filosofía es, pues, la transformación de la realidad y la orientación de la propia vida. Sócrates, en el siglo v a. C., insistía en esta finalidad y enseñaba que el primer deber de todo ser humano es el de conocerse a sí mismo: «Una vida sin reflexión —decía— no es digna de ser vivida».

También es un objetivo de la filosofía práctica valorar y promover la mejora en las relaciones sociales y humanas mediante la reflexión sobre los valores morales y los sentimientos humanos, y la reflexión sobre la sociedad y las instituciones políticas.

Immanuel Kant, filósofo alemán del siglo XVIII, resumió la tarea de la filosofía en buscar la respuesta a cuatro grandes preguntas que, en el fondo, van unidas: ¿qué podemos saber?, ¿qué debemos hacer?, ¿qué podemos esperar? y ¿qué es el ser humano? Como vemos, su propuesta sigue siendo un buen punto de partida.

Textos en la web

La filosofía como orientación práctica para la vida (Maimónides, *Guía de perplejos*, «Introducción»).

Actividades

1 ¿Qué significa la palabra «filosofía»? ¿Cuál era el objetivo de la investigación de la filosofía para los griegos?

2 Según la información que aquí proporcionamos, ¿los filósofos presocráticos primaban la filosofía práctica sobre la teórica? Justifica tu respuesta.

3 ¿Cuál es la diferencia entre filosofía teórica y filosofía práctica?

4 Responde a las preguntas sobre el texto:

«Toda operación humana completa, desde la más simple a la más complicada, ejecutada por un solo individuo o por un número cualquiera, se compone inevitablemente de dos partes. O, en otros términos, da lugar a dos tipos de consideraciones: una teórica y otra práctica, una de pensamiento y la otra de acción. La primera necesariamente precede a la segunda, a la que está destinada a dirigir. En otras palabras, no hay nunca una acción sin un pensamiento previo. En la acción que parece más puramente rutinaria, este análisis puede ser observado, y la única diferencia está en que la teoría puede estar mejor o peor concebida. El individuo que pretende no dejarse dirigir por teorías se limita a no admitir los progresos teóricos hechos por sus contemporáneos, conservando teorías largo tiempo superadas y que han sido incluso tal vez reemplazadas por otras».

Comte, A., *Plan de trabajos científicos necesarios para reorganizar la sociedad.*

a) Expón con tus palabras lo que crees que Comte critica en este texto.

b) ¿Defiende Comte que la teoría precede siempre a la acción?

c) ¿Qué reproche hace a quienes intentan no dejarse dirigir por las teorías?

d) ¿Qué enseñanza crees que podemos extraer de este texto?

2 La filosofía y otras formas de saber

2.1. Filosofía y ciencia

Si, como hemos visto, desde su origen griego, las ciencias han ido especializándose y separándose progresivamente de la filosofía, nos podemos preguntar: ¿no hace ya tiempo que la filosofía ha quedado superada por las ciencias?

La respuesta es que no, porque lo que las ciencias estudian y aportan no agota el horizonte al que se dirigen las preguntas filosóficas. **Ninguna ciencia concreta estudia la realidad en su conjunto, es decir, en todos sus aspectos y niveles de existencia y concreción.** Ni la física ni la biología, por ejemplo, se preguntan cosas como qué es la verdad o qué es el conocimiento científico.

Las ciencias especializadas —que pueden ser sociales, naturales o formales, como veremos a continuación— no se ocupan de muchas cuestiones generales que les afectan ni de todos los conceptos importantes que emplean, y, por tanto, ni cada una por separado ni todas ellas juntas pueden establecer el sentido último de nociones como la de realidad o la de bien moral.

De hecho, todas las ciencias particulares se basan en definir y delimitar un aspecto parcial de la realidad y en desarrollar una forma de trabajo y una argumentación adecuada para ese campo concreto de la realidad. Por eso, en el ámbito de las ciencias particulares, el conocimiento suele ser el resultado de la aplicación de métodos que buscan la exactitud y la funcionalidad técnica práctica de los conocimientos. Esta exactitud y esta eficacia son, sin duda, dos de las mayores cualidades de las verdades científicas y las que hacen posible el avance científico y su aplicación técnica en la mejora de las condiciones de vida de los seres humanos.

Sin embargo, la exactitud científica no es una condición esencial de toda verdad. Solo puede existir cuando se habla de objetos cuantitativos, es decir, de lo que se puede contar y medir, o convencionales, es decir, definidos por el propio ser humano.

Textos en la web

La física como ideal de toda ciencia (Pierre Duhem, *La théorie physique, son objet, sa structure*).

Las ciencias, al contrario que la filosofía, se centran en el estudio de un campo concreto de la realidad. (Inyector principal del acelerador de partículas del CERN, Ginebra, Suiza).

Además, **todas las ciencias particulares dan por sentados en sus razonamientos presupuestos que no les corresponde justificar.** Por ejemplo, el biólogo asume elementos de la química; el químico, de la física; el físico, de las matemáticas, y el matemático, de la lógica (de la que hablaremos en la unidad siguiente) y de la ontología, que son, finalmente, partes de la filosofía.

Revisar todos los presupuestos de sus propias argumentaciones y de las argumentaciones de todas las formas de saber humano es una tarea propia de la filosofía que ninguna ciencia particular puede asumir. Por eso, tampoco se le puede pedir a la filosofía que «avance» en el mismo sentido en el que lo hacen las ciencias particulares. Volveremos sobre este asunto al hablar de la función crítica de la filosofía.

Textos en la web

La ciencia como el conocimiento que se busca (Karl Popper, *Lógica de la investigación científica*).

2.2. Filosofía y religión

Tal vez la respuesta a la tercera de las preguntas kantianas que hemos citado (¿qué podemos esperar?) rebase los límites del ejercicio puramente racional del saber y solo pueda ser contestada por la religión, o tal vez no. La filosofía no niega, de antemano, que en las grandes tradiciones espirituales de la humanidad pueda haber sabiduría muy valiosa para el ser humano. Sin embargo, **el método y el ideal de la filosofía es el debate y la argumentación racional compartidos por todos los seres humanos al margen de cualquier revelación o tradición espiritual.**

Las religiones de Occidente se han servido, a veces, de la filosofía para tratar de hacer comprensibles sus revelaciones a la mente humana o para defenderse de la incredulidad o de interpretaciones desviadas y heréticas. En este uso, la filosofía es obligada a servir como instrumento para una religión.

Así fue, por ejemplo, como se utilizó la filosofía en Europa durante la Edad Media, cuando era considerada «esclava de la teología». La función de la filosofía era conservar las creencias reveladas, no analizarlas críticamente ni renovarlas, pues se consideraba que la fe revelada contenía una verdad inmutable, eterna, que no se podía modificar.

Actualmente, se ha de distinguir con claridad entre la fe y el saber filosófico. El objetivo de la filosofía no es creer, sino conocer racional y críticamente. Cuando se considera que un saber tiene un origen divino, no se habla de conocimiento, sino de «revelación».

La revelación está constituida por ideas o relatos que supuestamente algunas personas concretas han recibido de un dios y que estas transmiten a los miembros de una iglesia o comunidad de creyentes. La finalidad última de la revelación suele ser la salvación, no el conocimiento objetivo por sí mismo.

Textos en la web

Razón y revelación (Agustín de Hipona, *Del orden*).

2.3. Filosofía y conocimiento de la vida cotidiana

Además de nuestros conocimientos científicos y de nuestras creencias y convicciones sobre el sentido de la realidad, existe una forma de conocimiento fundamental a la que debemos la mayor parte de lo que hacemos y decimos en la vida. Se trata del saber natural o de la vida corriente, en el que se fundan la seguridad y las costumbres de nuestra existencia personal.

Este saber ordinario es el que nos proporciona conocimientos tan importantes como, por ejemplo, cómo nos llamamos, cómo regresar a nuestras casas o qué clase de música nos gusta. Este ámbito de saber cotidiano e inmediato conforma nuestra personalidad y es el fundamento de nuestra existencia personal y social.

Textos en la web

Diferencia entre saber filosófico y conocimiento vulgar (Baruch Spinoza, *Ética demostrada según el orden geométrico*).

Sin embargo, el conocimiento natural cotidiano no es suficiente para dar sentido a la existencia humana, y la filosofía surge también de la constatación de las limitaciones que tiene esta forma de acceder a la verdad de las cosas.

Aristóteles, en el siglo IV a. C., decía que lo que lleva a los seres humanos a filosofar es la admiración, la sorpresa o el estupor ante las cosas. Cuando algo nos sorprende o nos maravilla queremos saber enseguida la explicación, el porqué.

De acuerdo con esta concepción, Aristóteles entendía que la filosofía es un modo de conocimiento que no se contenta con saber solo que ciertas cosas son de un determinado modo y no de otro. Lo propio de la filosofía es que quiere saber por qué las cosas son del modo que son y si no podrían ser de otra manera. Es decir, la filosofía es un saber que tiene por objeto el estudio de las causas, las razones y los principios de las cosas.

La inteligencia asume siempre algunos hábitos de funcionamiento y necesita algunas «seguridades» para afrontar la realidad que nos rodea. Sin embargo, en ocasiones, la evidencia inmediata de las cosas, los hábitos de nuestra mente o las «seguridades» de nuestra vida no son suficientes. Además, sentimos la necesidad de acceder a la verdad más profunda de las cosas. Por eso, también dice Aristóteles que todos los seres humanos tendemos por naturaleza al saber. Es decir, Aristóteles afirma la universalidad y la actualidad permanente del estudio de la filosofía, y tenía razón, porque esta representa una ocasión para renovar esa admiración originaria que nos provoca el mundo, sus acontecimientos y las diversas formas de entenderlo que han sido pensadas por el ser humano a lo largo de la historia.

Textos en la web

El saber filosófico como saber intuitivo y demostrativo (Aristóteles, *Segundos analíticos*).

Actividades

1 ¿Ha quedado la filosofía superada por el desarrollo actual de las ciencias especializadas? Argumenta tu respuesta.

2 ¿Qué diferencia hay entre filosofía y revelación?

3 ¿Qué relación existe entre la filosofía y el saber cotidiano? Razona tu respuesta.

4 Responde a las preguntas sobre el texto:

«Pero la filosofía es también, y quizá fundamentalmente, crítica de las ilusiones, de los prejuicios, de las ideologías. Toda filosofía es una lucha. ¿Sus armas? La razón. ¿Sus enemigos? La ignorancia, el fanatismo, el oscurantismo —o la filosofía de los demás—. ¿Sus aliados? Las ciencias. ¿Su objeto? La totalidad, con el hombre en su seno. O el hombre, pero en el seno de la totalidad. ¿Su meta? La sabiduría: la felicidad, pero en el seno de la verdad. [...] En la práctica, los temas de la filosofía son innumerables: nada humano o real le es ajeno. Esto no significa que todos ellos tengan la misma importancia. [...] ¿Cómo he de vivir? En cuanto se intenta dar una respuesta inteligente a esta pregunta, se está haciendo filosofía. Y como es imposible evitar planteársela, hemos de concluir que la única forma de sustraerse a la filosofía es la ignorancia o el oscurantismo».

Comte-Sponville, A., *Invitación a la filosofía*.

a) En el texto se define la filosofía como lucha. ¿Contra quién se lucha?

b) ¿De qué se ocupa la filosofía? ¿En qué disciplinas se apoya en su tarea?

c) ¿Cuál sería la pregunta fundamental de la filosofía, según el texto?

d) ¿Qué alternativas habría a la filosofía? Argumenta tu opinión.

3 Evolución histórica de la filosofía

3.1. Del mito al logos

La aparición de la filosofía en la antigua Grecia, hace 2500 años, suele describirse como **«un paso del mito al logos»**.

Se entiende por mito aquella narración extraordinaria protagonizada por seres divinos o sobrenaturales que no se estructura de forma racional, sino que refiere sucesos fantásticos o legendarios.

Los mitos están presentes en todas las culturas y civilizaciones, que no los consideran una simple fantasía arbitraria, sino un tipo de discurso referido a una realidad sagrada. El mito no tiene solo la función de satisfacer la curiosidad intelectual, sino que sirve también para organizar y configurar las relaciones personales y sociales.

Por su parte, «logos» significa 'razón', 'lenguaje', 'estudio'. Indica una reflexión argumentada y razonada basada en la observación de la naturaleza y que no recurre a factores sobrenaturales para explicar el origen y la estructura del mundo, de la sociedad o de los seres humanos.

El logos es, pues, el pensamiento racional, crítico y reflexivo propio de la filosofía, y surge claramente en la cultura griega hacia el siglo v a. C. Por ello, ya desde el momento de su aparición, la filosofía puede considerarse la forma más primitiva de ciencia, en la medida en que aspiraba a explicar el funcionamiento de la naturaleza con conceptos racionales.

Así pues, mientras que el mito es una narración anónima, tradicional y acrítica, el logos exige un sujeto que argumenta críticamente para cualquier ser racional, sin limitarse a creer lo que se cuenta desde una tradición.

Los mitos narran sucesos fantásticos y legendarios protagonizados por multitud de seres divinos o semidivinos. (Rubens y Brueghel de Velours, El banquete de Aquelao, *Museo Metropolitano de Arte, Nueva York, Estados Unidos).*

Mito	Logos
Narración sobrenatural	Explicación racional
Personajes fantásticos	Observación de la naturaleza
Fidelidad a la tradición oral	Argumentación crítica

No obstante, esta distinción no puede tomarse en el sentido de separar radicalmente mito y logos. El mito no posee el valor de conocimiento válido en el mismo sentido que la razón, pero puede cumplir funciones importantes en la filosofía. Por ejemplo, en sus obras, Platón, en el siglo IV a. C., utiliza el mito para complementar la argumentación lógica aportando ejemplos, metáforas y relatos que facilitan la exposición conceptual de los temas filosóficos.

Textos en la web

De la creencia en mitos al ejercicio de la crítica racional (Karl Popper, *Conocimiento objetivo*).

3.2. La época clásica de la filosofía griega

La época de mayor esplendor de la filosofía griega comprende los siglos V y IV a. C., y sus protagonistas principales fueron Sócrates, Platón y Aristóteles.

Sócrates es una de las imágenes más vivas de la filosofía de todos los tiempos, pues encarnó con su figura y con su vida esa búsqueda apasionada del saber mediante el método de la pregunta y la respuesta. Lo que de este modo buscaba era un concepto o una definición de las verdades y los valores que fuera considerado universalmente válido y con el que se pudiera articular de manera estable y ordenada la ciencia y la sociedad.

Siguiendo sus enseñanzas, y como un desarrollo de esos conceptos universales de los que Sócrates había hablado, Platón (427-347 a. C.) realizó el primer planteamiento racional y sistemático de conceptos tan básicos como los de ciencia, moral, belleza o política.

Platón defendió la necesidad de establecer las condiciones del saber científico como un saber seguro e indiscutible. Solo sobre este tipo de saber le parecía posible basar los criterios éticos de la acción correcta y virtuosa. Además, también para la acción política era necesario el conocimiento científico.

Con el fin de difundir estas doctrinas, Platón fundó la Academia, en Atenas, institución que se puede considerar la primera universidad de la historia, y desarrolló su importantísima teoría de las ideas, entidades que concibió como modelos intelectuales, reales, eternos y no perceptibles por los sentidos que explican toda la realidad material.

Uno de los discípulos de Platón en la Academia, Aristóteles (384-332 a. C.), llegó a ser considerado durante muchos siglos el sabio más importante de la historia. Asumiendo algunas teorías de su maestro, pero también rechazando otras, Aristóteles fue el iniciador de muchas de nuestras actuales ciencias.

La biología, la física, la astronomía, la lógica, la ética, la política, etc., fueron algunos de los ámbitos del saber en los que investigó. No obstante, por su importancia en la historia de la filosofía, destaca su concepción de lo que denominó la «ciencia primera», que posteriormente se ha conocido como «metafísica», de la que hablaremos seguidamente.

Aristóteles fue el encargado de educar al joven príncipe macedonio Alejandro, que luego fue Alejandro Magno. También fundó una escuela de filosofía en Atenas, conocida como el Liceo.

Textos en la web

La etapa clásica de la filosofía griega: Aristóteles y la metafísica (Aristóteles, *Metafísica*).

3.3. Antigüedad y Edad Media

Además de preocuparse por tratar de alcanzar una explicación teórica de la realidad, los griegos incorporaron como tarea propia de la filosofía el planteamiento racional (frente al mítico-religioso) de cuestiones pertenecientes al ámbito de la filosofía práctica como la del origen y el destino del hombre o la de la educación para conducirse rectamente en la vida.

Tras las muertes de Platón y de Aristóteles, a partir de la época helenística, que comienza con la creación de un imperio en Oriente por Alejandro Magno que provocó la desaparición de las ciudades-estado griegas, de su forma de organización política, de sus costumbres y de sus leyes, la filosofía práctica adquirió más importancia que la filosofía teórica, y «filosofía» vino a significar, sobre todo, un estilo de vida: la búsqueda inteligente de la felicidad personal. Este será también el tema fundamental de la filosofía durante el Imperio romano, hasta el final de la Edad Antigua.

Durante la Edad Media se consideró que la filosofía griega había sido un producto insuperable de la razón y no se aspiraba, por tanto, a cambiarla. Sin embargo, en ese momento, el cristianismo, el judaísmo o el islamismo proporcionaban un conjunto de normas morales para orientar y dirigir la vida de los creyentes que se consideraba claro e incuestionable.

Estas religiones ofrecían, a la vez, una concepción general y teórica de la existencia del mundo y del hombre, elaborada a partir de la revelación y del dogma. Por este motivo, a la filosofía solo le quedó, durante el predominio de estas doctrinas religiosas, el papel de instrumento para ayudar a reforzar, justificar y defender racionalmente el dogma.

La filosofía se convirtió entonces en la *ancilla theologiae*, en la criada, la esclava de la teología. Esta esclavitud no podía tener otro desenlace que el de una enemistad, cada vez más abierta, entre filosofía y teología, que se puso de manifiesto, sobre todo, durante los últimos siglos de la Edad Media.

Textos en la web

La subordinación de la inteligencia a la fe en la Edad Media (Anselmo de Canterbury, *Proslogion*).

3.4. La filosofía moderna

La fusión del pensamiento griego con el monoteísmo judeo-cristiano durante la Edad Media consolidó las bases de lo que hoy conocemos como civilización occidental, e hizo surgir cuestiones filosóficas muy importantes.

Sin embargo, a partir del Renacimiento, la filosofía se desarrolló ya de manera independiente de los intereses religiosos. Este esfuerzo culminó en la obra de René Descartes (1596-1650), iniciador de la filosofía moderna, que intentó liberar a la filosofía de la tradición medieval y también de la tradición griega.

Con este fin buscó un nuevo punto de partida para la reflexión filosófica, un punto de partida radical accesible solo mediante el ejercicio individual, autónomo y crítico de la propia razón. Su pretensión fue diseñar un método científico universal con el que comprender y dominar las leyes que regulan el mundo y la existencia humana.

Pero sobre todo fue Kant (1724-1804) quien renovó la concepción de la filosofía, impulsando su evolución hasta que ha llegado a ser tal como la conocemos hoy. Kant demostró, en su obra *Crítica de la razón pura*, que la metafísica, entendida como saber sobre la totalidad de lo real, no es una ciencia, y obligó a que la filosofía se concibiese como un conjunto de tareas con pretensiones más modestas, aunque todavía fundamentales. Con este nuevo planteamiento terminó la filosofía moderna y comenzó la filosofía contemporánea, que llega hasta nuestros días.

Textos en la web

El lenguaje matemático de la naturaleza (Galileo, *El ensayador*).

A partir del nacimiento de la ciencia moderna durante el Renacimiento, el pensamiento racional se libera de la tutela religiosa. (L. Turgio, Galileo muestra su telescopio, *litografía del siglo* XIX*).*

3.5. La filosofía hoy

Un ejercicio de crítica racional

Lo más característico de la filosofía actual es que ya no existe un concepto unitario de filosofía, entendido como un conjunto de respuestas claras y generalmente aceptadas para las preguntas últimas: ¿quiénes somos?, ¿de dónde venimos?, ¿qué sentido tiene nuestra vida? o ¿adónde se encamina el mundo?

La filosofía se concibe ahora como una serie de actividades e investigaciones muy diversas con un denominador común: **ejercitar la acción de pensar de manera racional, crítica y autónoma sobre toda forma de conocimiento y de acción humanos,** buscando aclarar sus fundamentos y contribuir, así, a la tarea de humanizar el mundo, la ciencia, la sociedad o la política.

La filosofía no tiene la misión de proporcionar al ser humano respuestas seguras, verdaderas y definitivas, tal como hace, por ejemplo, la religión. No pretende decir lo que las cosas son de una vez por todas.

La filosofía es, más bien, una cierta manera de preguntar, una interrogación continua y crítica sobre lo que existe y sus modos de ser. Su función debe ser contribuir a ampliar las posibilidades de nuestra experiencia del mundo y de la vida en sociedad, impulsar una cultura de la coexistencia de valores y de formas de vida diferentes y servirnos para avanzar en la conquista de nuestra libertad.

Un preguntar que no tiene fin

La actitud crítica, propia de la filosofía, no debe confundirse con una actitud negativa o agresiva. En filosofía, criticar no consiste en hablar mal de algo o de alguien, sino que es una manera de pensar y de argumentar que busca mirar siempre por detrás de nuestras certezas para tratar de sacar a la luz los prejuicios y los intereses enmascarados tras un examen crítico de los problemas.

Más en concreto, la actitud crítica que debe mantener la filosofía actual se dirige hacia la clarificación de las distorsiones del lenguaje que obstaculizan el desarrollo y la comunicación del saber, así como hacia el establecimiento de límites a la investigación científica y al desarrollo técnico cuando amenazan con dañar y destruir la vida humana.

De este modo, la filosofía actual nos recuerda que la visión del mundo y de las cosas que tiene todo ser humano o toda sociedad es limitada y revisable, y está siempre abierta a los avances en el propio conocimiento. Por eso, la tarea que la filosofía sigue proponiendo a cada ser humano puede resumirse en una fórmula muy simple: **«¡Atrévete a pensar!».**

Como búsqueda del saber y como deseo de la verdad, como reflexión sobre el propio conocimiento, la filosofía ha de entenderse y practicarse, pues, como un ideal que se realiza siempre solo aproximadamente, que nunca se alcanza de manera completa y definitiva.

Las preguntas filosóficas son de una amplitud y de una profundidad que hacen que no las podamos responder nunca de una vez por todas. Esto se debe a que los seres humanos tenemos limitaciones que no podemos superar. A pesar de ello, hemos de seguir haciéndonos esas preguntas, porque son las preguntas fundamentales de las cuales dependen todas las demás.

Textos en la web

La filosofía: un preguntar que no tiene fin (Bertrand Russell, *Los problemas de la filosofía*).

Las tareas más urgentes

A principios del siglo XXI, la filosofía sigue trabajando aún en los problemas filosóficos clásicos: ¿qué sentido tiene la vida?, ¿cómo podemos vivir bien y ser felices?, ¿qué es la verdad y cómo podemos alcanzarla?, ¿cuál es el mejor modo de organizar la convivencia en sociedad?, etc.

Pero también han surgido problemas nuevos en los que la filosofía tiene un compromiso de reflexión muy importante y urgente; por ejemplo:

1. Actualmente, la filosofía tiene que llevar a cabo una crítica de las injusticias sociales, económicas y políticas, y debe ayudar a repensar nuestro modelo de desarrollo económico globalizado.
2. La filosofía tiene que abordar el enorme y acelerado avance actual de las ciencias y de la técnica, y debe reflexionar sobre su sentido y el control democrático al que deben estar sometidas.
3. La filosofía ha de colaborar con ciencias cognitivas como la neurología, la neurolingüística o la inteligencia artificial para esclarecer el funcionamiento de la mente humana y la relación entre el cerebro (el nivel físico: conexiones, descargas, neurotransmisores) y la mente humana (el nivel cognitivo: pensamientos, emociones, recuerdos).
4. Finalmente, frente a la catástrofe de los totalitarismos y las guerras del pasado siglo XX, la filosofía debe replantearse su propia naturaleza y el papel que debe representar en la cultura global del nuevo milenio.

Actividades

1 Enumera y explica las diferencias más importantes entre mito y logos.

2 ¿Cuáles fueron las principales aportaciones a la filosofía de Sócrates y de Platón?

3 ¿Cuál sería el punto de partida de la filosofía moderna que la diferencia claramente de la filosofía medieval?

4 En tu opinión, ¿cuál es el reto más importante de la filosofía actual? Argumenta tu respuesta.

5 Responde a las preguntas sobre el texto:

«Cuando nació Afrodita [diosa de la belleza], los dioses celebraron un banquete. Entre ellos estaba Poros [el ingenio], hijo de Metis [la prudencia]. Cuando terminaron de comer se presentó a mendigar, como era habitual al celebrarse un festín, Penia [la pobreza] y se quedó en la puerta. Entre tanto, Poros, que estaba en estado de embriaguez, se había quedado dormido en el jardín del palacio de Zeus. Penia, movida por su necesidad, ideó hacerse un hijo de Poros y se acostó a su lado concibiendo a Eros [el amor]. Por ello, el amor tiene una naturaleza mixta: como hijo de la pobreza es siempre indigente y necesitado, pero como hijo del ingenio es valiente, inteligente y hábil. Y por haber sido concebido al nacer Afrodita es servidor de la belleza. Como la sabiduría es una de las cosas más bellas y el amor es deseo de lo bello, Eros es también filósofo. Por eso, el amor a la sabiduría [la filosofía] se encuentra a mitad de camino entre la sabiduría y la ignorancia. Y esa es la naturaleza del que filosofa: la de ser intermedio, pues está entre los dioses, que poseen la sabiduría, y las bestias ignorantes».

Platón, *El banquete*, 203b-204b.

Botticelli, El nacimiento de Venus, *Galería de los Uffizi, Florencia, Italia.*

a) Según Platón, ¿qué significa que el filósofo esté a mitad de camino entre los dioses y las bestias ignorantes?

b) ¿Por qué no tiene fin el preguntar filosófico?

c) ¿Qué quiere exponer Platón mediante este relato mítico sobre el carácter siempre inacabado de la reflexión filosófica?

En la web

Encontrarás una autoevaluación interactiva.

Un autor, una obra

René Descartes, *Discurso del método*

Resumen de la obra

El *Discurso del método*, de Descartes, es, sin duda, uno de los libros fundamentales de la historia de la filosofía. En él, su autor cuenta cómo, después de la formación que recibió de los jesuitas, había llegado a la convicción de que solo la ciencia (en concreto, la matemática) podía satisfacer su honda necesidad de verdad, y no las teorías filosóficas ni la erudición farragosa de las disciplinas históricas.

Se propone, entonces, como objetivo aplicar el modelo matemático para transformar no solo las ciencias, sino también la filosofía. Y, así, piensa en una filosofía como «matemática universal». ¿Por qué? Pues porque el único conocimiento cierto y evidente se encontraba, para él, en una ciencia tan rigurosa como es la matemática. Creía que cualquiera de los otros saberes solo aportan conocimientos probables, o sea, que no están libres de falsedad e incertidumbre.

Lo primero que había que hacer, por tanto, era explicar el modo básico del pensamiento matemático, que es la combinación de dos operaciones de la razón: la intuición y la deducción. Es decir, Descartes cree que la función propia de la filosofía ha de ser la de investigar y explicar cómo el uso que hacen los científicos del método matemático para hacer ciencia tiene su fundamento en la razón. Solo una explicación exitosa de este fundamento podía permitir la aplicación generalizada del conocimiento matemático a todo tipo de saber, porque, al tratarse de una forma de proceder de acuerdo con la razón y sus leyes de funcionamiento, no hablamos ya de un saber exclusivo de la matemática, sino del saber cierto que exige e impone la razón en general.

A esto lo llama Descartes el problema del método. Y ese es el tema de su libro. Es decir, buscar el camino o las condiciones de un saber cierto y seguro, de validez general para cualquier tipo de teoría, y fundamentar ese saber en aquello que ha producido la historia del saber y sus realizaciones, o sea, la razón.

Hasta Descartes y desde Aristóteles, se pensaba que la diversidad de las ciencias venía impuesta por la diversidad de sus objetos de estudio; es decir, los diversos objetos de estudio eran los que parcelaban los conocimientos dando lugar a sus distintas clases y a sus diferencias. Para Descartes, sin embargo, es la razón, como facultad distintiva del ser humano, la que tiene la capacidad de distinguir lo verdadero de lo falso, de modo que si es de la razón de la que depende el conocimiento cierto y evidente, entonces la posibilidad de todas las ciencias parte del conocimiento de la razón.

Textos seleccionados

Texto 1: Todo es dudoso

«En lo que se refiere a la filosofía, diré solamente que, viendo que era ya cultivada por los espíritus más excelentes que existieron en numerosos siglos, pero que, sin embargo, no contenía nada que no fuese objeto de discusión y, por tanto, dudoso, no era yo lo bastante vanidoso como para esperar que me fuera más afortunadamente que a los otros; y considerando cuántas opiniones diferentes con respecto de la misma cuestión pueden presentar las personas doctas, sin que jamás pueda haber más que una sola verdadera, consideraba como falso todo aquello que era tan solo verosímil».

Descartes, R., *Discurso del método*, parte I.

Texto 2: Pero no se trata de una duda que desconfíe de todo definitivamente

«El primer [precepto] consistía en no aceptar jamás como verdadera ninguna cosa que yo no pudiese conocer con evidencia [...]. Pero reflexionando acerca de aquello que en cada cuestión fuese sospechoso y susceptible de llevar a error, yo iba liberando mi mente de todos los errores que se habían insinuado en ella. No imitaba en este procedimiento a los escépticos, que solamente dudaban por dudar, dando manifestaciones de estar siempre irresolutos; todo mi propósito tendía, por el contrario, a adquirir la certeza, a alejar la arena movediza y la tierra, para descubrir la roca y la arcilla. Parece que estaba yendo bien, porque al tratar de descubrir la falsedad o el carácter dudoso de las proposiciones que estaba examinando, no con débiles conjeturas, sino con razonamientos claros y seguros, no encontraba ninguna tan dudosa que no encerrase alguna conclusión muy acertada, por lo menos esa misma, la conclusión de que no contenía nada cierto».

Descartes, R., *Discurso del método*, parte III.

Texto 3: Saliendo de la duda: tras rechazar como falso lo dudoso, se alcanza una verdad segura

«[...] considerando que nuestros sentidos en algunas ocasiones nos inducen a error, decidí suponer que no existía cosa alguna que fuese tal como nos la hacen imaginar. Y puesto que existen hombres que se equivocan al razonar en cuestiones relacionadas con las más sencillas materias de la geometría y que incurren en paralogismos, juzgando que yo, como cualquier otro, estaba sujeto a error, rechazaba como falsas todas las razones que hasta entonces había admitido como demostraciones. Y, finalmente, considerando que hasta los pensamientos que tenemos cuando estamos despiertos pueden asaltarnos cuando dormimos, sin que ninguno en tal estado sea verdadero, me resolví a fingir que todas las cosas que hasta entonces había alcanzado mi espíritu no eran más verdaderas que las ilusiones de mis sueños. Pero, inmediatamente después, advertí que, mientras deseaba pensar de este modo que todo era falso, era absolutamente necesario que yo, que lo pensaba, fuese alguna cosa. Y dándome cuenta de que esta verdad: pienso, luego soy, era tan firme y segura que todas las más extravagantes suposiciones de los escépticos no eran capaces de hacerla tambalear juzgué que podía admitirla sin escrúpulo como el primer principio de la filosofía que yo indagaba».

Descartes, R., *Discurso del método*, parte III.

Cuestiones para comentar

1 ¿Cree Descartes que, puesto que los sentidos nos engañan a veces, resulta lógico pensar que nos pueden engañar siempre? ¿Hay, por tanto, que rechazar por inseguros los conocimientos o datos que nos aportan los sentidos?

2 Dado que en más ocasiones de las deseables nos faltan indicios suficientes para distinguir el estado de vigilia del estado de sueño, ¿es prudente no dar crédito a lo que nos sucede y a una buena parte de nuestros conocimientos?

3 ¿Qué encuentra Descartes, finalmente, como indudable después de rechazar primero como falso todo aquello en lo que se pudiera imaginar la menor duda?

4 ¿Por qué piensa Descartes que la razón ha de ser el fundamento para distinguir lo verdadero de lo falso; o sea, para conocer la verdad?

La filosofía va al cine

¿Se puede creer en todo lo que vemos?

El show de Truman (Una vida en directo)

- Título original: *The Truman Show.*
- Dirección: Peter Weir.
- Guion: Andrew Niccol.
- Intérpretes: Jim Carrey, Laura Linney, Noah Emmerich, Ed Harris, Natascha McElhone, Holland Taylor, Paul Giamatti, Adam Tomei, Harry Shearer, Brian Delate, Philip Baker Hall, Peter Krause, O-Lan Jones.
- Música: Burkhard Dallwitz.
- Fotografía: Peter Biziou.
- Producción: Paramount Pictures / Scott Rudin Productions.
- Año: 1998.
- Duración: 103 minutos.
- Nacionalidad: Estados Unidos.

Resumen del argumento

Truman Burbank (Jim Carrey) es un vendedor de seguros que vive en Seahaven con su mujer (Laura Linney). Su vida es feliz, aunque bastante rutinaria. Todos los días sigue el mismo camino al trabajo, saluda a la misma gente y vuelve a casa. Sin embargo, algunos sucesos extraños le harán dudar del sentido de su vida.

Lo que ocurre es que Truman no sabe que su vida no es «real», sino un programa de televisión. El pueblo es un gran decorado bajo una enorme cúpula; sus amigos y sus vecinos son actores, y él es el protagonista involuntario de este *reality* desde su nacimiento. *El show de Truman* ha llegado a su 30.ª temporada y una serie de errores en el desarrollo del programa provocan las dudas y sospechas de Truman, que sueña obsesivamente con viajar a Fiyi.

Esos sucesos imprevistos alimentan las dudas de Truman, que intentará explicarse dichas anomalías y cambiará sus rutinas. Su extraño comportamiento es un reto para Christof (Ed Harris), el productor y director del programa, y para los guionistas. En este momento, Truman desafía los hábitos, los miedos y los traumas que lo atenazaban, mientras que en el mundo real el público empieza a simpatizar con él y surge un movimiento llamado «Liberad a Truman» que reclama el fin del programa.

Al final de la película, se muestra a Truman navegando hacia el horizonte, superando la tormenta provocada por los realizadores del programa y chocando con la cúpula que cubre el plató. Esto confirma todas sus dudas y sospechas. Christof intenta convencerlo para que permanezca en el programa, pero Truman encuentra una puerta y escapa, no sin antes despedirse del público con la frase de saludo que lo caracteriza en el programa: «¡Buenos días...!, y por si no volvemos a vernos, ¡buenos días, buenas tardes y buenas noches!».

Comentario

Esta película plantea un problema filosófico de gran calado: ¿qué es la realidad?, ¿podemos conocerla?, ¿hay diferentes tipos o niveles de realidad? La relación entre el mundo del plató y el mundo externo en *El show de Truman* nos retrotrae al planteamiento de Platón en el mito de la caverna y a la estrategia de Descartes sobre la duda metódica. La realidad que se nos presenta inmediatamente a los sentidos puede no ser la auténtica realidad. El desarrollo de esta idea está reforzado por otro tema explícito y clave en la película: los medios de comunicación.

El juego entre el mundo real y los medios de comunicación permite abrir el debate sobre nuestro acceso a la información, a partir de la cual configuramos nuestra imagen de la realidad. En la película, el público representa también un papel fundamental, en tanto que, al principio, adora el programa de forma acrítica y quiere que continúe, pero, luego, adopta una visión más crítica.

Simbólicamente, el nombre «Truman» significa 'hombre verdadero (o auténtico)'. Además, «Christof» deriva de Christopher, literalmente el 'portador del Mesías'. El realizador es el creador del mundo ficticio del plató de televisión, como si fuera un dios que intenta regir el destino de Truman. La película es, pues, la narración del camino del protagonista para liberarse de la tutela del director del programa.

Cuestiones para la reflexión

1. ¿Cómo controlan los realizadores del programa los pensamientos, los deseos y las acciones de Truman? ¿Qué crees que significa su sueño de viajar a Fiyi?
2. ¿Qué acontecimientos socavan las creencias y los hábitos de Truman? Describe algunos de ellos y comenta su importancia en la película.
3. Fíjate en la relación entre el director del programa y Truman. ¿Cómo intenta convencer Christof a su protagonista? Truman no le responde, solo actúa. ¿Cómo crees que podría responder al argumento del creador del programa?
4. ¿Qué semejanzas y qué diferencias encuentras entre lo que dice Descartes en los textos de la sección anterior y la situación que se plantea en esta película?

Fotograma de la película en el que se ve a Truman saludando ante las puertas del escenario en el que se sitúa la idílica ciudad de Seahaven.

Sugerencias para un debate

¿Por qué perviven los mitos en nuestro mundo avanzado?

Superman, un personaje dotado de maravillosos poderes, es uno de los mitos más extendidos en el mundo actual.

Introducción al debate

En las sociedades desarrolladas, dominan las ciencias, la tecnología y la racionalidad económica. Sin embargo, también son sociedades en las que, paradójicamente, persisten supersticiones y mitos de todo tipo. ¿No es asombroso que esto sea así?

Cuestiones para debatir

1 ¿Qué diferencias se podrían señalar entre mito y superstición? ¿Son lo mismo?

2 El filósofo Baruch de Spinoza decía, en el siglo XVII, que la creencia de los seres humanos en mitos se debe a que el azar o la suerte no siempre les es favorable. Entonces, interpretan la naturaleza de modo extravagante; por ejemplo, la personalizan en forma de dioses para poder persuadirla o sobornarla. ¿Qué te parece esta opinión?

3 Alguien hizo una vez una visita a un científico muy famoso y se sorprendió al ver colgada en su puerta una herradura. Entonces, preguntó al científico si creía en la superstición de que la herradura trae buena suerte. Este le respondió: «Por supuesto que no me lo creo. Pero me han dicho que funciona incluso cuando uno no se lo cree». ¿Te sugiere esta anécdota la idea de que los mitos y las creencias supersticiosas satisfacen, en realidad, necesidades pulsionales como la de aplacar el miedo? Justifica tu respuesta.

4 Busca un mito griego o de otra tradición cultural. Resume brevemente la historia que narra y expón qué intenta explicar. ¿Quiénes son sus protagonistas? ¿Qué relaciones encuentras entre el mito y la realidad que trata de explicar?

Un aspecto concreto para discutir

¿Sobre qué argumentos podrías realizar una crítica a la astrología? Lee atentamente este texto y expresa tu opinión sobre los problemas que plantea.

Contra la astrología

«El argumento más frecuente expuesto por los defensores de la astrología y de todo lo que gira en torno a ella es la capacidad de ciertos videntes para predecir los acontecimientos futuros. Los medios de comunicación hablan, a veces, de algunos ejemplos que ponen de manifiesto una asombrosa correspondencia entre una predicción y su realización. Por ejemplo, una persona piensa con insistencia en su hijo que vive lejos y se entera algunos días más tarde de que a la misma hora en que estaba pensando en él su hijo estaba siendo víctima de un accidente. La probabilidad de esta coincidencia es tan débil que parece necesario admitir que el poder de la adivinación o de la telepatía ha funcionado. Sin embargo, este razonamiento probabilista es inconsistente. No tiene en cuenta el número de veces en que el mismo pensamiento no ha coincidido con ningún acontecimiento que lo viniera a justificar a continuación. Solo si se privilegian los casos en los que la coincidencia se ha producido se hace aparecer como un milagro lo que no es más que una de las posibilidades innumerables que pueden darse. Basta, además, leer retrospectivamente las previsiones de los videntes más famosos: solo parecen buenas las predicciones expresadas con tal imprecisión que resultan aplicables a cualquier acontecimiento. [...] Todo el esfuerzo de la ciencia consiste en conocer la relación entre causas y efectos, y verificar las consecuencias que se derivan de las hipótesis de las que se ha partido. Pero con este método no hay manera de justificar las afirmaciones del horóscopo. Los que les hacen caso son ingenuos que recurren a viejas recetas y son víctimas de astutos oportunistas que se aprovechan de su credulidad».

Jacquard, A., *La ecuación del nenúfar.*

Representación de algunos signos del Zodíaco según un fresco del siglo xv. (Fernando Gallego, Cielo de Salamanca, Universidad de Salamanca).

2 Para qué sirve la filosofía

La filosofía sirve para «detestar la estupidez»

«Cuando alguien pregunta para qué sirve la filosofía, la respuesta debe ser agresiva, ya que la pregunta se tiene por irónica y mordaz. La filosofía no sirve ni al Estado ni a la Iglesia, que tienen otras preocupaciones. No sirve a ningún poder establecido. La filosofía sirve para entristecer. Una filosofía que no entristece o no contraría a nadie no es una filosofía. Sirve para detestar la estupidez, hace de la estupidez una cosa vergonzosa. Solo tiene este uso: denunciar la bajeza del pensamiento bajo todas sus formas. ¿Existe alguna disciplina, fuera de la filosofía, que se proponga la crítica de todas las mixtificaciones, sea cual sea su origen y su fin? Hacer del pensamiento algo agresivo, activo y afirmativo. Hacer hombres libres, es decir, hombres que no confundan los fines de la cultura con el provecho del Estado, la moral o la religión. Combatir el resentimiento, la mala conciencia, que ocupan el lugar del pensamiento. Vencer lo negativo y sus falsos prestigios. ¿Quién, a excepción de la filosofía, se interesa por todo esto?».

Deleuze, G., *Nietzsche y la filosofía*.

Actividades

1 ¿Por qué, según el autor del texto, la filosofía hace de la estupidez una cosa vergonzosa?

2 El derecho a la libertad de pensamiento, de conciencia, de expresión, ¿hace que, de hecho, las personas se comporten con una mayor madurez crítica? Justifica tu respuesta.

3 ¿Cuáles son, en tu opinión, las consecuencias de la cada vez mayor tecnificación e informatización del mundo y de nuestras vidas?

4 Comenta la frase del texto: «Hacer del pensamiento algo agresivo, activo y afirmativo».

Rafael, Filosofía, *Estancia de la Signatura, Palacio Apostólico, El Vaticano.*

1 La filosofía sirve para saber pensar bien

1.1. ¿A qué llamamos pensamiento?

Los filósofos definen el pensamiento, en general, como **la actividad específica de nuestro entendimiento o de nuestra razón.** Es decir, el pensamiento es la actividad más típicamente humana y la que nos distingue tanto del resto de los seres vivos que no son racionales como de las máquinas. El pensamiento es una actividad de nuestra mente que es distinta:

1. De la **percepción,** o sea, de la captación por nuestros sentidos de los estímulos del exterior.
2. De la **imaginación,** o sea, de la facultad de producir imágenes en nuestro cerebro.
3. De la **memoria,** o sea, de la facultad con la que recordamos ideas, aprendizajes o experiencias hechas previamente.

Podemos ver el pensamiento como el conjunto de procesos de nuestra mente mediante los que traspasamos los límites de lo que percibimos, imaginamos y recordamos, para penetrar en el mundo de las ideas, de los conceptos y de los símbolos.

Pensando elaboramos las informaciones que adquirimos y asimilamos, les damos sentido y compartimos nuestro saber con otras personas. Esto lo hacemos para orientarnos en el mundo, para comprender cómo son las cosas, cómo se comportan los demás o si tienen razón o no en lo que dicen cuando hablan.

Conocer y pensar, por lo tanto, no son lo mismo, y no todos nuestros conocimientos se obtienen pensando. Sin embargo, es verdad que muchos de nuestros conocimientos se basan en nuestro pensamiento y, más concretamente, en nuestra capacidad de razonar; es decir, dependen del razonamiento para su obtención o justificación. Por ejemplo, si suponemos que toda forma de vida conocida hasta ahora necesita agua para subsistir y sabemos que en Mercurio no hay agua, entonces deducimos que en Mercurio no puede haber vida.

Suponer, deducir o sacar conclusiones son aspectos del pensamiento humano que, cuando se realizan correctamente, permiten ampliar nuestros conocimientos o conseguir que nos pongamos de acuerdo sobre ellos. A partir, pues, de informaciones ya dadas —lo que se conoce como premisas— organizamos los argumentos para obtener nuevas informaciones, que se denominan conclusiones. Se entiende por **lógica el estudio de las formas correctas de deducir y de extraer conclusiones a partir de premisas.**

No nacemos sabiendo pensar bien, sino que pensar requiere entrenamiento y aprendizaje. En las demás asignaturas del Bachillerato, se enseñan muchas cosas distintas sobre las que pensar, pero no cómo pensarlas. Saber pensar bien no solo es necesario para ser un estudiante brillante y obtener buenas notas, también hace falta para tener éxito en la vida, o incluso para salir adelante en un mundo difícil y complejo como el nuestro. Con frecuencia aceptamos argumentos que parecen buenos, pero que no lo son. Este tipo de argumentos se denominan falacias.

Textos en la web

El pensamiento como diálogo interior con uno mismo (Platón, *Fedón*).

Textos en la web

El pensamiento hace al individuo inexpugnable (Marco Aurelio, *Reflexiones para consigo mismo*).

1.2. Hardware y software del pensamiento

Pensamos para saber qué es lo que tenemos que creer, qué es lo que tenemos que decidir y con qué medios tenemos que actuar. Para alcanzar estos objetivos se precisa que se cumplan estas dos condiciones:

1. Que las informaciones de partida sean adecuadas, suficientes y verdaderas.
2. Que el modo como las combinamos y las elaboramos sea el correcto.

La filosofía se ocupa de la segunda de estas dos condiciones; es decir, **estudia el aspecto normativo del pensamiento: cómo debemos pensar.** Por su parte, la neurofisiología y la psicología estudian su aspecto descriptivo: cómo pensamos.

El estudio descriptivo de cómo pensamos lo llevan a cabo **los neurólogos analizando los procesos cerebrales que se activan cuando tiene lugar la actividad de pensar.** Por ejemplo, se señalan las áreas del cerebro o los grupos de neuronas que intervienen durante la ejecución de las operaciones del pensamiento. En este sentido, se puede decir que la neurofisiología estudia el **hardware del pensamiento.**

La psicología se ocupa del pensamiento desde el punto de vista funcional. O sea, su objetivo es describir con conceptos psicológicos la competencia o incompetencia del sujeto que piensa, su propensión a cometer determinado tipo de errores, los efectos de su entorno o de sus conflictos en su modo de pensar, etc. En este sentido, se puede decir que la psicología estudia el **software del pensamiento**.

Pues bien, lo que **la filosofía estudia es el software ideal del pensamiento,** o sea, cómo se forman de manera adecuada nuestros conceptos e ideas, cómo realizar juicios verdaderos y cuáles son las leyes de los argumentos correctos y válidos.

1.3. Pensar con lógica

Los conceptos son representaciones intelectuales que simbolizan las cosas o procesos. Pero no representan esas cosas y esos procesos tal como los percibimos por nuestros sentidos, con sus características individuales y concretas. Los representan por medio de unos esquemas que se han formado en nuestra mente en virtud de la **abstracción.** El concepto de hombre, por ejemplo, simboliza a la totalidad de los seres humanos solo en cuanto humanos, sin recoger sus diferencias individuales.

Los juicios son los actos por los que afirmamos la verdad o la falsedad de algo. Implican la unión de dos términos, un sujeto y un predicado, unidos por el verbo «es». Implican, pues, la afirmación o la negación de algo. Por ejemplo, cuando decimos «Todo animal es un ser vivo».

Los argumentos son la expresión lingüística de los razonamientos. Y razonar es deducir conclusiones a partir de lo que se considera verdad. Por tanto, **pensar correctamente significa razonar conforme a las leyes que rigen la validez de la deducción.**

La formación de conceptos, la afirmación de juicios y las deducciones no se encuentran solo en los libros de lógica o de ciencia, sino que forman parte de nuestra vida diaria. Están en los consejos de nuestros mayores, en la televisión, en las películas o en las noticias. Y algunas de esas deducciones son correctas y otras no.

A lo largo de la historia, los filósofos han utilizado el término «lógica» con significados diferentes. También han elaborado subdivisiones de ella para estudiar y describir modos de razonar complejos y específicos. No obstante, en general se entiende por lógica **el estudio de las formas correctas de deducir y de extraer conclusiones a partir de premisas.**

Esta definición de la lógica aparece ya en las obras de Aristóteles y predomina entre los autores medievales y modernos hasta nuestros días. Por ocuparse de la forma, y no del contenido de los argumentos, se la apellida «lógica formal». Trabaja, pues, sobre expresiones lingüísticas **buscando las reglas precisas de uso y las leyes del razonamiento válido.** Pongamos un ejemplo. Escuchamos en la televisión esta noticia: «El presidente del Gobierno se felicita porque su gobierno ha trabajado bien ya que la economía crece». ¿Es correcto este argumento? Claramente no, porque la economía puede estar creciendo a causa de otros factores distintos del de la acción del Gobierno. Es, pues, un razonamiento incorrecto.

Textos en la web

El estudio psicológico del pensamiento (A. J. Ayer, *El positivismo lógico*).

Textos en la web

La facultad de juzgar (Immanuel Kant, *Crítica del juicio*).

Textos en la web

Reglas del pensamiento científico (Isaac Newton, *Principios matemáticos de la filosofía natural*).

Actividades

1 Responde a las preguntas sobre el texto:

«Lógica, dialéctica y retórica forman un conjunto, al constituir la totalidad de una *técnica de la razón,* título bajo el que han de ser enseñadas, asimismo, conjuntamente: lógica como técnica del propio pensamiento, dialéctica como técnica de la discusión con otro y retórica como técnica de hablar a muchos. [...] Las tres ciencias tienen como punto en común el que, sin haberlas aprendido, seguimos sus reglas, que de hecho no se abstraen más que a partir de ese ejercicio natural. [...] En la controversia podemos a veces sacar alguna utilidad práctica de la lógica, en tanto que podemos reducir a la estricta forma del silogismo regular la engañosa argumentación del contrario, más o menos intencionada, que él presenta tras el ornamento y la envoltura de un discurso ininterrumpido».

Schopenhauer, A., *El mundo como voluntad y representación,* vol. II.

Cesare Macare, Cicerón denuncia a Catilina en el Senado, *Palacio Madama, Roma, Italia.*

a) ¿Qué define cada una de las disciplinas de las que habla aquí el autor?

b) ¿Qué tienen en común las tres?

c) ¿Cuál sería la principal utilidad práctica de la lógica? Intenta proponer algún ejemplo de argumentación engañosa.

2 ¿Cuáles son las principales diferencias entre el estudio lógico y el estudio neurofisiológico del pensamiento?

3 ¿Qué relación crees que tiene la lógica con otras ciencias, naturales o sociales? ¿Se puede hacer ciencia sin respetar las leyes lógicas?

4 ¿Crees que el análisis lógico del lenguaje, cuya finalidad es que sea empleado correctamente para comunicarse en la sociedad, puede ser también un procedimiento para transformarla? Justifica tu respuesta.

2 La filosofía, nosotros y nuestro mundo

2.1. Educación y adquisición de la cultura

Tenemos necesidad de comprendernos e interpretarnos a nosotros mismos y el mundo que nos rodea para orientarnos y actuar en él. Esta necesidad obedece a que, a diferencia de los animales, los seres humanos carecemos de una base natural e instintiva recibida genéticamente que guíe y determine automáticamente nuestra conducta. Por tanto, el ser humano ha de aprender a convertirse en humano. Ese carácter humano se conquista a través de la educación.

La educación es la integración del individuo en un sistema de cultura. Y esenciales a este proceso son la adquisición de una competencia lingüística y el aprendizaje de valores morales y de conocimientos. En suma, la adquisición de cultura es lo que proporciona al individuo la capacidad de elegir sus propios fines.

El término «cultura» designa el conjunto de conocimientos, técnicas, costumbres, creencias, instituciones, prácticas religiosas y valores éticos de una sociedad o un período histórico determinados. Constituye, por tanto, el marco en el que se desenvuelve la vida de una sociedad. Lo social se opone a lo meramente natural por su aspecto cultural, que tiene carácter normativo para sus miembros.

El pensamiento filosófico, pues, ha de realizar una función crítica, preguntándose por el deber-ser de cada ámbito de la cultura (conocimientos, valores, costumbres, etc.). En este sentido, la filosofía se convierte en una **«crítica de la cultura»**, o sea, en un trabajo de análisis que intenta salvaguardar la cultura de que sea empleada como instrumento de ideologización y de alienación.

Textos en la web

Cultura y experiencia (Aristóteles, *Metafísica*).

Mediante la educación, el individuo se integra en un sistema de cultura. (Henri Jules Jean Geoffroy, Niños en clase*, Ministerio de Educación Nacional, París, Francia).*

2.2. Lenguaje e ideología

Mucha gente piensa sirviéndose de las ideas comunes y los patrones mentales usados por todo el mundo. Son personas que rehúyen el esfuerzo de pensar por ellas mismas, y adoptan una actitud pasiva cuando han de producir ideas nuevas.

Por el contrario, el individuo inteligente y culto está siempre alerta para rechazar lo falso y detectar las inconsistencias en los razonamientos, sean propios o ajenos. Es decir, está alerta para rechazar lo que se le muestra, oye o lee si no le convence. Pensar bien, pues, no solo exige conocer nueva información, o sea, adquirir continuamente nuevos conceptos e ideas, sino que implica también **saber criticar lo que recibimos y ofrecer alternativas si no estamos de acuerdo;** esto es, implica ser capaces de detectar los errores y las falsedades en los hechos, mensajes o argumentos que nos resultan inaceptables o poco convincentes.

Si el uso creativo del pensamiento consiste en construir buenos razonamientos, saber pensar tiene también otro uso que se puede llamar «defensivo». Este es el uso que nos permite defendernos del torbellino de ideas y de mensajes con el que continuamente se nos bombardea, para no creerlos y aceptarlos ingenuamente. Es decir, saber pensar, en este sentido, nos permite distinguir, con nuestra capacidad de juicio, entre los argumentos razonables y sensatos, por un lado, y los que son solo engaños y argucias con los que se nos intenta manipular, por otro.

La filosofía nos señala dos causas frecuentes de falsedad en los argumentos:

1. Basarse en afirmaciones, hechos o premisas inexactos, tergiversados o abiertamente equivocados.
2. Aplicar razonamientos defectuosos desde el punto de vista lógico, o sea, cuyas conclusiones no se deducen válidamente de sus premisas.

2.3. La actitud crítica

Hay, pues, que aprender a evaluar críticamente la información que recibimos. Para ello pueden servir las siguientes estrategias para las que la lógica nos prepara:

1. Analizar la exactitud de los hechos y las afirmaciones para aceptarlos como válidos.
2. Analizar los razonamientos para comprobar si incluyen incoherencias lógicas; o sea, comprobar si las conclusiones se derivan válidamente de las premisas.
3. Una vez detectados los fallos, contraponer argumentos para corregir esos errores.

La filosofía no tiene la misión de proporcionar al ser humano respuestas seguras, verdaderas y definitivas. No pretende decir lo que las cosas son de una vez por todas. **La filosofía es, más bien, una cierta manera de preguntar, una interrogación continua y crítica sobre lo que existe y sus modos de ser.**

Aristóteles decía que el asombro, la admiración de que exista el mundo en vez de la nada era el origen del preguntar filosófico. Ese asombro radical y los asombros derivados de por qué estamos aquí, por qué existe este sistema social y no otro, por qué debemos hacer esto y no lo otro nos indican que en este preguntar no hay frontera ni desmayo. Esto significa que la filosofía tiene una **vocación crítica,** y que la cumple replanteando y redescubriendo un problema allí donde se opina, en general, que ya se había alcanzado una certeza y una solución.

La actitud crítica consiste en cuestionar nuestras certezas para ensayar nuevas formas de ordenar nuestros saberes a medida que cambia y aumenta nuestra información. Esta actitud no deja de proponer verdades, pero sabemos que son siempre limitadas, revisables, sometidas al avance del conocimiento y de la sociedad.

Textos en la web

La idolatría de los prejuicios (Francis Bacon, *La gran restauración*).

Textos en la web

La producción de la ideología (Karl Marx, *La ideología alemana*).

Textos en la web

La crítica como expresión de racionalidad (Karl Popper, *Conocimiento objetivo*).

Textos en la web

La filosofía como crítica de la ideología (Herbert Marcuse, *El hombre unidimensional*).

Actividades

1 ¿Por qué crees que actualmente la adquisición del saber (en el colegio o en la universidad) no está directamente relacionada con la educación de la personalidad?

2 Responde a las preguntas sobre el texto:

«No tenemos conciencia de nuestros pensamientos. Solo tenemos pensamientos determinados y reales cuando les damos forma objetiva. Cuando los diferenciamos de nuestra interioridad y les damos una forma exterior. Pero una forma que contiene el carácter de la actividad interna más elevada. Solamente el sonido articulado, la palabra, ofrece una existencia en la que lo externo y lo interno están íntimamente unidos. Por eso, querer pensar sin las palabras es un intento absurdo. Y es igualmente absurdo considerar como una desventaja y como un defecto del pensamiento esta necesidad que lo vincula a la palabra. Se suele creer que lo más elevado que existe es inefable. Pero esta es una opinión superficial y sin fundamento. Porque lo inefable es el pensamiento oscuro, el pensamiento en estado de fermentación, y que solo se vuelve claro cuando encuentra su expresión en las palabras. Así que la palabra da al pensamiento su existencia más alta y verdadera».

Hegel, G. W. F., *Enciclopedia de las ciencias filosóficas,* aforismo 462.

a) ¿Cuáles son los dos modos de existencia de nuestros pensamientos, según Hegel?

b) ¿Afirma Hegel que el lenguaje contiene siempre pensamiento?

c) ¿Opinas que otros lenguajes, que no sea el de la palabra, pueden expresar también pensamientos, como, por ejemplo, un lenguaje de símbolos o el de la música?

Preparación de un concierto en un palacio, grabado del siglo XVIII.

3 ¿Crees que muchas de las noticias y mensajes que recibimos a través de los medios de comunicación tienen más una finalidad de influir en la voluntad de las personas que de informarles sobre los hechos? ¿Cuáles pueden ser los motivos de ese interés por manipular?

4 ¿Crees que la filosofía tiene un papel crítico en la sociedad actual? Redacta un breve comentario sobre este tema.

3 La filosofía y nuestro proyecto de vida

3.1. Pensamiento y creatividad

La creatividad

Saber pensar proporciona la capacidad de dar a los problemas de nuestra existencia soluciones imaginativas. Los grandes inventores y los científicos más importantes, así como los más influyentes políticos, se han caracterizado siempre por haber encontrado soluciones a problemas que nadie antes que ellos habían logrado resolver. Por tanto, pensar sirve también para ampliar nuestra creatividad y ofrecer buenas soluciones a los problemas que tienen su origen en creencias o en actitudes que deberían revisarse y cambiarse.

Los conceptos y las ideas no son algo que se encuentre solo en los libros o en la cabeza de los profesores y de los intelectuales. Todo el mundo puede inventar y tiene la capacidad de crear nuevas ideas, y nosotros podemos aprender también a hacerlo.

Para ello, existen estrategias que aumentan la creatividad de ideas nuevas. Una de las más productivas consiste en fijarse en funciones y propiedades de los objetos o de las situaciones que no es típico asociar a ellos. Por ejemplo, es sabido que Gutenberg inventó la imprenta inspirándose en las prensas utilizadas para pisar la uva en las bodegas y viendo cómo trabajaban las máquinas que se emplean para acuñar moneda.

Textos en la web

La condición básica para pensar es crear conceptos (Immanuel Kant, *Crítica de la razón pura*).

Educación y creatividad

Hay una destacada relación entre creatividad y educación. La educación es el aprendizaje de la cultura que, en una sociedad determinada, se transmite de generación en generación. Este aprendizaje puede referirse únicamente al conjunto de técnicas de trabajo, de uso y de comportamiento mediante las que los individuos satisfacen sus necesidades y conviven de una forma más o menos ordenada y pacífica.

Pero la educación no se reduce a esa simple transmisión de conocimientos y técnicas de unas generaciones a otras. También se trata de fomentar en los individuos la capacidad de adaptar, desarrollar y perfeccionar esos conocimientos y técnicas que se enseñan para que ellos logren realizar su propio proyecto existencial.

Desde este punto de vista, la educación no se define ya tanto en función de la supervivencia de la vida en sociedad como en función de **la formación y el perfeccionamiento del individuo en el desarrollo de su libertad.** Es la maduración del individuo y el desarrollo de sus potencialidades lo que constituye el objetivo propio de la educación.

Textos en la web

Las leyes que impone el entendimiento (Immanuel Kant, *Crítica de la razón pura*).

3.2. La razón como guía de la existencia

El desarrollo del pensamiento es, a la vez, el desarrollo de la capacidad de autodeterminación de un individuo o de un grupo social, pues **fortalece la posibilidad de elegir sin dependencias ni coacciones externas.** Fortalece al yo para enfrentarse al automatismo irreflexivo de las reacciones estímulo-respuesta o a la pulsionalidad de las fuerzas inconscientes.

No obstante, la libertad, en sentido pleno, **es siempre más un ideal que hay que perseguir que una realidad completamente realizable.** Existe, propiamente, en el esfuerzo que se desarrolla para conquistarla y en virtud de ciertas condiciones históricas que la sostienen en su ejercicio.

Por tanto, para conseguir alcanzar la libertad, es preciso estar libre de insuperables condicionamientos opresivos externos **(«libertad de» o «libertad respecto de»)**, así como tener la posibilidad de actuar y configurar autónomamente el propio proyecto vital **(«libertad para»).**

Los animales no son seres libres, porque nacen con un código genético que les prescribe ya, de manera instintiva y para toda su vida, todos sus comportamientos. No tienen que decidir nada por sí mismos, sino que todo lo hacen por instinto. Están como programados por sus instintos.

El ser humano, en cambio, no tiene este tipo de programación automática de todos sus comportamientos. Él nace como un ser que tiene que decidir en cada momento lo que debe o no debe hacer.

Además, el ser humano se enfrenta con otro problema añadido: que, en la mayoría de nuestros comportamientos, no coinciden, generalmente, lo que nuestra razón comprende y lo que nuestros deseos y nuestras inclinaciones quieren. Por ejemplo, sabemos —porque nos lo dice nuestra razón—, que el tabaco, el alcohol y las drogas dañan nuestra salud. Y como lo comprendemos así, tomamos la decisión de dejar de fumar. Sin embargo, en ocasiones ocurre que volvemos a fumar o a beber alcohol, porque nuestros impulsos nos dominan y no hacen caso de lo que dice nuestra razón.

Textos en la web

El sentido común (Immanuel Kant, *Crítica del juicio*).

3.3. Moral y vida

Uno de los ámbitos a los que se aplica la reflexión filosófica es el de los **valores**, que actúan como **guías para la realización de nuestro proyecto existencial.** Puesto que todo ser humano está siempre vacilando entre lo que comprende que es bueno y su tendencia o su impulso a dejarse llevar por lo malo, son necesarias unas convicciones morales que guíen nuestra voluntad hacia el cumplimiento de lo bueno.

Textos en la web

La racionalidad al servicio de la ética (H. Albert, *Ética y metaética*).

El sentido y el objetivo de la reflexión moral son que nuestras acciones se realicen lo más posible de acuerdo con nuestra razón y obedeciendo sus principios, en lugar de estar motivadas por nuestros impulsos. Kant decía que solo esta voluntad de querer guiarse por la razón en la realización de nuestro proyecto de vida es un bien para el ser humano en términos absolutos, pues los demás bienes que podemos tener (por ejemplo, la inteligencia, las habilidades prácticas, las riquezas, la salud) pueden ser mal empleados, y esto impide que se los pueda considerar bienes en sentido absoluto.

Kant expresa esta idea con las siguientes palabras: «La buena voluntad no es buena por lo que efectúe o realice, no es buena por su adecuación para alcanzar algún fin que nos hayamos propuesto, es buena solo cuando lo que hace lo hace determinada por la razón».

La reflexión moral estudia, pues, **los valores que han de guiar el proyecto existencial del ser humano para hacer posible el desarrollo de su libertad.** La libertad es la característica principal de los seres humanos, y pertenece estructuralmente a las condiciones de nuestra existencia.

El hecho de la transformación histórica del mundo demuestra que no estamos regidos por un determinismo de leyes inexorables, sino que es posible el despliegue de nuevas ideas y de nuevas posibilidades de organización en virtud de la acción humana. Más que una antítesis entre determinismo y libertad, sería más apropiado hablar de la posibilidad de realizar una libertad relativa precisamente con la ayuda del conocimiento de las leyes y las fuerzas que regulan establemente el mundo.

Textos en la web

El compromiso (Jean Paul Sartre, *El existencialismo es un humanismo*).

Actividades

1 La creatividad, ¿surge en el individuo de manera espontánea, como resultado de la inspiración, o es el fruto de un determinado aprendizaje que entrena las capacidades creativas? Justifica tu respuesta.

2 La relación entre razón y sentimientos (pasiones, impulsos, deseos, etc.) no siempre es armoniosa. Pero, en caso de conflicto, ¿cuál crees que debe predominar? ¿Por qué? Pon algún ejemplo.

3 La libertad humana es la base de nuestro proyecto vital. Pero ¿realmente somos libres? ¿Qué factores limitan nuestra libertad?

Captura de esclavos africanos para su venta, litografía del siglo XVIII, *Museo de Artes Africanas y Oceánicas, París, Francia.*

4 Responde a las preguntas sobre el texto:

«De todo esto es evidente que la ciudad es una de las cosas naturales, y que el hombre es por naturaleza un animal social, y que el insocial por naturaleza y no por azar es o un ser inferior o un ser superior al hombre. La razón por la cual el hombre es un ser social, más que cualquier abeja y que cualquier animal gregario, es evidente: la naturaleza, como decimos, no hace nada en vano, y el hombre es el único animal que tiene palabra. Pues la voz es signo del dolor y del placer, y por eso la poseen también los animales, porque su naturaleza llega hasta tener sensación de dolor y de placer e indicárselo unos a otros. Pero la palabra es para manifestar lo conveniente y lo perjudicial, así como lo justo y lo injusto. Y esto es lo propio del hombre frente a los animales: poseer, él solo, el sentido del bien y del mal, de lo justo y de lo injusto, y de los demás valores, y la participación comunitaria de estas cosas constituye la casa y la ciudad. Por naturaleza, pues, la ciudad es anterior a la casa y a cada uno de nosotros, porque el todo es necesariamente anterior a la parte».

Aristóteles, *Política,* 1253a.

a) ¿Por qué razón el ser humano es superior al resto de animales sociales, según Aristóteles?

b) ¿Qué diferencia establece Aristóteles entre la voz y la palabra?

c) ¿Qué significa que la ciudad es anterior al individuo? ¿Qué consecuencias crees que puede tener esta idea? Razona tu respuesta.

En la web

Encontrarás una autoevaluación interactiva.

Un autor, una obra

José Ortega y Gasset, *¿Qué es filosofía?*

Resumen de la obra

Esta obra de Ortega, *¿Qué es filosofía?*, publicada en 1958, pertenece a su segunda etapa, en la que se concentra en el estudio de la historia y de la sociedad. Y lo que defiende Ortega es que el hombre no tiene naturaleza, sino que tiene historia, y esta dimensión histórica es la característica por la que se puede conocer a sí mismo.

En estas lecciones parte de la vida como realidad fundamental, ya que tanto la naturaleza como el entendimiento son relativos a ella. La vida reúne en sí misma ambos aspectos: intelecto y naturaleza. Pero la razón capaz de pensar esta realidad radical que es la vida no puede ser la razón pura, no puede ser la razón mecánica ni la razón físico-matemática, sino que ha de ser la razón vital. De esta manera, Ortega subordina el estudio de la ciencia, de la técnica y de la cultura al estudio general y omniabarcador de la vida. Así se distancia de las posiciones que subordinan la vida a la inteligencia.

Ortega rechaza la creencia en un ser en sí de las cosas independiente de nosotros. De esta manera, afirma que el ser de las cosas debe entenderse a partir de su relación con nosotros. Concibe el saber como un «saber a qué atenerse». Y ahí es donde enraíza el perspectivismo orteguiano: esta unidad que engloba en sí la naturaleza y el intelecto se nos aparece siempre en perspectiva. El ser del mundo no está dado, sino que es siempre para nosotros una perspectiva.

En suma, el conocimiento se da en la vida y ha de ser derivado de ella. No se puede partir del conocimiento como algo natural, sino que hay que explicar por qué y para qué conoce el ser humano. En el ser humano no hay nada humano que sea natural, sino que todo en él hay que derivarlo de su vida. Esta vida es algo que tenemos que hacer. Es, por tanto, problema, inseguridad, naufragio, dice Ortega con expresiva metáfora.

En esta inseguridad, el ser humano busca una certeza, necesita saber, en el sentido primario de saber a qué atenerse. El conocimiento es una de las formas esenciales de superar la incertidumbre. El ser humano posee muchas certidumbres, pero sin un último fundamento y en colisión unas con otras. Necesita una certidumbre radical, una instancia suprema que dirima los antagonismos; esta certidumbre es la filosofía.

Textos seleccionados

Texto 1: La vida como punto de partida de la filosofía

«La realidad primordial, el hecho de todos los hechos, lo que me es dado es "mi vida". No mi yo solo, no mi conciencia hermética, estas cosas son ya interpretaciones, la interpretación idealista. Me es dada "mi vida", y mi vida es ante todo un hallarme yo en el mundo; y no así vagamente, sino en este mundo, en el de ahora. Se acabaron las abstracciones. Al buscar el hecho indubitable no me encuentro con la cosa genérica del pensamiento, sino con esto: yo que pienso en el hecho radical, yo que ahora filosofo. He aquí cómo la filosofía lo primero que encuentra es el hecho de alguien que filosofa, que quiere pensar el universo y para ello busca algo indubitable. Pero encuentra, nótenlo bien, no una teoría filosófica, sino al filósofo filosofando, es decir, viviendo ahora la actividad de filosofar como luego, ese mismo filósofo, podrá encontrarse vagando melancólico por la calle, bailando en un *dancing* o sufriendo un cólico o amando la belleza transeúnte. Es decir, encuentra el filosofar, el teorizar como acto y hecho vital, como un detalle de su vida y en su vida».

Ortega y Gasset, J., *¿Qué es filosofía?*, Lección X.

Texto 2: La filosofía como actividad vital

«Los biólogos usan la palabra "vida" para designar los fenómenos de los seres orgánicos. Lo orgánico es tan solo una clase de cosas que se encuentran en la vida junto a otra clase de cosas llamadas inorgánicas. Es importante lo que el filósofo nos diga sobre los organismos, pero es también evidente que al decir nosotros que vivimos y hablar de "nuestra vida", de la de cada cual, damos a esta palabra un sentido más inmediato, más amplio, más decisivo. El salvaje y el ignorante no conocen la biología y, sin embargo, tienen derecho a hablar de "su vida" y a que bajo ese término entendamos un hecho enorme, previo a toda biología, a toda ciencia, a toda cultura, el hecho magnífico, radical y pavoroso que todos los demás hechos suponen e implican. El biólogo encuentra la "vida orgánica" dentro de su vida propia, como un detalle de ella: es una de sus ocupaciones vitales y nada más. La biología, como toda ciencia, es una actividad o forma de estar viviendo. La filosofía es, antes, filosofar, y filosofar es, indiscutiblemente, vivir —como lo es correr, enamorarse, jugar al golf, indignarse en política y ser dama de sociedad—. Son modos y formas de vivir».

Ortega y Gasset, J., *¿Qué es filosofía?*, Lección X.

Texto 3: Vivir es decidir nuestro ser

«Se nos aparece el vivir como un sentirnos forzados a decidir lo que vamos a ser. Ya no nos contentaremos con decir, como al principio: vida es lo que hacemos, es el conjunto de nuestras ocupaciones con las cosas del mundo, porque hemos advertido que todo ese hacer y esas ocupaciones no nos vienen automáticamente, mecánicamente impuestas, como el repertorio de discos al gramófono, sino que son decididas por nosotros; que este ser decididas es lo que tienen de vida; la ejecución es, en gran parte, mecánica. Y si nuestra vida consiste en decidir lo que vamos a ser, quiere decirse que en la raíz misma de nuestra vida hay un atributo temporal: decidir lo que vamos a ser —por tanto, el futuro—. Y, sin parar, recibimos ahora, una tras otra, toda una fértil cosecha de averiguaciones. Primera: que nuestra vida es ante todo toparse con el futuro. He aquí otra paradoja. No es el presente o el pasado lo primero que vivimos, no; la vida es una actividad que se ejecuta hacia adelante, y el presente o el pasado se descubre después, en relación con ese futuro. La vida es futurición, es lo que aún no es».

Ortega y Gasset, J., *¿Qué es filosofía?*, Lección X.

Cuestiones para comentar

1 Explica con tus propias palabras a lo que Ortega se refiere con la palabra «vida». Distingue el significado que le da Ortega de otras posibles acepciones de la misma palabra.

2 ¿Qué quiere decir este filósofo cuando afirma que la vida, y en concreto mi vida, la de cada cual, es la realidad radical?

3 En estos textos que hemos seleccionado, Ortega opone su pensamiento al de Descartes, al que hemos dedicado este mismo apartado en la unidad anterior para presentar su obra *Discurso del método*. ¿Podrías decir lo que Ortega reprocha a Descartes?

4 ¿Qué te sugiere la afirmación de Ortega de que «la vida es futurición»? Argumenta tu respuesta.

La filosofía va al cine

¿Cómo hay que usar la razón para analizar los problemas?

El nombre de la rosa

- Título original: *Der Name der Rose.*
- Dirección: Jean-Jacques Annaud.
- Guion: Andrew Birkin, Gérard Brach, Howard Franklin, Alain Godard.
- Intérpretes: Sean Connery, Christian Slater, F. Murray Abraham, Michael Lonsdale, Valentina Vargas, Ron Perlman, Feodor Chaliapin Jr., William Hickey, Volker Prechtel, Leopoldo Trieste, Helmut Qualtinger, Elya Baskin, Michael Habeck, Urs Althaus, Vernon Dobtcheff, Andrew Birkin.
- Música: James Horner.
- Fotografía: Tonino Delli Colli.
- Producción: Neue Constantin Film / Zweites Deutsches Fernsehen (ZDF) / Cristaldifilm / Radiotelevisione Italiana / Les Films Ariane / France 3 Cinéma.
- Año: 1986.
- Duración: 131 minutos.
- Nacionalidad: Alemania.

Resumen del argumento

Nos situamos en el norte de Italia hacia el año 1327. Dos frailes, Guillermo de Baskerville (Sean Connery) y su ayudante Adso de Melk (Christian Slater), llegan a una abadía benedictina en la que va a tener lugar un encuentro entre los franciscanos y los enviados del papa. Fray Guillermo va a participar en el debate sobre la pobreza de la Iglesia y las relaciones entre el papa y el emperador del Sacro Imperio Romano Germánico. Sin embargo, el abad le confiesa que unos extraños sucesos tienen lugar en la abadía.

Varios asesinatos sin explicación aparente se suceden, y Guillermo de Baskerville y el joven Adso se encuentran atrapados en una investigación que los lleva a revelar los secretos mejor guardados de la comunidad. En medio de la investigación, descubrirán el oscuro pasado de algunos monjes y las actividades nocturnas de la abadía, además de los valiosos volúmenes almacenados en la biblioteca.

La llegada a la abadía de la legación papal acompañada de un inquisidor agravará la situación y fray Guillermo se verá obligado a desvelar su pasado. La intervención inquisitorial desencadenará los acontecimientos finales de la película.

Comentario

Esta película está basada en la novela homónima de Umberto Eco. Desde un punto de vista filosófico, muestra la oposición entre el uso de la razón natural y de la argumentación, basada en la observación de la naturaleza del franciscano Guillermo de Baskerville, frente a la revelación divina como fuente de autoridad invocada por los monjes.

En concreto, Guillermo utiliza el método hipotético-deductivo para desentrañar los crímenes de la abadía y mostrar su origen humano, y así acabar con el terror apocalíptico que ha calado hondo entre los monjes. Con su razonamiento es capaz de demostrar el verdadero motivo de los asesinatos y de desvelar la sorprendente identidad del asesino.

En el fondo, el motivo de los crímenes no es más que un libro escondido en la biblioteca, pero un libro único que trata de un tema controvertido para la Iglesia cristiana: la risa, el humor. El debate entre Guillermo de Baskerville y el antiguo bibliotecario, Jorge de Burgos, es uno de los momentos más relevantes en cuanto a la discusión sobre el tema y la relación entre razón y fe. Además, en la película aparecen cuestiones como la riqueza de la Iglesia, que enfrenta a los franciscanos y a algunos grupos heréticos con la jerarquía papal, y también los límites del poder político del papa ante el emperador, representante del poder terrenal.

Cuestiones para la reflexión

1 Describe a los dos personajes antagónicos Guillermo de Baskerville y Bernardo Gui, el inquisidor. Céntrate en su carácter y en su manera de razonar. ¿Qué historia tienen en común? ¿Cómo investigan los crímenes cada uno de ellos?

2 Analiza y explica algunos ejemplos de cómo resuelve Guillermo de Baskerville los misterios que encuentra en la abadía.

3 ¿Cómo explican la mayoría de los religiosos las muertes de los monjes? ¿Cómo se han producido en realidad? ¿Quién es el responsable? ¿Por qué se han cometido los crímenes?

4 Los crímenes ocurren en un contexto de enfrentamiento religioso. Explica el sentido del debate entre los franciscanos y los delegados papales. ¿Por qué son acusados de herejía algunos monjes? ¿Son culpables de lo que se les acusa?

Fotograma de la película en el que Guillermo de Baskerville y su joven discípulo Adso están en el patio tras su llegada a la abadía.

Sugerencias para un debate

¿Se puede expresar con palabras todo lo que se piensa?

Los lenguajes artísticos son modos de expresión distintos de la palabra. (Miró, La lección de esquí, Museo de Arte Contemporáneo, Caracas, Venezuela).

Introducción al debate

En el ser humano existe una disposición a expresarse a sí mismo. Hablar no es solo comunicar mensajes concretos e informaciones, sino también transmitir algo de nuestra interioridad. Se puede decir, entonces, que los pensamientos mismos piden ser dichos, tienden a que se los exprese con palabras.

Ahora bien, la expresión de lo que se piensa va dirigida a otras personas, que, seguramente, no van a entender el sentido exacto de nuestros pensamientos. Es posible que nos malinterpreten, porque toda comunicación es difícil. Por tanto, no se puede expresar todo a causa de obstáculos externos a nosotros y debidos a la naturaleza de la comunicación.

Pero también hay obstáculos internos al individuo. Aunque pudiéramos expresar todos nuestros pensamientos conscientes, según el psicoanálisis tenemos otros muchos pensamientos que están reprimidos en nuestro inconsciente y que no podemos controlar. Lo inconsciente se expresa en los sueños, los síntomas neuróticos, los lapsus, etc.

Cuestiones para debatir

1 ¿Es necesario siempre y en toda circunstancia expresar todo lo que pensamos? Piensa en razones a favor y en contra para responder a esta cuestión.

2 Lo que no somos capaces de decir, ¿no se expresa de un modo u otro a través de nuestros gestos, de la expresión de nuestro rostro, de nuestras actitudes?

3 Los lenguajes artísticos son otros modos de expresión. ¿Intentan, además, expresar lo inexpresable? ¿Un cuadro o una melodía nos pueden ayudar, pues, a percibir lo que no se comunica con palabras? Explica tu opinión al respecto.

4 ¿No crees que lo más importante es dominar bien el lenguaje para poder expresarnos con precisión y ser capaces de encontrar las palabras que reflejen lo mejor posible nuestro pensamiento? Argumenta tu respuesta.

Un aspecto concreto para discutir

El ser humano tiene la tendencia a expresar sus estados mentales desde niño. Aprender a hablar es ya aprender a expresarse, a mostrar acuerdo o desacuerdo. Pero incluso antes de saber hablar, los niños saben expresar alegría o malestar, según las situaciones y las circunstancias. Lo hacen aunque no dispongan aún de las palabras para expresarlo.

Como podrás comprobar en el texto que te proponemos a continuación, Wittgenstein rechaza el mentalismo, es decir, la concepción según la cual el lenguaje reproduciría de manera externa el discurso interior del pensamiento y pone en cuestión la hipótesis misma del espíritu como facultad autónoma.

¿Existe el pensamiento independientemente del lenguaje?

«Se tiende a ver en la utilización del lenguaje dos operaciones distintas: una operación exterior y formal, la manipulación de los signos; y una operación orgánica, comprender los signos, darles un sentido, interpretarlos, pensar. Esta última operación se desarrolla, al parecer, en un extraño medio, el espíritu. Y los mecanismos del espíritu, cuya naturaleza se nos escapa, producen efectos diferentes a los de un mecanismo material. Es un gran error hablar de *actividad mental* a propósito del pensamiento. Diremos que la característica esencial del pensamiento es que es una actividad que utiliza signos. Cuando escribimos, la mano es el agente operatorio; cuando hablamos, el pensamiento se expresa mediante la garganta y la laringe, y cuando no hacemos más que imaginar signos o imágenes, no hay mecanismos intermediarios del pensamiento. Y si me decís entonces que es el espíritu el que piensa responderé que se trata de una metáfora, y que el espíritu no puede actuar de forma idéntica a la de la mano cuando redacta el pensamiento escrito».

Wittgenstein, L., *Los cuadernos azul y marrón.*

El pensamiento no es una actividad mental independiente del lenguaje. (Mariano de la Roca y Delgado, Cervantes imaginando El Quijote, Museo de Ciudad Real).

Bloque 2

El conocimiento

Puesto que la filosofía es un determinado tipo de saber, es conveniente analizar, ante todo, el problema del conocimiento humano, tanto desde el punto de vista epistemológico como lingüístico, lógico y psicológico. Por ello, en este bloque se profundiza en las cuestiones relativas a la relación entre conocimiento y lenguaje, a las condiciones para que un conocimiento pueda ser considerado científico, al problema de la verificación de una teoría, etc. Por último, al presentar un panorama de la lógica filosófica, se pretende hacer ver la necesidad del rigor lógico, de la coherencia del discurso y de la aplicación de las reglas básicas de la argumentación en el conocimiento y en el discurso.

Cuestiones a estudiar

Unidad 3
El lenguaje: las palabras y las cosas

1 El lenguaje: sus clases y sus funciones.
2 Teorías sobre el lenguaje: de la concepción instrumentalista al giro lingüístico.
3 Lenguaje y conocimiento: la filosofía como análisis del lenguaje.
4 El lenguaje, ¿refleja la realidad?: usos y «juegos» de lenguaje.

Unidad 4
El conocimiento científico

5 El proceso de conocimiento: conocimiento sensible y conocimiento intelectual.
6 Experiencia, abstracción y conceptualización.
7 Características del conocimiento científico y tipos de ciencia.
8 Métodos, leyes y teorías científicos: el método hipotético-deductivo y el criterio de falsación.
9 La filosofía de la ciencia contemporánea en sus autores más relevantes.

Unidad 5
Razonamiento lógico, falacias y paradojas

10 La formalización lógica del lenguaje: razonamiento y argumentación.
11 Lógica de enunciados.
12 Lógica informal: falacias y paradojas.

3 El lenguaje: las palabras y las cosas

Lo social y lo individual en el lenguaje

«El estudio del lenguaje comporta dos partes: la una, esencial, tiene por objeto la lengua, que es social en su esencia e independiente del individuo; la otra, secundaria, tiene por objeto la parte individual del lenguaje, es decir, el habla. Sin duda, ambos objetos están estrechamente ligados. ¿Cómo se le ocurriría a nadie asociar una idea con una imagen verbal, si no se empezara por sorprender tal asociación en un acto de habla? Por otra parte, oyendo a los otros es como cada uno aprende su lengua materna, que no llega a depositarse en nuestro cerebro más que al cabo de innumerables experiencias. Por último, el habla es la que hace evolucionar a la lengua: las impresiones recibidas oyendo a los demás son las que modifican nuestros hábitos lingüísticos. Hay, pues, interdependencia de lengua y habla: aquella es a la vez el instrumento y el producto de esta. Pero eso no les impide ser dos cosas absolutamente distintas».

Saussure, F. de, *Curso de lingüística general.*

Actividades

1 ¿A qué tipo de relación interna al lenguaje se refiere este texto? ¿Qué importancia consideras que tiene?

2 ¿Son lo mismo la lengua y el habla? ¿Qué relación hay entre ambos?

3 El concepto de lengua descrito por el autor del texto, ¿significa que el lenguaje está ya preestablecido como sistema de frases hechas que el hablante solo tiene que repetir en sus actos de habla?

4 ¿Dónde se encuentra el sentido del lenguaje: en los significados codificados de la estructura de la lengua o en el uso de las palabras en los actos de habla?

5 ¿Por qué el habla hace evolucionar a la lengua?

Ramon Llull y Tomás Le Myésier discutiendo sobre la doctrina luliana (detalle), Breviculum, *Códice de Karlsruhe, Alemania.*

1 ¿Qué se entiende por lenguaje?

1.1. La antigua concepción instrumental

Durante muchos siglos, y hasta no hace mucho tiempo, el lenguaje ha sido considerado **un instrumento humano y un vehículo al servicio de la comunicación, del conocimiento y de las relaciones sociales.**

Algunos lo concebían como una capacidad innata de los seres humanos, y señalaban su organización interna en distintos niveles, su creatividad y su versatilidad, a la vez que sus límites, para expresar un número indeterminado de ideas, de sensaciones y de situaciones.

Se destacaba cómo mediante el lenguaje es posible hacer presentes cosas y situaciones ausentes; es posible ordenar nuestras percepciones del mundo externo e interno y generalizarlas en conceptos, y es posible el desarrollo de la inteligencia y del proceso mismo por el que el ser humano se hace sujeto.

A partir de esta concepción, en un sentido amplio, se entendía por lenguaje **cualquier medio de comunicación entre seres vivientes.** Se incluían bajo este concepto no solo el lenguaje de palabras, sino también las formas de comunicación animal y los medios de comunicación humana de tipo no lingüístico, como, por ejemplo, el simbolismo del arte y de la música, los símbolos matemáticos, el lenguaje de los sordomudos, etc.

En un sentido restringido, el lenguaje se definía como **un conjunto de sonidos portadores de un sentido o significado.** El significado era, pues, la condición básica del hecho lingüístico.

Para quienes tradicionalmente han estudiado el lenguaje, este ha planteado, en síntesis, principalmente estos tres problemas:

1. Cómo algo físico (los sonidos articulados) puede convertirse en portador de un significado espiritual o universal.
2. Cómo es posible la comunicación de los significados a través del lenguaje y qué relación tiene esta forma idiomática de comunicación con otras formas de comunicación no idiomáticas.
3. Si las palabras son algo distinto de las cosas a las que representan, qué relación existe entre ambas y en qué medida el lenguaje es vehículo del pensamiento para conocer la realidad.

Textos en la web

Las palabras como vehículos de los conceptos (Guillermo de Ockham, *Suma de la Lógica*).

1.2. El giro lingüístico: lengua y habla

Desde comienzos del siglo xx, el lenguaje se ha convertido en uno de los temas fundamentales de estudio de la filosofía, o quizá el principal y dominante, al atribuirse al lenguaje la capacidad configuradora de lo que es el ser humano, considerarlo la forma en que se expresa el conocimiento e identificarlo incluso con el conocimiento mismo.

A esta relevancia contribuye lo que se conoce como «giro lingüístico», que alude a que, a partir de este giro, no se entiende el lenguaje meramente como un objeto de estudio en cuanto instrumento o medio de comunicación, sino que se lo comprende como **el medio mismo en el que ocurre el conocimiento, llegándose hasta a identificar lenguaje y conocimiento.**

Este importante cambio de perspectiva en la estimación del lenguaje ha estado precedido y propiciado por diversas aportaciones de indudable interés. Las más destacadas fueron las teorías lingüísticas inspiradas en la Ilustración y en el romanticismo alemán de autores como Herder y Humboldt.

Textos en la web

El lenguaje como representación del mundo (H. G. Gadamer, *Verdad y método*).

Para estos autores, el lenguaje no es un mero producto u obra del hombre, sino que es **una energía y una fuerza espiritual y cultural que produce y configura al hombre mismo y su mundo.** Según Herder y Humboldt, el lenguaje es la realidad primaria preexistente a los seres humanos concretos y en la que ellos viven inmersos, de manera que **toda realidad está siempre mediatizada por el lenguaje.**

Sin embargo, el autor con el que el giro lingüístico se consumó y adquirió vigencia plena fue Ferdinand de Saussure, que introdujo, en 1913, la revolucionaria distinción entre lenguaje como lengua y como habla:

1. **Como lengua, el lenguaje es un sistema cerrado y autónomo,** objeto de la lingüística estructural.
2. **Como habla, el lenguaje es su uso mismo en la comunicación,** es «decir algo a alguien sobre algo». Desde esta perspectiva, es estudiado por la lingüística del discurso.

De modo que el lenguaje es, por un lado, como lengua, una **estructura,** o sea, la red secreta que hace que las cosas se miren en cierta forma unas a otras. Ya Platón advertía que articulamos el mundo en y por el lenguaje, no habiendo, en realidad, verdad alguna en las cosas singulares, sino en el logos, en la red de significados interrelacionados.

Pero, por otro lado, como habla, esta estructura **se concreta con ocasión del discurso hablado y las referencias que en él intervienen.** Para Aristóteles, el logos implica esencialmente referencia al objeto. Hablar es decir algo, referirse a algo.

Actualmente, decimos que toda lengua es una **ordenación abstracta del mundo producida por la comunidad, pero que se actualiza en el discurso individual.** A través del discurso se manifiesta el mundo, que aparece como el terreno común que todos reconocen y que liga entre sí a todos los que hablan.

Textos en la web

La situación ideal de habla como hipótesis práctica (Jürgen Habermas, *Teoría y praxis*).

1.3. Lenguaje y cultura: el lenguaje como «forma de vida»

El lenguaje cumple, pues, una función simbolizadora que construye un mundo de objetos que, en realidad, es el mundo de significados que actualizamos en nuestros discursos. De ahí proviene su condición de elemento mediador entre el hombre y la realidad.

Nos relacionamos con la realidad a través del lenguaje, tenemos realidad porque pertenecemos y vivimos inmersos en un lenguaje como ámbito envolvente. Por eso, como dice el filósofo austriaco Ludwig Wittgenstein, un lenguaje es una **«forma de vida».** Con ello quiere decir que el lenguaje **tiene en su base una comunidad de vida, o sea, una cultura.** El mundo no se presenta en el lenguaje como una serie de cosas, sino que revela su sentido en un proceso que es, a la vez, interpretativo y reproductivo.

Los estudios etnológicos del siglo xx reafirmaron esta relación entre lenguaje y formas de vida, al confirmar empíricamente la relación que existe entre todo lenguaje y la cultura o sociedad a la que vertebra. Como resultado, se formuló la llamada «hipótesis de Sapir-Whorf», que establece que el mundo real de cada uno está modelado de forma inconsciente por los hábitos lingüísticos del grupo al que pertenece. O dicho de otro modo: **el lenguaje configura nuestra experiencia del mundo.**

En este sentido, el proceso de interpretar e ir corrigiendo una y otra vez las interpretaciones que se van haciendo en el uso del lenguaje muestra cómo el habla y el pensamiento no se limitan a una simple reproducción automática de las estructuras lingüísticas.

Textos en la web

Lenguaje, diálogo y escritura (Platón, *Fedro*).

El carácter mediador del lenguaje invalida, pues, la teoría instrumental que durante tanto tiempo se había hecho valer, basada en el principio de que el lenguaje es un instrumento útil para expresar lo pensado. Las palabras no son recipientes prefabricados para archivar en ellas las ideas. **El mismo pensar es ya lingüístico, dinámico, interpretativo, funciona como lenguaje, mediante el lenguaje.**

Solo desde la perspectiva instrumentalista el lenguaje ha podido ser considerado una limitación penosa, algo esencialmente defectuoso e incapaz de expresar las ideas y los sentimientos.

El deseo de un lenguaje universal de signos y de símbolos artificiales, definidos unívocamente (es decir, en el que cada signo o palabra se correspondiera de manera unívoca con un objeto), tiene sus raíces en esta concepción instrumental del lenguaje.

Textos en la web

Significado, uso y expresión (Ludwig Wittgenstein, *Investigaciones filosóficas*).

Actividades

1 ¿Es el lenguaje humano un medio de comunicación más entre otros? ¿Cuáles son, para ti, las principales diferencias entre el lenguaje animal y el lenguaje humano?

2 El lenguaje, ¿es un vehículo para el pensamiento o es pensamiento él mismo? Razona tu respuesta.

3 ¿Qué relaciones debe haber entre los miembros de una sociedad o de una cultura para que pueda decirse que utilizan el mismo lenguaje o, dicho de otra manera, que son capaces de comunicarse entre sí por medio del lenguaje?

4 Responde a las preguntas sobre el texto:

«El lenguaje no es solo una de las dotaciones de que está pertrechado el hombre tal como está en el mundo, sino que en él se basa y se representa el que los hombres simplemente tengan mundo. Para el hombre, el mundo está ahí como mundo en una forma bajo la cual no tiene existencia para ningún otro ser vivo puesto en él. Y esta existencia del mundo está constituida lingüísticamente. Este es el verdadero meollo de una frase expresada por Humboldt con otra intención, la de que las lenguas son acepciones del mundo. Con esto, Humboldt quiere decir que el lenguaje afirma frente al individuo perteneciente a una comunidad lingüística una especie de existencia autónoma, y que introduce al individuo, cuando este crece en ella, en una determinada relación con el mundo y en un determinado comportamiento hacia él. Pero más importante aún es lo que subyace a este aserto: que el lenguaje no afirma a su vez una existencia autónoma frente al mundo que habla a través de él. No solo el mundo es mundo en cuanto que accede al lenguaje: el lenguaje solo tiene su verdadera existencia en el hecho de que en él se representa el mundo».

Gadamer, H.G., *Verdad y método*.

a) ¿Identifica el autor de este texto el mundo con el lenguaje? ¿Cómo explicarías la relación que establece entre ambos?

b) Si cada lenguaje es una «acepción del mundo», ¿significa que cada lengua expresa una concepción original del mundo distinta de la de las demás que podría dar contenido a la identidad de sus hablantes?

c) Comenta la frase: «Esta existencia del mundo está constituida lingüísticamente».

2 El estudio científico del lenguaje

2.1. De la lingüística estructural a la teoría de los actos de habla

Lingüística estructural

En general, se acepta que la lingüística moderna, como estudio científico del lenguaje, se inició con la obra de Ferdinand de Saussure *Curso de lingüística general* (publicada en 1913), que sienta las bases de la lingüística estructural.

El estudio estructuralista de Saussure ha recibido críticas desde los puntos de vista de la teoría de la ciencia, la teoría de la comunicación y la teoría del uso del lenguaje. De ahí que la lingüística se haya ampliado últimamente a estudios sobre los actos verbales y la gramática de la frase y del texto.

La lingüística, en todo caso, es **la ciencia que se ocupa del estudio del lenguaje en todos sus aspectos:** su estructura, su carácter de signo, su función comunicativa, sus condiciones sociales y psicológicas, su origen, evolución y articulación geográfica, las características propias de cada lengua y sus similitudes básicas con otras lenguas, etc. De ahí las numerosas disciplinas que engloba: la semiótica, la teoría de la comunicación, la sociolingüística, la psicolingüística o la dialectología.

Como puede verse, la lingüística es una ciencia teórica y empírica a la vez; es decir, reúne datos de observación, los estudia en sus relaciones y los explica según una determinada teoría. En este sentido, puede diferenciarse de la gramática y de la filología, que tienen una finalidad más normativa y comparativa, respectivamente.

Gramática generativo-transformacional

A partir de la publicación en 1957 de *Estructuras sintácticas,* del lingüista norteamericano Noam Chomsky, los estudios lingüísticos sufrieron una auténtica revolución. Según Chomsky, la lingüística no debe solo describir el lenguaje, sino que también debe evaluar sus distintas gramáticas alternativas. Hay que partir de la competencia lingüística del hablante y entender la lengua no como un sistema de signos, sino como **un sistema de reglas que facilitan el paso de la estructura profunda a la estructura superficial.**

La gramática generativo-transformacional de Chomsky intenta contestar a las críticas que se han hecho a la lingüística de prestar una atención preferente a la sintaxis del lenguaje en detrimento de la semántica.

Textos en la web

Significante y significado en la gramática generativo-transformacional (Noam Chomsky, *El lenguaje y el entendimiento*).

Teoría de los actos de habla

Otra importante aportación es la teoría de los actos de habla, del filósofo inglés John L. Austin. Este autor parte de la distinción entre expresiones performativas y expresiones descriptivas, para demostrar que **el lenguaje no es solo descripción, sino acción él mismo.** Para aclarar esto, distingue tres aspectos en el acto lingüístico:

1. El **aspecto locucionario,** que equivale a la enunciación de un significado.
2. El **aspecto ilocucionario,** a través del cual se cumple una determinada acción.
3. El **aspecto perlocucionario,** que concierne al efecto causado en los demás cuando decimos algo.

Todos estos aspectos han de ser tenidos en cuenta a la hora de evaluar el carácter de verdad de un lenguaje. Por ejemplo, para Austin, el acto ilocucionario se distingue por la fuerza con la que se lleva a cabo ante el interlocutor, mientras el perlocucionario ha de medirse en función del resultado obtenido. Por ejemplo, decir «Yo prometo» es, a la vez, un enunciado y una acción, o mejor dicho: es una acción que solo existe cuando se enuncia.

Textos en la web

Actos de habla y racionalidad comunicativa (Jürgen Habermas, *La reconstrucción del materialismo histórico*).

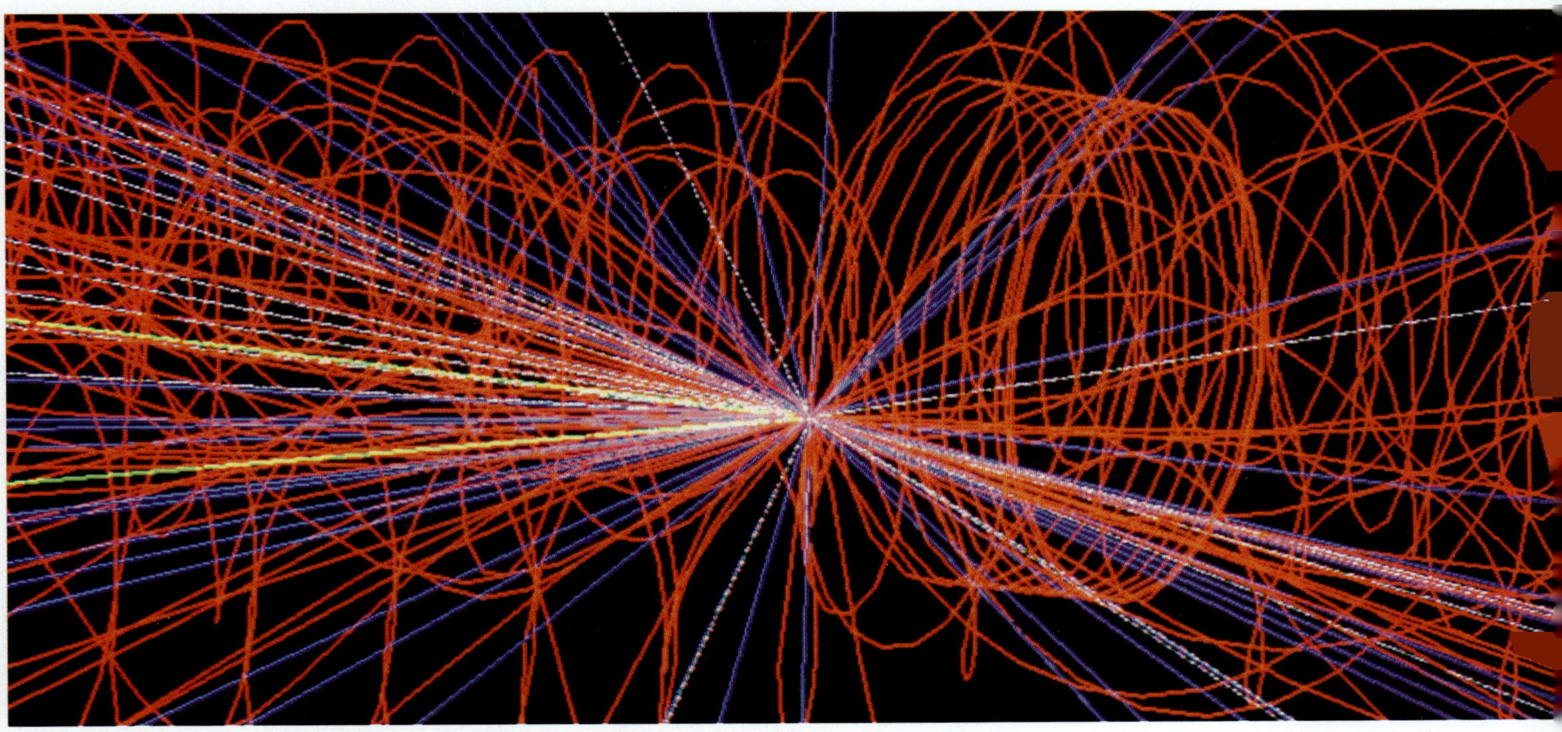

Los lenguajes artificiales se utilizan en el ámbito de las disciplinas científicas y técnicas. (Simulación informática de la detección del bosón de Higgs).

2.2. La clasificación de los lenguajes

La primera clasificación, y la más general, llevada a cabo entre los lenguajes es la que distingue entre lenguajes naturales y lenguajes artificiales. A su vez, los lenguajes artificiales se clasifican en técnicos y formales.

Lenguaje natural

Al lenguaje natural se le llama también lenguaje ordinario. **Es el construido con signos convencionales y reglas durante un período más o menos largo de tiempo, y utilizado por los hablantes de una comunidad determinada para comunicarse.**

El individuo que nace y se socializa en esta comunidad asume las normas de su lenguaje. El inglés, el italiano o el alemán son ejemplos de estos lenguajes naturales u ordinarios.

Lenguaje artificial

Su finalidad es evitar la ambigüedad de los lenguajes naturales u ordinarios para la comunicación científica. Por ello, se construyen con un nivel de convencionalidad mayor en lo referente a la construcción de símbolos y al significado que se les asigna.

Estos lenguajes artificiales no pertenecen a ninguna comunidad natural de hablantes, sino a grupos de especialistas que los emplean en el ámbito de sus disciplinas científicas y técnicas.

Lenguaje técnico

Es un tipo de lenguaje artificial que utiliza el lenguaje natural, pero previamente redefinido en gran parte de sus términos, de manera que **las palabras adquieren técnicamente un significado propio y adecuado a los fines de la comunidad que las utiliza.**

Por ejemplo, el lenguaje técnico de la física define el sentido en el que utiliza términos, también propios del lenguaje ordinario, como fuerza, masa, velocidad, etc.

Lenguaje formal

Es una clase de lenguaje artificial en el que **no solo se construyen artificial y convencionalmente los símbolos propios del lenguaje técnico, sino también sus reglas de construcción y sus reglas de transformación,** convirtiéndose en la práctica en un cálculo.

Los lenguajes formales, si adoptan además una interpretación, se convierten en lenguajes plenamente formalizados. Lenguajes de este tipo son el de la matemática y el de la lógica.

Textos en la web

Preguntar y responder (H.G. Gadamer, *Verdad y método*).

2.3. Funciones del lenguaje

En el lenguaje humano se distinguen diferentes funciones. El filósofo alemán Karl Bühler fue el primero en formular las tres primeras funciones básicas del lenguaje que presentamos a continuación. Más tarde, el lingüista Roman Jakobson añadió a estas las tres últimas, completando así las de Bühler.

Función apelativa o de llamada

Actúa sobre el destinatario o receptor para atraer su atención. Pretende convencerlo, persuadirlo, darle una orden. Por ejemplo: «¡Date prisa!».

Esta función aparece también en el lenguaje de los animales y en las primeras etapas del lenguaje infantil. En el lenguaje ya desarrollado del ser humano, se caracteriza por el uso frecuente del vocativo y del imperativo.

Función emotiva o expresiva

Pone el acento en los sentimientos o emociones del emisor. Con esta función, el emisor expresa su estado de ánimo. Por ejemplo, cuando dice: «¡Qué hermoso día hace hoy!».

Puede hallarse, asimismo, en el lenguaje de los animales bajo la forma de sonidos determinados y, como la función anterior, aparece con especial claridad en el lenguaje de los niños. Se caracteriza por la abundante utilización de exclamaciones.

Función referencial o representativa

Predomina cuando la situación o la realidad designada es el elemento esencial del acto de comunicación. Es exclusiva del ser humano, que mediante el lenguaje puede transmitir un contenido, y es predominante en él. Por ejemplo, cuando digo: «El tren llega tarde».

Utiliza un sistema de signos representativos de cosas o de ideas para transmitir una información sobre una situación. Esta información es lo esencial del mensaje.

Función poética

Está orientada hacia el mensaje mismo, al mensaje por el mensaje. **Interviene cuando el valor rítmico, sonoro o imaginativo del mensaje (el significante) se convierte en tan importante o más que su significado:** «Rosa, ¡oh pura contradicción! Placer de no ser sueño de nadie bajo tantos párpados» (Rilke).

El hablante selecciona las palabras sobre la base de la equivalencia, la semejanza o desemejanza, la sinonimia y la antonimia, y luego las combina para construir una secuencia. Este uso del lenguaje no es solo propio de la poesía, sino que también se emplea en los anuncios publicitarios, en los juegos de palabras y en los chistes.

Textos en la web

Sistemas de comunicación (Niklas Luhmann, *La autopoiesis de los sistemas sociales*).

Función fática o de contacto

Pone el acento en el medio de comunicación, en el establecimiento material del contacto de la comunicación. **Se trata de asegurarse de que el mensaje es bien recibido y de que la comunicación no se ha visto interrumpida.**

Esta función se expresa a veces con interjecciones y expresiones sin un contenido preciso. Por ejemplo: «¡Ah!», «¡Caramba!», «¿Me entiendes?». Sirve para llamar la atención del interlocutor y confirmar si su atención se mantiene.

Función metalingüística

Toma el lenguaje como objeto para cuestionarse él mismo. Se utiliza cuando el hablante y el oyente quieren confirmar que están utilizando el mismo código, y entonces el discurso se centra en el código.

Según Jakobson, todos los procesos de aprendizaje de una lengua, y especialmente el proceso de adquisición de la lengua materna por parte del niño, recurren a estas operaciones metalingüísticas. Incluso la afasia puede considerarse una pérdida de esa capacidad de efectuar operaciones metalingüísticas.

Textos en la web

¿En qué consiste «saber una lengua»? (Noam Chomsky, *El lenguaje y el entendimiento*).

Actividades

1 En la teoría de los actos de habla de John L. Austin, la expresión «Yo prometo» es, a la vez, un enunciado y una acción. ¿Por qué una promesa sigue siendo una promesa una vez dicha independientemente de la intención del que la ha pronunciado? ¿Puedes poner otros ejemplos de enunciados performativos?

2 Responde a las preguntas sobre el texto:

«La teoría de la gramática generativa transformacional expresa una hipótesis respecto a las propiedades que definen el lenguaje humano. Podemos considerar una teoría lingüística general, así construida, como una teoría de la facultad de lenguaje innata, intrínseca, que proporciona la base para la adquisición del conocimiento del lenguaje. El niño, en su "estado inicial", no tiene información alguna respecto a la lengua de la comunidad de habla en la que vive. Sencillamente, está dotado de un conjunto de mecanismos (lo que llamamos su "facultad de lenguaje") para alcanzar un "estado final" en el cual conoce la lengua. La teoría lingüística general describe su estado inicial; la gramática de su lengua describe su estado final. La teoría lingüística general puede ser considerada, apropiadamente, como una teoría explicativa, en el sentido de que explica cómo un niño de una comunidad de habla llega a conocer la lengua de esa comunidad, y a conocer innumerables hechos concretos respecto a la forma y significación de expresiones concretas, y muchas cosas más».

Chomsky, N., *Estructuras sintácticas.*

a) ¿A qué llama Chomsky «facultad de lenguaje innata, intrínseca» del que aprende una lengua? ¿Qué es lo innato en el aprendizaje de la lengua?

b) ¿Crees que los sordomudos aprenden su lenguaje de igual modo que los niños a los que se refiere este texto? ¿Qué diferencias aprecias entre ambos aprendizajes?

3 ¿Qué diferencia hay entre el lenguaje técnico y el lenguaje formal?

4 La expresión «¡Atiende a lo que te digo!», ¿qué función del lenguaje cumple? Justifica tu respuesta.

3 Lenguaje y realidad

3.1. La filosofía como análisis del lenguaje

En filosofía, el giro lingüístico dio como resultado un conjunto de investigaciones cuya característica común fue concebir como su principal tarea **el esclarecimiento del significado de los enunciados del lenguaje ordinario.**

Se consideraba que muchos problemas en la ciencia, la filosofía, la religión, la ética, el arte, etc., eran causados por confusiones conceptuales derivadas de un mal uso del lenguaje. Era necesario, pues, un programa de clarificación de las relaciones entre el lenguaje y el mundo, que tratara de dar respuesta a la cuestión de qué enunciados dicen cosas con sentido y cuáles no.

Se toman, pues, en consideración tres realidades básicas fundamentales: los hablantes, el lenguaje y el mundo, y el objetivo es clarificar las relaciones que rigen entre ellos. Por tanto, **la primera cuestión a plantear es la del significado de los enunciados,** porque este es, como dice Frege, «el alma de la palabra».

El significado es el referente común y público que la humanidad transmite como «tesoro de pensamientos» de una generación a otra. El referente es, pues, el contenido del lenguaje, aquello a lo que se refiere y significa. La pregunta por el significado es, por tanto, la que quiere saber **«qué se quiere decir cuando hablamos de algo o nos referimos a algo».**

Esta comprensión de la actividad dilucidatoria de los enunciados como tarea propia de la filosofía es la característica fundamental de todo el **movimiento analítico.** Este movimiento empezó con los trabajos de fundamentación lógica de la matemática, llevados a cabo por los filósofos Russell y Whitehead en torno a 1910. Con sus aportaciones, lograron construir un lenguaje riguroso para la lógica que permite evitar las ambigüedades y las confusiones del uso del lenguaje ordinario.

Sin embargo, el autor más importante del movimiento analítico es el filósofo austriaco Ludwig Wittgenstein, que estudia la estructura lógica del lenguaje y se centra en la cuestión de **cuáles son las posibilidades del lenguaje humano y sus límites.**

Textos en la web

El método de la filosofía como análisis del lenguaje (Ludwig Wittgenstein, *Tractatus logico-philosophicus*).

El análisis del lenguaje pretendía evitar los problemas que un mal uso del lenguaje producía en la ciencia, la filosofía, el arte, la religión, etc. (Grabado del libro de C. Flammarion, La atmósfera: meteorología popular*).*

3.2. El lenguaje, ¿refleja la realidad?

Teoría isomórfica del lenguaje y la realidad del «primer Wittgenstein»

Gran parte de las filosofías del lenguaje del siglo xx, y en particular las analíticas, compartieron inicialmente el principio del **isomorfismo lógico-lingüístico entre lenguaje y realidad.** Según este principio, mundo y lenguaje muestran una misma estructura común o **«figura lógica»,** por ser el lenguaje el espejo del mundo y reflejarse en él su naturaleza. De ahí surge la idea fundamental de que **la realidad solo se comprende a través del lenguaje,** porque este es el reflejo de la realidad.

El mundo, por tanto, sería la totalidad de los hechos, y el lenguaje, la totalidad de las proposiciones. Ambos (el mundo y las proposiciones del lenguaje) **comparten una estructura lógica común.** Por tanto, realidad, lógica y lenguaje se relacionan entre sí mediante estos tres conceptos fundamentales:

1. Los **hechos atómicos:** el mundo lo constituyen los objetos o cosas, las entidades que percibimos con los sentidos. Un hecho atómico es la combinación o relación de objetos o cosas. Puede ser un hecho simple o complejo, si incluye varios hechos simples.
2. La **figura lógica:** el lenguaje pone nombres a las cosas del mundo; los hechos atómicos los expresa con proposiciones simples, y los hechos complejos, con proposiciones compuestas. De este modo, representa la realidad, la refleja. Lo que hace posible este isomorfismo entre lenguaje y realidad es la participación de ambas instancias en una misma figura lógica o estructura común.
3. La **proposición:** el enunciado lingüístico con el que expresamos el pensamiento representa un estado de cosas (un hecho atómico). Si este estado de cosas es real, la proposición es verdadera. El conjunto de todas las proposiciones posibles describiría el mundo. Solo las proposiciones, y no los nombres, son significativas, y muestran la forma lógica de la realidad. Las proposiciones tienen sentido cuando describen lo que acontece en el mundo, por lo que pueden verificarse empíricamente.

De este planteamiento se concluye que **las proposiciones que no describen hechos del mundo empíricamente verificables carecen de sentido.** Pero, en tal caso, la mayoría de las proposiciones del lenguaje serían un sinsentido, porque no afirman hechos, sino que intentan, más bien, hablar sobre hechos. Por ejemplo, el discurso mismo de la filosofía analítica no habla de hechos, sino de las relaciones entre proposiciones y hechos. Por tanto, de acuerdo con esta teoría, la filosofía analítica misma no podría ser significativa.

El neopositivismo del Círculo de Viena

Los filósofos del llamado **«Círculo de Viena»** (Moritz Schlick, Rudolf Carnap, Friedrich Waismann, Otto Neurath, Viktor Kraft), que destacaron en la década de 1920, adoptaron a partir del planteamiento analítico una actitud muy radical.

Estos pensadores consideraban que **solo la ciencia habla con legitimidad y sentido acerca de la realidad extralingüística, mientras que la filosofía no tiene otra tarea que la de esclarecer, unificar, sistematizar y analizar el lenguaje científico.** Por tanto, la filosofía es solo una actividad de segundo orden, metalingüística, que tiene por objeto el lenguaje y el discurso de las ciencias.

Justifican esta posición con el argumento de que solo rechazando así que la filosofía pueda aportar algún significado o verdad al conocimiento se le puede asignar con garantía la tarea de analizar, con ayuda de la lógica formal, el lenguaje científico.

Textos en la web

El modo de ser de los nombres universales (Pedro Abelardo, *Logica ingredientibus. Glosas a Porfirio*).

Textos en la web

La metafísica como mera actitud emotiva (A.J. Ayer, *El positivismo lógico*).

3.3. El lenguaje son sus usos: los «juegos de lenguaje»

Muy pronto se salió al paso de esta posición tan extremista, y el propio Ludwig Wittgenstein, que había sido el principal defensor de la teoría del isomorfismo lenguaje-realidad, se retractó y cambió sus planteamientos.

El lenguaje es una «forma de vida»

A partir de la década de 1930, Wittgenstein considera que la filosofía debe estudiar el lenguaje no en su aspecto de reflejo especular de la realidad, sino, desde una perspectiva más amplia, como una actividad y hasta como una **«forma de vida».**

La filosofía del lenguaje no debe averiguar su sintaxis lógica para deducir de ella un paralelismo entre lenguaje y realidad, sino que **debe analizar las características naturales del lenguaje vivo, que integra múltiples «juegos de lenguaje»,** una diversidad de funciones y una pluralidad de usos en función de los distintos contextos lingüísticos. Por tanto, lo primero a lo que hay que atender para saber si un lenguaje es significativo o no es **a su uso y al contexto en el que ese uso tiene lugar.**

El lenguaje no es sino una forma de conducta entre otras, con pluralidad de funciones: ordenar, describir, informar, hacer conjeturas, contar historias, etc., cada una de las cuales puede describirse como un «juego de lenguaje».

La pluralidad de «juegos de lenguaje»

Las proposiciones son significativas no porque sean «figuras» de la realidad, sino porque son expresiones de estos «juegos de lenguaje». **Tales «juegos de lenguaje» son los diversos y variados usos para los que sirve el lenguaje,** que, igual que sucede con los juegos, manifiestan como característica común un cierto **«aire de familia»** que los asemeja, a saber: **se someten a reglas, pero cada cual a las suyas propias.**

Por esto, el significado del lenguaje hay que buscarlo no en la verificabilidad empírica de lo que se dice, sino **en el «uso» que se hace de las palabras.** Es el contexto lo que da sentido a las palabras. La mayoría de los errores de comprensión que cometemos provienen de confundir los contextos o de juzgar un contexto por las reglas de otro (como en los juegos, las reglas se respetan; cambiarlas es cambiar de juego).

La idea principal de este nuevo modo de entender el lenguaje que también inaugura Wittgenstein es, pues, que el lenguaje consiste en multitud de «juegos de lenguaje». Y el lenguaje correcto es aquel que observa el recto uso de las reglas. Por tanto, toda palabra tiene sentido si es empleada en su contexto. El sentido lo dan las reglas de uso, tal como, en el ajedrez, el sentido de cada pieza lo dan las reglas que describen sus movimientos.

Como puede verse, este concepto de «juego de lenguaje» resalta, una y otra vez, el carácter de **pura convencionalidad** que tienen los lenguajes. La pluralidad de los «juegos de lenguaje» reduce la coherencia y la objetividad de cada uno de ellos al funcionamiento de sus reglas, a sus operaciones y a sus usos comunes.

La función terapéutica de la filosofía

Por tanto, la filosofía no puede ser ya otra cosa que análisis de nuestras múltiples formas de expresión. Para nada ha de intentar reformar el lenguaje, sino **mostrar simplemente cuál es el modo correcto de usarlo.**

Sería, pues, más exacto decir que, en vez de tratar de curar el empleo ordinario de un lenguaje, de lo que debe tratarse, más bien, es de que ese empleo nos cure a nosotros de los muchos problemas que los usos indebidos del lenguaje nos crean.

Textos en la web

¿Qué son los «juegos de lenguaje»? (Ludwig Wittgenstein, *Investigaciones filosóficas*).

Textos en la web

La multiplicidad de los «juegos de lenguaje» (Ludwig Wittgenstein, *Investigaciones filosóficas*).

Actividades

1 Según la teoría del isomorfismo lenguaje-realidad, ¿de qué manera y bajo qué condiciones las palabras o los enunciados remiten a la realidad?

Alfredo Palmero de Gregorio, El palacio de La Equitativa, *Colección Banco Santander, Madrid.*

2 Responde a las preguntas sobre el texto:

«Para tener significado, un enunciado debe ser o un enunciado formal, un enunciado que yo llamaría analítico, o empíricamente contrastable, y trataría de derivar este principio de un análisis del entendimiento. Diría que comprender un enunciado significa saber lo que es el caso si el enunciado fuera verdadero. Saber lo que es el caso si fuera verdadero quiere decir saber qué observaciones lo verificarían, y esto significa, a su vez, estar dispuestos a aceptar ciertas situaciones como justificación de la aceptación o rechazo del enunciado en cuestión. De lo cual se siguen dos corolarios: uno, que los enunciados para los que ninguna situación es relevante en un sentido u otro son descartados como no factuales; y, en segundo lugar, que el contenido del enunciado, su valor en metálico, consiste en una gama de situaciones, experiencias, que lo confirmarían o lo refutarían».

Ayer, A.J., *El sentido de la vida y otros ensayos.*

a) ¿Qué entiende el autor por un enunciado analítico y por un enunciado empíricamente contrastable? ¿Cuál es su diferencia fundamental?

b) ¿Qué relaciones debe haber, según el texto, entre el lenguaje y el mundo para que los enunciados de este lenguaje estén provistos de sentido? ¿O para que sean verdaderos o falsos?

c) La radicalidad de esta exigencia de verificación se basa en un prejuicio que la invalida. ¿Sabrías decir en cuál?

3 ¿En qué consiste el significado? Hay diversas clases de sentido (por ejemplo, sentido literal y sentido «figurado»). ¿Cómo pueden distinguirse? ¿En qué condiciones puede decirse que dos expresiones tienen el mismo significado? ¿O cuándo una expresión es ambigua?

4 ¿En qué sentido habla Wittgenstein del lenguaje como un juego? ¿Qué significa cuando equipara hablar con jugar? ¿Podrías poner algún ejemplo?

En la web

Encontrarás una autoevaluación interactiva.

Un autor, una obra

Ludwig Wittgenstein, *Tractatus logico-philosophicus*

Resumen de la obra

El *Tractatus* de Wittgenstein está escrito en forma de aforismos numerados según el sistema decimal, y contiene siete proposiciones fundamentales. De ellas, las dos primeras (ver texto 1) se refieren al mundo y a la realidad, mientras que las cuatro siguientes son un desarrollo de la lógica y de la teoría del lenguaje. La última proposición, la conocida y enigmática frase «De lo que no se puede hablar mejor es callarse», cierra el libro marcando el límite de lo que se puede pensar y decir (la proposición).

Aunque la mayor parte del *Tractatus* habla de lógica y de lenguaje (de la proposición), los párrafos iniciales tratan del mundo y de la visión metafísica del mundo en términos de lo que Bertrand Russell, maestro de Wittgenstein, llamó «atomismo lógico».

En esta obra se intenta demostrar que aquello de lo que se puede hablar objetivamente —que, tal vez, no sea absolutamente todo— es un universo concebido como un conjunto infinito pero determinado de hechos a los que les correspondería una proposición que los expresa adecuadamente. La estructura de las proposiciones que forman este lenguaje objetivo ideal vendría determinada por la lógica, por una parte, y por la propia estructura del mundo, por otra.

Según esto, existe, al menos en teoría, un lenguaje objetivo ideal, distinto y superior al lenguaje ordinario, que estaría básicamente compuesto por dos elementos: por un lado, por proposiciones empíricas que designan hechos o sucesos del mundo y cuyo contenido puede constatarse de manera directa e inmediata —los llamados «enunciados observacionales»— y, por otro, por definiciones y proposiciones teóricas que se refieren a las relaciones lógicas con las que deben organizarse entre sí esos enunciados observacionales y que tienen la estructura de un sistema lógico formal.

El propio Wittgenstein cuestionó más adelante este enfoque, y concibió el lenguaje humano como un conjunto de «juegos de lenguaje» en los que el sentido de la comunicación depende más bien del contexto y del efecto de las frases en las personas, en vez de como la expresión más o menos imperfecta de un lenguaje objetivo ideal capaz de expresar perfectamente con signos los hechos del mundo.

Textos seleccionados

Texto 1: El mundo y los hechos

«1 El mundo es todo lo que acaece.

1.1 El mundo es la totalidad de los hechos, no de las cosas.

1.11 El mundo está determinado por los hechos y por consistir en todos los hechos.

1.12 La totalidad de los hechos determina lo que acontece y también lo que no acontece.

1.13 Los hechos en el espacio lógico son el mundo.

1.2 El mundo se divide en hechos.

1.21 Una cosa puede acaecer o no acaecer y el resto permanece igual. [...]

2 Lo que acaece, el hecho, es la existencia de los hechos atómicos.

2.01 El hecho atómico es una combinación».

Wittgenstein, L., *Tractatus logico-philosophicus.*

Texto 2: La proposición

«3.12 Llamo signo proposicional al signo mediante el cual expresamos el pensamiento. Y la proposición es el signo proposicional en su relación proyectiva con el mundo.

3.13 A la proposición pertenece todo aquello que pertenece a la proyección, pero no lo proyectado. Pues en la proposición no está contenido su propio sentido, sino la posibilidad de expresarlo. En la proposición está contenida la forma de su sentido, pero no su contenido.

3.14 El signo proposicional consiste en esto: en que sus elementos, las palabras, están combinados de un modo determinado. El signo proposicional es un hecho.

3.141 La proposición no es una mezcla de palabras (como el tema musical no es una mezcla de tonos). La proposición es articulada.

3.142 Solo los hechos pueden expresar un sentido, una clase de nombres no puede.

3.143 Que el signo proposicional es un hecho, está oculto por la forma ordinaria de expresión escrita o impresa. Pues, por ejemplo, en la proposición impresa, el signo de la proposición no aparece como esencialmente diferente de la palabra.

3.1431 La esencia del signo proposicional se hace muy clara cuando lo imaginamos compuesto de objetos espaciales (tales como mesas, sillas, libros) en vez de signos escritos. La recíproca posición espacial de estas cosas expresa el sentido de la proposición».

Wittgenstein, L., *Tractatus logico-philosophicus*.

Texto 3: El método del análisis

«6.53 El verdadero método de la filosofía sería propiamente este: no decir nada, sino aquello que se puede decir; es decir, las proposiciones de la ciencia natural, algo, pues, que no tiene nada que ver con la filosofía; y siempre que alguien quisiera decir algo de carácter metafísico, demostrarle que no ha dado significado a ciertos signos en sus proposiciones. Este método dejaría descontentos a los demás, pues no tendrían el sentimiento de que estábamos enseñándoles filosofía, pero sería el único estrictamente correcto.

6.54 Mis proposiciones son esclarecedoras de este modo; que quien me comprende acaba por reconocer que carecen de sentido, siempre que el que comprenda haya salido a través de ellas fuera de ellas. (Debe, pues, por así decirlo, tirar la escalera después de haber subido). Debe superar estas proposiciones; entonces tiene la justa visión del mundo.

7 De lo que no se puede hablar, mejor es callarse».

Wittgenstein, L., *Tractatus logico-philosophicus*.

Cuestiones para comentar

1. Explica qué quiere decir Wittgenstein con la frase: «El mundo es la totalidad de los hechos, no de las cosas».
2. Explica por qué dice Wittgenstein en el aforismo 3.14 que el signo proposicional es un hecho porque la proposición es articulada.
3. ¿Se desprende de lo que se dice en los aforismos del texto 3 que Wittgenstein es un escéptico y se propone refutar la posibilidad de hacer filosofía? Razona tu respuesta.

La filosofía va al cine

El lenguaje como instrumento de poder

Ridicule. Nadie está a salvo

- Título original: *Ridicule. Il n'épargne personne.*
- Dirección: Patrice Leconte.
- Guion: Rémi Waterhouse.
- Intérpretes: Charles Berling, Fanny Ardant, Jean Rochefort, Judith Godreche, Bernard Giraudeau.
- Música: Antoine Duhamel.
- Fotografía: Thierry Arbogast.
- Producción: Epithète / Cinéa / France 3 Cinéma.
- Año: 1996.
- Duración: 102 minutos.
- Nacionalidad: Francia.

Resumen del argumento

Gregory Ponceludon de Malavoy, barón de Dombes (Charles Berling), es un joven aristócrata sin dinero que llega a la corte de Luis XVI en Versalles con el fin de obtener los medios y el permiso para drenar los pantanos de su región, con el fin de impedir así que se transmitan las enfermedades relacionadas con esas aguas insalubres.

El joven tiene que luchar contra la enorme burocracia del Estado francés en vísperas de la Revolución Francesa, hasta que su suerte cambia cuando tiene la ocasión de introducirse en la corte. Allí se verá envuelto en las intrigas cortesanas, en las que el triunfo solo se logra mediante la habilidad y el ingenio para poner en evidencia a los demás evitando caer en el ridículo.

El marqués de Bellegarde (Jean Rochefort), finalmente, le ayuda, ocasión que Gregory sabe aprovechar con talento y perspicacia. La acción se concentra entonces en las relaciones entre el favorito de un rey efímero, el abad de Villecourt (Bernard Giraudeau), su amante, Madame de Blayac (Fanny Ardant), Gregory y la hija del marqués de Bellegarde, Mathilde (Judith Godreche). El joven barón se enamora de Mathilde, pero su amor es imposible, pues ella está destinada a casarse por conveniencia. Entonces, Gregory busca los favores y el apoyo de Madame de Blayac.

Gregory se ve envuelto en muchas intrigas antes de llegar a tener una entrevista con el rey en privado, pues, incluso cuando la cita estaba ya concertada, en un duelo hubo de dar muerte a un oficial del rey, por lo que este se negó a recibirlo. Invitado a una recepción, tiene la mala fortuna de romperse una pierna durante un baile, quedando expuesto al ridículo.

Finalmente, fiel a su compromiso de limpiar los pantanos de Dombes, Gregory Ponceludon obtiene el permiso del gobierno revolucionario en su condición de ingeniero hidrográfico para llevar a cabo este importante trabajo.

Comentario

Esta película narra las ridículas aventuras de un joven aristócrata pobre que, en un mundo de decadencia moral y escepticismo, lucha por un fin noble: limpiar los pantanos de Dombes y terminar así con la malaria en la región.

Para ser recibido por el rey, tiene que resultar ingenioso, causar efecto en los demás, especialmente mediante determinados usos y juegos de lenguaje, y no dudar en poner en ridículo a otros. De modo que gracias a su habilidad en este terreno, y también gracias a su tenacidad y a su inteligencia, el protagonista acaba por convertirse en un cortesano reconocido en la corte y por el mismo rey.

La corte de Versalles era un mundo despiadado en el que no existían la honorabilidad ni la justicia, un mundo en el que solo los halagos y la hipocresía servían para prosperar. En este mundo, el engaño y la adulación eran prácticas comunes no solo en los tribunales, sino también para convertirse en amigo íntimo del rey y conquistar sus favores.

Las palabras del abad de Villecourt dicen mucho sobre la intención última de la película. En ellas se muestra muy bien ese mundo superficial, en el que la palabra solo vale para lograr prebendas, pues las alianzas del momento actual pueden dar paso a la traición y al engaño futuros. La escena entre el abad y el rey, en la que el primero trata de demostrar la existencia de Dios y de lo contrario, es un ejemplo perfecto. Y también la diatriba final en la que se denuncia sin compasión la estupidez de los cortesanos.

Cuestiones para la reflexión

1 ¿Qué diferentes usos del lenguaje puedes descubrir en esta película?

2 En la demostración de la existencia de Dios del abad de Villecourt, ¿cómo mezcla argumentos lógicos con otras consideraciones incluidas solo para persuadir?

3 Rousseau decía que el lenguaje culto, en vez de favorecer la libertad, servía solo para las bromas y las diversiones en las grandes fiestas. ¿En qué aspectos te parece falso, hipócrita y servil el lenguaje de la corte?

4 ¿Contra qué prejuicios luchó el abad de la Espada para que se reconociera que era posible una conversación con los sordomudos?

Fotograma de la película en el que aparece Gregory Ponceludon de Malavoy paseando junto al rey por los jardines de Versalles.

Sugerencias para un debate

¿Comprometen más los actos que las palabras?

En una promesa, la palabra crea un compromiso y una responsabilidad. (Fortuny, La vicaría, *Museo Nacional de Arte de Cataluña, Barcelona).*

Introducción al debate

A veces resulta prudente desconfiar de las palabras de alguien porque o nos parecen alejadas de la realidad o sospechamos que se nos intenta engañar y manipular. Por ejemplo, ¿cuántas veces no hemos escuchado que se nos hacían falsas promesas? ¿Cuántas veces hemos visto a muchos faltar a su palabra?

Sin embargo, tenemos que pensar que, puesto que una promesa no es sino la palabra dada, cualquier palabra dada debería ser una promesa auténtica. Que se cumpla o no, eso no resta valor a su condición de promesa como tal y de palabra comprometida.

La palabra crea, pues, aquí una realidad que solo existe en el mundo humano: la realidad del compromiso y la responsabilidad. El que no queramos reconocer eso, desde luego, no es culpa de la palabra, sino de nosotros.

Cuestiones para debatir

1 ¿Por qué se tiende a desconfiar tanto de las palabras? ¿Es porque abundan más la hipocresía y las mentiras que la sinceridad o hay otras razones?

2 ¿Qué es lo que induce a creer más en los actos que en las palabras? ¿No hay muchas situaciones —cuando alguien dice «Yo quiero», «Yo declaro», «Yo prometo», «Yo condeno»— en las que las palabras son actos?

3 ¿No son las palabras las que hacen posible la vida moral y jurídica? ¿No puede el testimonio, las palabras de un testigo, enviar a la cárcel a un acusado o evitarlo?

4 Sigmund Freud practicaba la cura psicoanalítica a través del lenguaje, hablando con el paciente. ¿Es posible resolver mediante el diálogo, y no solo con acciones, muchos conflictos y problemas? Justifica tu respuesta.

Un aspecto concreto para discutir

Las causas del descrédito del lenguaje en comparación con las acciones han sido señaladas por Jean Paul Sartre, en el siglo XX, con estas palabras:

El descrédito del lenguaje...

«Solo los actos pueden definir el valor de una vida. Incluso los sentimientos se juzgan por los actos. Un amor solo es auténtico cuando se demuestra con gestos, acciones, sacrificios. Los sentimientos, como las palabras, engañan».

Sartre, J. P., *El existencialismo es un humanismo.*

Aunque es importante lo que dice Sartre, no es posible generalizarlo a toda relación entre lenguaje y actos. Muchos filósofos han señalado la dimensión política y moral del diálogo. Aristóteles pensaba que el ser humano no puede vivir en sociedad más que si delibera con los demás sobre los valores.

... frente a la dimensión política y moral del diálogo,...

«Solo el ser humano tiene un lenguaje de palabras. Ese lenguaje existe para manifestar lo beneficioso y lo perjudicial y, por tanto, también lo justo y lo injusto. Solo una cosa es propia de los seres humanos respecto de los animales: el hecho de tener la percepción del bien y del mal, de lo justo y de lo injusto, y de otras nociones de esta clase. Tener tales nociones en común es lo que hace una familia y una ciudad».

Aristóteles, *Política, I, 2.*

Por tanto, el diálogo y la negociación son siempre deseables en teoría. Es verdad que muchas veces, en cambio, fracasan en la práctica y la violencia irrumpe entonces. Para evitarlo, el diálogo capaz de resolver los conflictos debe ser el de las razones y los argumentos, a través de los cuales a ambas partes les es lícito defender los propios intereses.

... pero un diálogo basado en razones y argumentos

«Hablando de manera concreta, cuando no es solo un juego (el juego no se comprende más que como una imagen de lo serio), el diálogo es lo que nos lleva siempre, en última instancia, a la forma según la cual se debería vivir».

Weil, E., *Lógica de la filosofía.*

El diálogo ayuda a evitar conflictos mediante la palabra. (Asterio Mañanos Martínez, Presentación del Gobierno nacional en el Senado, *Palacio del Senado, Madrid).*

4 El conocimiento científico

La ciencia, la estrella más deslumbrante y asombrosa de la cultura

«Por medio de la investigación científica el hombre ha alcanzado una reconstrucción conceptual del mundo que es cada vez más amplia, profunda y exacta. La ciencia como actividad —como investigación— pertenece a la vida social; en cuanto se la aplica al mejoramiento de nuestro medio natural y artificial, a la invención y manufactura de bienes materiales y culturales, la ciencia se convierte en tecnología. Sin embargo, la ciencia se nos aparece como la más deslumbrante y asombrosa de las estrellas de la cultura cuando la consideramos como un bien por sí mismo, esto es, como un sistema de ideas establecidas provisionalmente (conocimiento científico) y como una actividad productora de nuestras ideas (investigación científica)».

Bunge, M., *La ciencia, su método y su filosofía.*

Actividades

1 De la valoración de la ciencia que hace Bunge como un bien por sí mismo, ¿se sigue que no se deben poner límites de ningún tipo a la investigación y al avance científicos? Justifica tu respuesta.

2 Explica la diferencia que establece el autor del texto entre conocimiento científico e investigación científica.

3 ¿Crees que hay algún sentido en el que se pueda decir que la ciencia funciona al margen de la sociedad? ¿En cuál?

4 ¿Te parece que todo lo que el desarrollo científico y técnico ha aportado a la humanidad es positivo? Si no es así, pon algún ejemplo de lo contrario. ¿Son inevitables las consecuencias negativas del avance de la ciencia y de la técnica?

Albert Edelfelt, Louis Pasteur en su laboratorio, *Museo de Orsay, París, Francia.*

1 El proceso de conocimiento

1.1. Conocimiento sensible y conocimiento intelectual

El origen del conocimiento: racionalismo y empirismo

La primera cuestión que se plantea la filosofía para definir el conocimiento es la de su origen:

1. Por un lado, están los **racionalistas,** que afirman que **el conocimiento lo produce la razón.** Filósofos como Platón o Descartes defienden que nuestra razón posee ciertas ideas innatas que garantizan la objetividad del conocimiento.
2. Por otro, están los **empiristas,** que piensan que **el conocimiento se produce a partir de la experiencia.** Filósofos como Locke o Hume niegan la existencia de ideas innatas, que son imposibles de comprobar empíricamente, y concluyen que el ser humano, al nacer, es como una hoja de papel en blanco, donde la experiencia va grabando todo cuanto llega a conocer. Para ellos, la percepción es la única fuente de conocimiento que tenemos.

Ante todo, hay que reparar en que estas dos posiciones conciben el conocimiento como **captación inmediata o intuición (racional o sensible),** sin considerar necesaria la inferencia en el proceso de conocer:

1. Los **racionalistas** hablan de **intuición racional,** y consideran que **los verdaderos objetos de conocimiento no son las cosas, sino las ideas o los conceptos.** Por lo tanto, el verdadero conocimiento supone la captación inmediata de estas ideas o conceptos.
2. Los **empiristas,** en cambio, hablan de **intuición sensible** como captación inmediata de los datos de los sentidos sin intervención de ningún proceso intermedio: **las cosas se conocen por experiencia (externa o interna) inmediata,** y no hay otra forma de conocer que esta.

Sin embargo, ambas posiciones presentan inconvenientes:

1. **Contra la intuición racionalista, no se puede admitir el conocimiento a priori, o sea, independiente de la experiencia y basado en ideas innatas.** Los racionalistas pensaban que los conocimientos objetivos y universales solo podían derivar esa objetividad del hecho de ser a priori, o sea, de no proceder de la experiencia, sino de la razón, que es la misma en todos los seres humanos.
2. **Contra la intuición empirista, no se puede aceptar su concepción ingenua del conocimiento como simple receptividad pasiva de los estímulos,** sino que es preciso suponer algún tipo de actividad productora de la razón por parte del sujeto. Algo aporta el sujeto desde su razón, su conciencia, o desde su condicionamiento cultural.

La propuesta unificadora de Kant

El gran genio de Kant consiguió, en cierta medida, hacer compatibles estas dos posturas y ofrecer una explicación convincente. Para él, el conocimiento objetivo es resultado de dos procesos de síntesis.

1. Por el primer proceso, los datos que, a través de la percepción, proporcionan los sentidos son elaborados y articulados con lo que Kant denomina **«las formas a priori de la sensibilidad» (el espacio y el tiempo),** dando lugar a los **fenómenos.**
2. Por el segundo proceso de síntesis, el **entendimiento** elabora esos fenómenos con otros esquemas a priori, **«las categorías»,** dando lugar al **conocimiento objetivo.**

Textos en la web

La diferencia entre ciencia y opinión (Platón, *República*).

Tanto el espacio y el tiempo (formas a priori de la sensibilidad) como las categorías (esquemas a priori del entendimiento) son **funciones «innatas» de la mente humana como tal,** iguales en todos los individuos y que, al actuar sobre el material cambiante de las sensaciones que aporta la experiencia, proporcionan el conocimiento objetivo. «Sin sensaciones —dice Kant— ningún objeto nos sería perceptible, y sin entendimiento ninguno sería pensado. Los pensamientos sin contenido son vacíos; las intuiciones sin conceptos son ciegas».

Kant establece así, desde un principio, la distinción básica entre conocimiento sensible, o sensación, y conocimiento intelectual:

1. **El conocimiento sensible es la simple recepción pasiva de los datos sensoriales** —o estímulos procedentes de la experiencia externa e interna— **a través de las sensaciones.** Estos estímulos son luego configurados por las formas a priori del espacio y del tiempo que tiene el sujeto para formar las **percepciones.**

   Perciben tanto los animales como los seres humanos, pero con la diferencia de que la percepción humana está directamente relacionada con el pensamiento.

2. **El conocimiento intelectual es la captación del objeto mediante un esquema mental, o «categoría»,** normalmente llamado **concepto.**

   Las percepciones elaboradas antes a partir de los estímulos de los sentidos son ahora reelaboradas de manera activa por el entendimiento y filtradas u organizadas por sus conceptos. Así se produce el conocimiento objetivo.

Textos en la web

Conocimiento intelectual e intuición intelectual (Immanuel Kant, *La «Dissertatio» de 1770*, sobre la forma y los principios del mundo sensible y del inteligible).

1.2. La experiencia

El conocimiento sensible

En el lenguaje común, la experiencia hace referencia al conjunto de conocimientos y acontecimientos que, obtenidos y vividos sucesivamente a lo largo de la propia existencia, constituyen el patrimonio cultural y humano de un individuo.

En el ámbito de la teoría del conocimiento, en cambio, **el término «experiencia» es sinónimo de «conocimiento sensible»,** y la experiencia puede ser tanto **externa (observación de los sentidos)** como **interna (autopercepción psicológica).** Como acabamos de ver, para los empiristas, estas dos clases de experiencia constituyen el único origen de todo nuestro conocimiento.

Etimológicamente, la palabra «experiencia» proviene del verbo latino *experire*, que significa 'ensayar', 'hacer la prueba'. Tanteando, haciendo ensayos, el niño va adquiriendo experiencia de las cosas y de su mundo.

En general, los seres humanos enriquecemos nuestro conocimiento y nuestras capacidades haciendo experiencias, pero no se puede decir que estas experiencias sean «científicas». Nuestras experiencias subjetivas tan solo enriquecen nuestra existencia. Por ejemplo, al volver de un viaje a un país lejano, hemos experimentado nuevos tipos de comida, un clima distinto, unas costumbres y unas personas nuevas o puede que incluso alguna aventura afortunada.

La experiencia científica

Cuando hablamos de **experiencia científica,** en cambio, nos referimos a **los pasos por los que un científico trata de confirmar o refutar una hipótesis.** De ese modo, se controla el valor de verdad de las teorías al confrontarlas con los hechos y verificar, así, los conocimientos que pueden ser considerados válidos para todos.

La medicina antigua no era científica, aunque se basara en la observación, porque no explicaba los fenómenos. (Médico curando a enfermos en una farmacia, Museo Rolin, Autun, Francia).

Los médicos antiguos, impotentes para conocer las causas de las enfermedades, utilizaban un saber de tanteo, de pruebas, extraído, por ejemplo, de la observación de los efectos medicinales de las plantas. La medicina antigua era, pues, un saber empírico, que se limitaba a la percepción de fenómenos concretos y de sus relaciones, sin elevarse a una explicación satisfactoria y científica de ellos.

Cuando la experiencia se inserta en el proceder de las ciencias actuales **no se limita a constatar fenómenos, sino que contribuye a explicarlos mediante la averiguación de sus causas.** Ayuda, así, a hacer lo real inteligible.

En la ciencia, la experiencia equivale a la **observación,** que es la operación básica de las ciencias empíricas, que llevan a cabo su método haciendo uso de experimentos como prueba de su verdad.

La observación implica el conjunto de pasos, provocados o no, que conducen a elaborar una **hipótesis.** Una vez formulada la hipótesis, el **experimento** es el conjunto de situaciones diseñadas para verificar dicha hipótesis.

Textos en la web

El material de nuestro conocimiento (David Hume, *Investigación sobre el conocimiento humano*).

1.3. Percepción, abstracción, conceptualización

La percepción

La percepción es el proceso por el que, a través de los sentidos, captamos los estímulos que nos afectan como significando algo, o sea, dando un sentido a lo que es solo energía física.

Los psicólogos de la **Escuela de la Gestalt,** como resultado de sus investigaciones, subrayan el carácter originariamente organizado de la percepción, o sea, defienden que **la percepción tiene lugar como captación de conjuntos de sensaciones organizadas figurativamente.** Los gestaltistas llegan a formular, incluso, leyes que explican los mecanismos de estructuración de los estímulos en el acto de percibir.

Los **psicólogos asociacionistas o genetistas** se han ocupado, sobre todo, de averiguar cómo se origina la percepción. Para ellos, **la percepción es el resultado de una combinación de sensaciones captadas por separado y organizadas por el cerebro.** Es decir, al contrario de los psicólogos de la Gestalt, los asociacionistas creen que los sentidos transmiten primero al cerebro un conjunto de sensaciones aisladas, que luego el cerebro asocia en conjuntos o totalidades, dando lugar a la percepción de los fenómenos.

Investigaciones experimentales recientes han aportado datos que permiten reunificar ambas posturas, en el sentido de que lo que aparece en forma de figuras organizadas se ha elaborado en realidad mediante una composición asociativa de sensaciones simples en el cerebro.

Textos en la web

El mecanismo de la percepción (John Locke, *Ensayo sobre el entendimiento humano*).

La abstracción

La abstracción es la operación del entendimiento por la que separa, de las percepciones sensoriales, una característica esencial o concreta.

Esta característica no existe, en realidad, independientemente de la totalidad perceptiva de donde ha sido separada, pero el entendimiento la elige como representativa de la naturaleza de un objeto o de lo que de común hay entre varios objetos.

Usualmente, se suelen contraponer los hechos concretos a las ideas abstractas. Concretos son objetos o hechos percibidos como un color, un olor, una forma, una sensación táctil, etc. La abstracción remite, en cambio, a algo general, a una idea o un concepto elaborado por la razón. Por ejemplo, el concepto de «fruta» no tiene olor ni forma ni color porque es solo una idea que nos permite unificar con ella un gran número de objetos concretos.

Mediante la abstracción seleccionamos una característica esencial de los objetos. (Monet, El jardín del artista en Giverny, *Museo de Orsay, París, Francia).*

Para comunicarnos y comprendernos necesitamos nombres comunes, conceptos abstractos como «fruta», «ser humano», «amor», «verdad», que son categorías universales en las que, al remitir a ellas hechos o percepciones particulares, las definimos y decimos que entendemos qué son.

El resultado de la abstracción, lo abstraído o lo abstracto, es el concepto o la idea en sentido tradicional; aquello de donde se abstrae es el objeto o los objetos percibidos por los sentidos. La abstracción, por tanto, constituye el eje mismo de la formación de conceptos.

La conceptualización

Los conceptos son, pues, las ideas abstractas, pero, en realidad, **un concepto puede ser cualquier signo o procedimiento semántico que haga posible la descripción y clasificación de los objetos.**

Platón los convirtió en entidades metafísicas existentes en otro nivel de realidad como formas modélicas de la realidad última de las cosas. Actualmente se considera que un concepto es simplemente un **signo de los objetos,** una referencia semántica a un conjunto de notas comunes a las realidades significadas en él. Por eso, la filosofía del lenguaje reconvierte la teoría del concepto en la noción de significado, de la que hemos tratado ya en la unidad anterior.

Textos en la web

La abstracción y la formación de los conceptos universales (Pedro Abelardo, *Logica ingredientibus. Glosas a Porfirio,* «Introducción»).

Actividades

1 Responde a las preguntas sobre el texto:

«Que la habitación esté caliente, el azúcar dulce, el absintio desagradable, son juicios de valor simplemente subjetivos. No exijo que yo o cualquier otro debamos sentir así. Estos juicios solo expresan una relación entre dos impresiones en el mismo sujeto, o sea en mí mismo, y solo en el estado actual de mi percepción, por lo que no deben valer tampoco para el objeto. Llamo a estos juicios "juicios de percepción". Y los distingo de los "juicios de experiencia". Lo que me enseña la experiencia en ciertas circunstancias debe enseñármelo en cualquier ocasión y a todo el mundo por igual, y su validez no se limita al sujeto y a su estado momentáneo. Por ello considero a los juicios de este tipo como objetivamente válidos, porque en ellos todo el mundo debe relacionar necesariamente las mismas percepciones en las mismas circunstancias».

Kant, I., *Prolegómenos a toda metafísica futura.*

a) ¿Qué distingue, según el texto, los juicios de percepción de los juicios de experiencia? Pon ejemplos de unos y de otros.

b) Comenta la expresión: «todo el mundo debe relacionar necesariamente las mismas percepciones en las mismas circunstancias».

c) ¿Pueden ser objetivas las percepciones? ¿Se distinguen de las sensaciones?

2 ¿Consideras que la experiencia es una guía para la acción? ¿No se tienen, a veces, experiencias engañosas que pueden desviar la razón?

3 ¿Qué diferencias hay entre el proceso de abstracción y el proceso de conceptualización?

4 ¿En qué casos el conocimiento se puede producir al margen de la experiencia? ¿Podrías poner algún ejemplo de conocimientos de este tipo?

2 ¿Qué entendemos por ciencia?

2.1. Características del conocimiento científico

El conocimiento científico es aquel que es producido por la actividad y los procedimientos de la ciencia. Y la ciencia es aquella actividad humana cuyo objetivo es crear una serie de conocimientos adecuadamente fundamentados y verificados de modo que cualquier ser humano los considere válidos y verdaderos.

Suele decirse, de manera más simple, que ciencia es el conjunto de enunciados cuya verdad los científicos defienden y justifican. Por lo tanto, ciencia sería el conjunto de teorías que la comunidad científica acepta como científicas. Estas teorías, aunque son producidas por científicos concretos, una vez formuladas adquieren una vida autónoma e independiente, como si constituyeran un mundo propio.

Las principales características del conocimiento científico son:

1. **Es racional y objetivo:** sus enunciados se refieren a hechos, cuyas regularidades quiere explicar y predecir, que pueden ser verificados o refutados mediante procedimientos específicos, por lo que su carácter de verdad y validez puede demostrarse y controlarse.
2. **Es experimental:** se obtiene mediante un método del que forman parte la observación, la experimentación y las inferencias. Los resultados alcanzados se contrastan con los hechos.
3. **Es sistemático:** se organiza mediante hipótesis, leyes y teorías. No se reduce, por tanto, a un mero conocimiento de hechos, sino que aspira a formular predicciones y teorías cuya validez tenga un carácter general.
4. **Es público:** pretende ser aceptado por todos como verdadero y obtener un consenso universal. Para ello, hace público el proceso por el que se ha obtenido, de modo que cualquiera pueda comprobarlo él mismo. Está abierto a la crítica e incluso a la refutación, y se considera siempre un saber mejorable.

Aunque se reconoce que la ciencia tuvo su nacimiento en la antigua Grecia hacia el siglo VI a.C. —donde se cultivaron la astronomía, la física y la matemática—, fue en la Europa del siglo XVII donde alcanzó las características que la convirtieron en modelo de conocimiento para los siglos posteriores hasta la actualidad.

Dos grandes astrónomos, Copérnico y Kepler, formularon matemáticamente las leyes que rigen el movimiento de los astros. Galileo aplicó el método matemático a la explicación de los fenómenos físicos de la naturaleza. Newton, con su descubrimiento de la ley de la gravedad, convirtió la mecánica en el paradigma de la ciencia física. Y ya en el siglo XX, la teoría de la relatividad de Einstein, en lo relativo a la comprensión del mundo, y la física cuántica, en lo que se refiere a la constitución de la materia, representan la prolongación y el desarrollo de las etapas anteriores.

Textos en la web

La necesaria objetividad de las proposiciones de la ciencia (Aristóteles, *Segundos analíticos*).

2.2. La clasificación de las ciencias

Ciencias empíricas

Son aquellas ciencias que emplean conceptos cuyos referentes son cosas, objetos o hechos reales. Por eso, aportan un tipo de conocimiento susceptible de **verificación mediante su confrontación con los hechos.** Su objeto de estudio son hechos factuales, por lo que se las conoce también como **ciencias fácticas.**

Buscan un conocimiento del mundo externo a través de **leyes causales.** Sus técnicas y métodos de investigación y comprobación serán distintos, pues, de los de las demás ciencias. Ejemplos de ciencias empíricas son la biología, la física, la astronomía o la química.

Ciencias formales

Son aquellas ciencias que emplean conceptos cuyos referentes son relaciones conceptuales o lingüísticas. Su objeto de estudio, por tanto, son constructos conceptuales o formas como cálculos, razonamientos, teorías, y por ello se las llama también **ciencias analíticas.**

Aunque no se refieren a hechos de la naturaleza, aportan igualmente un conocimiento universal, sistemático y metódico, pues **proporcionan los instrumentos de cálculo e inferencia necesarios para el método y la sistematización de las ciencias empíricas.** Además, también mantienen relación con la naturaleza, al proporcionar modelos para pensarla. Ejemplos de ciencias formales son la lógica y la matemática.

Textos en la web

Ciencias empíricas y ciencias formales (Mario Bunge, *La investigación científica*).

Ciencias humanas o ciencias del espíritu

Son aquellas ciencias que buscan un conocimiento objetivo del mundo humano a través del estudio de la cultura, del hombre o de la historia. Utilizan un método basado en la **comprensión, apto para ser aplicado a hechos en los que no rigen las leyes del mecanicismo causal.**

Las ciencias humanas analizan, pues, producciones culturales como las obras de arte, los documentos históricos, las instituciones sociales, etc. Ejemplos de ciencias humanas son la historia general, la historia del arte, la filología y la filosofía.

Ciencias sociales

Son aquellas ciencias cuyo objeto de estudio son los **fenómenos sociales.** Se trata de conocerlos de manera objetiva, al margen de las representaciones o interpretaciones que de ellos ofrecen sus protagonistas.

Utiliza técnicas estadísticas para recoger datos que somete luego a un tratamiento matemático. Una vez obtenidos estos datos, se han de interpretar para dar cuenta de las diversas interacciones que configuran el sentido específico de la dinámica social. Ejemplos de ciencias sociales son, además de la sociología, la economía, la lingüística, la criminología, la ciencia política y la psicología social.

Textos en la web

Las ciencias sociales (Ernest Nagel, *La estructura de la ciencia*).

2.3. Ciencia y sociedad

A partir del siglo XVIII, se produjo un cierto divorcio entre ciencia y filosofía, al lograr imponerse la idea de que **el conocimiento seguro y verdaderamente válido solo lo proporcionan las ciencias,** mientras que la filosofía únicamente ofrece convicciones y consideraciones subjetivas sin verdadero valor cognoscitivo.

La ciencia desconfiaba de los procedimientos y motivaciones de la filosofía, que le resultaban inaceptables, y siguió desarrollándose de forma cada vez más independiente, logrando un éxito espectacular en operatividad lógica y aplicabilidad técnica.

Bajo la impresión de este éxito, en el siglo XIX, **los filósofos positivistas trataron de reducir la filosofía a la ciencia,** aplicando el método científico no solo a la naturaleza, sino también en el ámbito de los problemas sociales e históricos. Así pues, a partir de ese momento, la ciencia y la filosofía se desarrollaron como dos tipos de investigación irreductibles y hasta antagónicos.

Como respuesta a este imperialismo cognoscitivo de la ciencia, otros filósofos, ya en el siglo XX, en particular los componentes de la **Escuela de Frankfurt** (Horkheimer, Adorno, Habermas), han hecho hincapié en que **el proceso de la ciencia no es, en realidad, solo un proceso intracientífico, sino también un proceso social.**

La misma percepción de los hechos, que es el punto de partida de las ciencias experimentales, no es independiente del marco social en el que se produce. Tiene una génesis social, y tanto ella como su objeto son productos históricos. El observador individual puede parecer un receptor pasivo, pero la sociedad es un elemento activo del proceso que determina los hechos empíricos.

Por otra parte, lo que provoca el cambio de unas teorías por otras no es el descubrimiento en las primeras de dificultades lógicas o a su incompatibilidad con los datos de la experiencia. **El agente último de las modificaciones de las teorías es la sociedad y sus cambios,** pues la ciencia forma parte del proceso de producción de los bienes al servicio del sostenimiento de la vida social, y evoluciona con él.

Es preciso, pues, restablecer la relación entre ciencia y sociedad desde el descubrimiento de los intereses que impulsan la ciencia, que deberían ser el **provecho de la humanidad,** pero que muchas veces encubren justificaciones ideológicas.

El científico no puede restringir la función del conocimiento a la simple aplicación autónoma y automática de sus métodos y prescindir de cualquier valoración y de la pregunta sobre los fines y efectos sociales de su investigación. Actuando así, la ciencia no está al servicio de las necesidades reales de los seres humanos y de la sociedad, sino que puede contribuir a generar opresión y a empeorar las condiciones de vida.

Textos en la web

Ciencia y comunidad científica (Thomas Kuhn, *La estructura de las revoluciones científicas*).

Actividades

1 ¿Qué significa que el conocimiento científico es un conocimiento público?

2 ¿Conoces alguna ciencia cuyos enunciados sean tanto analíticos (ciencias formales) como empíricos (ciencias empíricas)? Cítalas.

3 ¿Qué importancia tiene que una teoría pueda proporcionar predicciones nuevas para valorar su carácter científico? Justifica tu respuesta.

4 Responde a las preguntas sobre el texto:

«Hoy se lleva tan lejos la primacía del método que, con mucho, solo pueden plantearse aquellos problemas de investigación que puedan resolverse con los medios del aparato disponible. La primacía del método es la primacía de la organización. La disponibilidad de los conocimientos mediante el orden lógico clasificatorio se convierte en su propio criterio; lo que no encuadra en él solo aparece al margen como dato que espera su lugar y que, en la medida en que no lo encuentra, es desechado. Al igual que los hombres en un ente comunitario rígidamente organizado, todos los principios deben encajar dentro de la continuidad de todos los demás: lo "no vinculado" y no integrable se convierte en pecado mortal. Drásticamente, el pensamiento es confiado por entero al control por parte de la organización social, mediante el hecho de que, por principio, toda manifestación científica debe ser comprobada por todo científico aprobado de la especialidad, sin importar sus dotes intelectuales, y toda realización intelectual debe ser nuevamente ejecutable por parte de cualquier otro».

Adorno, T. W., *Sobre la metacrítica de la teoría del conocimiento.*

a) ¿Cómo se relacionan los fenómenos de la nivelación de las diferencias de los hechos científicos y de la consiguiente nivelación de los individuos en el todo social de las que se habla en el texto?

b) ¿Qué significa «La primacía del método es la primacía de la organización»?

c) ¿Es necesario que los científicos se pregunten por la finalidad y las consecuencias sociales y morales de sus investigaciones? Razona tu respuesta.

3 Métodos, leyes y teorías científicos

3.1. El método hipotético-deductivo y el criterio de falsación

El método hipotético-deductivo

Normalmente, la práctica científica se lleva a cabo siguiendo protocolos con reglas y operaciones previamente establecidas. Si se trata de ciencias formales, el método a seguir consiste en el razonamiento y la demostración de los enunciados y, en el mejor de los casos, en su axiomatización.

Sin embargo, en las ciencias empíricas, puesto que sus enunciados se refieren a hechos, debe comprobarse si dichos enunciados están de acuerdo con tales hechos. Para ello, se aplica el **método hipotético-deductivo,** cuyos pasos son los siguientes:

1. Se parte de unos hechos observados o de unos datos ya obtenidos.
2. Se descubre un problema.
3. Se formulan hipótesis de solución del problema.
4. Se deducen de esas hipótesis los efectos susceptibles de contrastación.
5. Se ponen a prueba experimentalmente estos efectos.
6. Se integran las hipótesis contrastadas en leyes, teorías y modelos.

Como puede verse, el método está orientado, básicamente, a la **comprobación o justificación de las hipótesis, mediante su contrastación con los hechos.** Es decir, se parte de la observación y clasificación de los hechos que se quiere investigar; a partir de ellos, por generalización, se inducen hipótesis, y, finalmente, estas se someten a experimentación con miras a obtener su confirmación o su negación.

Textos en la web

El proceder científico: análisis y síntesis (Isaac Newton, *Óptica*).

La contrastación de las hipótesis con los hechos es el paso clave del método hipotético-deductivo. (L. Turgio, Alessandro Volta muestra su pila eléctrica a Napoleón Bonaparte, litografía del siglo XIX).

El criterio de falsación

Los deductivistas, entre los que destaca el filósofo de la ciencia Karl Popper, tienden a reducir el método científico a la **contrastación de las hipótesis que la creatividad del científico imagina** para explicar los problemas que surgen en la actividad científica o en la vida diaria, a modo de **conjeturas** que se someten a pruebas rigurosas para comprobar si son falsas o no.

El criterio positivista de verificación de una teoría es el de su comprobación empírica. En contra de este criterio, Popper considera que es imposible probar una teoría de una manera definitiva, porque continuamente dispodremos de más datos y de nuevas hipótesis a contrastar. Por tanto, puede ser considerada científica aquella teoría o proposición que resista todos los intentos que se le puedan dirigir para establecer su falsedad.

En lugar, pues, de buscar hechos que confirmen las conclusiones de la ciencia, ha de tratarse de buscar hechos que las contradigan o desmientan. Solo podemos hablar de leyes y de teorías corroboradas. La corroboración la adquiere una ley o una teoría a medida que va superando pruebas cada vez más rigurosas y permite hacer nuevas predicciones.

Textos en la web

El criterio de falsación (Karl Popper, *La lógica de la investigación científica*).

3.2. Las hipótesis y las leyes

Una hipótesis es cualquier proposición o teoría que se propone como una posibilidad, en principio ni verdadera ni falsa, con el fin de realizar, a partir de ella, un conjunto de deducciones o comprobaciones que la verifiquen.

En el ámbito de las ciencias experimentales, una hipótesis es una explicación anticipada, deducida de la observación de los fenómenos, que deberá ser confirmada por la experiencia. En el ámbito de las ciencias formales, hipótesis son los datos de un problema o los enunciados iniciales a partir de los cuales hay que demostrar un teorema.

Una ley científica es una hipótesis que ha sido verificada y confirmada de acuerdo con un método previamente explicitado.

En los siglos XVII y XVIII, las leyes de la física moderna, que representan el modelo para las ciencias experimentales que la seguirán, se concebían como **leyes universales que no admiten excepción.** Este modelo se rechazó en el siglo XX con el desarrollo de la mecánica cuántica, cuyas leyes de carácter causal son solo **probables y estadísticas.** En la actualidad, la noción de ley científica se vincula a la noción de **predicción,** elaborada en el marco de una concepción pragmática de la ciencia.

Las leyes científicas establecen, pues, vínculos entre fenómenos en condiciones determinadas. Por ejemplo, la ebullición del agua supone la existencia de una presión atmosférica, porque el agua no hierve en el vacío. Hierve de manera homogénea si se cumplen las condiciones necesarias de presión y de temperatura, de manera que siempre que se den esas condiciones, el agua hervirá del mismo modo.

El hecho de constatar repeticiones y regularidades en la naturaleza conduce a la idea de **un orden constante que se cumple siempre,** superando, así, la noción de que las cosas suceden al azar. Las cosas en la naturaleza no suceden por azar, ni por capricho, ni por un milagro, sino de acuerdo con regularidades.

Las leyes, construidas por la ciencia, expresan, pues, este orden que interconecta muchas variables abstractas, generalizadas a partir de los casos concretos. Se puede decir, pues, que **una ley científica designa una relación constante y permanente entre fenómenos.**

Por tanto, las leyes científicas son válidas para todos los fenómenos a los que se refieren situados en las mismas condiciones. Así permiten anticipar los acontecimientos que aún no han sucedido. Las teorías científicas no predicen el futuro por adivinación, sino mediante la **previsión** basada en el conocimiento de las regularidades naturales.

Textos en la web

¿Qué es una ley científica? (Carl Hempel, *Filosofía de la ciencia natural*).

3.3. Las teorías científicas

Según la concepción tradicional, una teoría científica es un conjunto de enunciados sistemáticamente ordenados mediante relaciones de deducibilidad que pueden someterse a contrastación y por cuyo medio es posible la explicación y la predicción de los fenómenos de la naturaleza. Más resumidamente, **se puede definir una teoría científica como aquella que unifica un conjunto de leyes para ofrecer con ellas una explicación a una situación o conjunto de fenómenos.**

Por ejemplo, con su ley de la gravedad, Newton consiguió unificar las leyes de Kepler sobre los movimientos de los planetas, así como la ley de la caída de los cuerpos formulada por Galileo. Unificando de este modo la explicación del movimiento tanto celeste como terrestre, la teoría de Newton logró explicar las mareas y sus movimientos, hizo posible el cálculo de las variaciones de la gravedad en función de la latitud y permitió comprender la razón de la trayectoria elíptica de los planetas alrededor del Sol.

Por tanto, las características necesarias que básicamente ha de tener toda teoría científica son:

1. La ordenación sistemática de sus enunciados mediante relaciones de deducción.
2. La contrastabilidad de sus enunciados o de consecuencias lógicamente deducidas de ellos.
3. La capacidad de explicación y de predicción.

Cumpliendo estas condiciones, la ciencia alcanza su objetivo de establecer enunciados generales sobre el mundo y logra configurarse como una estructura o un sistema formal. Esta es la llamada **«concepción sintáctica de la ciencia»,** que responde al modo tradicional de entender las teorías científicas.

Para esta concepción, **las teorías son un cálculo lógico al que se da una interpretación empírica.** Sus condiciones principales son:

1. La distinción entre lo teórico y lo observacional, que se relacionan entre sí mediante reglas de correspondencia.
2. La distinción entre leyes teóricas y leyes empíricas.
3. El cálculo lógico, que relaciona los enunciados de las teorías o leyes deductivamente entre sí y con los fenómenos cuya explicación o predicción pretenden.
4. La justificación de las hipótesis se realiza según el método hipotético-deductivo.

Frente a esta concepción, algunos filósofos de la ciencia han contrapuesto una **«concepción semántica de la ciencia».** Para estos autores, **las teorías científicas son sistemas ideales constituidos por conjuntos de enunciados o leyes teóricas que afirman o niegan que un sistema descrito mediante hipótesis empíricas está o no de acuerdo con el modelo teórico o sistema definido.** La semejanza entre el sistema real y el sistema ideal es la base de la creencia en que las hipótesis empíricas son aproximadamente verdaderas.

Como puede verse, esta concepción prescinde de la distinción entre lo teórico y lo observacional y de las reglas de correspondencia que relacionan ambos.

Textos en la web

Contrastar una teoría (Karl Popper, *La lógica de la investigación científica*).

El modelo histórico de explicación científica relaciona hechos históricos para explicarlos. (Carlos Luis de Ribera y Fievée, La toma de Granada por los Reyes Católicos, *Catedral de Burgos).*

3.4. Modelos de explicación

La explicación es el propósito de las investigaciones científicas, que se hacen basándose en leyes bien fundamentadas que dan razón de un amplio conjunto de regularidades entre hechos.

Se pueden distinguir cuatro modelos de explicación en función de los objetos a los que se refieren y del tipo de ciencias que los emplean.

Modelo nomológico-deductivo

Este modelo (N-D) recoge la concepción tradicional de la ciencia y, por consiguiente, **sus explicaciones adoptan la forma de razonamientos deductivos cuyas premisas justifican la conclusión.** Por tanto:

1. La conclusión debe ser consecuencia de las premisas.
2. Las premisas deben contener, al menos, una ley general, en la que se funde la fuerza deductiva o probabilística de la conclusión.
3. La premisa que contenga esta ley debe ser contrastable experimentalmente.

Textos en la web

El modelo de explicación nomológico-deductivo (Pierre Thuillier, *Jeux et enjeux de la science*).

Modelo inductivo o estadístico

Se trata del tipo de explicación empleada cuando **se recurre a leyes de naturaleza solo probable o estadística.** En este caso, la conclusión no se deduce necesariamente de las premisas, sino que se infiere de ellas solo con un determinado grado de probabilidad. Utiliza, por tanto, razonamientos inductivos que producen explicaciones inductivo-estadísticas (I-E).

Estas explicaciones son solo probables, y aportan un mayor o menor grado de verosimilitud de lo que afirman. Se consideran, en consecuencia, aceptables solo si el grado de probabilidad de la conclusión es alto.

Modelo histórico o genético

Este modelo **explica las variaciones de un determinado hecho a lo largo de un proceso de evolución histórica por su relación con otro hecho o situación anterior.**

Las premisas, pues, deben comprender un gran número de datos que puedan aparecer como causas del hecho u objeto que se trata de explicar. También deben incluir alguna ley general sobre relaciones causales entre sucesos que dé fuerza probatoria a la conclusión.

Este modelo es el propio de las ciencias humanas e históricas.

Modelo funcional o teleológico

Este modelo explica sus conclusiones en términos de función, acción, intencionalidad o finalidad. Por ejemplo, en el ámbito de la biología, trata de explicar hechos generales de los organismos que se refieren a **la acción de una parte integrada en el funcionamiento del todo.**

Cuando se atiende a la finalidad de esa acción, se habla de **explicación teleológica,** que **trata de hechos particulares de individuos dotados de la conciencia de fin o de conductas que parecen tender a un fin.**

Tanto la explicación funcional como la teleológica se oponen a las explicaciones causales, y son propias de ciencias como la biología, la psicología, la antropología y la sociología.

3.5. Explicación y comprensión

Los filósofos positivistas de la ciencia han defendido siempre que la investigación científica debía tener una **metodología unificada** que ofreciera leyes invariables con las que se explicara toda clase de hechos, ya fueran naturales, humanos, históricos o sociales.

A mediados del siglo XX, se produjo una interesante polémica sobre si las ciencias humanas y sociales podían tener la misma estructura científica y el mismo método de investigación y de explicación que las ciencias naturales. Así lo creían autores como Hempel y Popper.

Por el contrario, los filósofos de la Escuela de Frankfurt (en particular Theodor Adorno) y algunos filósofos de la ciencia sostuvieron que debía respetarse la peculiaridad de los fenómenos históricos y reconocerles un modelo de explicación propio.

Esta polémica había tenido ya un precedente algunos decenios antes cuando, por obra del filósofo Wilhelm Dilthey y del sociólogo Max Weber, se abrió paso la distinción entre:

1. La **comprensión,** como operación propia de las ciencias humanas o ciencias del espíritu.
2. La **explicación,** como operación cognoscitiva propia de las ciencias de la naturaleza.

La exigencia de reconocer para las ciencias humanas un modelo de explicación propio, defendida por Dilthey, estaría requerida por la imposibilidad de aplicar el método científico-experimental al ámbito de los acontecimientos humanos e históricos, donde **no rigen las leyes del mecanicismo causal que se aplican a la naturaleza.**

Los científicos que estudian la naturaleza suelen coincidir en los fenómenos que es preciso investigar, en el tipo de explicaciones que hay que ofrecer sobre ellos para que sean satisfactorias y en cuáles son los procedimientos de investigación que permiten hallar esas explicaciones.

Frente a ello, en las ciencias sociales y humanas no existe ni puede existir esta unanimidad, porque su objeto de estudio ofrece características muy peculiares y distintas. Estas ciencias no estudian al ser humano como un objeto natural regido por leyes deterministas, sino **como un ser libre capaz de elegir y de autodeterminarse en la cultura,** un medio creado por él que, a su vez, lo condiciona.

La forma, pues, de estudiarse el ser humano a sí mismo debe ser la comprensión, que le permite entenderse al mismo tiempo desde dentro y no solo desde fuera.

Textos en la web

La comprensión como fusión de horizontes (H. G. Gadamer, *Verdad y método*).

Actividades

1 Responde a las preguntas sobre el texto:

«Según el enfoque subjetivo, el conocimiento científico es un conjunto de clases especiales de creencias que mantienen los científicos. Una creencia sería científica, y por tanto sería considerada parte del conocimiento científico, si el individuo puede convencerse de que está justificada. El tipo de justificación exigido o permitido dependerá de los detalles de la teoría epistemológica que se adopte. Por ejemplo, un inductivista extremo exigirá que todo el conocimiento se derive, en última instancia, de los resultados de las experiencias sensoriales directas, mientras que un filósofo influido por Descartes o Kant podría considerar posible que un individuo justifique algún conocimiento mediante la introspección y un razonamiento cuidadoso. Sean cuales fueren los detalles de la postura epistemológica que adopte, la principal característica del enfoque subjetivo sigue siendo el hecho de que el conocimiento científico se construye a base de conjuntos de creencias que el individuo puede justificar de alguna manera».

Chalmers, A. F., *Una valoración de la naturaleza y el estatuto de la ciencia y sus métodos.*

a) El autor de este texto contrapone un enfoque subjetivista del conocimiento a otro objetivista. Si este establece el criterio de verificación para validar las hipótesis, ¿cómo relaciona el enfoque subjetivista la teoría con los datos disponibles?

b) ¿A qué llamaría este enfoque subjetivista «hechos» científicos?

c) Comenta la expresión: «Una creencia sería científica [...] si el individuo puede convencerse de que está justificada».

2 ¿Cómo descubren los científicos las hipótesis? ¿Emplean un procedimiento lógico que implique seguir una serie de reglas?

3 Señala las diferencias fundamentales que encuentres entre los modelos de explicación nomológico-deductivo e inductivo-estadístico.

4 ¿Qué relación crees que existe entre la abstracción, la generalización de una serie de hechos y la formulación de leyes científicas?

5 Las ciencias naturales aplican su método suponiendo la regularidad de los fenómenos. ¿Se puede afirmar que en las ciencias humanas y sociales los objetos —esto es, los seres humanos— en circunstancias semejantes actúan de maneras semejantes? ¿Cuáles serían las consecuencias de aplicar la metodología de las ciencias naturales al estudio de los seres humanos?

4 Filosofía contemporánea de la ciencia

4.1. El fin del modelo clásico de cientificidad

Desde mediados del siglo xx, perdió sentido la imagen lineal y acumulativa del desarrollo científico y cobró mayor importancia la acción humana en la historia de la ciencia. Por ello, el mito de la presunta superioridad objetiva de la ciencia se ha venido abajo, al quedar de manifiesto la influencia de una serie de elementos humanos en la elección de los problemas y en la práctica científica cotidiana.

Este cambio tiene su origen en las críticas de Popper al positivismo, sobre todo en lo tocante al principio de verificación y a su modelo general de la ciencia. Pero ha sido la nueva teoría de la ciencia, con figuras como Thomas S. Kuhn, Imre Lakatos, Karl Polanyi o Paul Feyerabend, la que ha rechazado la «imagen dominante de la ciencia», vigente desde Descartes y Bacon hasta el presente, caracterizada por:

1. **La idea de un método universal y único,** propio de la ciencia moderna. Este método era, para la concepción tradicional de la ciencia, el hipotético-deductivo, y para Popper, el método inductivo.
2. **La idea de un criterio universal de cientificidad que permitiría distinguir rigurosamente la ciencia de las pseudociencias o teorías no científicas.** Para la concepción tradicional, este criterio era el principio de verificación, y para Popper, el criterio de falsabilidad.
3. **La idea de un progreso lineal, continuo y acumulativo de la ciencia, un progreso en línea recta sin rupturas, discontinuidades ni revoluciones.** La ciencia avanzaba acumulando conocimientos (verdades o leyes) cada vez más amplios, obtenidos gracias a la aplicación repetida del método científico.
4. **La idea del realismo y de la objetividad de la ciencia,** según la cual la ciencia sería una descripción cada vez más precisa de la realidad objetiva.

Estas críticas se basan en la imposibilidad de separar el sujeto y el objeto en la investigación, como hasta ahora se intentaba hacer, en el rechazo de un concepto estático de verdad y su superación por una verdad históricamente situada y en la caída de la idea del método científico como acceso privilegiado a la verdad.

Los nuevos filósofos de la ciencia tratan de superar estos principios dogmáticos de la teoría tradicional para **poner de manifiesto la influencia de los procesos históricos y humanos en la constitución y el cambio del conocimiento científico.**

Textos en la web

La epistemología como teoría del conocimiento científico (Karl Popper, *Conocimiento objetivo*).

4.2. Las innovaciones de la nueva teoría de la ciencia

Para distinguir la ciencia de otras formas de saber, se atendía al modo en que se fundamentaban los enunciados científicos. **Se consideraba que dichos enunciados tenían su fundamento en la experiencia, como observación sensible de los hechos, y en la lógica formal, como instrumento de análisis.**

La investigación científica empieza a partir de los hechos establecidos y solo hace uso de modos de inferencia debidamente constituidos para llegar al nivel de las leyes y de las teorías. En cada etapa se puede tener una conciencia exacta sobre las relaciones entre las proposiciones de cada estado y los hechos que se están investigando. Si una proposición no responde a este criterio de verificación, habría que rechazarla como sinsentido y falsedad.

El fallo principal de esta concepción idealizada y poco crítica de la ciencia era que **no prestaba atención a la historia real de las ciencias y al modo como tienen lugar los cambios conceptuales.** Y justamente eso es lo que ha puesto de manifiesto toda la nueva teoría de la ciencia realizada a partir de Popper.

Por eso, ahora se construye la teoría de la ciencia sobre una base vinculada a la práctica misma de la ciencia mejor que a partir de una teoría general del conocimiento, como había sido el caso en la tradición epistemológica clásica. La nueva teoría de la ciencia introduce, por tanto, estas tres innovaciones importantes:

1. **Los hechos científicos no son hechos objetivos.** Son siempre relativos al sistema conceptual utilizado para poner en evidencia su relación, luego pueden ser revisados y reinterpretados a medida que se vaya modificando el sistema.
2. **La evaluación de las hipótesis científicas no se puede reducir a la simple aplicación mecánica de unas reglas formales explícitas de inferencia**, en particular en las teorías que revisten un alto grado de complejidad. Por tanto, una reconstrucción puramente lógica de la confirmación científica debe necesariamente resultar incompleta. Dicha evaluación implica un tipo de apreciación que supone un largo entrenamiento en la práctica de la investigación.
3. **Las teorías rivales pueden ser inconmensurables entre sí, es decir, que no admiten comparaciones entre ellas.** Esto puede deberse a que sus sistemas conceptuales respectivos no se corresponden suficientemente como para hacer posible una comparación directa o también a que los principios metodológicos de las teorías no son los mismos. En consecuencia, no se dispone de una metodología que haga posible una comparación entre ellas.

A partir de una analogía tomada de la escuela psicológica de la Gestalt, Hanson y Polanyi sostuvieron que la observación estaba necesariamente determinada por el esquema conceptual del observador, de modo que este es siempre alguien culturalmente condicionado, pues nunca vemos las cosas en sí, sino que todo lo vemos en función de la interpretación que viene dada por las categorías que le aplicamos.

Textos en la web

Contingencia de la racionalidad científica (Paul Feyerabend, *Tratado contra el método*, «Introducción»).

4.3. Paradigmas y revoluciones científicas

Thomas S. Kuhn define su idea de paradigma como **un ideal común de explicación, un modelo teórico y una serie de métodos para la solución de problemas en la práctica científica en un momento histórico determinado.**

La expresión más precisa del paradigma de una ciencia lo encontramos en los manuales que sirven para enseñarla y, por tanto, para formar científicos. En este sentido, el paradigma constituye una especie de matriz común gracias a la cual los especialistas hablan de las mismas cosas en los mismos términos y adoptan las mismas actitudes. Por tanto, en resumen, un paradigma es como la matriz simbólica de una comunidad científica.

En la evolución histórica de la ciencia se distinguen períodos de **ciencia normal,** marcados por la aceptación general de un paradigma, y períodos de **revolución,** en los que compite entre sí un determinado número de paradigmas. La elección de uno u otro no depende de criterios lógicos o metodológicos, sino **del conjunto de valores del grupo social al que el científico pertenece.**

El ejercicio de la ciencia normal consiste, pues, en aplicar el paradigma dentro del que se trabaja y resolver los problemas que se presentan sin cuestionar el paradigma mismo. Generalmente, cuando surgen experiencias u observaciones que parecen contradecirlo o marcar sus límites, con tal de no discutir el paradigma, se sospecha siempre de un error de cálculo o de experimentación por parte de los que quieren introducir modificaciones. Hay una tendencia conservadora y de inmunización del paradigma dominante respecto de contraejemplos que tratan de desestabilizarlo. Un caso famoso fueron las resistencias con las que se encontró Galileo para imponer su nueva concepción del movimiento de la Tierra.

Se producen, pues, situaciones en las que nuevos descubrimientos y nuevos datos incompatibles con el paradigma vigente resultan cada vez más difíciles de ignorar. Entonces se empieza a cuestionar el paradigma vigente, pudiéndose iniciar un período de revolución en el que ese paradigma se sustituye por otro. El ejemplo más representativo es la revolución copernicana, en virtud de la cual se rechazó la concepción medieval del universo y se la sustituyó por el mecanicismo, que culmina con Newton. Otro ejemplo fue el paso de la física newtoniana al universo relativista de Einstein.

Y puesto que los paradigmas son inconmensurables, los componentes del paradigma antiguo dejan de existir en el nuevo. Por ejemplo, las formas aristotélicas de explicar el movimiento desaparecieron en la física mecanicista moderna. Esto significa que los partidarios de paradigmas diferentes, al vivir ya en mundos diferentes, no ven los mismos fenómenos de la misma manera, aunque sigan utilizando los mismos términos (por ejemplo, planeta, estrella, átomo, energía o fuerza). Esto da una falsa impresión de continuidad y de profundización en una misma realidad, así como la engañosa sensación de acumulación de un saber homogéneo.

Actividades

1 Señala las diferencias entre el criterio de verificación defendido por los positivistas y el criterio de falsación propuesto por Popper.

2 Si el conocimiento científico comprende aquellas teorías aceptadas por la comunidad de los científicos que las profesan, ¿no supone ese hecho una apreciación relativista de la ciencia?

3 El relato de un historiador, ¿es abstracto o concreto? ¿Puede existir una ciencia de lo concreto? ¿Cuáles serían sus condiciones?

4 Responde a las preguntas sobre el texto:

«Las revoluciones científicas se consideran aquí como aquellos episodios de desarrollo no acumulativo en que un antiguo paradigma es reemplazado, completamente o en parte, por otro nuevo e incompatible. ¿Por qué debe llamarse revolución a un cambio de paradigma? Frente a las diferencias tan grandes y esenciales entre el desarrollo político y el científico, ¿qué puede justificar la metáfora que encuentra revoluciones en ambos? Uno de los aspectos del paralelismo debe ser ya evidente. Las revoluciones políticas se inician por medio de un sentimiento, cada vez mayor, restringido frecuentemente a una fracción de la comunidad política, de que las instituciones existentes han cesado de satisfacer adecuadamente los problemas planteados por el medio ambiente que han contribuido en parte a crear. De manera muy similar, las revoluciones científicas se inician con un sentimiento creciente, también a menudo restringido a una estrecha subdivisión de la comunidad científica, de que un paradigma existente ha dejado de funcionar adecuadamente en la exploración de un aspecto de la naturaleza».

Kuhn, T.S., *La estructura de las revoluciones científicas.*

a) ¿Cómo definirías un paradigma? ¿Y una revolución científica?

b) ¿Qué tipos de razones deberían ser las que provocasen un cambio de paradigma científico?

c) ¿Qué convenció a Galileo de que Copérnico tenía razón? A medida que avanzaba el siglo XVII, ¿por qué se fue admitiendo cada vez más fácilmente que la Tierra se movía?

En la web

Encontrarás una autoevaluación interactiva.

Un autor, una obra

Karl Popper, *La lógica de la investigación científica*

Resumen de la obra

En disconformidad con el criterio positivista de verificación, según el cual una proposición o una teoría son verdaderas si se pueden comprobar empíricamente, en esta obra, Popper se plantea la necesidad de hallar un nuevo método que permita distinguir entre las proposiciones científicas y las proposiciones no científicas. El criterio de verificación no es adecuado, porque es imposible probar de manera definitiva que una proposición sea verdadera. Por ello, él defiende el criterio de falsación.

De acuerdo con este criterio, una proposición solo es propiamente científica si puede ser «falsada» por algún hecho, que sería ejemplo de una posibilidad que había sido excluida por la proposición pretendidamente universal.

Por tanto, para Popper, la compatibilidad de una proposición científica con todas las observaciones o hechos posibles no demuestra que tal proposición sea verdadera; al contrario, en rigor, demuestra que no lo es. Pues una proposición o, en general, una hipótesis que explicara todos los hechos a los cuales se refiere, es decir, una proposición «no falsable», debería ser rechazada como no científica, porque, de hecho, no explicaría nada.

Las proposiciones científicas son aquellas que son falsables o refutables. Por eso la ciencia consiste no solo en confirmación de hipótesis, sino en pruebas para ver si las hipótesis son falsables o no.

Estas ideas de Popper lo han llevado a rechazar el «inductivismo»: la ciencia no consiste en una colección de observaciones de las cuales inferimos leyes o hipótesis, sino en un examen crítico de hipótesis destinado a eliminar las que conduzcan a conclusiones falsas.

La filosofía social y la filosofía de la historia de Popper se hallan fundadas en estas nociones epistemológicas. Por ejemplo, la refutación por Popper del marxismo se basa en la alegación de que para el marxismo todo lo que sucede debe confirmar la hipótesis marxista, sin tener en cuenta que la «falsabilidad» debe ser una condición indispensable del enunciado hipotético.

Textos seleccionados

Texto 1: El criterio de demarcación

«Llamo problema de la demarcación al problema de encontrar un criterio que nos permita distinguir entre las ciencias empíricas, por un lado, y los sistemas "metafísicos", por otro. Hume conoció este problema e intentó resolverlo; con Kant se convirtió en el problema central de la teoría del conocimiento. De estos dos problemas que son fuente de casi todos los demás de la teoría del conocimiento, el de la demarcación es, según entiendo, el más fundamental. En realidad, la razón principal por la que los epistemólogos con inclinaciones empiristas tienden a prender su fe en el "método de la inducción" parece ser que la constituye su creencia de que este es el único método que puede proporcionar un criterio de demarcación apropiado: esto se aplica, especialmente, a los empiristas que siguen las banderas del "positivismo"».

Popper, K. R., *La lógica de la investigación científica.*

Texto 2: Falsabilidad y falsación

«Tenemos que distinguir claramente entre falsabilidad y falsación. Hemos introducido la primera exclusivamente como criterio del carácter empírico de un sistema de enunciados; en cuanto a la falsación, es preciso incorporar reglas especiales que determinen en qué condiciones debemos considerar falsado un sistema. Únicamente decimos que una teoría está falsada si hemos aceptado enunciados básicos que la contradigan. Esta condición es necesaria, pero no suficiente, pues hemos visto que los acontecimientos aislados carecen de significación para la ciencia: así, difícilmente nos inducirán a desechar una teoría por falsada unos pocos enunciados básicos esporádicos; pero la daremos por tal si descubrimos un efecto reproducible que la refute; dicho de otro modo: aceptamos la falsación solamente si se propone y corrobora una hipótesis empírica de bajo nivel que describa semejante efecto, y podemos denominar a este tipo de hipótesis una hipótesis falsadora. El requisito de que la hipótesis falsadora ha de ser empírica, y, por tanto, falsable, quiere decir exclusivamente que debe encontrarse en cierta relación lógica con respecto a los posibles enunciados básicos».

Popper, K. R., *La lógica de la investigación científica.*

Texto 3: La objetividad del conocimiento científico

«Nuestro conocimiento, que cabe describir vagamente como un sistema de disposiciones, y que tal vez sea materia de estudio de la psicología, puede estar unido a sentimientos de creencia o de convicción. Pero esto interesa solamente al psicólogo: no roza siquiera los únicos problemas que interesan al epistemólogo, como son los de las conexiones lógicas existentes entre los enunciados científicos. Existe solo un camino para asegurarse de la validez de una cadena de razonamientos lógicos, y es el de ponerla en la forma más fácil de contrastar: la descomponemos en muchos pasos pequeños y sucesivos, cada uno de los cuales sea fácilmente comprobable por quienquiera que esté impuesto en la técnica lógica o matemática de transformar cláusulas; si después de hecho esto alguien sigue planteando dudas, lo único que podemos hacer es pedirle que señale un error en algún paso de la demostración o que vuelva a estudiarla de nuevo. En el caso de las ciencias empíricas, la situación es poco más o menos la misma. Cualquier enunciado científico empírico puede ser presentado (especificando los dispositivos experimentales, etc.) de modo que quienquiera que esté impuesto en la técnica pertinente pueda contrastarlo; si como resultado de la contrastación rechaza el enunciado, no quedaremos satisfechos si no formula una aserción que contradiga la nuestra, y nos da las instrucciones para contrastarla».

Popper, K. R., *La lógica de la investigación científica.*

Cuestiones para comentar

1 ¿En qué no está de acuerdo Popper con los filósofos positivistas de la ciencia?

2 ¿Qué aporta de decisivo para la teoría de la ciencia el criterio de falsación de Popper?

3 ¿Por qué una hipótesis que no se pudiera falsar no tendría valor científico alguno? ¿Es eso lo que Popper reprocha, por ejemplo, al marxismo?

4 ¿Se pueden hacer experimentos en el ámbito de las ciencias históricas y humanas? ¿Qué dificultades surgen cuando se las concibe como ciencias empíricas?

La filosofía va al cine

¿Tiene la realidad una estructura matemática?

π: fe en el caos

- Título original: *π: Faith in Chaos.*
- Dirección: Darren Aronofsky.
- Guion: Darren Aronofsky.
- Intérpretes: Sean Gullette, Mark Margolis, Ben Shenkman, Pamela Hart, Stephen Pearlman, Samia Shoaib, Ajay Naidu, Kristyn Mae-Anne Lao, Lauren Fox.
- Música: Clint Mansell.
- Fotografía: Matthew Libatique.
- Producción: Harvest Film Works Truth & Soul / Planttain Films.
- Año: 1998.
- Duración: 85 minutos.
- Nacionalidad: Estados Unidos.

Resumen del argumento

Max Cohen (Sean Gullette) es un brillante matemático, muy reservado y un poco paranoico, que está a punto de dar con el descubrimiento más importante de su vida: la descodificación del sistema numérico que rige el aparente caos del mercado bursátil. Es decir, lo que Max pretede es nada menos que descubrir el modelo matemático de la bolsa a través de cálculos y programas propios que ensaya con su ordenador Euclides.

Después de recibir la inspiración a partir de su estudio de la cábala, que le enseñaron un grupo de místicos judíos, Max crea un programa informático con el que consigue unas pocas predicciones impresas en un papel, pero a costa de fundir el ordenador y los datos debido a un *bug* (error de software) que hace que aparezca un número de doscientos dieciséis dígitos después de las predicciones. Entonces decide tirar el papel con las predicciones y el *bug*, pensando que se trataba de un fallo en el programa.

Más tarde, su mentor (que estudiaba el número π), le cuenta que él también había sufrido varios *bugs* en su estudio, y que aparentaba haber detrás algo más que un simple error de software.

A partir de ese momento, Max se ve envuelto en una persecución, por un lado, por parte de una empresa que consigue el papel con las predicciones, que han resultado ser muy exactas, y, por otro, por el grupo de judíos estudiantes de la Torá, que quieren saber cuál es el número de doscientos dieciséis dígitos, ya que representa el verdadero nombre de Dios, que se perdió durante la destrucción del segundo templo de Salomón.

El esfuerzo de Max ha de concentrarse, pues, en encontrar el valor del número π. Pero mientras se acerca a la verdad, se ve afectado periódicamente por unas dolorosas jaquecas al mismo tiempo que es acosado por los agentes bursátiles y por los místicos judíos que desean descifrar los secretos ocultos tras los textos sagrados. Todos ansían apropiarse del inminente hallazgo de Max.

Comentario

La idea que sobrevuela el argumento de esta película es la vieja convicción de Galileo de que las matemáticas son el lenguaje en el que está escrito el libro de la naturaleza. Todo lo que nos rodea se puede entender y representar, por tanto, mediante números.

Si se hace un gráfico con los números de un sistema, se forman modelos. Estos modelos están por todas partes en la naturaleza. ¿Qué es la bolsa? Pues una inmensidad de números que representa la economía global. Millones de manos y de mentes trabajando, una red inmensa llena de vida; un organismo natural. De ahí la hipótesis del protagonista: la bolsa también forma un modelo.

El número π, además de representar la relación entre la longitud de una circunferencia y su diámetro, podría albergar la clave de la permanente regeneración la naturaleza. Acaso lo que más se parezca a esa clave, aparentemente irrepetible, sean las cotizaciones de la bolsa de valores. Y, por ello, Max intenta predecirlas mediante complejos algoritmos.

La vida de Max se vuelve muy dura, sin embargo, cuando descubre y relaciona el número que mueve la existencia de todo ser vivo: el número π. Tras hacer este descubrimiento, después de haberse esforzado tanto por hallar la verdad, el matemático llega a la conclusión de que debe simplificar su vida. No puede continuar con sus intensos dolores de cabeza y con la angustia que le suscita la persecución. Por ello, deja que la fórmula caiga en el olvido, y eso solo se puede hacer borrándola de su memoria.

Cuestiones para la reflexión

1 La película se titula *π: fe en el caos*. ¿Dónde aparece la fe en la película? ¿Qué cosas son objeto de fe en ella y por parte de quién o de quiénes?

2 En su búsqueda del sistema numérico que rige la bolsa, Max supone que el mercado de valores se comporta con un orden lógico. ¿Estás de acuerdo con él?

3 En la película, Max dice al rabino Cohen: «Es más que Dios…, es todo. Matemáticas y ciencia, y la naturaleza, el universo entero. Pues vi el ADN del mundo». ¿Cómo puede un modelo matemático ser algo así como el ADN del universo?

4 Supongamos que existe ese modelo matemático que permite comprender el orden del universo. ¿Existirían la libertad o la responsabilidad moral humanas?

Fotograma de la película en el que se ve a Max, el reservado matemático que trata de encontrar el valor del número π, presionado por la representante de los agentes bursátiles.

La filosofía en imágenes

La experiencia común...

Introducción

La experiencia común es la que adquirimos a lo largo de nuestra vida en relación con otros seres humanos y con el mundo que nos rodean, y constituye el bagaje de lo que nos enriquece como personas y nos permite adaptarnos a la realidad, haciendo frente a los retos que la vida nos plantea.

Caravaggio, *La incredulidad de Santo Tomás*

Cuestiones para analizar una obra de arte

1. ¿Cómo atrae el pintor la atención del espectador sobre la herida del pecho? ¿Cómo están situadas las manos de los personajes?
2. Describe la actitud de cada personaje. ¿Cómo se expresa el sentimiento de incredulidad? ¿Por qué es importante que haya testigos en esta escena?
3. ¿Por qué el dedo del apóstol toca directamente la herida de Cristo?
4. Si recuerdas el pasaje del Evangelio que narra este suceso, Tomás había dicho que no creería que Cristo había resucitado mientras no introdujese su dedo en las llagas. ¿Es la inmediatez un requisito indispensable para una experiencia verdadera?

... y la experiencia científica

Introducción

A diferencia de la experiencia común, cuando un médico estudia a un paciente, se basa en una experiencia científica que ha aprendido en los libros de anatomía y de fisiología. Sus conocimientos han sido fruto de un método cuya validez está contrastada con los hechos.

Rembrandt, *Lección de anatomía*

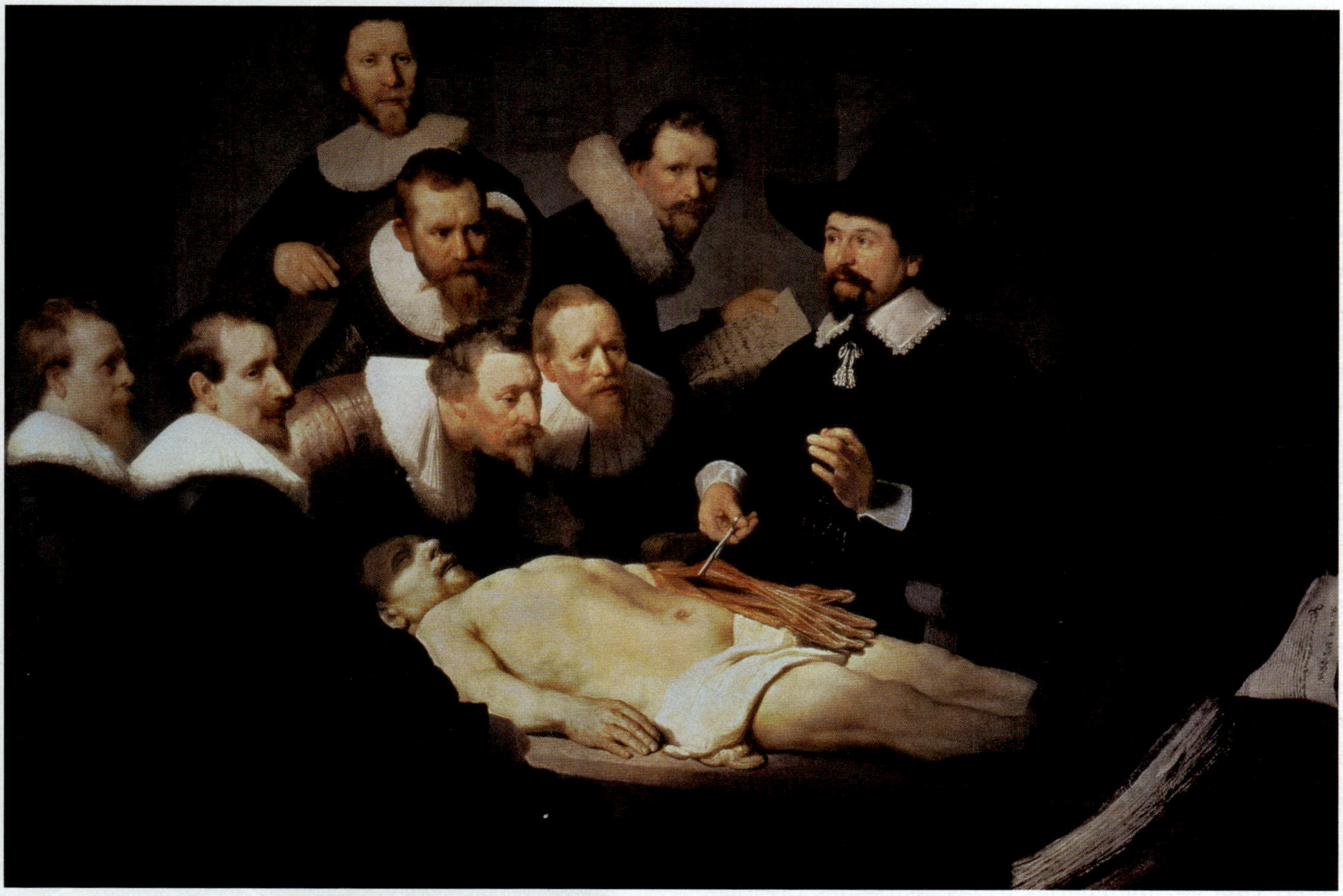

Cuestiones para analizar una obra de arte

1. Observa la escena de este cuadro. ¿Te parece un lugar adecuado para practicar la disección?
2. Describe la actitud del personaje que está hablando. ¿Tiene la actitud de un profesor que está dando una clase? ¿Cuál es la actitud de las otras personas? ¿Qué expresan sus rostros?
3. ¿Cómo llama la atención el pintor sobre el brazo ya diseccionado? ¿Por qué en el cuadro de Caravaggio el apóstol toca la herida, mientras que aquí el médico toca los músculos del brazo con ayuda de unas pinzas?
4. ¿Cuál crees que es la función del libro que hay en la esquina inferior derecha?

5 Razonamiento lógico, falacias y paradojas

La ciencia de la deducción

«Holmes.— La observación me indica que esta mañana ha estado usted en la oficina de correos de Wigmore Street, y gracias a la deducción sé que allí puso un telegrama.

Watson.— ¡Exacto! —dije yo—. Ha acertado en las dos cosas. Pero confieso que no entiendo cómo ha llegado a saberlo. Fue un impulso súbito que tuve, y no se lo he comentado a nadie.

Holmes.— Es la sencillez misma. Tan ridículamente sencillo que sobra toda explicación. Aun así, puede servirnos para definir los límites de la observación y la deducción. La observación me dice que lleva usted un pegotito rojizo pegado al borde de la suela. Justo delante de la oficina de correos de Wigmore Street han levantado el pavimento y han esparcido algo de tierra, de tal modo que resulta difícil no pisarla al entrar. La tierra tiene ese peculiar tono rojizo que, por lo que yo sé, no se encuentra en ninguna otra parte del barrio. Hasta aquí llega la observación. Lo demás es deducción.

Watson.— ¿Y cómo dedujo lo del telegrama?

Holmes.— Pues, para empezar, sabía que no había escrito una carta, porque estuve sentado frente a usted toda la mañana. Además, su escritorio está abierto y veo que tiene usted un pliego de sellos y un grueso fajo de tarjetas postales. Así pues, ¿a qué iba a entrar en la oficina de correos si no era para enviar un telegrama? Una vez eliminadas todas las demás posibilidades, la única que queda tiene que ser la verdadera».

Doyle, A. C., *El signo de los cuatro.*

Actividades

1 ¿Qué caracteriza a la observación? ¿Y a la deducción?

2 ¿Cómo sabe Holmes que Watson envió un telegrama?

3 ¿Podría haberse equivocado Holmes? ¿Qué puntos débiles tiene su argumentación? Razona tu respuesta.

La observación y la deducción generan los razonamientos.

1 Formas de razonamiento y silogismos

1.1. El lenguaje formal de la lógica

Con el lenguaje nos expresamos, nos comunicamos, transmitimos emociones y conocimientos, jugamos y bromeamos, nos entretenemos y aprendemos. Todo esto es posible gracias a la plasticidad y versatilidad de los lenguajes naturales; es decir, de las lenguas que hablamos los seres humanos.

Sin embargo, esta versatilidad del lenguaje supone, como contrapartida, una cierta imprecisión, equívocos y ambigüedades. Por ello, desde la Antigüedad, algunos filósofos, científicos y matemáticos han compartido el deseo de conseguir un **lenguaje ideal** desprovisto de los problemas, ambigüedades e imprecisiones propios de los lenguajes naturales.

Este lenguaje ideal habría de permitir **el seguro avance de la ciencia y la comunicación perfecta, de modo que no solo serviría para el desarrollo de la ciencia y de la técnica, sino que tendría también implicaciones sociales.** Ramon Llull, en la filosofía medieval, y Leibniz, en la moderna, son filósofos que emprendieron la búsqueda de esta lengua ideal.

El lenguaje formal de la lógica hace posible el análisis de las formas de razonamiento y argumentación, y depura el lenguaje natural de sus imprecisiones. Sin embargo, para desarrollar ese lenguaje formal necesitamos una lengua desde la que elaborar las reglas y los procedimientos propios de ese lenguaje. Ese lenguaje que sirve de punto de partida se denomina **metalenguaje.** En este caso, nuestro metalenguaje será el castellano, y el lenguaje formal que utilizaremos será el de la lógica moderna de enunciados.

La lógica moderna es la ciencia filosófica que se dedica a **estudiar y analizar la forma, validez y corrección de los razonamientos y argumentos.** Su intención es establecer los principios fundamentales de las inferencias deductivas. La lógica se centra en la forma del razonamiento, no en el contenido. Es una **ciencia formal;** deja, pues, de lado la materia de la que trata el lenguaje natural.

Textos en la web

¿En qué consiste una demostración? (G. W. Leibniz, *Nuevos ensayos sobre el entendimiento humano*).

Textos en la web

¿Por qué tenemos necesidad de demostraciones? (Aristóteles, *Analíticos segundos*).

1.2. Formas de razonamiento

Un razonamiento consiste en **la derivación de una conclusión a partir de una serie de informaciones conocidas previamente y vinculadas empírica y/o lógicamente entre sí, llamadas premisas.** Y el procedimiento lógico que nos permite pasar de esas premisas a la conclusión del razonamiento se llama **inferencia,** que puede ser inductiva, deductiva o hipotética, según el tipo de razonamiento:

1. **Inducción:** es un tipo de razonamiento mediante el que llegamos a una conclusión general **a partir del estudio de fenómenos particulares.** Se trata de una generalización.

   El razonamiento inductivo consiste en la observación y/o experimentación de muchos casos concretos y, a partir de estos, se infiere una ley de mayor alcance que estos casos individuales. Por ejemplo, observamos un cuervo negro y, tras repetir esta observación con cientos de casos, concluimos que todos los cuervos son negros (sin tener en cuenta que hay cuervos albinos).

   La conclusión en la inducción no se sigue necesariamente de las premisas (casos particulares), aunque estemos habituados a operar con ella y confiamos en su fiabilidad.

2. **Deducción:** es un método racional que **no tiene en cuenta la experiencia o contenido material de los enunciados (premisas y conclusión), sino que únicamente asegura la corrección formal del razonamiento.**

La deducción explica los casos concretos y logra el progreso del conocimiento a partir de unas leyes básicas (axiomas), de las que se derivan leyes y argumentaciones.

Así pues, la deducción se fundamenta en principios racionales como la ley de identidad o la de no contradicción, y pasa por alto la observación, la experimentación y la estadística, a diferencia de la inducción.

La información que se explicita en la conclusión ya está contenida en las premisas, de modo que la conclusión no puede ir más allá de ellas. De aquí la necesidad y el rigor de este tipo de argumento.

3. **Inferencia hipotética:** este tipo de razonamiento consiste en **plantear hipótesis o suposiciones, de las que se derivan conclusiones que nos permiten descartar o mantener las hipótesis iniciales.**

   Las conclusiones falsas muestran la falsedad de las hipótesis y, por eliminación, se concluye con una hipótesis que ha resistido las pruebas, pero que no deriva necesariamente de las premisas.

   También recibe el nombre de «abducción» o «inferencia de la mejor explicación», porque asumimos la verdad de la conclusión a partir de un procedimiento de falsación que ha eliminado el resto de suposiciones.

En la lógica formal de enunciados tratamos con razonamientos deductivos, pues de las premisas se sigue con necesidad la conclusión. Si utilizamos hipótesis, es para apoyarnos en ellas y llegar a la conclusión, para luego eliminarlas, de modo que el grado de certeza lógica no se vea comprometido por el uso de hipótesis.

Textos en la web

Los tipos de razonamiento (Aristóteles, *Tópicos*).

1.3. El silogismo categórico

Textos en la web

El silogismo o el arte de razonar (Aristóteles, *Analíticos primeros*).

El silogismo es un tipo de argumento deductivo formalmente válido, **formado por tres proposiciones simples que combinan sujeto y predicado, y cuyo sujeto se cuantifica de forma universal o particular** («Todos los hombres son mortales», «Juan es un hombre», «Juan es mortal»). Se denomina **categórico** porque las tres proposiciones **afirman o niegan el predicado de forma inequívoca y absoluta.**

La teoría del silogismo fue desarrollada por Aristóteles en la Antigüedad y luego evolucionó en la lógica estoica y, especialmente, en la lógica medieval.

En el silogismo, la conclusión deriva necesariamente de las premisas y, como se trata de un razonamiento deductivo, la validez lógica del silogismo no depende de la verdad empírica de las premisas, sino de la corrección en la inferencia deductiva.

Hay que distinguir la premisa mayor, que va en primer lugar; la premisa menor, en segundo lugar, y la conclusión. También cabe diferenciar los términos del silogismo; es decir, los elementos que componen las premisas y aparecen en la conclusión. Son tres, y cada uno aparece dos veces en el silogismo:

1. El término menor es el sujeto de la conclusión y aparece en la premisa menor *(S)*.
2. El término medio figura en ambas premisas, pero no en la conclusión *(M)*.
3. El término mayor opera como predicado en la conclusión y aparece en la premisa mayor *(P)*.

Tomemos como ejemplo este silogismo:

Ningún europeo es extraterrestre.	Premisa mayor
Todos los españoles son europeos.	Premisa menor
Ningún español es extraterrestre.	Conclusión

Textos en la web

El silogismo categórico (Aristóteles, *Analíticos primeros*).

En este caso, el término mayor (predicado de la conclusión) es «ser extraterrestre» *(P)*; el término medio, «ser europeo» *(M)*, y el término menor (sujeto de la conclusión), «ser español» *(S)*. Dejemos de lado la cuestión de la verdad o falsedad empírica de las premisas y centrémonos en la corrección lógica de la deducción.

Cada proposición categórica está compuesta por sujeto y predicado (*S* y *P*), y sus variantes se dividen tanto por la cantidad (universales —«Todo»—, particulares —«Algún»—) como por la cualidad (afirmativas o negativas). En el ejemplo anterior, la premisa mayor es universal negativa («ningún»); la premisa menor, universal afirmativa («todos»), y la conclusión, como la premisa mayor, universal negativa.

Figuras y modos de los silogismos

Los silogismos categóricos se clasifican según su figura y su modo. **La figura del silogismo depende de la colocación del término medio en las premisas.** El término medio no puede aparecer en la conclusión y tiene que encontrarse tanto en la premisa mayor como en la menor. Se puede combinar de cuatro formas:

1. **Primera figura:** como sujeto en la premisa mayor y como predicado en la menor.
2. **Segunda figura:** como predicado en las dos premisas.
3. **Tercera figura:** como sujeto en las dos premisas.
4. **Cuarta figura:** como predicado en la premisa mayor y como sujeto en la menor.

En el caso del ejemplo que habíamos puesto, es un silogismo de la primera figura.

Por otra parte, **el modo del silogismo se refiere a la combinación del tipo de proposiciones que forman un silogismo:**

1. **Universal afirmativa** (A).
2. **Universal negativa** (E).
3. **Particular afirmativa** (I).
4. **Particular negativa** (O).

Estas letras mayúsculas sirven para distinguir diferentes tipos o modos de silogismos. En el ejemplo tendríamos la combinación E, A, E, que la lógica medieval denominaba de forma mnemotécnica el modo de silogismo cElArEnt. Estos cuatro tipos de proposición se pueden combinar en las tres posiciones (dos premisas y conclusión), de modo que dan lugar a 64 tipos de silogismos por cada figura.

En total, considerando modos y figuras, habría 256 combinaciones posibles. Sin embargo, solo 24 son consideradas válidas (6 por cada figura) y, en concreto, 19 silogismos son los principales, quedando los otros 5 como subalternos (*), porque en ellos la conclusión es particular, aunque según las premisas podría ser universal.

En la lista siguiente, debida a Pedro Hispano, utilizamos el nombre mnemotécnico medieval con las letras que indican los tipos de proposiciones en mayúscula:

Primera figura	bArbArA	cElArEnt	dArII	fErIOque prioris	bArbArI*	cElArOnt*
Segunda figura	cEsArE	cAmEstrEs	fEstInO	bArOcO secundae	cEsArO*	cAmEstrOp*
Tercera figura	dArAptI	dIsAmIs	dAtIsI	fElAptOn	bOcArdO	fErIsOn
Cuarta figura	brAmAntIp	cAmEnEs	dImArIs	fEsApO	frEsIsOn	cAmEnOp*

El resto de posibles combinaciones de silogismos son excluidas, porque no cumplen con las reglas que rigen la formación de silogismos válidos y que se pueden condensar en ocho reglas: cuatro sobre los términos y otras cuatro sobre las proposiciones:

Reglas de los términos	Reglas de las proposiciones
1. Todo silogismo debe tener tres términos: hay falsos silogismos que contienen cuatro.	1. De dos premisas negativas no se sigue ninguna conclusión válida.
2. Ningún término puede ser más extenso en la conclusión que en las premisas.	2. De dos premisas particulares no resulta ninguna conclusión válida.
3. El término medio no puede aparecer en la conclusión.	3. De dos premisas afirmativas no se obtiene una conclusión negativa.
4. El término medio tiene que ser universal (A, E) por lo menos una vez en las premisas.	4. La conclusión sigue a la premisa más débil: si hay una premisa negativa, la conclusión es negativa; si hay una premisa particular, la conclusión también lo será, y si hay una premisa negativa y particular, la conclusión también será negativa y particular.

Representación de los silogismos mediante diagramas de Venn

La deducción de los silogismos puede representarse gráficamente con ayuda de diagramas de Venn, como hizo John Venn (1834-1923), quien utilizó los gráficos de conjuntos para ilustrar el cálculo silogístico. Con ayuda de estas representaciones, podemos distinguir qué silogismos son válidos y cuáles no lo son.

Venn desarrolló este procedimiento, ya utilizado en el siglo XVIII por el matemático Leonhard Euler, del modo siguiente:

1. Si los círculos representan conjuntos vacíos, es decir, sin individuos, sombreaba el círculo.
2. Si representan un conjunto no vacío, marcaba con una cruz el centro del círculo.
3. Si no disponía de información, lo dejaba en blanco.

Pongamos tres ejemplos: el primer círculo podría representar el conjunto de los hombres con bigote; el segundo, sombreado, el conjunto de los cuadrados de cinco lados, y el último, el conjunto de los seres vivos de otros planetas.

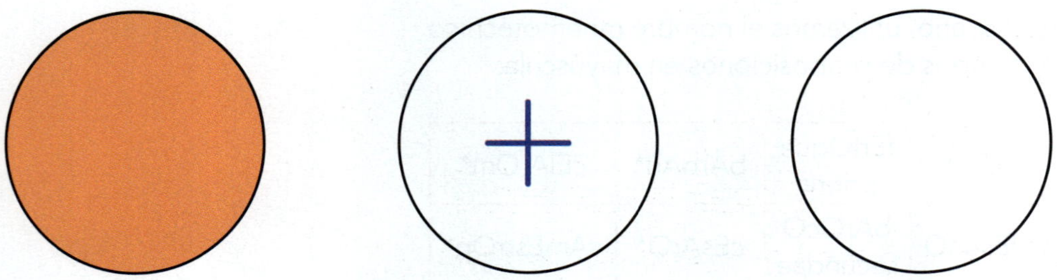

Para aplicar los diagramas de Venn a la silogística categórica, tomamos los tres términos (mayor, medio y menor) y se convierten en círculos de este tipo, aunque por ahora dejaremos de lado la información sobre si son conjuntos vacíos o no. Planteemos el siguiente silogismo:

Todos los caballos saben correr.
Todos los ponis son caballos.
Luego todos los ponis saben correr.

Este silogismo correspondería a la primera figura, porque el término medio aparece como sujeto en la premisa mayor, y como predicado, en la menor. Además, como las tres proposiciones son universales afirmativas (A, A, A), corresponde al modo bArbArA. Para representarlo gráficamente, tomemos los tres términos y démosles una letra para indicar el círculo correspondiente:

Término mayor	Todos los individuos que saben correr.	*R*
Término medio	Todos los caballos.	*C*
Término menor	Todos los ponis.	*P*

De este modo, tendríamos el círculo más extenso, que sería el de los individuos que saben correr, sean caballos o no; el círculo medio, que indica el conjunto de los caballos, estaría situado dentro del círculo mayor, porque todos saben correr, y, por último, el círculo que engloba el conjunto de los ponis se hallaría dentro de los otros dos, porque los ponis son un subconjunto de los caballos, y estos, a su vez, son un subconjunto de los individuos que saben correr.

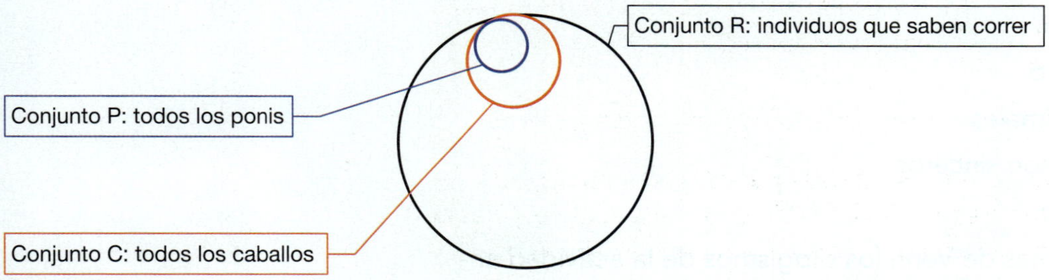

En el caso anterior, todas las proposiciones son universales. Pero en el caso de las proposiciones particulares, recurrimos a las intersecciones. Por ejemplo, en el siguiente silogismo, *R* es el conjunto de los objetos rojos; *D*, el de los coches deportivos, e *I*, el de los coches italianos:

Todos los coches deportivos son rojos.	*R*
Algunos coches italianos son deportivos.	*D*
Algunos coches italianos son rojos.	*I*

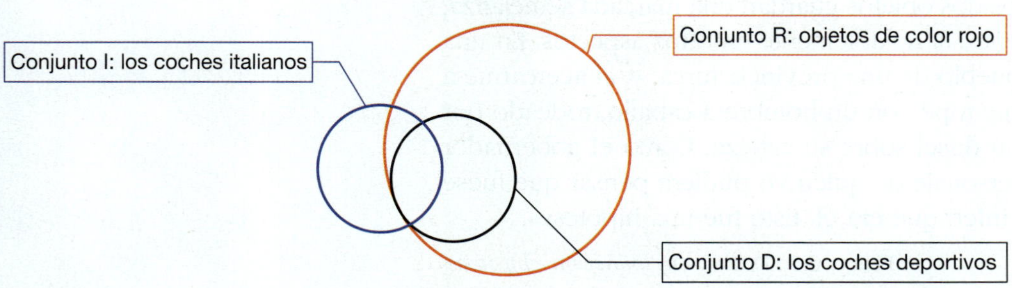

En este caso, recurrimos a los signos de Venn que indican si las intersecciones representan conjuntos vacíos o no, porque el silogismo afirma que los coches deportivos son todos rojos (conjunto no vacío) y que algunos coches italianos son deportivos (conjunto no vacío) y, por tanto, rojos, pero no sabemos si hay coches italianos que sean rojos, pero no deportivos. Solo sabemos que, por lo menos, son rojos los coches italianos deportivos.

Actualmente, para trabajar con el cálculo de predicados disponemos de la moderna lógica de cuantificadores, mucho más compleja y completa que la silogística aristotélico-medieval. Sin embargo, a continuación nos centraremos en la lógica de enunciados, más sencilla, pero que responde a las mismas reglas básicas y que nos permitirá hacernos una idea del funcionamiento y de los desarrollos de la lógica.

Actividades

1 ¿En qué consiste un razonamiento deductivo?

2 ¿Qué es el término medio de un silogismo? ¿Qué reglas debe cumplir la conclusión de un silogismo categórico?

3 Resuelve los siguientes silogismos e indica su figura y su modo:

a) Todos los perros tienen cuatro patas.
Todos los caniches son perros.

b) Todos los presidentes son aburridos.
Algunos políticos son presidentes.

c) Todos los camareros son lentos.
Ningún jamaicano es lento.

d) Ningún hombre es perfecto.
Todos los hombres son animales.

e) Todos los buenos amigos son sinceros.
Ningún cretense es sincero.

4 Representa mediante diagramas de Venn los silogismos de la actividad anterior.

5 Responde a las preguntas sobre el texto:

«Hay inducción cuando generalizamos a partir de un número de casos de los que algo es verdad, e inferimos que la misma cosa es verdad de una clase entera. O cuando hallamos que cierta cosa es verdadera de cierta proporción de casos, e inferimos que es verdadera de la misma proporción de la clase entera. La hipótesis se da cuando encontramos alguna circunstancia muy curiosa, que se explicaría por la suposición de que fuera un caso de cierta regla general, y en consecuencia adoptamos esa suposición. O cuando constatamos que en ciertos aspectos dos objetos guardan una marcada semejanza, e inferimos que se asemejan entre sí notablemente en otros aspectos. En una ocasión desembarqué en un pueblo de una provincia turca; y, al acercarme a la casa que tenía que visitar, me topé con un hombre a caballo, rodeado por cuatro jinetes que sostenían un dosel sobre su cabeza. Como el gobernador de la provincia era el único personaje de quien yo pudiera pensar que fuese tan magníficamente honrado, inferí que era él. Esto fue una hipótesis».

Peirce, C.S., *Deducción, inducción e hipótesis.*

a) ¿Qué caracteriza las hipótesis frente a la inducción?

b) Pon un ejemplo de inducción y otro de hipótesis. A partir de dichos ejemplos, explica ambos tipos de razonamiento.

c) ¿Qué tipo de razonamiento es más propio de un investigador policial? ¿Por qué?

2 Lógica de enunciados

El uso de los silogismos aristotélicos y medievales ha dejado paso en los dos últimos siglos al desarrollo de la lógica simbólica actual, especialmente a partir de la obra de Gottlob Frege, matemático, lógico y filósofo alemán de finales del siglo XIX y principios del siglo XX. La lógica moderna se divide en diversas ramas, como la lógica de enunciados, la lógica de predicados, la teoría de conjuntos, la lógica informal o la metalógica.

La lógica de enunciados parte del lenguaje natural sin entrar a fondo en las distinciones cuantitativas y gramaticales del sujeto y el predicado, sino que traduce una proposición simple en una variable («Algunos españoles son aficionados al balonmano» = *p*). Por su parte, la lógica de predicados o cuantificacional es más precisa, pues distingue la cantidad de individuos a los que se refiere el sujeto gramatical (uno, algunos, todos) y recoge los predicados verbales en sus fórmulas lógicas.

En el caso de la teoría de conjuntos, se trata de un ámbito de la lógica que utiliza la representación gráfica y la axiomática para desarrollar su teoría. La lógica informal hace referencia a la teoría de la argumentación, a la corrección formal y material del lenguaje cotidiano y al estudio de las falacias, las paradojas y otros razonamientos dudosos. Finalmente, la metalógica es la reflexión filosófica sobre la lógica, sus condiciones, su completitud, consistencia y coherencia internas, sus reglas básicas, etc.

La lógica simbólica actual es un lenguaje formal que intenta recoger la diversidad del lenguaje natural. **Cuando traducimos del lenguaje cotidiano natural al lenguaje formal de la lógica (fórmulas lógicas), decimos que formalizamos.** Para llevar a cabo esta formalización, recurrimos a un conjunto de signos que presentamos en los siguientes apartados.

2.1. Variables y constantes

En el lenguaje de la lógica formal, concretamente en la lógica de enunciados, utilizamos dos tipos de signos: las variables y las constantes. Además, también hay signos auxiliares que nos sirven para organizar nuestras operaciones lógicas, como los paréntesis y los corchetes.

Las variables proposicionales son signos que representan enunciados completos y significativos, es decir, proposiciones. Estas proposiciones suelen ser proposiciones simples, y se representan con las letras minúsculas del alfabeto a partir de la «p»: *p, q, r, s, t*. Por ejemplo, la proposición «Pedro tiene un coche azul» se puede representar con la letra *p*.

Para poder formalizar en el lenguaje de la lógica la diversidad del lenguaje natural, recurrimos a un conjunto de **constantes o conectores** que nos **sirven para formar enunciados o proposiciones compuestas frente a las proposiciones o los enunciados atómicos o simples.** Estas constantes, también llamadas juntores o conectores, son las siguientes: negador, conjuntor, disyuntor, implicador (condicional) y coimplicador (bicondicional).

Negador

Se representa con el signo ¬. Es la traducción de la negación del lenguaje ordinario. Si adjuntamos este símbolo a una variable proposicional *p*, el resultado es ¬ *p*, que se lee «no p» o «es falso que p». **Si el enunciado o proposición es verdadero, su negación es falsa, y al contrario, si el enunciado es falso, su negación es verdadera.**

Textos en la web

¿De dónde viene el privilegio lógico de las matemáticas? (René Descartes, *Reglas para la dirección del espíritu*).

Textos en la web

Los límites de la lógica demostrativa (Ludwig Wittgenstein, *Investigaciones filosóficas*).

Conjuntor

Se representa con el signo ∧. El conjuntor representa la cópula «y» del lenguaje ordinario. Requiere de dos enunciados. Por ejemplo, «Hoy es martes y está lloviendo» se representaría como $p \wedge q$. **Para que la conjunción sea verdadera, ambas proposiciones deben ser verdaderas.** Si hoy no es martes o si es martes pero no llueve, la proposición «Hoy es martes y está lloviendo» es falsa.

Disyuntor

Se representa con el signo ∨. La disyunción remite a la partícula «o» del lenguaje cotidiano, aunque no corresponde de forma completa. También requiere de dos enunciados, por ejemplo, «El coche es nuevo o el coche está muy bien cuidado» y se representaría así: $p \vee q$. **Esta disyunción será verdadera si al menos una de las proposiciones es verdadera; o dicho de otro modo, solo es falsa si ambos enunciados son falsos.**

Esta disyunción es la inclusiva, pero la «o» en el lenguaje ordinario también tiene un sentido exclusivo: esto significa que una proposición excluye la otra. En el ejemplo anterior no ocurre así: el coche puede ser nuevo y estar muy bien cuidado. Ejemplo de disyunción exclusiva sería: «El coche es negro o blanco» y se puede representar así: $(p \vee q) \wedge \neg (p \wedge q)$; es decir, es una cosa u otra, pero no puede ser la una y la otra. También se utiliza la «w» para representar esta disyunción: p w q.

Implicador

Se representa con el signo →. El implicador o condicional se interpreta como el «Si…, entonces…» del lenguaje cotidiano. Se utiliza con dos proposiciones $p \rightarrow q$, y se lee «p implica q» o «si p, entonces q». La proposición que precede al signo se denomina antecedente, y la que se sigue de esta, consecuente.

Una implicación o condicional es verdadero siempre que el antecedente no sea verdadero y el consecuente falso. Será verdadero en el resto de casos. Esta definición puede sorprender, porque en el lenguaje cotidiano utilizamos el condicional en un sentido fuerte, que recoge el coimplicador o bicondicional.

Coimplicador

Se representa con el signo ↔. El coimplicador o bicondicional significa «Si y solo si…, entonces…», «Cuando y solamente cuando» o «equivale». Se utiliza para definiciones y para expresar condiciones necesarias y suficientes. Como ejemplo podemos considerar el siguiente: «Este alumno será seleccionado si y solo si tiene un nivel avanzado de inglés», formalizado $p \leftrightarrow q$.

El coimplicador es verdadero o se cumple cuando los dos enunciados tienen el mismo valor de verdad; es decir, si los dos son verdaderos o si los dos son falsos. La norma del ejemplo se cumple tanto si se selecciona al alumno porque tiene un nivel avanzado de inglés como si no se lo selecciona porque no tiene dicho nivel.

Signos auxiliares

Los paréntesis ( ) y los corchetes [ ], que son los signos auxiliares, sirven para agrupar y ordenar los componentes de una fórmula e indican cómo se tiene que operar con ella. Si no hay signos auxiliares, se entiende que el conector principal de la fórmula es, en orden decreciente: el coimplicador; el implicador; luego, en un mismo nivel, el disyuntor y el conjuntor, y, por último, el negador.

Así, esta fórmula: $p \vee q \rightarrow r$, tiene que resolverse primero atendiendo a la disyunción y luego al implicador, de modo que podría escribirse así: $(p \vee q) \rightarrow r$. Sin embargo, en $p \vee q \wedge r$ es necesario el uso de paréntesis para evitar la ambigüedad, pues esta misma fórmula podría significar tanto $(p \vee q) \wedge r$ como $p \vee (q \wedge r)$. En el siguiente apartado, profundizaremos en cómo se utilizan estos símbolos en la lógica formal.

2.2. Tablas de verdad: reglas de formación y análisis

Las fórmulas lógicas pueden expresarse mediante unas tablas que recogen todas las posibles combinaciones que pueden darse según los valores de verdad de las variables y las operaciones que constituyen la fórmula. Estas tablas de verdad fueron desarrolladas, entre otros, por Ludwig Wittgenstein, uno de los más importantes filósofos del siglo XX.

Para hacer una tabla de verdad, hemos de seguir los siguientes pasos:

1. Primero hay que calcular el número de filas que necesitaremos: este depende del número de variables de la fórmula. Si hay *n* variables, tendremos 2^n filas (si hay dos variables, cuatro filas; si hay tres, ocho; si hay cuatro, dieciséis, y así según el caso).
2. A continuación, calcularemos el número de columnas necesarias. Tendremos tantas columnas como variables proposicionales más el número de operaciones (conectores).
3. En las primeras columnas de la tabla distribuiremos las variables individualmente. En las filas inferiores distribuiremos los valores de verdad de cada variable hasta agotar las posibilidades de combinación.
4. Seguidamente, en las casillas superiores de las columnas siguientes de la tabla escribiremos las operaciones con los conectores, analizando y desmembrando la fórmula inicial hasta llegar al conector dominante, que será la fórmula completa.
5. En las filas situadas debajo de cada operación con conectores, iremos resolviendo su valor de verdad según los valores que tengamos en las columnas de las variables individuales y de acuerdo con las reglas antes explicadas. Paso a paso, finalmente llegaremos hasta la operación del conector dominante de la fórmula. **La columna resultante debajo de la fórmula inicial será su función de verdad.**
6. En el caso de que **todas las filas indiquen que la fórmula es verdadera,** denominaremos **tautología** a esa fórmula lógica**;** si, por el contrario, **en todos los casos resulta falsa,** la consideraremos una **contradicción;** por último, cuando **hay casos en que es verdadera y casos en que es falsa,** le daremos el nombre de **fórmula contingente.**

A continuación, te presentamos las tablas de verdad que representan la función de verdad de los conectores básicos (en qué casos son verdaderos y en qué casos son falsos):

¬	p
F	V
V	F

p	∧	q
V	V	V
V	F	F
F	F	V
F	F	F

p	∨	q
V	V	V
V	V	F
F	V	V
F	F	F

p	w	q
V	F	V
V	V	F
F	V	V
F	F	F

p	→	q
V	V	V
V	F	F
F	V	V
F	V	F

p	↔	q
V	V	V
V	F	F
F	F	V
F	V	F

Textos en la web

La verdad no puede venir solo de nosotros mismos (Platón, *Menón*).

Como ejemplo, imaginemos que tenemos que hacer la tabla de verdad de esta fórmula (la definición del coimplicador): $(p \rightarrow q) \wedge (q \rightarrow p)$.

Primero, calcularemos las dimensiones de la tabla y distribuiremos en las columnas las operaciones. Como está compuesta por dos variables (p, q), tendremos $2^2 = 4$ filas, y como hay tres operaciones, emplearemos las dos primeras columnas para las variables y otras tres para las operaciones, dejando la que contiene el conector principal (en este caso, la conjunción) en último lugar. La tabla sería como sigue:

p	q	$(p \rightarrow q)$	$(q \rightarrow p)$	$(p \rightarrow q) \wedge (q \rightarrow p)$

A continuación, distribuiríamos los valores de verdad entre las variables particulares y resolveríamos las operaciones, según las reglas antes expuestas, en las filas inferiores de la columna encabezada por cada operación. El resultado sería este:

p	q	$(p \rightarrow q)$	$(q \rightarrow p)$	$(p \rightarrow q) \wedge (q \rightarrow p)$
V	V	V	V	V
V	F	F	V	F
F	V	V	F	F
F	F	V	V	V

En la última columna, la del conector dominante, la conjunción, tendríamos la función de verdad de la fórmula. En unos casos sería verdadera (cuando las variables tienen el mismo valor de verdad) y en otros falsa (cuando las variables no coinciden en su valor de verdad, pues una es verdadera y la otra falsa). Por tanto, sería una fórmula contingente, con la misma función de verdad que el bicondicional.

A continuación, te proponemos otros dos ejemplos: el primero, de una tautología; el segundo, de una contradicción:

p	q	$(p \wedge q)$	$(p \wedge q) \rightarrow p$
V	V	V	V
V	F	F	V
F	V	F	V
F	F	F	V

p	$\neg p$	$p \wedge \neg p$
V	F	F
F	V	F

Textos en la web

Conocimiento directo y razonamiento proposicional (Bertrand Russell, *Los problemas de la filosofía*).

2.3. Leyes lógicas y reglas de inferencia

Hasta aquí, hemos operado con fórmulas de enunciados y conectores para obtener sus valores de verdad y averiguar en qué casos serán verdaderas y en qué casos serán falsas. Sin embargo, la lógica se basa en procesos deductivos que nos permiten llegar a conclusiones a partir de premisas, como ya estableció Aristóteles.

Para realizar las inferencias deductivas correctamente, tenemos que **respetar unas leyes lógicas fundamentales y aplicar unas reglas básicas de inferencia** relacionadas con los conectores principales y así operar con ellos. Por ejemplo, tenemos que ser capaces de crear una conexión entre enunciados, si esa es la conclusión a la que nos interesa llegar. Estas reglas sirven para mostrar la validez lógica de nuestros argumentos, pero no su correspondencia con la verdad empírica del mundo.

Las reglas básicas de la lógica, que son tautologías, es decir, verdaderas en todos los casos, serían las siguientes:

1. **Ley de identidad:** cualquier enunciado o individuo es idéntico a sí mismo. Este principio se representa así: $p = p$, o bien $p \rightarrow p$, o bien $p \leftrightarrow p$.
2. **Ley de no contradicción:** no se puede afirmar y negar a la vez un mismo enunciado. Esta fue la ley fundamental de la lógica para Aristóteles y para Kant. Se formula así: $\neg (p \wedge \neg p)$.
3. **Ley de tercio excluso:** un enunciado puede ser verdadero o falso, pero no hay una tercera posibilidad. Lógicamente se representa así: $(p \vee \neg p)$.

A continuación, te presentamos las reglas básicas relacionadas con los conectores básicos (conjuntor, disyuntor, negador y condicional). El correcto uso de estas reglas nos permite llevar a cabo la **deducción natural de la lógica de enunciados o lógica proposicional.**

Cuando empecemos a utilizar estas reglas, hemos de tener en cuenta que en el cálculo lógico hay una operación que nos puede servir como ayuda de forma provisional: la suposición. Podemos suponer un enunciado y operar a partir de esta suposición. Ahora bien, si queremos que nuestra deducción sea una prueba lógica, al final tenemos que cancelar o suprimir nuestro supuesto y llegar a una conclusión válida.

Esta operación de suposición se marca con un guion a la izquierda del enunciado supuesto (— *p*); luego, este supuesto tiene que cerrarse y se marca con una línea vertical al lado de todas las operaciones que siguen al supuesto. Un ejemplo lo tendremos en las siguientes reglas básicas.

Introducción y eliminación del negador

Introducción del negador (IN)		Eliminación del negador (EN)	
Para introducir la negación (IN) de una variable, tenemos que suponer un enunciado (supuesto) y operar con él hasta llegar a una contradicción. Entonces podemos concluir que ese supuesto es falso. Esta operación se denomina **reducción al absurdo.**	— p . . — $q \wedge \neg q$ ——— $\neg p$	Esta regla se basa en que la negación de una negación es igual que la afirmación de lo que se negaba en primera instancia. Se tiene que llegar a negar la negación, y de aquí podemos derivar la afirmación. Nos referiremos a esta regla como EN.	$\neg p$ . . $\neg \neg p$ ——— p

Introducción y eliminación del conjuntor

Introducción del conjuntor (IC) (Prod)		Eliminación del conjuntor (EC_1) (EC_2)	
Si queremos unir por este conector dos enunciados, debemos tenerlos a ambos como elementos individuales en nuestro cálculo. Se abrevia esta regla como IC (introducción del conjuntor) o Prod (ley del producto).	p . . q ——— $p \wedge q$	La eliminación del conjuntor es muy sencilla. Dada una conjunción, podemos eliminarla y extraer cualquiera de sus elementos. A ella nos referimos con EC más un subíndice según sea el primer (EC_1) o el segundo enunciado (EC_2).	$p \wedge q$ ——— p $p \wedge q$ ——— q

Textos en la web

El principio de identidad (W. V. O. Quine, *Palabra y objeto*).

Textos en la web

El principio de no contradicción (Aristóteles, *Metafísica*).

Introducción y eliminación del disyuntor

Introducción del disyuntor (ID_1) (ID_2)		Eliminación del disyuntor (ED)	
En caso de que tengamos un enunciado cualquiera o una fórmula, podemos introducir una disyunción con cualquier otro enunciado que queramos, pues la verdad de la disyunción estará garantizada por la verdad del primer enunciado. Se abrevia como ID con subíndice según sea el primer (ID_1) o el segundo enunciado (ID_2) el que aparezca en el proceso de demostración de dicha fórmula.	$\dfrac{p}{p \vee q}$ $\dfrac{q}{p \vee q}$	La eliminación del disyuntor (ED) es más compleja, porque no podemos afirmar la verdad de sus miembros en particular. Por ello, se supone un elemento de la disyunción y se llega a una conclusión; luego, se supone el otro miembro, y si se llega a esa misma conclusión, significa que de la disyunción se sigue esa consecuencia necesariamente; entonces, la eliminamos e inferimos el resultado.	$p \vee q$ ┌ p │ . │ . └ r ┌ q │ . │ . └ r ――― r

Introducción y eliminación del implicador

Introducción del implicador (II) (TD)		Eliminación del implicador (EI) (MP)	
Para introducir la implicación (II), tenemos que suponer el antecedente, y si esta hipótesis nos conduce al consecuente de forma deductiva, podemos inferir que el antecedente implica el consecuente. También se conoce como teorema de la deducción (TD).	┌ p │ . │ . └ q ――― $p \rightarrow q$	Esta regla de eliminación de la implicación (EI) se conoce también, desde la lógica estoica, en la Grecia clásica, como *modus ponens* (MP). Dada una implicación, si tenemos el antecedente, podemos extraer el consecuente, pero no a la inversa.	$p \rightarrow q$ p ――― q

Además de estas reglas básicas, hay muchas reglas derivadas, cuya función es acortar el proceso de deducción, pero tan solo vamos a explicar algunas de ellas. De este modo, utilizando solo unas pocas reglas, podemos resolver cualquier inferencia sin excesivos problemas.

Silogismo disyuntivo

Si tenemos una disyunción y resulta que uno de sus miembros es negado, el otro tiene que ser afirmado como verdadero. Se abrevia como SD.	$p \vee q$ $\neg p$ ――― q

Modus tollens o negación del antecedente

Si en una implicación se niega el consecuente, podemos negar el antecedente. Se abrevia como MT.	$p \rightarrow q$ $\neg q$ ――― $\neg p$

Ley del silogismo hipotético

Si como premisas tenemos dos implicaciones en las que el consecuente de la primera es el antecedente de la segunda, podemos inferir una implicación con el antecedente de la primera y el consecuente de la segunda. Se abrevia como Sil.	$p \rightarrow q$ $q \rightarrow r$ $\overline{p \rightarrow r}$

Primera ley de De Morgan

La negación de una conjunción es equivalente a la disyunción de la negación de los enunciados de la conjunción. Se abrevia como DM_1.	$\neg (p \wedge q)$ $\overline{\neg p \vee \neg q}$

Segunda ley de De Morgan

La negación de una disyunción es equivalente a la conjunción de la negación de los enunciados de la disyunción. Se abrevia como DM_2.	$\neg (p \vee q)$ $\overline{\neg p \wedge \neg q}$

Ejemplo de aplicación de las leyes lógicas y las reglas de inferencia

Utilicemos un ejemplo para mostrar el uso de estas reglas. Supongamos que nos piden que formalicemos y resolvamos la siguiente argumentación (un silogismo hipotético): «Si no limitamos la velocidad de los coches, entonces los conductores se exceden en la velocidad. Si los conductores se exceden en la velocidad, estadísticamente los accidentes aumentan».

Formalización:

Limitamos la velocidad de los coches. = p.

Los conductores se exceden en la velocidad. = q.

Aumentan los accidentes. = r.

Premisas:

«Si no limitamos la velocidad de los coches, entonces los conductores se exceden en la velocidad». = $\neg p \rightarrow q$.

«Si los conductores se exceden en la velocidad, estadísticamente los accidentes aumentan». = $q \rightarrow r$.

Conclusión:

«Si no limitamos la velocidad de los coches, estadísticamente los accidentes aumentan». = $\neg p \rightarrow r$.

Si tuviéramos que demostrar la fórmula, procederíamos como sigue: primero, plantearíamos las dos premisas; a continuación, aplicaríamos las reglas básicas, y, por último, llegaríamos a la conclusión:

1. $\neg p \rightarrow q$	Premisa 1.
2. $q \rightarrow r$	Premisa 2.
3. $\neg p$	Debemos mostrar que $\neg p$ conduce a r. Suponemos $\neg p$.
4. q	Por MP/EI de 1 con 3.
5. r	Por MP/EI de 2 con 4.
6. $\neg p \rightarrow r$	Por TD/II de 3 con 5, llegamos a la conclusión.

En las siguientes actividades podremos practicar con estas reglas de cálculo lógico.

Actividades

1 Formaliza en lógica de enunciados los siguientes argumentos expresados en lenguaje natural:

a) O vienes o me enfado. No vienes. Pues me enfado.

b) Llueve y hace sol. Si llueve y hace sol, entonces se ve el arco iris.

c) Si María fuera novia de Juan, no hubiera quedado para cenar con Pedro. Pero María ha quedado con Pedro. Por tanto, no es novia de Juan.

d) Si hay corrupción y el paro aumenta, crece el descontento social. Si hay descontento, la gente no participa en las elecciones. Por tanto, la corrupción y el aumento del paro provocan la abstención en las elecciones.

e) Si Carlos ayuda a César a estudiar, no podrá ir a entrenar esta tarde. Si no ayuda a César, este se enfadará con él. Por tanto, si va a entrenar esta tarde, César se enfadará con él.

f) Los impuestos son bajos o los salarios son muy ajustados. La gente no consume. Si los impuestos son bajos, la gente consume. Si los salarios son muy ajustados, la gente ahorra. Por tanto, la gente ahorra.

2 Completa la tabla de verdad de las dos leyes de De Morgan expuestas en la unidad y comprueba que, pese a la transformación, el resultado de la tabla es el mismo en ambos casos.

3 Demuestra mediante las reglas básicas del cálculo lógico las inferencias (de la c a la f) que has formalizado a partir de los razonamientos de la actividad 1.

4 Responde a las preguntas sobre el texto:

«Una vez dominada la maquinaria de la lógica simbólica, tendrás siempre a mano una ocupación para tu mente, de interés absorbente, y será de uso real en cualquier asunto que emprendas. Te dará claridad de pensamiento —la capacidad de encontrar tu camino a través de cualquier enredo—, el hábito de organizar ordenadamente tus ideas y de darles una forma asequible, y, lo más valioso de todo, el poder de detectar falacias y despedazar los argumentos ilógicos e inconsistentes, que tan a menudo encontrarás en libros, periódicos, discursos e incluso sermones, y que tan fácilmente engañan a aquellos que nunca se han tomado la molestia de dominar este fascinante arte. Inténtalo. ¡Es todo lo que pido!

1. Si eres un bebé, entonces no eres racional.
2. Si eres despreciable, no puedes domar un cocodrilo.
3. Si no eres racional, eres despreciable».

Carroll, L., *Lógica simbólica.*

a) ¿Qué ventajas tiene el uso de la lógica, según Lewis Carroll?

b) Fíjate en el argumento, un tanto surrealista, pero lógico, que presenta el autor. Lo podemos formalizar como sigue:

Ser un bebé. = p.	Ser despreciable. = r.
Ser racional. = q.	Poder domar un cocodrilo. = s.

Intenta formalizar las tres premisas expuestas en el texto.

c) Desarrolla el cálculo lógico para llegar a la siguiente conclusión: «Si eres un bebé, no puedes domar un cocodrilo».

3 Lógica informal: falacias y paradojas

Además de la lógica formal, que hemos explorado con la lógica de enunciados, en la actualidad también se ha desarrollado la lógica informal. Se caracteriza, fundamentalmente, porque **introduce las herramientas de análisis lógico en el lenguaje natural, en especial en los ámbitos social y político.**

Así pues, la lógica informal está orientada al análisis de la argumentación y la persuasión, más que a conseguir la clarificación y la formalización del lenguaje cotidiano. En definitiva, **la lógica informal no se centra solo en la validez lógica de los enunciados, sino también en su contenido material, en la experiencia a la que se refieren las proposiciones, aspecto que la lógica formal dejaba de lado.**

Con la lógica informal, podemos sacar a la luz las falacias y denunciar los abusos del lenguaje.

3.1. La teoría de la argumentación

La teoría de la argumentación remite a la retórica y a la dialéctica. La retórica es la disciplina que los oradores tenían que dominar para convencer a su auditorio y vencer los argumentos de sus rivales en la discusión pública. Además, la dialéctica es el arte de razonar y argumentar en un debate para lograr refutar los argumentos contrarios e imponer las propias tesis.

El objetivo de la argumentación ha de ser la persuasión del otro mediante la fuerza de la razón, no la exposición de la sabiduría o la pericia de uno de los oradores. No se trata de racionalizar las propias preferencias, convirtiendo los deseos particulares en razones, sino, más bien, de permitir el desarrollo de las posiciones y lograr una tarea cooperativa, de modo que el razonamiento no sea propiedad de nadie, sino que se produzca mediante la colaboración de todos los participantes.

Desde la lógica informal contemporánea, se han propuesto algunos principios básicos de la argumentación correcta. Si estos criterios mínimos de la buena argumentación no se respetan, entonces podemos caer en falacias (falsos argumentos) y discusiones sin fin:

1. **Principio de búsqueda de la verdad:** la argumentación debe tener como objetivo la verdad, no los intereses particulares.
2. **Principio de claridad:** la inteligibilidad deber primar sobre la aspiración estética o retórica. La claridad expositiva es clave en un proceso de argumentación racional.
3. **Principio de caridad interpretativa:** el argumento del rival tiene que interpretarse con solidez y rigurosamente. No hay que desfigurar sus afirmaciones y crear un «hombre de paja».
4. **Principio de suspensión de juicio:** si ninguna de las posturas en debate es lo bastante consistente, se aplaza o se suspende la argumentación. No se puede dar por buena una posición por la simple falta de base del resto de razonamientos.
5. **Principio de falibilidad:** todos los participantes en la argumentación deben admitir la posibilidad de que sus tesis estén equivocadas. El dogmatismo impediría la argumentación.
6. **Principio de relevancia:** las aportaciones a la discusión tienen que abordar la cuestión tratada o han de justificar su relevancia. Hay que evitar desviaciones, cortinas de humo y requiebros.
7. **Principio de suficiencia:** para que la conclusión defendida sea aceptable, los argumentos han de contener razones suficientes. Estas razones no solo deben tener fuerza explicativa, sino también la capacidad de refutar otras posiciones (potencia dialéctica).

Textos en la web

Los predicables o categorías (Aristóteles, *Tópicos*).

3.2. Falacias formales e informales

El nombre de «falacia» procede del latín *fallacia*, que, a su vez, traduce el griego *sophismata*, tipo de argumento que Platón ataca en sus críticas a los sofistas y que Aristóteles sistematizó en las *Refutaciones sofísticas*.

Un sofisma sería un argumento con intención de engañar al interlocutor, mientras que **una falacia sería un argumento no razonable que, pese a que puede ser válido, vulnera algunos criterios de la buena argumentación.**

Podemos distinguir diferentes tipos de falacia, aunque una distinción básica es la que diferencia entre falacias formales y falacias informales:

1. **Falacias formales:** se deben a un fallo en su estructura o configuración formal, puesto que violan algunas de las reglas básicas de la argumentación.
2. **Falacias informales:** presentan algún error en el contenido o en la expresión del argumento y suelen apelar a factores externos, como los sentimientos.

A continuación, expondremos algunas de las falacias más importantes, según sean falacias formales o informales.

Falacias formales

Falacia de la afirmación del consecuente

Consiste en creer que cuando tenemos una implicación, si se afirma el consecuente, podemos afirmar el antecedente. Es una mala utilización del *modus ponens.* Un ejemplo sería: «Si ha cobrado, estará contento. Está contento. Luego ha cobrado». Puede estarlo sin que haya cobrado, ya que puede haber otros motivos que no hemos excluido.

Falacia de la negación del antecedente

En este caso, derivamos la negación de la consecuencia a partir de la negación del antecedente, lo cual vulnera el *modus tollens.* Por ejemplo: «Si llueve, el suelo estará húmedo. No ha llovido. Luego el suelo no estará húmedo». Claramente, se puede haber derramado un líquido, fregado el suelo, etc.

Petición de principio

La petición de principio *(petitio principii)* o círculo vicioso es un argumento en el que la conclusión ya se da por supuesta o se afirma en las premisas. Un caso sería: «Si quieres tener un permiso de residencia, entonces tienes que tener trabajo. Si quieres tener trabajo, debes poseer un permiso de residencia».

Falacia de la generalización

Se trata de una falacia que es más propia del razonamiento inductivo y que radica en atribuir a todo un colectivo las características observadas únicamente en algunos individuos. El ejemplo paradigmático sería: «Paco, Pedro y Pepe son hombres poco agraciados. Luego todos los hombres cuyo nombre empieza por "P" también son poco agraciados».

Falacia de la disyunción exclusiva

Esta falacia se basa en una mala comprensión del silogismo disyuntivo. Consiste en, dada una disyunción y la afirmación de un elemento de esta, concluir la negación del otro elemento. Por ejemplo: «O te gusta el arroz o te gusta el pescado. Te gusta el arroz. Luego no te gusta el pescado».

Textos en la web

Tautologías y contradicciones (Ludwig Wittgenstein, *Tractatus logico-philosophicus*).

Algunas falacias suponen el recurso a la fuerza para imponer un argumento. (Gladiadores luchando con tridente y puñal, bajorrelieve romano, Museo de Éfeso, Selcuk, Turquía).

Falacias informales

Falacia *ad hominem*

Este falso argumento consiste en desacreditar a la persona que enuncia una tesis para refutar, así, las ideas que defiende. «Alguien defiende la necesidad de reformar la Constitución y desde el público le gritan "¡Dictador! ¡Tirano!"».

Falacia *ad baculum*

La referencia al báculo indica que se trata de un argumento que recurre a la fuerza o al poder para conseguir la aceptación del razonamiento. «¡Hay que jugar así, porque lo digo yo, que soy el entrenador!».

Falacia *ad populum*

La falacia populista apela a la mayoría para dar fuerza al argumento. Supone que uno debe actuar como lo hacen «todos» o la mayoría de la gente. «Quiero esas zapatillas. ¡Las tienen todos mis amigos!».

Falacia *ad misericordiam*

Este falso argumento recurre a los sentimientos de pena, de culpa, de remordimiento y de piedad para reforzar la conclusión. «¡No te da pena el pobre! ¡Con lo mal que lo ha pasado la familia! ¡Tienes que darle el trabajo!».

Falacia *ad ignorantiam*

Esta falacia afirma una conclusión porque no hemos podido demostrar la validez de su contrario. Presupone que la carga de la prueba la tiene el contrario. «Ese dictador tiene armas de destrucción masiva. No ha podido demostrar que no las tiene».

Falacia *ad nauseam*

Este razonamiento consiste en la repetición de una tesis o conclusión hasta la náusea o el agotamiento, de modo que el contrario desista y admita la verdad de la conclusión. «¡Ha sido él! ¡Ha sido él! ¡Pero si ha sido él! ¡Yo no he sido! ¡Ha sido él!».

Falacia naturalista

El argumento naturalista consiste en derivar un juicio de valor (es bueno, es un deber) de premisas descriptivas. «En todo el mundo hay pobres y ricos. Luego es bueno que haya pobres y ricos».

Falacia de la coincidencia *(post hoc, ergo propter hoc)*

Como la causa es anterior al efecto, se considera que un acontecimiento anterior a otro es su causa, aunque sea pura coincidencia. «El presidente visitó al equipo. Su equipo ganó. Luego la visita del presidente causó la victoria de su equipo».

Falacia por analogía insuficiente

La argumentación por analogía o semejanza se produce cuando los dos términos comparados en diversos puntos son equiparados falsamente en otro aspecto, llevando a error: «El país es como un barco. Donde manda patrón no manda marinero».

Textos en la web

Lenguaje y pretensiones de validez (Jürgen Habermas, *La reconstrucción del materialismo histórico*).

3.3. Paradojas

Se entiende por paradoja **una serie de proposiciones contradictorias que se implican mutuamente; es decir, tales que la verdad de la una implica la de la otra.** Sin embargo, es una ley lógica fundamental que de dos proposiciones contradictorias, necesariamente, una es verdadera, y la otra, falsa. El descubrimiento de una paradoja, por tanto, en cualquier teoría rigurosa es la demostración de que la teoría misma es contradictoria.

Una de las más famosas paradojas formuladas ha sido la de Russell-Zermelo, elaborada entre 1901 y 1902, que afectaba a la teoría de los números cardinales y que provocó una crisis sin precedentes en los fundamentos de la aritmética.

No obstante, la matemática, que ha pasado siempre por ser la ciencia rigurosa por excelencia, se había encontrado ya en apuros con las paradojas del infinito, ocasionadas por el descubrimiento de los números irracionales por los pitagóricos, y con el planteamiento de las paradojas de Zenón de Elea.

Zenón fue discípulo de Parménides, en cuya filosofía se basa para construir, con una lógica particular, sus famosas **paradojas acerca del movimiento.** Probablemente, la más famosa de ellas es la de Aquiles y la tortuga: si se admite que el espacio es divisible hasta el infinito, Aquiles (el de los pies ligeros) nunca correría lo suficiente para alcanzar a una tortuga, pues cuando llegara al punto en que esta se encuentra, la tortuga se encontraría ya más lejos, y así hasta el infinito.

La explicación de esta paradoja es la siguiente: para andar de A a B, Aquiles debe recorrer primero la mitad del trayecto A-B y, antes de ello, la mitad de esta mitad, y así hasta el infinito, de modo que no llegaría nunca a B. Al ser el espacio infinitamente divisible, tanto Aquiles como la tortuga tienen que recorrer un espacio interminable, cada vez más cerca del límite, pero sin llegar nunca a alcanzarlo.

Zenón concluye, por tanto, que el movimiento y el reposo son la misma cosa, pues una flecha en movimiento está siempre allí donde está, semejante a sí misma, o sea en reposo. Así que, en la medida en que el movimiento es cambio, el movimiento es imposible, porque el cambio no existe, ya que equivale al no-ser.

Esta negación del movimiento, y también de la pluralidad, pretende demostrar el carácter ilusorio de lo que muestran los sentidos, para afirmar que solo el ser es, tal como había enseñado Parménides.

Otras paradojas famosas son la del mentiroso, la de Electra o del hombre encapuchado, la del hombre calvo y la del hombre cornudo.

Textos en la web

Una paradoja de Wittgenstein (Ludwig Wittgenstein, *Investigaciones filosóficas*).

Actividades

1 ¿Qué diferencia la lógica informal de la lógica formal?

2 ¿Qué utilidad tiene el estudio de la teoría de la argumentación y de las falacias? Razona tu respuesta.

3 Busca y explica algunos ejemplos actuales en la prensa o en cualquier otro medio de comunicación que ilustren la vulneración de los principios de la buena argumentación.

4 Indica qué tipo de falacias son los siguientes razonamientos:

a) «Si me llamas, iré a la fiesta. He venido a la fiesta. Luego me has llamado».

b) «Ya es el tercer profesor que me dice lo mismo. ¡Son todos iguales!».

c) «El amor es ciego. Pedro no ve los defectos de Ana. Luego está enamorado».

d) «Ayer viniste de visita. No encuentro mi teléfono móvil. Luego me lo has robado».

e) «Las encuestas muestran el apoyo de la ciudadanía a la política de nuestro partido. No podemos estar equivocados».

5 Responde a las preguntas sobre el texto:

«Evatlo, un joven rico, estaba muy deseoso de aprender elocuencia y de defender pleitos. Se confió a las enseñanzas de un maestro como Protágoras y prometió darle como pago una crecida suma de dinero, conviniendo en todas las condiciones establecidas por Protágoras: le entregó la mitad al comienzo mismo, antes de empezar las enseñanzas, comprometiéndose a pagarle la otra mitad el primer día que defendiera una causa ante los jueces y la ganara; pero, como no recibía encargo alguno de causas judiciales y el tiempo transcurrido era ya mucho, dando la impresión de que obraba así para no pagar el resto del salario convenido, Protágoras tomó una decisión que en aquel momento le pareció astuta: entabló un pleito contra Evatlo. Habiéndose presentado los dos ante los jueces para, respectivamente, defenderse de la acusación o probar la misma, Protágoras comenzó a hablar así: "Aprende, tontísimo muchacho, que en cualquiera de los dos casos me has de pagar lo que pido, tanto si la sentencia te es favorable como si no. Porque, si el pleito te es adverso, el salario deberá serme pagado por sentencia del juez, por haber ganado yo, en cambio, si la sentencia te es favorable, el salario deberá serme pagado por haber ganado tú". A esto respondió Evatlo: "Aprende tú también, sapientísimo maestro, que en cualquiera de los dos casos no te abonaré el dinero que reclamas, tanto si la sentencia te es favorable como si no. Porque, si los jueces resultaran favorables a mi causa, en virtud de su sentencia no se te deberá nada, por haber ganado yo; en cambio, si se pronunciaran contra mí, no te deberé nada, de acuerdo con nuestro convenio, porque no habré ganado"».

Aulo Gelio, *Noches áticas*.

a) ¿Por qué Protágoras cree que Evatlo le tendrá que pagar de todos modos el dinero convenido?

b) ¿Qué responde Evatlo a las palabras que pronuncia Protágoras ante los jueces? Explícalo con tus propias palabras.

c) ¿Cómo crees que responderían los jueces? Resume la paradoja de Protágoras y razona tu respuesta.

En la web

Encontrarás una autoevaluación interactiva.

Un autor, una obra

Gottlob Frege, *Conceptografía*

Resumen de la obra

El matemático y filósofo alemán Gottlob Frege (1848-1925) es considerado el padre de la lógica moderna. La introducción, en su obra *Conceptografía* (1879), de un nuevo sistema de notación supuso una ruptura entre la lógica moderna y la tradición antigua de la lógica.

Frege fue profesor de matemáticas en la Universidad de Jena, en Alemania, durante toda su vida y fue poco conocido. Sin embargo, tres grandes filósofos del siglo XX estudiaron su obra y fueron influidos por él: Edmund Husserl, Bertrand Russell y Ludwig Wittgenstein.

Desde un punto de vista general, su obra filosófica se enmarca en la reacción contra el idealismo y contra el psicologismo. Para Frege, el significado de las palabras y las reglas del pensamiento humano no derivan de un estudio psicológico empírico de los procesos mentales. Al contrario, las reglas lógicas no dependen del estudio empírico de la mente humana, sino que son totalmente puras, a priori y universales.

Por otra parte, Frege se enfrenta también al idealismo moderno, que hace de la metafísica o de la epistemología el núcleo y el punto de partida de la filosofía, y argumenta que la lógica es la disciplina básica a partir de la cual se desarrollarían el resto de ramas de la filosofía.

La *Conceptografía* pertenece a la primera etapa de su producción, en la que Frege intenta renovar la lógica. Esta renovación consistía en ofrecer un lenguaje formalizado que pudiera expresar el pensamiento puro, evitando los posibles equívocos e imprecisiones del lenguaje natural de la vida cotidiana. La lógica, por tanto, debía formalizarse con un lenguaje semejante al de la matemática. Así reza el subtítulo de esta obra: «Un lenguaje de fórmulas, semejante al de la aritmética, para el pensamiento puro».

El objetivo de esta obra era proporcionar una herramienta de clarificación del lenguaje para facilitar el avance de la ciencia. Este nuevo lenguaje formal debía contener unas fórmulas lógicas simples y unas reglas para trabajar con ellas, reglas que Frege trata de reducir al mínimo para ganar mayor seguridad en el proceso deductivo.

Textos seleccionados

Texto 1: La conceptografía, un instrumento para perfeccionar el lenguaje común: la metáfora del ojo y el microscopio

«Creo poder hacer muy clara la relación de mi conceptografía con el lenguaje común si la comparo con la que hay entre el microscopio y el ojo. Este último, por el campo de su aplicabilidad y la movilidad con que se sabe adaptar a las más diversas situaciones, posee gran superioridad frente al microscopio. Considerado como aparato óptico, muestra sin duda muchas imperfecciones, las cuales pasan desapercibidas, por lo común, solo como consecuencia de su estrecha conexión con la vida mental. Pero tan pronto como los propósitos científicos establecen mayores exigencias en la precisión de las distinciones, el ojo resulta insuficiente. Por el contrario, el microscopio es de lo más apropiado para tales fines, aunque, por ello, no es utilizable para otros. Así, esta conceptografía ha sido ideada como un auxiliar para determinados propósitos científicos y no se la puede sentenciar porque no sirva para otros».

Frege, G., *Conceptografía*, Prólogo.

Texto 2: La fundamentación lógica de la verdad

«El conocimiento de una verdad científica pasa, como regla, por varios grados de certidumbre. Quizá conjeturada al principio sobre la base de un número insuficiente de casos particulares, una proposición general se consolida cada vez más seguramente al cobrar conexión con otras verdades a través de cadenas de inferencias, ya sea que de ella deriven consecuencias que encuentren confirmación de otra manera, ya sea que, a la inversa, se la reconozca como consecuencia de proposiciones ya establecidas. Según esto, por una parte se puede preguntar por el modo en que gradualmente se gana una proposición y, por la otra, por la manera en que finalmente se la fundamenta con máxima firmeza. Acaso la primera cuestión sea contestada de modo diferente por diferentes hombres; la última es más definida y su respuesta se conecta con la naturaleza interna de la proposición considerada. Es patente que la más firme es la prueba lógica pura, la cual, prescindiendo de las características particulares de la cosa, solo se funda en las leyes sobre las que descansa todo conocimiento. Por tanto, dividimos en dos clases todas las verdades que requieren una fundamentación; mientras que la prueba puramente lógica puede preceder a las unas, las otras deben apoyarse en hechos empíricos».

Frege, G., *Conceptografía*, Prólogo.

Texto 3: La aritmética como trasfondo de la conceptografía

«Si es una tarea de la filosofía romper el dominio de la palabra sobre la mente humana al descubrir los engaños que sobre las relaciones de los conceptos surgen casi inevitablemente en el uso del lenguaje, al liberar al pensamiento de aquellos con que lo plaga la naturaleza de los medios lingüísticos de expresión, entonces mi conceptografía, más desarrollada para estos propósitos, podría ser un instrumento útil para los filósofos. La mera invención de esta conceptografía, me parece, ha hecho prosperar a la lógica. Espero que los lógicos, si no se dejan intimidar por una primera impresión frente a lo extraño, no negarán su asentimiento a las innovaciones a que me vi impelido por una necesidad inherente al asunto mismo. Estas discrepancias con lo tradicional encuentran su justificación en que la lógica, hasta ahora, siempre se ha ajustado estrechamente al lenguaje y a la gramática. Como he señalado al principio, la aritmética ha sido el punto de partida del curso de pensamiento que me ha conducido a mi conceptografía».

Frege, G., *Conceptografía*, Prólogo.

Cuestiones para comentar

1. Explica la analogía que establece Frege entre el ojo y el lenguaje natural cotidiano, por una parte, y entre el microscopio y la conceptografía, por otra.
2. En el segundo texto, Frege explica que una proposición puede tener diversos grados de certeza. Según él, ¿cómo se consolida una proposición o verdad?
3. ¿Por qué, según Frege, la lógica es la mejor prueba para una proposición verdadera? ¿Qué dos tipos de verdades se pueden distinguir?
4. ¿Cuál fue la intención de Frege al proponer su sistema de representación de los conceptos? ¿Cómo podría ser útil la conceptografía para los filósofos?
5. ¿Qué disciplinas habían servido de modelo a la lógica? ¿En qué ciencia se inspiró la conceptografía de Frege? ¿Crees que esto tiene alguna consecuencia para la concepción de la lógica? Razona tu respuesta.

La filosofía va al cine

Verdades matemáticas y empíricas

Los crímenes de Oxford

- Título original: *The Oxford Murders.*
- Dirección: Álex de la Iglesia.
- Guion: Álex de la Iglesia, Jorge Guerricaechevarría.
- Intérpretes: Elijah Wood, John Hurt, Leonor Watling, Julie Cox, Burn Gorman, Anna Massey, Jim Carter, Dominique Pinon, Alex Cox, Danny Sapani.
- Música: Roque Baños.
- Fotografía: Kiko de la Rica.
- Producción: Tornasol Films / Estudios Picasso / Oxford Crimes / La Fabrique de Films.
- Año: 2008.
- Duración: 110 minutos.
- Nacionalidad: España.

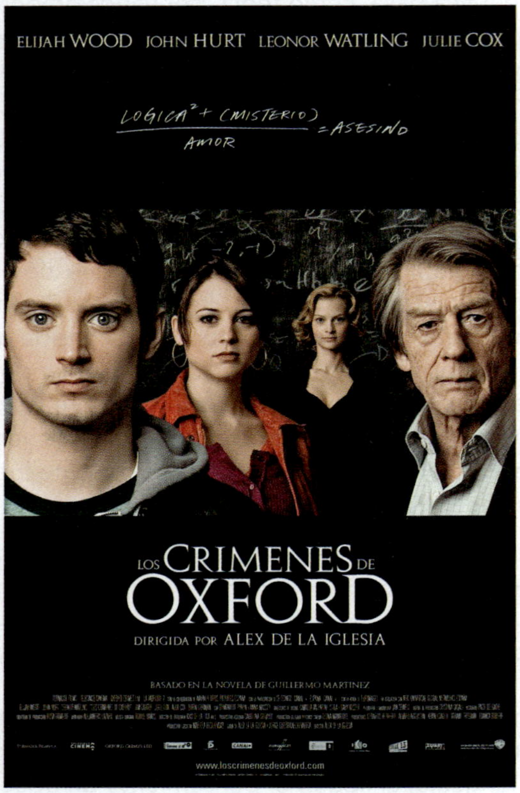

Resumen del argumento

Martin (Elijah Wood) es un joven norteamericano, estudiante de lógica y de matemáticas, que llega a Oxford para completar sus estudios de doctorado bajo la tutela del profesor Arthur Seldom (John Hurt).

El joven Martin se aloja en casa de la señora Eagleton (Anna Massey) y de su hija Beth (Julie Cox). Ambas mantienen una tensa relación entre sí, pero son amigas de Arthur Seldom, antiguo estudiante y amigo del fallecido señor Eagleton, y esa es la razón por la que Martin escoge esta casa como residencia.

Cuando Martin asiste a una conferencia de Seldom para conocerlo personalmente, interviene con una pregunta, pero es humillado por el profesor y decide marcharse de Oxford. Sin embargo, al recoger sus cosas en la casa donde se hospeda, se encuentra con Seldom, y cuando buscan a la señora Eagleton, la encuentran asesinada en el salón.

Este crimen desata una investigación policial en la que el profesor y el joven estudiante se ven involucrados. Ambos colaboran con la policía, ya que el supuesto asesino había enviado a Seldom una nota con un círculo, posiblemente el primer elemento de una serie lógica. Mientras Seldom y Martin intentan anticipar los movimientos del asesino, aparece una nueva víctima acompañada de una nota con otro símbolo.

En el transcurso de la investigación, Martin tendrá que resolver algunas series lógicas (conjuntos de símbolos relacionados según alguna regla) para desentrañar el enigma que se encuentra tras los crímenes de Oxford.

Los acontecimientos se suceden y Martin, que mantenía una relación con Lorna (Leonor Watling), una enfermera del hospital, averigua la identidad del asesino, aunque otros descubrimientos le impedirán empezar una nueva vida con Lorna.

Comentario

La primera escena de la película nos muestra una batalla de la Primera Guerra Mundial, en la que Wittgenstein redactó las notas que se convertirían en el *Tractatus logico-philosophicus*, una de las obras maestras de la filosofía del siglo xx. Esta escena bélica es la introducción que hace el profesor Seldom para exponer su interpretación de la filosofía wittgensteiniana en una conferencia. El calado filosófico de la cuestión que plantea Seldom es innegable: ¿podemos conocer la verdad?

A modo de respuesta, en varios momentos de la película se producen discusiones entre Seldom y Martin respecto a las certezas matemáticas y las certezas empíricas. Ambos discuten sobre el problema del conocimiento y el sentido de la realidad. La posición de Martin se asemeja a la del realismo platónico y pitagórico sobre la existencia de los números e ideas abstractas, mientras que Seldom adopta una postura mucho más escéptica.

Ahora bien, en la película no solo aparecen problemas lógicos y epistemológicos, sino que también emergen cuestiones y dilemas morales. La conclusión final de la película deja abiertos muchos de estos interrogantes, pero nos fuerza a nosotros mismos a tomar una decisión al respecto.

Cuestiones para la reflexión

1. En sus conferencias, el profesor Seldom ofrece una interpretación de la filosofía de Wittgenstein. ¿Qué conclusión extrae de esta filosofía? ¿Qué le replica Martin en la conferencia a la que asiste? ¿Cómo termina el debate? Puedes aprovechar otros diálogos entre los dos en los que abordan las mismas cuestiones.
2. ¿Cómo identifica el asesino sus crímenes? ¿Cómo intentan Martin y Seldom averiguar su identidad? ¿Qué descubrió Kalman sobre las series lógicas?
3. ¿Quién es el asesino de la señora Eagleton? ¿Quién provocó su muerte, según Seldom? ¿Por qué?
4. ¿Cómo descubre Martin la trama de asesinatos que siguen a la muerte de la señora Eagleton? ¿Quién es el responsable de estos crímenes? ¿Por qué se produjeron? ¿Qué relación tienen los pitagóricos con esta serie de asesinatos?

Fotograma de la película en el que el profesor Seldom y Martin investigan los asesinatos ocurridos en Oxford.

Ejercicios de lógica

Ejercicios de silogística y de lógica de enunciados

Ejercicios de silogística

1 Resuelve los siguientes silogismos. Indica su figura (dependiendo de la situación del término medio) y su modo (según el tipo de proposiciones que lo forman).

a) Ningún elefante es europeo.

Todos los que se llaman Dumbo son elefantes.

b) Todos los que van en monopatín llevan la gorra del revés.

Ningún policía lleva la gorra del revés.

c) Ningún maltratador de animales es buena persona.

Algunos niños maltratan a los animales.

d) Todos los suscritos al periódico *The Times* son personas bien educadas.

Todos los que están suscritos al periódico *The Times* saben inglés.

e) Todos los que resuelven problemas de lógica tienen buen sentido de la orientación.

Algunos estudiantes saben resolver problemas de lógica.

2 Representa mediante diagramas de Venn y comprueba gráficamente la validez de los silogismos de la actividad anterior.

3 Relaciona cada silogismo con su representación gráfica mediante diagramas de Venn, indica su figura y su modo, y comprueba su validez.

a) Todos los seres humanos son racionales.

Todos los seres humanos son animales.

Algunos animales son racionales.

b) Todos los futbolistas brasileños son buenos futbolistas.

Algunos futbolistas del equipo de mi pueblo son brasileños.

Algunos futbolistas del equipo de mi pueblo son buenos.

c) Todos los que copiaron en el examen han suspendido.

Ningún estudiante del instituto ha copiado.

Ningún estudiante del instituto ha suspendido el examen.

d) Ningún gladiador era débil.

Ningún emperador romano era gladiador.

Todos los emperadores romanos eran débiles.

e) Algunos italianos son seguidores de Ferrari.

Todos los seguidores de Ferrari son aficionados a la Fórmula 1.

Algunos aficionados a la Fórmula 1 son italianos.

1)

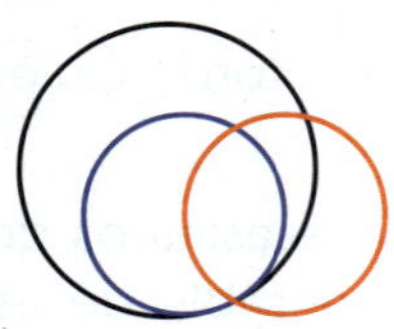

2)

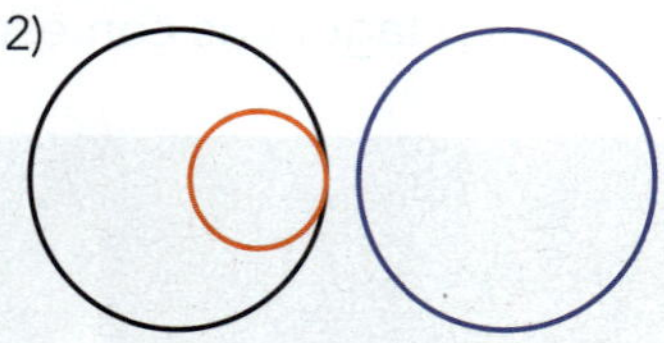

3)

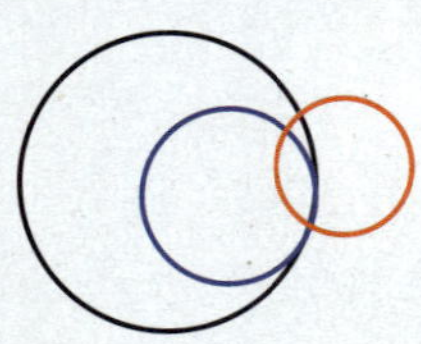

4)

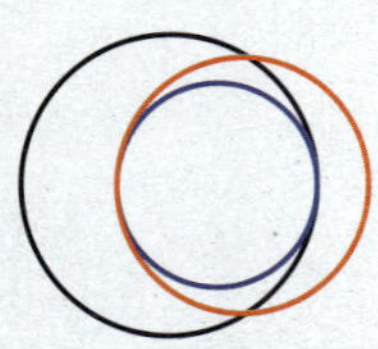

5)

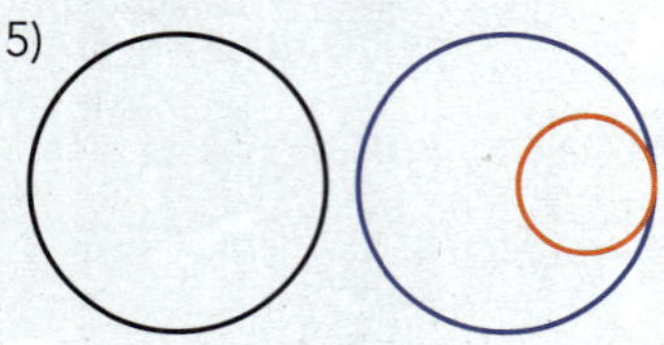

Ejercicios de lógica de enunciados

4 Formaliza los siguientes enunciados y razonamientos en la lógica de enunciados:

a) «Antonio es alto y juega al baloncesto. Pedro es bajo y juega al fútbol».

b) «El agua hierve a 100 °C. Si hervimos este líquido a 100 °C, entonces el agua se evaporará. Si el agua se ha evaporado, el líquido restante no es agua».

c) «Cervantes es el autor de *El Quijote* y es autor de obras de ficción. Si *El Quijote* contase una historia real, Cervantes no sería autor de obras de ficción».

d) «Si el delantero marca un gol, su equipo ganará la copa. Su equipo ha ganado la copa, pero él no ha marcado el gol».

e) «Milán es la capital de Lombardía, y Roma es la capital de Italia. Si Roma es la capital de Italia, entonces el presidente vive en Roma».

f) «La moto está estropeada y no tengo dinero. Si la moto está estropeada, no puedo ir a trabajar. Si no puedo ir a trabajar, no tengo dinero».

g) «Si vienes a casa y haces la compra, yo haré la cena. Has hecho la compra. Luego si vienes a casa, haré la cena».

h) «Si no apruebas el examen, entonces ni irás de vacaciones ni tampoco te comprarán la moto. Si no estudias, no aprobarás el examen. Si sales esta noche, no estudiarás. Luego si sales esta noche, no tendrás la moto».

i) «Antonio ha viajado por todo el mundo. Si esto es cierto, debe de tener muchas anécdotas que contar. Pero Antonio no cuenta ninguna anécdota. Luego debe de ser falso que ha viajado por todo el mundo».

j) «Los trabajadores están en huelga. El gobierno quiere negociar y convocar una rueda de prensa. Si llegan a un acuerdo, los trabajadores dejarán la huelga».

5 Comprueba mediante tablas de verdad si las siguientes fórmulas son tautologías, contradicciones o proposiciones contingentes:

a) $(p \wedge q) \rightarrow r$.

b) $p \vee \neg p$.

c) $(r \wedge s) \rightarrow (q \rightarrow r)$.

d) $[(p \rightarrow q) \wedge (q \rightarrow r)] \rightarrow (p \rightarrow r)$.

e) $(r \vee s) \wedge \neg (r \vee s)$.

f) $(p \rightarrow q) \rightarrow (\neg p \vee q)$.

6 Demuestra las siguientes inferencias:

a) $$\begin{array}{l} (p \wedge q) \rightarrow r \\ p \\ \hline q \rightarrow r \end{array}$$

b) $$\begin{array}{l} p \rightarrow q \\ r \vee s \\ s \rightarrow \neg q \\ \neg r \\ \hline \neg p \end{array}$$

c) $$\begin{array}{l} p \rightarrow (q \rightarrow r) \\ q \\ \hline p \rightarrow r \end{array}$$

d) $$\begin{array}{l} (p \wedge q) \rightarrow r \\ (r \wedge s) \rightarrow t \\ \hline (p \wedge q \wedge s) \rightarrow t \end{array}$$

e) $$\begin{array}{l} p \rightarrow q \\ q \rightarrow r \\ s \rightarrow t \\ s \vee p \\ \hline r \vee t \end{array}$$

f) $$\begin{array}{l} p \rightarrow q \\ r \vee \neg p \\ \hline p \rightarrow (q \wedge r) \end{array}$$

g) $$\begin{array}{l} p \rightarrow q \\ q \rightarrow r \\ \hline \neg r \rightarrow \neg p \end{array}$$

h) $$\begin{array}{l} \neg p \rightarrow q \\ r \rightarrow \neg p \\ \neg (q \vee s) \\ \hline \neg r \end{array}$$

i) $$\begin{array}{l} q \vee r \\ q \rightarrow r \\ r \rightarrow s \\ \hline s \end{array}$$

Bloque 3

La realidad

El problema de la realidad ha constituido, y sigue constituyendo, uno de los interrogantes más importantes de la reflexión filosófica. Tradicionalmente, se han dedicado a su estudio la metafísica, la teodicea y la cosmología, hasta que, en la actualidad, las explicaciones científicas del mundo físico y los modelos teóricos sobre el universo ofrecen sus hipótesis sobre el espacio, el tiempo, la materia, el origen del mundo, etc. En este bloque se estudian, pues, ámbitos teóricos como el mundo, la vida, Dios, la naturaleza, la evolución, etc., en cuyo enfoque se podrán apreciar los cambios y las diferencias que existen entre su tratamiento científico y su comprensión filosófica.

Unidad 6
El mundo, la vida, Dios

Cuestiones a estudiar

1 El mundo: un universo en continua expansión.

2 Teorías sobre el universo: del geocentrismo a la teoría del *big bang*.

3 Física y filosofía: la materia, el espacio y el tiempo desde la teoría de la relatividad.

4 La vida y su caracterización científica.

5 Teorías filosóficas sobre la vida: hilozoísmo, mecanicismo, organicismo y vitalismo.

6 El estudio filosófico de Dios frente a la teología y la religión: el «dios» de los filósofos.

7 El problema del mal y el ateísmo.

Unidad 7
Naturaleza y evolución humana

8 El evolucionismo: las teorías de Darwin sobre la adaptación y la selección natural.

9 Ser humano, animal y medio ambiente: el proceso de hominización.

10 Distintos planteamientos de la antropología científica actual.

11 Elementos que determinan la singularidad del ser humano.

12 Los rastros en el ser humano civilizado de su pasado arcaico.

6 El mundo, la vida, Dios

La vida es un estado efímero

«Para inaugurar dignamente el año 2000 se me ha pedido responder a la pregunta: ¿Qué es la vida? Esta cuestión me parece muy apropiada, porque no tiene respuesta. Desde que hay seres humanos que piensan han debido plantearse esta pregunta. Todos aprendemos, antes o después, que estamos destinados a morir y que la vida es un estado efímero. Querríamos saber en qué consiste, pero esto no solo es muy difícil, sino, en realidad, imposible. […] Durante siglos se ha intentado descubrir el secreto de la materia viva o de la fuerza vital. En realidad, la vida es un proceso, una organización de la materia. No existe como entidad independiente que se pudiera caracterizar. Se puede estudiar ese proceso y esa organización, pero no la idea abstracta de la vida. Se puede tratar de definir lo que es un ser vivo y distinguirlo de lo no viviente. Pero no hay materia viviente. Hay materia que compone a los seres vivos, y esta materia no tiene propiedades particulares que no tenga la que compone también a los cuerpos inertes».

Jacob, F., *¿Qué es la vida?*

Actividades

1 ¿Por qué, según el autor, la vida como tal no puede ser objeto de investigación científica?

2 ¿Cómo se define lo viviente en el texto? ¿Qué manera hay de distinguir entre los seres vivos y la materia inerte?

3 ¿Basta la existencia de la materia para explicar la vida? ¿Expresa este texto una posición materialista? Justifica tu respuesta.

4 ¿Qué sentidos de la palabra «vida» utilizados en el lenguaje común conoces? ¿Podrías definirlos?

Brueghel de Velours, El paraíso terrenal *(detalle), Museo del Prado, Madrid.*

1 El mundo

1.1. El mundo como un todo limitado

Los pueblos primitivos propusieron explicaciones mítico-religiosas sobre el origen y la estructura del universo. Estas cosmogonías solían ser **teogonías,** porque **explicaban la constitución del mundo mediante sucesivas generaciones de divinidades.** De este modo, establecían simbólicamente un orden y una jerarquía que representaba la distinción de los niveles del universo (celeste, terrestre y subterráneo) y el equilibrio y la relación entre los distintos componentes del mundo.

El sistema geocéntrico

La primera teoría racional sobre la forma, el origen y la naturaleza del mundo fue la **concepción geocéntrica griega,** vigente hasta el final de la Edad Media.

Esta teoría estaba configurada, en el aspecto astronómico, por el sistema de Ptolomeo, y en el aspecto físico, por la filosofía de la naturaleza de Aristóteles. Comprendía el mundo como una estructura metafísica en la que distinguía dos ámbitos:

1. Un **mundo sublunar,** formado por los cuatro elementos (tierra, agua, aire y fuego), de forma esférica, **en cuyo centro está situada la Tierra.**
2. Un **mundo supralunar,** poblado de cuerpos luminosos esféricos, perfectos e incorruptibles, hechos de una quintaesencia (el éter) y animados de movimiento perfecto: circular y uniforme. Un **primer motor inmóvil,** luego identificado con dios, era, al mismo tiempo, la causa actuante y la finalidad de este cosmos tan armónicamente configurado, en el que el ser humano tenía una posición privilegiada como centro del universo.

Textos en la web

El universo pitagórico (Aristóteles, *Sobre el cielo*).

El sistema heliocéntrico

Esta plástica y sencilla imagen fue destruida, a comienzos de la Edad Moderna, en sus dos aspectos: el astronómico fue superado por Copérnico y su **sistema heliocéntrico,** y el físico, por la nueva ciencia de Galileo, que eliminó esa división entre cielo y tierra, y, en su lugar, ofreció una concepción unitaria y racional del mundo.

Se impuso, así, la imagen de un mundo finito, aunque de dimensiones mucho mayores que las del mundo ptolemaico. **Su centro era el Sol** (no ya la Tierra), rodeado de una esfera de estrellas fijas.

Galileo sentó las bases de una nueva imagen del mundo con su mecánica (teoría matemática del movimiento). Frente a sus innovaciones, su condena en 1633 constituyó el intento de la Iglesia por conservar la insostenible hegemonía de la cosmovisión medieval, fundada en la Biblia y en los sabios griegos.

Galileo y Newton **se atuvieron exclusivamente a la descripción matemática de los movimientos de los cuerpos, tanto celestes como terrestres,** sin pronunciarse nunca sobre las últimas causas de tipo metafísico. La física se limitaba a un **conocimiento mecánico del mundo,** y diseñó, así, un cosmos al modo de una máquina que funciona automáticamente una vez puesta en marcha.

Se prescindió de la pregunta metafísica por el sentido y la finalidad de este mundo, o sea, por aquello gracias a lo que las cosas son ordenadas y reguladas. El dinamismo del mundo se regula automáticamente por la mutua atracción de masas y en virtud de las leyes de la gravedad y de la inercia.

La ley de la gravedad es la fuerza que mueve todo el universo. Por ello, para Newton, **el mundo carece de un único centro y es infinito.** En todo caso, se puede describir mediante las fórmulas matemáticas de la fuerza y del movimiento, **sin necesidad de la hipótesis metafísica de Dios ni de la pregunta por su finalidad última.**

Textos en la web

El movimiento planetario según Copérnico (Copérnico, *Opúsculos sobre el movimiento de la Tierra*).

1.2. Un universo en continua expansión

Durante el siglo XX, nuestro conocimiento del mundo ha avanzado mucho. Antes se creía que el universo se limitaba a la Vía Láctea, o sea, la galaxia de nuestro sistema solar. Nuevas herramientas matemáticas y sofisticados instrumentos y técnicas de observación han permitido descubrir que nuestra galaxia no es la única, sino una entre miles de millones.

Nuestra galaxia, pues, solo es un punto en un universo en constante expansión, en el que las galaxias se alejan continuamente unas de otras. En 1929, el astrónomo norteamericano Edwin Hubble descubrió que todas las galaxías se alejaban de la nuestra y que cuanto más distantes estaban de nosotros con mayor velocidad se alejaban, lo que significaba que **el universo se expande.**

Einstein aceptó esta teoría y **abandonó la idea de un universo estático.** Por otra parte, su teoría general de la relatividad llevó a los físicos a replantearse la cuestión de la forma del universo: el universo está poblado no solo de estrellas, planetas, satélites y asteroides, sino también de quásares, pulsares y agujeros negros.

La **teoría del *big bang*,** apoyada también por las ecuaciones de Einstein, explica esta expansión continua del universo a partir del modo como se originó. Afirma que **toda la materia contenida en el universo actual estaba originalmente concentrada en un solo punto, cuya explosión —el llamado *big bang*— dio origen al universo.**

Nuestro sistema planetario se habría formado cuando una nube de gas comenzó a condensarse bajo la influencia de la gravedad. Luego se formó el Sol con un disco circundante de materia. Desde su formación, la pérdida de energía del Sol se retroalimenta continuamente por las reacciones nucleares que convierten el hidrógeno en helio y liberan energía.

En resumen, la física actual sostiene que nuestro universo está constituido por innumerables galaxias pobladas de estrellas luminosas y cuerpos opacos distribuidos de manera uniforme.

La uniformidad del universo se refiere, en primer lugar, a la distribución de materia por toda su extensión, que lo convierte en **homogéneo (el mismo en todas partes) e isotrópico (el mismo en cualquier dirección),** y, en segundo lugar, a las leyes que rigen en cualesquiera regiones del universo, que **son semejantes a las que se cumplen en la Tierra.**

No hay acuerdo sobre si el universo es finito o infinito. Según la teoría de la relatividad de Einstein, en función de las propiedades geométricas que se le atribuyan, se lo puede considerar esférico, en cuyo caso sería finito, o hiperbólico, en cuyo caso sería infinito. **Einstein lo concibe como un espacio que, de forma análoga a la superficie de una esfera, es finito, pero ilimitado, en el sentido de que se puede recorrer sin ninguna limitación.**

1.3. Física y filosofía

A partir del siglo XIX, **se eliminó cualquier hipótesis metafísica o teológica de las explicaciones sobre el mundo y la naturaleza,** por lo que la física y la filosofía siguieron caminos divergentes. Desde entonces, las teorías científicas no están influidas por ninguna idea metafísica ni por reflexiones acerca de las consecuencias que se siguen de los cálculos matemáticos y de los resultados experimentales. A pesar de ello, las investigaciones científicas ofrecen constantemente motivos de reflexión sobre problemas filosóficos planteados por la física y sus continuos avances.

Por ejemplo, en el siglo XX, los estudios de Hubble permitieron confirmar experimentalmente la teoría de un universo en continua expansión. De ahí se concluyó que si el universo se expande, entonces no es eterno, sino que ha tenido un comienzo. Este es claramente un problema no exclusivamente científico, sino también filosófico, e incluso teológico, porque plantea el problema de si, al haber tenido un comienzo, es un universo creado que supone la existencia de un Creador.

Otro problema es el de la relación del movimiento del universo con la gravitación. Para Einstein, la gravitación es un efecto de la aceleración procedente del espacio curvo. Esto significaba, confirmado también por la física cuántica, que el mundo ya no se podía concebir como un objeto exterior, incondicionalmente objetivo, predeterminado en sus causas e independiente del sujeto. Para la nueva física, no existe un mundo exterior objetivo y separado del observador, y esto abre multitud de perspectivas, de interrogantes y de problemas filosóficos.

Al final del siglo XIX, el espacio y el tiempo se consideraban categorías absolutas e inmutables. O sea, se creía que sus propiedades no varían con los cambios de la posición y la velocidad del observador. Pues bien, las teorías de Einstein imponen también un replanteamiento completo de la relación entre el espacio y el tiempo. A lo que se añade que, casi al mismo tiempo, la física cuántica obliga a una revisión paralela de las nociones de causa y efecto, y abre la perspectiva del indeterminismo (principio de indeterminación de Heisenberg).

De todo esto se deriva que el avance de la física ha ido creando una filosofía de la naturaleza y del mundo que es, según el filósofo Martin Heidegger, la encargada de pensar. «La ciencia, dice Heidegger, no piensa, no puede pensar», porque actualmente está al servicio de la técnica y de la tecnificación del mundo. **La ciencia se limita a aplicar sus métodos sin plantearse la cuestión del sentido y de las implicaciones humanas y sociales de lo que hace, dando por supuesto que el progreso científico siempre es positivo por sí mismo.**

En cualquier caso, física y filosofía son aventuras fascinantes del espíritu humano que siempre han dialogado entre sí y que deben seguir haciéndolo.

Textos en la web

El mundo y sus acepciones (H.G. Gadamer, *Verdad y método*).

Los grandes avances de la física han dado lugar a la aparición de nuevos problemas filosóficos. (Imagen de la nebulosa de la Tarántula, en la galaxia la Gran Nube de Magallanes).

Actividades

1 Responde a las preguntas sobre el texto:

«Antes que nada nació Caos, después Gea (Tierra) de ancho seno, asiento firme de todas las cosas para siempre, Tártaro nebuloso en un rincón de la tierra de anchos caminos y Eros, que es el más hermoso entre los dioses inmortales, relajador de los miembros y que domeña, dentro de su pecho, la mente y el prudente consejo de todos los dioses y todos los hombres. De Caos nacieron Erebo y la negra Noche; de la Noche, a su vez, nacieron Éter y Día, a los que concibió y dio a luz, tras unirse en amor con Erebo. Gea (la Tierra) primeramente engendró, igual a sí misma, a Urano brillante para que la cubriera en derredor por todas partes y fuera un asiento seguro para los dioses felices por siempre. Alumbró a las grandes Montañas, moradas graciosas de las divinas ninfas, que habitan en los sinuosos montes. Ella también, sin el deseado amor, dio a luz al mar estéril, al Ponto, hirviente con su oleaje; y después, tras haber yacido con Urano, alumbró a Océano de profundo vórtice, a Ceo, Crío, Hiperión y Japeto».

Hesíodo, *Teogonía,* 116.

La diosa Gea junto a las ninfas del aire y del agua, bajorrelieve del Ara Pacis *de Augusto, Roma, Italia.*

a) ¿Qué distribución de las regiones del universo se desprende de esta narración mítica?

b) Comenta la frase: «Eros [...] domeña, dentro de su pecho, la mente y el prudente consejo de todos los dioses y todos los hombres».

c) ¿En qué se diferencian estos tres tipos de explicaciones: cosmogonías, teogonías y cosmologías?

2 Resume brevemente la teoría del *big bang* y explica las razones de la expansión continua del universo.

3 Einstein sostiene que el universo es finito, pero ilimitado. ¿Ilimitado no significa lo mismo que infinito? Razona tu respuesta.

4 ¿A qué crees que obedece el rechazo de las ciencias respecto a cualquier intromisión de la filosofía en su ámbito de estudio?

2 La vida

2.1. Materia, vida, espíritu

La materia

La materia alude comúnmente a **lo inerte e informe.** Por ejemplo, al barro del que un artesano hace una vasija. Los filósofos han pensado la materia, durante muchos siglos, como **el constituyente último de la naturaleza.** O sea, la han pensado como **sustancia, lo que subsiste a través de los cambios.** Actualmente, la física moderna estudia las partículas elementales que componen los átomos y da una imagen cada vez más abstracta de la materia.

Para la **física moderna,** las propiedades esenciales de la materia eran la extensión en el espacio, la duración en el tiempo y la masa. Hoy día, **el concepto de materia ha quedado reducido al de densidad de campo.** Según Einstein, al haberse reconocido la equivalencia entre masa y energía, la distinción entre materia y campo no tiene sentido. **La materia no es más que una cierta concentración de energía en un espacio relativamente limitado.** No se trata, pues, de una mera reducción de la materia a energía, sino de la reducción de ambos conceptos al de campo.

Textos en la web

La materia como sustrato primero (Aristóteles, *Física*).

La vida

La noción de vida designa **lo que es animado y se desarrolla.** Un ser vivo es un ser organizado, o sea, formado de partes heterogéneas que funcionan coordinadamente en beneficio del conjunto. Esa organización no le es impuesta desde fuera, sino que surge de su interior a partir de un germen o de una semilla. Esto ha llevado a algunos biólogos contemporáneos a definir la vida como **la propiedad de los seres dotados de un proyecto de morfogénesis autónoma.**

En la **Antigüedad,** la observación de que los cuerpos muertos están privados de calor y de movimiento llevó a pensar que el **alma** era la responsable de la vitalidad de los cuerpos, de su calor y de su movimiento. Se formuló así la teoría de un «alma del mundo» como responsable de la vida en general. Frente a esta concepción, **los filósofos materialistas** sostenían que la organización de la materia viva se explica tan solo por **el funcionamiento de leyes fisicoquímicas.** Y contra esta explicación, **los filósofos vitalistas** defendieron que la materia viva estaba necesariamente impulsada por una **fuerza metafísica,** a la que consideraban la fuerza o actividad interna mediante la que actúa el ser que la posee.

El espíritu

La noción de espíritu se identifica, para unos, con el alma y, para otros, con la actividad superior de los seres humanos. En la **teología cristiana,** nombra las **entidades totalmente incorpóreas,** Dios y los ángeles, espíritus puros. A su vez, defendía que el espíritu en el hombre es lo contrario de la carne, de la naturaleza, fuente de corrupción y de pecado. Para **Descartes, designa la facultad de pensar,** que se opone a lo corpóreo, a la sensibilidad y a la voluntad. Como facultad de pensar también se distingue del alma, que es la fuerza que anima al cuerpo.

La **biología contemporánea** reconoce que la vida organizada tal vez no incluye un espíritu, pero sí una organización. Lo que distingue la materia inanimada de la materia viva, constituidas por los mismos elementos fisicoquímicos, es **una organización de esos elementos que determina relaciones específicas entre ellos.** No existe, pues, en el universo un elemento químico misterioso responsable de la aparición de la vida. Por ello, siguen planteándose los interrogantes acerca del abismo que separa la materia inerte de la materia viva, así como sobre la diferencia entre la materia viva no consciente y la materia viva consciente, o sea, el ser humano.

Textos en la web

La naturaleza reflexiva del espíritu (G.W.F. Hegel, *Lecciones sobre la filosofía de la historia universal*).

2.2. La caracterización científica de la vida

Las distintas ramas de la biología trabajan con la hipótesis de la existencia de **ciertas características comunes a todo ser vivo,** aunque en muchos casos no sean específicas de ellos y puedan estar presentes también en ciertas formas de materia inerte. Comentemos, a continuación, algunas de ellas:

1. La **autoorganización:** mientras que la materia inerte está sometida inexorablemente a la entropía, o sea, al paso del orden al desorden, **el ser vivo, cuando se desarrolla, evoluciona del desorden al orden.** En este sentido, genera una entropía negativa que está regulada por procesos de homeostasis que regulan la organización de la vida frente a las amenazas del mundo externo.

   No obstante, como sostiene el biólogo Ilya Prigogine y tal como se ha estudiado en la moderna física del caos, el orden y la autoorganización surgen del desorden, independientemente de esa cualidad de los seres vivos de invertir el proceso entrópico.
2. El **metabolismo:** comprende un **conjunto de funciones del organismo vivo destinadas a captar y utilizar la energía y la materia externas necesarias para su conservación y reproducción.** En los organismos evolucionados es un proceso muy complejo, aunque se pueden señalar paralelismos con otros procesos que se dan en el mundo de la materia inanimada.
3. La **reproducción: es la capacidad de generar nuevos seres vivos.** Tomada aisladamente, la reproducción no es una característica específica de los organismos vivientes, ya que los cristales, por ejemplo, también presentan propiedades de reproducción semejantes. Si sumergimos gérmenes de cristales en determinadas soluciones salinas, se produce una reproducción indefinida de dichos cristales siguiendo unas pautas de organización que copian el germen inicial introducido.
4. **Evolución y capacidad de adaptación al medio:** también en estas funciones se han podido comprobar algunos paralelismos entre los seres vivos y otras estructuras, como pueden ser las de la cultura. Esta es la tesis que defiende, por ejemplo, Karl Popper en su concepción del «mundo tres», capaz de evolucionar de un modo semejante a como tiene lugar la evolución darwiniana.

El hecho, pues, de que algunas de estas propiedades sean comunes a la materia inerte y a los seres vivos, y el hecho de que aún no dispongamos de un conocimiento adecuado de la posibilidad de otras formas de vida fuera de nuestro planeta, plantea la dificultad de una delimitación más precisa de lo que es la vida. Hay, no obstante, una **unidad estructural a nivel molecular** que permite una mejor delimitación del fenómeno de la vida.

Según la biología molecular, en su organización más básica, todos los seres vivos conocidos están constituidos por los mismos componentes: proteínas y ácidos nucleicos, que, a su vez, se componen de solo veinte aminoácidos y cinco nucleótidos, todo ello basado en la química del carbono.

Por eso, **todos los seres vivos tienen en común la propiedad de la transcripción de su código genético,** que correlaciona cadenas de nucleótidos en ácidos nucleicos con cadenas de aminoácidos en proteínas. Esta transcripción se basa, por tanto, en un **código genético esencialmente común,** que es, actualmente, la característica mejor conocida de los seres vivos.

Los elementos constitutivos del ADN muestran que lo vegetal y lo animal comparten una misma base vital. Ello ha dado pie a argumentos en favor de un origen común, tal como lo postula la teoría general de la evolución.

Textos en la web

¿Cómo se reconoce la vida? (Aristóteles, *Acerca del alma*).

Textos en la web

¿Se someten los seres vivos a las leyes y a los modelos de las teorías científicas? (Georges Canguilhem, *El conocimiento de la vida*, «Lo normal y lo patológico»).

2.3. Teorías filosóficas sobre la vida

La tradición filosófica ha afrontado el concepto de vida desde perspectivas distintas. Las posiciones más destacables son las que exponemos a continuación.

El hilozoísmo

Según esta doctrina, **materia y vida son inseparables,** porque la materia tiene propiedades vitales o porque la vida tiene su origen en la materia. Los filósofos griegos de la Escuela de Mileto (Tales, Anaximandro, Anaxímenes) fueron hilozoístas.

Aristóteles introdujo la diferencia entre materia y vida cuando identificó la vida con el alma. Para Aristóteles, el alma es el principio vital. Así, entendía la vida como fruto de la acción de un principio formal (el alma) estructurador de la materia, que ya posee la potencialidad de la vida. En este sentido, estableció una jerarquía de almas o principios vitales: un alma vegetativa (vegetales), un alma sensitiva (animales) y un alma intelectiva (seres humanos), encargadas de las funciones de nutrición, reproducción, sensibilidad, memoria, voluntad e inteligencia.

El mecanicismo

En biología, esta teoría se caracteriza por **reducir las leyes biológicas a leyes fisicoquímicas.** Su propósito es **incluir lo viviente en el nivel de lo físico, sin hacer de lo viviente una excepción de la naturaleza.**

A partir de su distinción entre sustancia pensante y sustancia extensa, Descartes negó la existencia de alma en los animales, a los que consideraba meras máquinas. A partir de Descartes, esta idea del cuerpo vivo como animal-máquina, concebido como un autómata, se generalizó entre los filósofos materialistas del siglo XVIII. No es que se niegue toda finalidad al funcionamiento de la vida, pues cualquier máquina existe con vistas a un fin, sino que esa finalidad puede explicarse mecánicamente, sin recurrir a la hipótesis metafísica de un propósito o intención.

En esta línea, Malpighi (un precursor de la biología celular) concibió el cuerpo como una conjunción de máquinas diminutas interrelacionadas entre sí, siendo el cuerpo total resultante un fenómeno emergente.

El organicismo

Es la doctrina que interpreta el fenómeno de la vida a partir de la idea de organismo. Por tanto, **comprende el cuerpo viviente como la estructura en la que cada parte se subordina y colabora en el funcionamiento del todo.**

Aunque formalmente un organismo se pueda describir como un entramado de órganos o células con una determinada composición bioquímica, según los organicistas esto no explicaría todavía la diferencia entre lo vivo y lo inerte. Es decir, los organicistas niegan el reduccionismo mecanicista que explica el fenómeno vital a partir de las propiedades fisicoquímicas o bioquímicas de la misma materia.

Según ellos, a diferencia del finalismo extrínseco de la máquina, el organismo vivo se caracteriza por tener un **finalismo intrínseco.** Por ello, un organismo no posee solo la fuerza motriz de una máquina, sino que tiene también una fuerza formadora que se comunica a las materias que no la tienen dándoles una organización.

Esta fuerza formadora, que se propaga a cada parte, no puede ser explicada por el solo mecanismo del movimiento. Por eso, los filósofos románticos (Schelling, Friedrich Schlegel, Novalis) concebían la naturaleza como **un gran ser vivo dinamizado por un elemento espiritual** que actúa según niveles y formas diferentes.

El vitalismo

Es la teoría que explica la vida por **la acción de una fuerza específica interna que impulsa una determinada clase de materia.** Se opone al mecanicismo en la medida en que este reduce la vida al funcionamiento de leyes fisicoquímicas, pero también al organicismo espiritualista, que explica la vida por la presencia de un alma o espíritu en la materia.

Los vitalistas comparten, no obstante, con el organicismo la defensa de **la especificidad de la vida como algo irreductible a una interpretación causal y mecanicista,** pues consideran que esta clase de explicaciones son incapaces de dar cuenta del orden y de la finalidad inherentes a los fenómenos orgánicos.

Los filósofos vitalistas se preguntan, pues, si la materia viva tiene características sustancialmente diferentes de las de los demás fenómenos de la naturaleza o si las leyes fisicoquímicas puede responder a todas las preguntas. Ello conlleva, a su vez, la cuestión de qué lugar ocupa el ser humano en el mundo: si constituye una excepción en el mundo animal o si es un animal más en todos los aspectos.

Son destacados filósofos vitalistas Dilthey, Troeltsch, Simmel, Henri Bergson y Ortega y Gasset.

Textos en la web

Vida y existencia humana (José Ortega y Gasset, *¿Qué es filosofía?*).

Actividades

1 ¿Qué diferencias puedes señalar entre los conceptos de espíritu y de alma?

2 Si el análisis de la materia inerte muestra significativas semejanzas con el de la materia viva, ¿cómo identifica la biología actual lo específico de la vida?

3 ¿Qué tienen en común los filósofos organicistas y los vitalistas en su concepción de la vida?

4 Responde a las preguntas sobre el texto:

«Cada pensamiento, cada acto interno o externo se me presenta como un punto de condensación de mi vida que tiende hacia adelante. Pero también experimento un estado interno de reposo; es sueño, juego, esparcimiento, contemplación y ligera actividad: como un fondo de la vida. En ella aprehendo a los demás hombres y las cosas no solo como realidades que están conmigo y entre sí en una conexión causal. Parten de mí relaciones vitales hacia todos lados; me refiero a hombres y cosas, tomo posición frente a ellos. Unos me hacen feliz, dilatan mi existencia, aumentan mi energía; los otros ejercen sobre mí una presión y me limitan. El amigo es una fuerza que eleva mi propia existencia, cada miembro de la familia tiene un puesto determinado en mi vida, y todo lo que lo rodea es entendido como vida y espíritu que se han objetivado allí. El banco delante de la puerta, el árbol umbrío, la casa y el jardín tienen en esta objetivación su esencia y su sentido. Así crea la vida desde cada individuo su propio mundo».

Dilthey, W., *Teoría de las concepciones del mundo.*

a) ¿A qué grupo de filósofos de la vida pertenece Dilthey? ¿Cómo se reflejan en este texto sus convicciones sobre la vida?

b) ¿Cómo se entrelazan en el texto el plano externo y el plano interno en la descripción del movimiento de la vida? ¿Qué significa ese entrecruzamiento?

c) Comenta la frase: «Así crea la vida desde cada individuo su propio mundo».

3 Dios

3.1. Religión, teología y filosofía

La palabra «religión» procede del verbo latino *religare,* que significa 'vincular', 'ligar'. Esta etimología alude, pues, a cierto tipo de lazo entre el hombre y Dios, y entre los miembros de una comunidad de creyentes.

En la **religión** cabe distinguir dos aspectos relacionados, pero que no se confunden:

1. **Como credo,** o sea, como conjunto de verdades trascendentes e indemostrables, la religión remite a la fe.
2. **Como práctica social y cultural,** la religión remite a cultos, ritos y ceremonias de carácter público.

También en lo que respecta a la **fe** es preciso distinguir entre dos aspectos:

1. Por un lado, **su contenido interno, o sea, las creencias,** que resultan ajenas y tal vez extrañas para aquel que no participa directamente en ellas.
2. Por otro, un conjunto de **signos, símbolos, rituales, ideas** cuya significación, en tanto que se manifiestan abiertamente, se abren a quien sabe leer en ellos.

La filosofía y las ciencias de la religión tienen por objeto el estudio e interpretación de la dimensión manifiesta del hecho religioso. La teología, por su parte, estudia los contenidos de la fe, basándose en sus textos sagrados o en la revelación.

Actualmente no se consideran ya viables los intentos de justificar la verdad de la religión recurriendo a la evidencia de que el orden de lo visible tiene su fundamento en un orden de realidad superior, metafísico, sostenido por Dios.

La filosofía de la religión no se ocupa ya de demostrar la existencia de Dios, la inmortalidad del alma, y cosas así, sino de buscar la estructura de lo religioso, de delimitar la clase de situaciones en las que se usa un lenguaje religioso, de determinar la significación de este lenguaje en el contexto de esa situación en la que brota y de descubrir el tipo de validez que puede correctamente serle reconocido.

Las verdades religiosas son objeto de la fe, no para la razón. (Tintoretto, El paraíso, *Museo Thyssen-Bornemisza, Madrid).*

Antes del siglo XVIII no hay, en realidad, filosofía de la religión, sino doctrinas filosóficas sobre Dios. A medida que el teocentrismo medieval fue siendo desplazado por el antropocentrismo moderno, que supone el protagonismo del sujeto y el proceso de secularización, el interés de la reflexión se dirige ya no tanto hacia Dios como a la influencia de la idea de lo divino en los seres humanos y en su cultura. Es lo que hacen filósofos como Hume, Kant o Hegel, que dedican estudios específicos a la religión en cuanto tal.

Textos en la web

Cosmopolitismo y religión (Epicteto, *Conversaciones*).

3.2. El «dios» de los filósofos

Para los filósofos medievales, el problema de Dios consistió, en gran medida, en analizar racionalmente la posibilidad misma del ser que es objeto de fe por parte de los creyentes, al que la religión rinde culto. Estos pensadores afrontaron el problema aportando diversas vías para la demostración de la existencia de Dios, vías que continuaron vigentes en pensadores modernos como Descartes y Leibniz.

Kant redujo estas vías de demostración a tres tipos, poniendo de manifiesto la ausencia de conclusión de cada una de ellas. Veámoslo.

Textos en la web

La trascendencia de Dios (Scoto Eriúgena, *Sobre la división de la naturaleza*).

Prueba ontológica

Según esta prueba, **la existencia forma parte de los predicados necesarios del Ser supremo, principio de toda realidad.** Por tanto, este Ser supremo ha de existir necesariamente.

Este argumento, que fue formulado por vez primera por Anselmo de Canterbury en el siglo XI, fue criticado ya por Tomás de Aquino dos siglos después.

Para Kant, de puros conceptos que no tienen relación con la existencia en acto no se puede deducir una existencia real. Hay, pues, una flagrante desproporción entre el antecedente y la conclusión de este razonamiento, debida a que **se confunden aquí las condiciones del pensamiento con las condiciones de la realidad.**

Textos en la web

El argumento ontológico de Anselmo de Canterbury (Anselmo de Canterbury, *Monologium*).

Prueba cosmológica

Según esta prueba, **si algo existe, es preciso que exista también un ser absolutamente necesario como causa primera, a la cual se la identifica con Dios.** Por ejemplo, cada ser humano tiene su causa inmediata en los padres que lo engendraron, y estos, en los suyos, hasta llegar a Adán y Eva, a los que creó Dios.

Kant dirige dos reproches al valor de esta prueba. En primer lugar, usa la idea de ser necesario como si fuese un concepto de un objeto definido, lo cual no es cierto. En segundo lugar, **incluso admitiendo la existencia de un ser necesario, lo sería solo en el nivel del pensamiento lógico, no como existencia real.** El argumento cosmológico cae, pues, en el mismo fallo que el argumento ontológico.

Prueba físico-teleológica

Según esta prueba, **de la unidad, de la belleza, del orden y de la finalidad de los objetos de nuestra experiencia se concluye la existencia de una inteligencia suprema, causa única del universo, que es Dios.**

Según Kant, la finalidad en las cosas del mundo es indemostrable. Pero **incluso admitiendo en las cosas un orden intencional impreso en ellas, de ahí solo se deduciría la existencia de un fabricante o arquitecto del mundo, o sea, un ser al que convendría una perfección elevada, pero no necesariamente la perfección absoluta de Dios creador.**

Para pasar de la idea de finalidad en el mundo a la de la existencia de Dios, es preciso suponer que la causa de esta finalidad es un ser necesario, con lo que se recae una vez más en el argumento ontológico. No se puede deducir de la simple idea de algo su existencia real.

Textos en la web

Crítica a las pruebas de la existencia de Dios (David Hume, *Diálogo sobre la religión natural*).

3.3. La experiencia religiosa

De la conclusión de que Dios no es objeto posible para un conocimiento racional por el ser humano, se derivan, entre otras posibles, dos actitudes fundamentales:

1. El **«salto por la fe»:** se afirma que **Dios solo se revela en la fe y en la experiencia religiosa personal.** Es la posición de filósofos como Jacobi, Kierkegaard y Unamuno.
2. El **ateísmo: niega la existencia de Dios, ya que no la podemos demostrar.** Es una posición muy extendida entre los filósofos contemporáneos, si bien en cada uno adopta un carácter diferente: Feuerbach, Marx, Schopenhauer, Nietzsche, Sartre, Freud, etc.

Lo propio de la experiencia religiosa, lo que la distingue de cualquier otra, es que **representa la percepción de algo vivido como trascendente a la propia existencia y con lo cual, sin embargo, se cree posible una relación.**

Esta relación es una vivencia subjetiva que se produce inmersa en el sentimiento de lo santo o lo divino. Es un fenómeno complejo, pues implica elementos cognoscitivos y afectivos, racionales e irracionales. En esta relación no resulta fácil determinar si esa realidad trascendente con la que el creyente dice relacionarse es una realidad objetiva o es puramente fruto de una proyección intrapsíquica y, por tanto, ilusoria.

En todo caso, **la fe es una vivencia prerracional, interior e intersubjetiva no susceptible de demostración ni de verificación, y que solo con dificultad se puede transcribir completamente al lenguaje de los conceptos.** El suyo es el mundo de **lo «sobrenatural»,** palabra que designa **la trascendencia y la superioridad absoluta de Dios respecto del hombre y del mundo.**

Para los creyentes, la realidad está, pues, dividida en dos planos yuxtapuestos:

1. **Lo natural:** todo lo que es humano y terrenal, y está, por tanto, dentro de la capacidad común de ser experimentado.
2. **Lo sobrenatural:** todo lo que está más allá de nuestro conocimiento empírico y racional, y a lo que solo se puede acceder a través de una revelación divina.

Textos en la web

¿Qué es la fe? (Tomás de Aquino, *Suma contra los gentiles*).

3.4. El problema del mal

La realidad del mal supone un grave problema para la coherencia doctrinal de las religiones monoteístas, en las que se afirma que Dios es bueno y todopoderoso. No es, en cambio, un problema para religiones que creen en dioses que ni son poderosos ni buenos o para religiones politeístas que suelen atribuir la existencia del mal a las disputas entre sus dioses.

Hume expresa el problema del mal como sigue: «Si el mal en el mundo proviene de la voluntad de Dios, entonces no es bueno. Si el mal en el mundo es contrario a su voluntad, entonces no es omnipotente. Pero ni está de acuerdo con su voluntad ni es contrario a ella. Por lo tanto, o bien Dios no es bueno, o bien no es omnipotente». Hay una tercera conclusión posible y es que Dios no exista. En realidad, Hume nunca es explícito acerca de esta tercera alternativa.

Otra posible explicación del problema del mal consiste en **negar que el mal sea real.** Leibniz sostenía que, puesto que Dios es bueno y todopoderoso, se sigue que cualquier mundo que él haya hecho debe ser **«el mejor de todos los mundos posibles».** Es obvio que este intento de respuesta no es muy convincente. Su debilidad se hace evidente tan pronto como definimos qué significa el mal.

El mal, como lo opuesto al bien, incluye en su concepto todo lo que impide al ser humano realizarse y ser perfecto. Es, pues, necesario distinguir entre el **mal físico,** que incluye la enfermedad, el dolor, la desgracia, etc., y no depende de la voluntad humana, y el **mal moral** (la crueldad, el asesinato, la tortura, etc.), en cuanto quebrantamiento de normas morales, que es imputable al ser humano. Entonces, ¿puede mantenerse que la crueldad, la tortura, el hambre o el asesinato no existen realmente? El sufrimiento asociado a la crueldad humana y a los desastres naturales son, sin embargo, cosas muy reales.

Otra explicación, muy difundida en la historia de la filosofía, es que **el mal es solo privación del bien.** La defendieron Plotino, Agustín de Hipona y Maimónides. Pero tampoco esta teoría resulta convincente, sino que conduce a otro problema nuevo. Si el mal fuera realmente una mera privación del bien, **aún tendríamos que preguntarnos por qué razón suceden estas terribles privaciones del bien.**

Por último, aunque tampoco es satisfactoria, resulta más aceptable la explicación que **relaciona el mal con la libertad humana.** En este caso, el reconocimiento de la libertad en el ser humano explica el mal moral, pero **deja sin explicar el resto de los males** como las inundaciones, el hambre o las enfermedades. No tenemos libertad para elegir estas cosas, ni siquiera para hacer con ellas el mal a otros.

Textos en la web

La inexistencia del mal: la armonía preestablecida (G. W. Leibniz, *Carta a M. D. L.*).

3.5. El ateísmo

El ateísmo es **la negación de la existencia de Dios o de la posibilidad de conocer su existencia.** Desde la filosofía del lenguaje se expresa diciendo que la palabra «dios» es un concepto carente de sentido. Se muestra en la indiferencia religiosa y en un modo de vida ajeno a la fe y a las doctrinas de los creyentes. Ateo es, pues, quien sostiene, en la teoría o en la práctica, que «Dios no existe».

En la historia de la filosofía, han sido ateos todos los sistemas materialistas, como el atomismo de Demócrito y el epicureísmo, en la Antigüedad. En la filosofía moderna, los materialistas ilustrados, los hegelianos de izquierda, como Feuerbach, y Marx, creador del materialismo dialéctico. En la filosofía contemporánea, lo son el existencialismo, al menos Camus y Sartre, influidos por Nietzsche, el psicoanálisis y la mayoría de las corrientes de filosofía crítica de la cultura.

En nuestro mundo científica y técnicamente desarrollado representa un problema la coexistencia de la fe religiosa y la racionalidad moderna occidental, plasmada en el modo de pensar de la ciencia. Ambas se refieren a una «experiencia» que tratan de hacer concreta y transmisible como verdad. Pero hay una importante diferencia que tiene que ver con la modalidad de esta experiencia en cada caso:

1. La racionalidad científica solo admite la realidad observable, reproducible y que puede ser formulada mediante hipótesis racionales y leyes universales válidas.
2. Obviamente, la religión y la teología entienden por realidad algo que se expresa con criterios diferentes a los utilizados convencionalmente por la ciencia.

Filósofos cristianos del siglo xx han intentado demostrar que la idea de Dios no es incompatible con el reconocimiento de los límites de la racionalidad humana y que la afirmación de la realidad de lo trascendente es una exigencia ineludible para comprender la existencia y las vicisitudes del ser humano en esta vida.

Por otro lado, sostienen un ateísmo práctico, además de teórico, aquellos sistemas filosóficos que propugnan una visión del mundo de la que se excluye positivamente la idea de Dios:

1. Nietzsche, que proclama una moral cuyo punto de partida es que «Dios ha muerto».
2. El existencialismo, del que Sartre afirma que es la consecuencia coherente de la inexistencia de Dios.
3. El marxismo, para el que la crítica a la religión es la condición previa de toda crítica.
4. El psicoanálisis, que considera la religión la ilusión que mantiene a los individuos en la edad infantil y les impide comportarse de acuerdo con el principio de realidad.

Textos en la web

La alienación religiosa (Karl Marx, *Crítica de la filosofía del derecho de Hegel*).

Actividades

1 ¿Qué tienen en común y en qué son diferentes la religión y la teología?

2 Elabora un esquema en el que quede claro el fallo lógico que comparten las tres pruebas de la existencia de Dios analizadas por Kant.

3 Un antiguo filósofo cristiano llamado Tertuliano decía que el valor de la fe estaba, precisamente, en creer lo que a la razón humana le resultaba absurdo. ¿Qué te sugiere esta afirmación?

4 ¿Crees que una posible explicación al problema del mal puede ser afirmar que la bondad de Dios es de distinto tipo que la bondad humana y que no debería ser juzgada según modelos humanos? Justifica tu respuesta.

5 Responde a las preguntas sobre el texto:

«*El hombre loco.* —No habéis oído de ese hombre loco que en la claridad de la mañana encendió una linterna, corrió al mercado y comenzó a gritar sin cesar: "¡Busco a Dios! ¡Busco a Dios!". —Como estaban allí reunidos muchos de los que no creían en Dios, provocó una carcajada. ¿Qué, se ha perdido?, decía uno. ¿O está escondido? ¿Tiene miedo de nosotros? —así exclamaban y reían todos a la vez. El hombre loco saltó en medio de ellos y los penetró con su mirada. "¿Adónde ha ido Dios?", exclamó, "¡yo os lo diré! ¡Nosotros lo hemos matado, vosotros y yo! ¡Todos nosotros somos sus asesinos! ¿Pero cómo hemos hecho esto? ¿Cómo hemos sido capaces de beber todo el mar? ¿Quién nos dio la esponja para borrar todo el horizonte? ¿Qué hemos hecho al desprender la tierra de su sol? ¿Hacia dónde se mueve ahora? ¿Hacia dónde nos movemos nosotros? ¿Lejos de todos los soles? ¿No nos precipitamos permanentemente? ¿Y también hacia atrás, hacia adelante, hacia todos los lados? ¿Hay aún un abajo y un arriba? ¿No erramos como a través de una nada infinita?"».

Nietzsche, F., *La gaya ciencia*, 125.

a) En este texto, de manera alegórica, Nietzsche habla de la expansión del ateísmo en Europa diciendo que «Dios ha muerto». ¿Por qué el hombre loco que hace este anuncio dice: «¡Nosotros lo hemos matado, vosotros y yo!»? ¿Quiénes te parece que son los asesinos de Dios?

b) ¿A qué clase de catástrofes alude metafóricamente el texto como consecuencia de la desaparición en la cultura europea de la fe en Dios?

c) Explica el último interrogante del texto: «¿No erramos como a través de una nada infinita?».

En la web

Encontrarás una autoevaluación interactiva.

Un autor, una obra

Henri Bergson, *La energía espiritual*

Resumen de la obra

Este libro, publicado en 1919, recopila siete estudios que el autor había escrito en diferentes ocasiones. Los textos que presentamos a continuación están seleccionados del ensayo titulado «La conciencia y la vida», en el que se desarrolla, principalmente, la oposición entre conciencia, o libertad, y materia, o necesidad. La solución de esta oposición es, para Bergson, la vida, a la que define como libertad que se inserta en la necesidad y la transforma en beneficio propio.

La evolución se concibe como una inmensa corriente de energía creadora que atraviesa la materia y que oscila entre la vida vegetal y la animal, el instinto del insecto y la inteligencia del ser humano. Este es el mayor logro de la vida, y la alegría, como expresión de creación, es la señal de que la meta del ser humano ha sido alcanzada.

El evolucionismo espiritualista de este autor está caracterizado, con respecto a lo que se refiere a la relación entre espíritu y cuerpo, por la doctrina del paralelismo (o monismo) psicofísico, en la medida en que no reconoce una dualidad de principios para explicar lo material y lo espiritual. Bergson cree que su doctrina es equivalente, en sus resultados, a la de la conciencia como epifenómeno de los datos físicos, propia del evolucionismo materialista.

De ahí la original relación que establece entre inteligencia e instinto. No hay inteligencia sin huellas de instinto ni instinto que no esté rodeado por un halo de inteligencia. Con todo, en su forma perfecta, el instinto se puede definir como la facultad de utilizar y construir instrumentos orgánicos, y la inteligencia, como la facultad de fabricar instrumentos artificiales y variar indefinidamente su fabricación.

Sin embargo, mientras la inteligencia se orienta hacia la conciencia, el instinto lo hace hacia la inconsciencia. Cuando la naturaleza dota al ser viviente del instrumento que debe emplear, el punto en que se ha de aplicar y el resultado que debe obtener, entonces la parte reservada a la elección es sumamente débil. Por esto, es también igualmente muy débil la conciencia. De modo que el instinto será consciente solo en la medida en que sea deficitario, o sea, solo en relación con las contrariedades y los obstáculos que ha de encontrar en su acción normal.

Textos seleccionados

Texto 1: La vida como creación y repetición

«Vista desde fuera, la naturaleza aparece como una inmensa proliferación de imprevisibles novedades. La fuerza que la anima parece crear con amor, por nada, por el placer y la variedad sin fin de las especies vegetales y animales. A cada una de ellas le confiere el valor absoluto de una gran obra de arte. Se diría que se ha demorado en crear la primera el mismo tiempo que las demás, el mismo tiempo que al ser humano. Pero la forma de un ser vivo, una vez diseñada, se repite indefinidamente. Los actos de este viviente, una vez realizados, tienden a imitarse a sí mismos y a recomenzar automáticamente. El punto de vista del artista es, pues, importante, pero no definitivo. La riqueza y la originalidad de las formas señalan una expansión de la vida. Pero en esta expansión, en la que la belleza significa poder, la vida manifiesta tanto una detención de su impulso como una impotencia momentánea para ir más lejos».

Bergson, H., *La energía espiritual*.

Texto 2: ¿Por qué no es posible fabricar la vida en el laboratorio?

«Que el esfuerzo combinado de la física y de la química conduzca algún día a la fabricación de una materia que se asemeje a la materia viva es probable. La vida procede por insinuación, y la fuerza que entraña la materia fuera del puro mecanismo no hubiera actuado sobre esta materia si no hubiera adoptado primero este mecanismo. En otros términos, la vida se instala, en sus comienzos, en un cierto género de materia que comienza o que habría podido comenzar a fabricarse sin ella. Pero allí se habría detenido la materia si hubiera sido dejada a sí misma. Y allí se detendrá también el trabajo de fabricación de nuestros laboratorios. Se imitarán algunas características de la materia viva, pero no se le imprimirá el impulso en virtud del cual se reproduce y evoluciona. Sin embargo, esta reproducción y esta evolución son la vida misma».

Bergson, H., *La energía espiritual.*

Texto 3: La conciencia, ¿es coextensiva a la vida?

«Si conciencia significa elección, y si el papel de la conciencia es decidirse, es dudoso que se encuentre la conciencia en organismos que no se mueven espontáneamente y que no tienen decisiones que tomar. A decir verdad, no hay ningún ser vivo que parezca incapaz de movimiento espontáneo. Incluso en el ámbito vegetal, donde el organismo está generalmente fijado al suelo, la facultad de moverse está más bien dormida que ausente. Se despierta cuando puede ser útil. Creo que todos los seres vivos, plantas y animales la poseen, aunque muchos de ellos renuncian a ella. Me parece, pues, verosímil que la conciencia, originalmente inmanente a todo lo que vive, se duerma allí donde no hay movimiento espontáneo, y se exalta cuando la vida empuja hacia la actividad libre. Cada uno de nosotros ha podido verificar esta ley en él mismo. ¿Qué sucede cuando una de nuestras acciones deja de ser espontánea para convertirse en automática? La conciencia se retira de ella. En el aprendizaje de un ejercicio, por ejemplo, comenzamos por ser conscientes de cada uno de los movimientos que ejecutamos, porque surge de nosotros, porque resulta de una decisión e implica una elección. Después, a medida que estos movimientos se encadenan entre sí y se determinan mecánicamente, nos dispensan de decidirnos y de elegir, y la conciencia que teníamos disminuye y desaparece».

Bergson, H., *La energía espiritual.*

Cuestiones para comentar

1 ¿Cómo le sirve al autor la analogía de la vida con la creación artística para oponerse al mecanicismo?

2 ¿De qué modo los elementos constitutivos de la materia viva son inseparables fisiológicamente unos de otros? ¿Qué responderías tú a la pregunta planteada en el título del segundo texto? Justifica tu respuesta.

3 ¿En qué se reconoce lo viviente? ¿Qué relación establece Bergson entre acción espontánea y conciencia? ¿Crees tú que todos los seres vivos tienen conciencia, incluso los vegetales? Justifica tu respuesta.

4 A partir de la lectura de los tres textos, señala las características de lo que el autor entiende por «impulso vital».

La filosofía va al cine

Dios y el mal

Un tipo serio

- Título original: *A Serious Man*.
- Dirección: Joel Coen y Ethan Coen.
- Guion: Joel Coen y Ethan Coen.
- Intérpretes: Michael Stuhlbarg, Richard Kind, Fred Melamed, Sari Lennick, Adam Arkin, Aaron Wolff, Jessica McManus, Simon Helberg, George Wyner, Fyvush Finkel.
- Música: Carter Burwell.
- Fotografía: Roger Deakins.
- Producción: Focus Features / Working Title Films.
- Año: 2009.
- Duración: 105 minutos.
- Nacionalidad: Estados Unidos.

Resumen del argumento

Larry Gopnik (Michael Stuhlbarg) es un profesor universitario de física, judío, que vive en las afueras de la ciudad americana de Minneapolis. Todo parece ir muy bien hasta que, de repente, ve cómo su vida comienza a derrumbarse. Larry es un hombre bueno, un marido fiel y afectuoso, un buen padre y un profesor serio. Pero, de pronto, todo empieza a irle mal.

Su mujer (Sari Lennick) lo abandona sin explicaciones, y el amante de ella, Sy Ableman (Fred Melamed), uno de sus colegas de la universidad, lo convence para que deje el domicilio conyugal y se mude a un hotel. También la carrera de Larry se ve amenazada por una serie de anónimos de un alumno que trata de sobornarlo para obtener un aprobado y que lo amenaza con demandarlo, y él está tan desubicado que en una escena llega a reconocer que ni siquiera entiende del todo lo que está explicando (el principio de indeterminación de Heisenberg).

Para colmo, cuando el amante de su mujer muere en un accidente de coche, ella le exige que pague el entierro. También tendrá que pagar la fianza de un hermano jugador, su inútil hermano Arthur (Richard Kind), quien, por falta de recursos y de habilidad para cuidarse a sí mismo, vive en casa de Larry y ha contraído cuantiosas deudas de juego. Su hijo Danny (Aaron Wolff), que tiene problemas de disciplina y es un pésimo estudiante en la escuela judía, le roba dinero de su billetera para comprar marihuana; su hija Sarah (Jessica McManus) también le roba para ahorrar el dinero suficiente con el que pagar su cirugía de nariz; una vecina lo regaña; etc.

Agobiado por tanta desgracia, que parece no tener fin, Larry les pide consejo a tres rabinos distintos con la intención de resolver sus problemas y de convertirse en un hombre serio.

Comentario

La película se puede interpretar como una parodia del libro de Job, que forma parte del Antiguo Testamento. Según este libro sagrado, Job era un hombre bueno, justo, temeroso de Dios y apartado del mal. Pero Dios quiso ponerlo a prueba haciéndole padecer todos los infortunios imaginables. Tres amigos suyos rabinos acudieron a consolarlo, pero ninguno consiguió ofrecerle una explicación satisfactoria de su situación.

Al igual que el santo Job, el profesor Gopnik es un hombre bueno, justo y paciente que sufre un cúmulo de desgracias que pondrán a prueba sus creencias religiosas y científicas, pues no encuentra respuestas a su necesidad de dar sentido a lo que le pasa ni en el judaísmo ni en la física. La negación de cualquier clase de seguridad y de certeza se expresa, así, en una dura lucha entre la fe y la razón, en la que, finalmente, vence la primera.

Es posible, pues, que la intención de los directores sea la de criticar la religión cuando se busca en ella lo que no le es posible dar. Cuando acude a los rabinos, Larry tiene miedo. Es un ser temeroso de todo cuanto le rodea, tanto que no tiene iniciativa, se limita a actuar mecánicamente, dejando que Dios decida por él. Su religión judía le ha enseñado que cuando se tiene un problema, hay que recurrir a quienes mejor conocen las Sagradas Escrituras. De ahí que este hombre serio y recto busque la ayuda de los rabinos en un inútil intento por encontrar seguridad y consuelo a todos sus problemas.

Cuestiones para la reflexión

1 ¿Es realista pensar en una vida sin desgracias? ¿Nos engañamos cuando creemos que la ciencia, la economía o la política pueden resolver todos los problemas?

2 Larry piensa que lo que le pasa es porque ha obrado mal. ¿Qué consecuencias tiene esto en su sufrimiento? Expón otras actitudes que se podrían adoptar.

3 Los rabinos le explican a Larry que Dios es todo bondad y no la causa de sus males. Si Dios fuese el causante de las desgracias de Larry, ¿sería posible afirmar que Larry es un ser libre y responsable? Justifica tu respuesta.

4 El santo Job protesta y le pide a Dios un juicio justo para demostrar su inocencia. ¿Adopta Larry esa misma actitud? ¿Qué diferencia a Larry de Job?

Fotograma de la película en el que se ve al profesor Larry Gopnik comiendo junto a su familia en el comedor de su casa.

La filosofía en imágenes

La religión institucionalizada

Introducción

En tanto que institución, la Iglesia, como representante de Dios, ha legitimado el poder durante siglos. Por eso, los poderes políticos debían someterse al juicio y a la aprobación de los poderes de la Iglesia, que vienen directamente de Dios. El emperador debía actuar, por tanto, sin contradecir la fe religiosa ni los intereses del papado.

Jean Fouquet, *Coronación de Carlomagno*

Cuestiones para analizar una obra de arte

1. Averigua los datos más relevantes de la vida de Carlomagno y explica su relación con la Iglesia cristiana de esa época.
2. ¿Por qué Carlomagno es coronado en una catedral? Fíjate en la actitud y en las vestiduras de los asistentes: a la izquierda, los jerarcas eclesiásticos y, a la derecha, el séquito del emperador. ¿Por qué Carlomagno está de rodillas ante el papa?
3. ¿Qué funciones políticas desempeñaba la Iglesia y en qué se basaba el poder del papa para que fuese superior al del emperador?
4. La Iglesia en Europa, ¿ha tratado siempre de mantener su poder o también ha luchado contra los totalitarismos y las injusticias? ¿Podrías poner algún ejemplo?

La vivencia religiosa

Introducción

Además de una Iglesia institucionalizada, la religión es un conjunto de creencias y de prácticas que comparten los fieles. El fundamento del vínculo entre los fieles es la fe, entendida como una relación entre la persona individual y Dios. En este sentido, la vivencia religiosa se manifiesta como una «predisposición» interior a experimentar lo divino.

Jean-François Millet, *El ángelus*

Cuestiones para analizar una obra de arte

1 Observa la actitud de los campesinos. ¿Qué sentimientos expresan? ¿Por qué tienen la cabeza inclinada? ¿Por qué juntan sus manos en el pecho?

2 Están al aire libre y no en una iglesia. Si la fe religiosa es una relación espiritual del individuo con la divinidad, ¿podría concebirse como algo puramente individual? ¿Puede haber vida espiritual al margen de las religiones institucionalizadas?

3 Observa su pobreza. Para algunos filósofos, la religión solo es una invención de los poderosos para someter a las masas. ¿Qué opinión te merece este juicio?

4 ¿La fe es cosa de pobres y de gente atrasada? ¿Por qué se generaliza la indiferencia religiosa en nuestras sociedades tan avanzadas científica y técnicamente?

7 Naturaleza y evolución humana

Dignidad y origen natural del hombre

«Quien haya visto a un hombre salvaje en su medio natural no sentirá mucha vergüenza si se ve obligado a reconocer que la sangre de cualquier criatura más humilde le corre por sus venas. En cuanto a mí, quisiera haber descendido de aquella heroica mona que se enfrentó a su terrible enemigo para salvar la vida de su cría, o de aquel viejo babuino que bajó del monte y salvó valientemente a su joven compañero de una jauría de perros, en lugar de descender de este hombre salvaje que se complace en torturar a sus enemigos, que ofrece sacrificios matando a otros hombres, que practica el infanticidio sin remordimientos, que trata a sus mujeres como esclavas, que no sabe lo que es la decencia y que está obnubilado por estúpidas supersticiones».

Darwin, C., *La descendencia del hombre.*

Actividades

1 ¿De qué habla el texto? Identifica su idea principal.

2 ¿A quién crees que se refiere Darwin cuando habla de «hombre salvaje en su medio natural»? ¿Es esto solo una metáfora, una hipótesis, o se está refiriendo a una etapa evolutiva concreta del ser humano situada en sus orígenes?

3 ¿Existe la crueldad también en el mundo animal? ¿Es distinta de la humana?

4 ¿Por qué crees que Darwin expresa una idea tan pesimista del ser humano? ¿Crees que estaba influido porque había visto en su época la dura explotación y la crueldad de los primeros capitalistas con sus obreros?

5 ¿Qué puedes decir del contraste que ofrece esta descripción con la convicción de Rousseau de que el ser humano es bueno por naturaleza?

Durero, Adán, Museo del Prado, Madrid.

1 El hombre proviene del hombre

1.1. Darwin: la adaptación al medio y la selección natural

Charles Darwin, el gran biólogo del siglo XIX, es el padre de la **teoría de la evolución.** Conforme a esta concepción, las distintas especies de seres vivos se han ido desarrollando sobre la Tierra a partir de un tronco común originario, según una sucesión de lentas variaciones que resultaban ventajosas para los individuos que las adquirían. Las dos afirmaciones más importantes de esta teoría son:

1. Es preciso suponer un **parentesco real entre todas las formas de seres vivos** que han existido y que existen, ya que todos derivamos de un mismo origen común.

   Habría incluso un parentesco entre todos los seres del universo, pues el evolucionismo propone también la hipótesis de una evolución continuada de la naturaleza en su conjunto desde la nebulosa primitiva (origen del universo) hasta el hombre. El propósito de Darwin era inscribir el mundo de los organismos vivientes en la historia progresiva del cosmos.

2. **En la lucha por la vida, sobreviven los individuos mejor adaptados a las condiciones del medio, los más fuertes.** Estos individuos son los que están en mejores condiciones de producir descendencia más abundante y transmitir, así, genéticamente sus cualidades adquiridas.

   Tal es la famosa teoría de la **selección natural,** confirmada luego por otro gran biólogo, Gregor Mendel, que con sus experimentos demostró que las mutaciones que impulsan el proceso de evolución son transmisibles de padres a hijos genéticamente. De modo que la adquisición de pequeñas variaciones y su conservación por medio de la herencia producen las mutaciones de los organismos vivos y el paso de unas especies a otras.

Es innegable el gran alcance de la aportación de Darwin, que sobrepasa ampliamente el marco de una mera teoría biológica obligando a replantear el lugar del hombre en el cosmos. Las concepciones antropológicas no podían ya ser las mismas después de Darwin, y su influencia se extendió a todo el ámbito filosófico.

No obstante, en sus inicios la teoría evolutiva de Darwin ofrecía puntos débiles: la ausencia de pruebas directas de la eficacia de la selección natural, la falta de evidencia de la existencia de especies que diesen explicación (a modo de eslabones) de las transiciones entre unas y otras, así como la excesiva juventud de la edad de la Tierra (según los cálculos de Lord Kelvin, que luego se demostrarían erróneos) eran otros tantos problemas científicos que debían ser resueltos.

Textos en la web

Adaptación al medio y lucha por la existencia (Charles Darwin, *El origen de las especies*).

Textos en la web

Sobreviven los más aptos (Charles Darwin, *El origen de las especies*).

1.2. ¿Es rectilínea la evolución?

El poder de convicción de la teoría de Darwin se debió a que ofrecía una explicación científica completa y sistemática de todas las transformaciones biológicas en la naturaleza, apoyándose en multitud de observaciones y de experimentos.

Por todo ello, ha sido aceptada durante mucho tiempo por los científicos, y por todas las personas en general, como una verdad sin discusión. Figuras del ámbito religioso, como el canónigo Charles Kingsley o el jesuita Teilhard de Chardin, reinterpretaron el darwinismo y lo introdujeron dentro de los planes divinos: el hombre sería producto evolutivo de la naturaleza, pero ella misma y toda su ordenación —de tipo finalista— se deberían a los designios divinos.

Pero la investigación ha progresado mucho después de Darwin, por lo que se han corregido diversos aspectos de su teoría. En concreto, H. de Vries ha comprobado que la evolución de los seres vivos no siempre ha sido progresiva y mediante lentos cambios sucesivos, sino que, a veces, se han dado rupturas y saltos bruscos.

Por ejemplo, los científicos no se ponen de acuerdo respecto al primer gran salto: el paso de lo inanimado a lo vivo. La idea de la evolución supone que los primeros seres vivos surgieron de la materia no viva. Pero es evidente que entre lo vivo y lo inanimado hay una línea divisoria que representa un importante salto cualitativo.

Se cuestiona, pues, la idea darwiniana de un desarrollo en línea recta del conjunto de los seres vivos siguiendo un modelo único. Esto es, ya no se admite que la evolución parta de los organismos más primitivos, o sea, de los protozoos, y vaya pasando por los insectos, los peces, los anfibios, los reptiles, las aves, los mamíferos y los primates hasta llegar al hombre. No hay un solo curso evolutivo que vaya desde la ameba hasta el ser humano.

La investigación paleontológica (o sea, el estudio de los fósiles) ha demostrado, en contra de este modelo, que, a partir de saltos bruscos, se iniciaron ramas evolutivas divergentes, superiores e inferiores, de seres vivos que siguieron trayectorias que han coexistido durante cierto tiempo de forma paralela y desconectada entre sí, prosiguiendo unas y extinguiéndose otras.

1.3. La aparición del hombre

La mayoría de los evolucionistas actuales ya no admiten, pues, la afirmación de Darwin de que el orden de sucesión en el tiempo de los seres vivos sea, al mismo tiempo, un orden de descendencia, pues no siempre las especies más diferenciadas proceden de especies inferiores anteriores, sino que también hay retrocesos de lo más perfeccionado a lo menos. **No se puede hablar, en consecuencia, de que la evolución indique una tendencia lineal de perfeccionamiento en la que el ser humano represente el punto más avanzado.**

Los antepasados directos del hombre actual los encontramos en la época glacial, en el Pleistoceno superior, y son conocidos con el nombre de *Homo sapiens*. Tenemos noticia de ellos por las pinturas rupestres y restos óseos que nos han dejado.

Pero en otros períodos de tiempo y en diversas partes del planeta se han descubierto también otros tipos de homínidos que no parecen haber tenido relación con esta rama del *Homo sapiens*. Entre ellos están, en Europa, el hombre de Neandertal, de hace 100 000 años; el sinántropo, u hombre de Pekín, que vivió hace 300 000 años, y el pitecántropo, de hace 500 000 años. Incluso se sabe que en África vivieron prehomínidos hace millones de años, como el oreopiteco, que pudieron evolucionar independientemente hacia la forma humana.

Esto demuestra que los antepasados del hombre actual no son los monos (el gorila, el orangután, el chimpancé), como se ha repetido tantas veces, que forman una rama propia cuyos antepasados directos nos son desconocidos. Tampoco son antepasados nuestros ni el pitecántropo ni el hombre de Neandertal.

El hombre actual procede, como hemos dicho, del *Homo sapiens*, el cual muestra una línea propia de evolución que pudo ser paralela y coexistir con otras ramas evolutivas, como la del Neandertal, que acabaron extinguiéndose.

Según las teorías más aceptadas actualmente, el *Homo sapiens* apareció al tener que abandonar la vida en los árboles debido a la glaciación y verse obligado a caminar erguido. Como ser carente de potentes órganos defensivos, hubo de adquirir cualidades corporales para adaptarse a su nuevo medio, dando origen a una rama evolutiva única de la que descendemos nosotros. Esto significa, pues, que el origen del hombre no tuvo lugar en diversos lugares al mismo tiempo, sino que fue resultado de una prolongada lucha de una rama concreta de mamíferos de la que llegó a formarse el individuo humano.

Textos en la web

Evolución y azar: las mutaciones genéticas (Jacques Monod, *El azar y la necesidad*).

Textos en la web

¿Existe una intención creativa impulsando la evolución hacia la aparición del ser humano? (Charles Darwin, *El origen de las especies*).

Textos en la web

La historicidad de los seres vivos (François Jacob, *La lógica de lo viviente*).

Actividades

1 Responde a las preguntas sobre el texto:

«La simple existencia de las variabilidades individuales nos es de escasa ayuda para comprender cómo se forman las especies en la naturaleza, cómo se han podido desarrollar y perfeccionar las precisas adaptaciones de una parte del organismo a las demás y a las condiciones de vida de un organismo respecto a otro organismo. Estos resultados son la consecuencia inevitable de la lucha por la vida. Gracias a esta lucha, cualquier variación, por muy leve que sea y cualquiera que sea su origen, puesto que resulta útil a un individuo perteneciente a cualquier especie, en sus relaciones complejas con otros seres vivos y con el mundo externo, contribuirá a su conservación y será heredada por sus descendientes».

Darwin, C., *El origen de las especies.*

Jacopo y Francesco Bassano, La reconvención de Adán, *Museo del Prado, Madrid.*

a) ¿Cuáles son, para Darwin, las consecuencias de la lucha por la vida entre los individuos de la misma especie y los de especies diversas?

b) ¿Qué significa que quienes vencen en la lucha por la vida son los mejor adaptados?

c) ¿Qué diferencias podrías señalar entre la selección natural y la selección artificial que los científicos llevan a cabo con sus técnicas de manipulación genética?

2 Escribe un breve texto explicando en qué cambia para ti saber que el ser humano no procede de los monos, sino de otros seres prehomínidos específicos.

3 ¿Por qué la teoría de la evolución obligó a reformular las enseñanzas tradicionales del cristianismo sobre el ser humano?

2 Ser humano, animal y medio ambiente

2.1. Las causas de la hominización

La hominización, o sea, **la aparición de los primeros seres humanos sobre la Tierra,** se explica a partir de la idea darwiniana de que la adaptación al medio va alterando los órganos de un determinado ser vivo haciéndole adquirir mutaciones que luego se transmiten hereditariamente.

En concreto, en nuestros antepasados *Homo sapiens,* el hecho de caminar erectos apoyándose en los pies dejó libres las manos, que pudieron cumplir muchas de las funciones que, en los animales que andan a cuatro patas, llevan a cabo las mandíbulas. Al dejar de utilizarse, entonces, las mandíbulas, su musculatura, que rodeaba y comprimía el cráneo, dejó libertad para que este adquiriera mayor espacio facilitando así la evolución del cerebro.

Al caminar erecto, los ojos del *Homo sapiens* se situaron mirando hacia adelante, lo que facilitó las tareas con las manos, que ya no se utilizaban solo, ni principalmente, para trepar y saltar de rama en rama, sino que adquirieron otras posibilidades y funciones. Ya el filósofo griego Anaxágoras, en el siglo V a. C., consideraba las manos del hombre una señal de prioridad sobre los animales. Y Aristóteles llegó a comparar el pensamiento con la mano, porque de ambos se puede decir que son el instrumento de los instrumentos, ya que se pueden utilizar para todos los fines.

Cada animal, en su adaptación al medio, ha desarrollado órganos de acción, sean de defensa o de ataque: las garras, el león; la cornamenta, el ciervo; el largo cuello, la jirafa; etc. Hubieran podido adoptar la posición erecta y conseguir un desarrollo de su corteza cerebral parecido al del ser humano, pero no lo hicieron, sino que siguieron líneas evolutivas distintas.

En el caso del *Homo sapiens,* su situación de desprotección por su precaria dotación corporal lo encaminó a un desarrollo de su capacidad cerebral y a un perfeccionamiento progresivo de su inteligencia como el instrumento propio y especializado de su lucha por la supervivencia, de resolución de problemas y de desarrollo.

El desarrollo del cerebro y la transformación de las manos son aspectos clave del proceso evolutivo humano. (Pintura rupestre con cazadores en la cueva de la Vieja, Alpera, Albacete).

2.2. La interacción con el medio ambiente

No es posible comprender las especies animales o al ser humano estudiando solo sus organismos y el proceso de su evolución. Es preciso estudiarlos en conexión con su ambiente vital.

Cada especie animal se comporta de acuerdo con un código genético heredado que entra en funcionamiento en el medio concreto en el que cada animal vive. No es lo mismo el medio ambiente de las aves que el de los reptiles. Esto significa que, para cada animal, los objetos o estímulos del medio tienen un valor y un significado distinto en función de su relación con ellos. Por ejemplo, para un zorro que está en el campo, no tienen el mismo valor un perro, un burro y una gallina. Su alimento preferido es la gallina. Sin embargo, para una pulga, estos tres animales valen lo mismo, porque cualquiera le sirve para instalarse en él.

Luego los ambientes en los que cada animal habita están fijados para él y sintonizados con la dinámica de su organismo según su programación genética. Se pueden descubrir, por esta razón, dependencias y correlaciones esenciales entre los ambientes y la estructura de cada organismo.

Para algunos autores, solo el ser humano es capaz de elevarse por encima de los estímulos producidos por las impresiones sensibles, procedentes del exterior, y proyectar un mundo propio, construir «su mundo». **Este proyecto de «su mundo» es, al mismo tiempo, el proyecto de sí mismo en el que se despliegan sus posibilidades vitales y su libertad.**

Los animales y los seres humanos no existen, por tanto, sino en relación con su medio vital. En el caso de los animales, su forma típica y genéticamente programada de actuar tiene una **conexión fija con su medio,** hipótesis que ha sido confirmada mediante experimentos con las abejas.

En el caso de los seres humanos, en cambio, **la interacción con el medio está dirigida por la intención de ir modificándolo para convertirlo en algo al servicio del propio plan de vida.** Por ejemplo, las primeras hachas de piedra construidas por los hombres primitivos no eran instrumentos especializados, sino que podían emplearse para muchas cosas distintas. Con su perfeccionamiento, comenzaron a cumplir objetivos más concretos y variados, con efectos también diferentes en la modificación del medio ambiente.

Textos en la web

El entorno como lugar de interconexión entre los seres vivos (Charles Darwin, *El origen de las especies*).

Textos en la web

La determinación de la conciencia por el entorno social (Karl Marx, *La ideología alemana*).

2.3. El ser humano, un animal singular

Precisamente porque los seres humanos no tienen una programación prefijada de sus comportamientos, sino que, por el contrario, están dotados de libertad de acción, sus formas de vida no ofrecen la estabilidad y la seguridad que presentan las de los animales.

Esta diferencia se detecta ya en su distinta estructura corporal. Cuando nace, el niño no tiene la capacidad de echar a andar inmediatamente y buscar su alimento en poco tiempo. Tiene un período de maduración fisiológica que es, al mismo tiempo, un período de aprendizaje de sus padres, de sus compañeros de juego y de sus educadores. A este período se lo denomina **proceso de socialización,** en el que es esencial el aprendizaje del lenguaje.

Desde tiempos muy antiguos se considera, pues, al ser humano un animal que tiene algo específico y propio: el lenguaje y la razón. **El hombre es un animal racional.** Y esta racionalidad lingüística completa otras diferencias orgánicas que singularizan al ser humano con respecto a todos los demás animales.

Textos en la web

¿Es el ser humano un animal como los demás? (Jean-Jacques Rousseau, *Discurso sobre el origen y los fundamentos de la desigualdad entre los hombres*, «1.ª parte»).

Por ejemplo, los órganos de los sentidos de los hombres están conectados con funciones cerebrales superiores y con el lenguaje. O sea, los seres humanos no estamos programados para reaccionar de manera automática al medio y a sus estímulos. Entre los estímulos y las respuestas, la intervención del cerebro produce la reflexión y el pensamiento. Los seres humanos producen conceptos, símbolos, palabras, imágenes, ciencia, arte, con los que interpretan el mundo y lo modifican al servicio de su proyecto de vida.

De ello se concluye que hay que comprender al ser humano en virtud de lo que es desde el punto de vista biológico como animal, y también **teniendo en cuenta lo que hace desde el punto de vista cultural como ser que crea y transforma continuamente su mundo.**

En este sentido, se debe tener presente que la cultura no es un factor que haya en él como el instinto o las capacidades corporales en los animales, sino que es lo específico de él, lo que le hace ser hombre. Por ello, se puede afirmar, como ha hecho algún filósofo, que **el mundo del hombre, el mundo en el cual y por el cual se muestra como hombre, es la cultura,** y que su originalidad consiste en combinar elementos enraizados en su naturaleza corporal con otros procedentes de su herencia cultural.

Textos en la web

Conciencia, movimiento y libertad (Henri Bergson, *La energía espiritual*, «Conciencia y vida»).

Textos en la web

La moral y el lenguaje, distintivos del animal humano (Aristóteles, *Política*).

Actividades

1 Entre la posición erecta, la liberación de las manos y el desarrollo del cerebro, ¿qué consideras más decisivo para la hominización? Razona tu respuesta.

2 ¿Encuentras alguna relación entre el enraizamiento de los seres humanos en su medio ambiente y sus sentimientos hacia el lugar en el que viven? Justifica tu respuesta.

3 Responde a las preguntas sobre el texto:

«Comparado con los demás animales, el hombre no solo vive en una realidad más amplia, sino, por decirlo así, en una nueva dimensión de la realidad. Existe una diferencia innegable entre las reacciones orgánicas y las respuestas humanas. En el caso primero, una respuesta directa e inmediata sigue al estímulo externo; en el segundo, la respuesta es demorada, es interrumpida y retardada por un proceso lento y complicado de pensamiento. [...] El hombre ya no vive solamente en un puro universo físico, sino en un universo simbólico. El lenguaje, el mito, el arte y la religión constituyen partes de este universo, forman los diversos hilos que tejen la red simbólica, la urdimbre complicada de la especie humana. Todo progreso en pensamiento y experiencia afina y refuerza esta red. El hombre no puede ya enfrentarse con la realidad de un modo inmediato; no puede verla, como si dijéramos, cara a cara. Por lo tanto, en lugar de definir al hombre como un animal racional, lo definiremos como un animal simbólico. De este modo podemos designar su diferencia específica y podemos comprender el nuevo camino abierto al hombre: el camino de la civilización».

Cassirer, E., *Antropología filosófica*.

a) ¿Qué ventajas le proporciona al ser humano su actividad simbólica, por ejemplo, el lenguaje?

b) Señala algunas diferencias entre la inteligencia animal y la razón humana.

c) Comenta brevemente esta frase: «El hombre ya no vive solamente en un puro universo físico, sino en un universo simbólico».

3 Evolucionismo y ciencias humanas

3.1. La antropología científica

Desde su aparición, el evolucionismo influyó de manera importante en el estudio científico del ser humano. **Se empezó a comprender lo humano en relación con su naturaleza biológica y con los ambientes en los que los hombres interactúan.**

De este modo, condicionó la orientación de ciencias como la antropología cultural o la etnología, dedicadas a estudiar las etnias y las culturas primitivas. A los «salvajes» (por ejemplo, entraban en este concepto grupos como los bosquimanos sudafricanos, las tribus de Groenlandia, los maoríes australianos o los indios del Amazonas) se los estudiaba como representantes del ser humano primitivo, al que la cultura ha permitido progresar hasta convertirse en el hombre civilizado de nuestras sociedades avanzadas.

La antropología cultural

Los primeros antropólogos evolucionistas influyeron en pensadores como Marx, Engels y Freud. Desligándose del evolucionismo estricto, la antropología se orientó hacia estudios de tipo más concreto sobre pueblos determinados. No obstante, el investigador polaco Bronislaw Malinowski reaccionó, con su funcionalismo, contra una consideración fragmentaria de la cultura. Las tesis funcionalistas ponen el énfasis en la necesidad de interpretar todo rasgo cultural dentro de una totalidad funcional integrada.

Durante las décadas de 1920 y 1930, se desarrolló la llamada «escuela sociológica» francesa, cuyo precursor fue Émile Durkheim. El estructuralismo en la antropología cultural se debe, fundamentalmente, al también investigador francés Claude Lévi-Strauss, y se basa en la producción de modelos culturales sustentados en los métodos de la lingüística y de la lógica formal para establecer principios relativos al comportamiento social. En la actualidad, las orientaciones se han diversificado.

El ser humano desde el punto de vista de la ciencia natural

Junto a este desarrollo de la antropología cultural, se impuso también el estudio de la vida humana como una rama de la ciencia natural. El estudio científico del ser humano tenía que poner en relación el funcionamiento de su mente y su comportamiento con los procesos bioquímicos y bioeléctricos estudiados por la física, y compararlo con el comportamiento de los animales.

Se comenzó, así, a investigar la influencia de los instintos en el comportamiento social, la relación entre las necesidades de adaptación al medio y las costumbres de los grupos humanos o la relación entre las sensaciones y la percepción.

A partir de todos estos estudios, se concluyó que la mente humana no es algo que aparece de manera inexplicable y misteriosa en el proceso de la evolución, sino que es una **propiedad que emerge en los seres humanos por factores naturales y como consecuencia de su interacción con el medio.**

Por ejemplo, en el agua, compuesta de hidrógeno y oxígeno, emergen propiedades que no se encuentran por separado ni en el oxígeno ni en el hidrógeno. De igual modo, ante condiciones ambientales determinadas, los seres humanos inventan utensilios, instituciones o conocimientos.

Se abría, así, la perspectiva de una superación de la dualista concepción tradicional del ser humano que distingue en él materia y espíritu, cuerpo y alma, razón e instinto.

Textos en la web

El evolucionismo como modelo teórico (Karl Popper, *Búsqueda sin término. Una biografía intelectual*).

3.2. El dualismo clásico: cuerpo y alma

El dualismo cuerpo-alma tiene un origen religioso, pero no es aceptado por la ciencia. (Doré, Ánimas del Purgatorio, ilustración de la Divina Comedia, *de Dante).*

La mayor parte de los filósofos del pasado afirmaban que el ser humano es un **compuesto de dos sustancias distintas y heterogéneas: el cuerpo y el alma.** Pensaban que el alma es nuestra parte más noble e inmortal, pues tiene su origen en Dios o en un mundo espiritual superior a este en el que vivimos. El cuerpo, por el contrario, está compuesto de materia, que se disolverá tras la muerte.

Esta concepción dualista pervive en teorías tan actuales como el emergentismo de John Searle, que sostiene que mente y cerebro son completamente distintos, ya que los fenómenos mentales son fruto de determinados rasgos del cerebro, pero no se confunden con él, sino que son una propiedad emergente.

También Karl Popper ha defendido un dualismo interaccionista radical basado en su teoría de los tres mundos, según la cual el cerebro pertenece al mundo 1, mientras que la mente pertenece al mundo 2, y entre ambos se da una interacción.

Tampoco ayudan mucho a resolver los problemas del dualismo quienes, para oponerse a las tesis dualistas, defienden, sin más, que la mente no existe y que los fenómenos mentales deben explicarse tan solo atendiendo a la descripción de estímulos y respuestas, y por las leyes que rigen la conducta.

Por nuestra educación, estamos acostumbrados a distinguir en nosotros entre alma y cuerpo, e incluso a pensar que son cosas opuestas. Pero esta es una creencia de origen religioso, que en el campo de la ciencia no se acepta como tal. Ese dualismo de alma y cuerpo hace imposible explicar la conexión de ambas realidades en nuestra vida cotidiana, en nuestros sentimientos, emociones, recuerdos, expectativas, pensamientos, en los que **siempre se mezclan factores espirituales e intelectuales, o sea del alma, y factores afectivos y sensitivos, o sea del cuerpo.**

Según las neurociencias actuales, esos estados son producto de la actividad de nuestro cerebro y del conjunto de nuestros sistemas orgánicos. O sea, **nuestras ideas y vivencias no son cosas separadas de la dinámica de nuestro cuerpo.** De modo que cualquier actividad intelectual o sensorial es, a la vez, una actividad mental y subjetiva, y un movimiento de las neuronas de nuestro cerebro, de nuestras secreciones hormonales y de nuestras moléculas químicas. Es decir, se trata de procesos de los cuales una parte es consciente y otra permanece inconsciente.

Textos en la web

El mito platónico del carro alado (Platón, *Fedro*).

Textos en la web

El cuerpo y la metáfora de los caballos (Platón, *Fedro*).

Textos en la web

La interacción entre alma y cuerpo (René Descartes, *Las pasiones del alma*).

3.3. Los rastros en el hombre civilizado de su pasado arcaico

De esta comprensión científica del ser humano como resultado de la evolución no se puede concluir la idea de que haya superado, en su actual estado civilizado, su pasado animal y primitivo. Incluso en las sociedades más evolucionadas persisten usos, creencias, supersticiones, modos de divertirse que son supervivencias de los comportamientos de nuestros ancestros. Por ejemplo, muchas personas creen que espíritus y demonios intervienen en su vida. El **comportamiento mítico y mágico** sigue presente en nuestro mundo civilizado.

De igual modo, nuestro pasado animal y arcaico se deja sentir también en los ámbitos de nuestro comportamiento más alejados de nuestra conciencia racional, como son **los sueños, las pasiones, el delirio o la locura.** Esto pone de manifiesto que las tendencias mentales de los hombres primitivos perviven en nosotros.

La conciencia de este hecho ha llevado igualmente a poner en relación ese trasfondo animal y salvaje del ser humano con sus **comportamientos antisociales y criminales.** Algunos actos de violencia y ferocidad, que seguramente eran usuales y necesarios en el hombre primitivo para alimentarse, defenderse y asegurar así su supervivencia en una naturaleza hostil, resurgen en la actualidad causando graves daños a la convivencia social.

Textos en la web

La agresividad y el instinto de muerte (Sigmund Freud, *El malestar de la cultura*).

Actividades

1 Responde a las preguntas sobre el texto:

«La actitud más antigua y que se basa en fundamentos psicológicos sólidos puesto que tiende a reaparecer en cada uno de nosotros cuando nos encontramos en situaciones inesperadas consiste en rechazar pura y simplemente las formas culturales, morales, religiosas, sociales, estéticas que están más alejadas de aquellas con las que nos identificamos. Calificamos de salvajes y bárbaras las maneras de vivir, de creer o de pensar que nos resultan extrañas. [...] En las Grandes Antillas, algunos años después del descubrimiento de América, mientras los españoles enviaban comisiones de investigación para averiguar si los indios tenían alma, estos se entretenían en ahogar a sus prisioneros blancos y luego observar si su cadáver estaba o no sujeto a la putrefacción. Esta anécdota ilustra la paradoja del relativismo cultural. Al negar la humanidad a los que aparecen como salvajes o bárbaros no se hace sino adoptar una de las actitudes típicas: la barbarie caracteriza al ser humano que cree en la barbarie».

Lévi-Strauss, C., *Raza e historia*, cap. 3.

a) ¿Con qué argumentos sería posible superar la diferencia entre pueblos bárbaros o salvajes y pueblos civilizados?

b) Explica la noción de «relativismo cultural» que aparece en el texto.

c) Comenta brevemente la última frase del texto: «la barbarie caracteriza al ser humano que cree en la barbarie».

2 ¿Te parece más convincente la idea de que el ser humano es un compuesto de alma y cuerpo o la idea de que es un campo organizado de energías de densidades y vibraciones distintas? Ilustra tu opinión con algún ejemplo.

3 ¿Basta con la cultura y el conocimiento para hacer buenas a las personas? ¿Pueden personas cultas y muy avanzadas hacer el mal a sabiendas? ¿Cuál sería la explicación de este hecho?

En la web

Encontrarás una autoevaluación interactiva.

Un autor, una obra

Max Scheler, *El puesto del hombre en el cosmos*

Resumen de la obra

El filósofo y antropólogo del siglo XX Max Scheler trató de determinar en esta obra qué diferencia esencial hay entre el ser humano y los animales. Para este autor, ni el naturalismo ni el racionalismo dualista pueden dar razón de lo que es el ser humano. Solamente en la espiritualidad, y a través de ella, el ser humano accede verdaderamente al sentido de su existencia individual. Más que animal racional, la noción de «espíritu» es lo que hace del ser humano una «persona».

Scheler rechaza el dualismo clásico que divide al ser humano en cuerpo y alma, y lo hace no solo por razones filosóficas, sino también por los resultados de las más recientes indagaciones de la biología. Alma y cuerpo son caras de un mismo ente. El alma no es una sustancia, y menos una sustancia localizada en alguna parte del cuerpo, como sostenía Descartes.

Sin embargo, esta estricta supresión de la diferencia entre cuerpo y alma deja en pie, sin afectarla, la distancia radical entre la «vida» y el «espíritu». La propiedad fundamental del ser espiritual es, para Scheler, la libertad total ante la presión de lo orgánico. Es libre, asimismo, ante los requerimientos del mundo circundante. Está abierto al mundo. Es un ser con «mundo». Ese mundo le ofrece resistencias, y a través de ellas se constituyen los «objetos». Decir «espíritu» es decir «objetividad». A todas estas diferencias, el hombre añade la conciencia de sí, por la cual puede objetivarse a sí mismo y todas sus vivencias psíquicas.

Con la palabra «espíritu», en definitiva, se nombra el lugar que le corresponde al hombre entre la totalidad de los entes del universo. Tal vocablo señala que para el sujeto que lo lleva el trato con la realidad exterior se ha invertido en sentido opuesto a lo que acontece con el animal. En los animales, tanto inferiores como superiores, toda acción o reacción, incluyendo la «inteligencia», provienen de un específico estado fisiológico de su sistema nervioso, y con él están relacionados todos los impulsos y las representaciones sensibles. El estadio de lo humano sobrepasa este nivel, y no solo se caracteriza por ser persona, sino por ser el punto más elevado de un proceso total de evolución.

Textos seleccionados

Texto 1: La diferencia entre el ser humano y el animal no es la inteligencia

«Si se concede la inteligencia al animal, ¿existe más que una diferencia de grado entre el hombre y el animal? ¿Existe una diferencia esencial? [...] Aquí es donde los caminos se separan. Los unos quieren reservar la inteligencia y la elección al hombre y negarlas al animal. Afirman, pues, una diferencia esencial; pero la afirman donde no existe. Los otros, en especial los evolucionistas de las escuelas de Darwin y de Lamarck, niegan una última diferencia entre el hombre y el animal, porque el animal posee ya inteligencia. Son, por tanto, partidarios de la gran teoría monista sobre el hombre, designada con el nombre de teoría del *Homo faber;* y no conocen ninguna clase de ser metafísico, ni metafísica alguna del hombre, esto es, ninguna relación característica del hombre como tal con el fondo del universo».

Scheler, M., *El puesto del hombre en el cosmos.*

Texto 2: Lo que diferencia al ser humano del animal es la razón o el espíritu

«El nuevo principio que hace del hombre un hombre es ajeno a todo lo que podemos llamar vida, en el más amplio sentido. [...] Lo que hace del hombre un hombre es un principio que se opone a toda vida en general; un principio que, como tal, no puede reducirse a la "evolución natural de la vida", sino que, si ha de ser reducido a algo, solo puede serlo al fundamento supremo de las cosas, o sea, al mismo fundamento del cual también la "vida" es una manifestación parcial. Ya los griegos sostuvieron la existencia de tal principio y lo llamaron "razón". Nosotros preferimos emplear, para designar esta X, una palabra más comprensiva, una palabra que comprende el concepto de la razón, pero que, junto al pensar ideas, comprende también una determinada especie de intuición, la intuición de los fenómenos primarios o esencias, y además una determinada clase de actos emocionales y volitivos: por ejemplo, la bondad, el amor, el arrepentimiento, la veneración, etc. Esa palabra es espíritu».

Scheler, M., *El puesto del hombre en el cosmos.*

Texto 3: La discutible oposición entre espíritu y vida

«Les pido recordar como nuevos resultados de Scheler los siguientes: delineó sobre el trasfondo de la vida animal la tesis de la apertura del hombre al mundo; afirmó que lo anímico —esto es, sensibilidad, fantasía, memoria, sentimiento, etc.— serían fenómenos vitales no esencialmente distintos de los propiamente biológicos, mientras que el espíritu significaría decididamente otra cosa. Todo esto era muy convincente y estaba expuesto en forma magistral. Mas de inmediato se ve que, en el fondo, Scheler solo desplazaba el dualismo, conocido desde antiguo. Este ya no se establecía entre "cuerpo" y "alma", sino entre "espíritu", por un lado, y "cuerpo animado", por otro. Llegó incluso a agudizarlo al extremo de oponer explícitamente el espíritu a la vida. En mi opinión, el hombre es un "ser carencial" orgánicamente, no apto para vivir en ningún ambiente natural, de modo que debe empezar por fabricarse una segunda naturaleza, un mundo sustitutivo elaborado y adaptado artificialmente que compense su deficiente equipamiento orgánico. Esto es lo que hace dondequiera que lo vemos. Vive, como quien dice, en una naturaleza artificialmente convertida por él en inofensiva, manejable y útil a su vida, que es justamente la esfera cultural. También se puede decir que él se ve biológicamente obligado a dominar la naturaleza».

Gehlen, A., *Antropología filosófica.*

Cuestiones para comentar

1 ¿En qué no está de acuerdo Scheler con Darwin y Lamarck?

2 ¿Qué diferencia esencial establece Max Scheler entre el ser humano y el animal?

3 ¿Qué problemas encuentra Arnold Gehlen en la idea de Max Scheler de oponer el espíritu a la vida? ¿Qué nuevo dualismo se insinúa? ¿Qué otra idea propone Gehlen para explicar la diferencia esencial del hombre con los animales?

4 Según la diferencia entre ser humano y animal que establece Scheler, ¿defiende que los animales tienen sentimientos, memoria e imaginación? Razona tu respuesta.

La filosofía va al cine

El respeto a la naturaleza

Parque Jurásico

- Título original: *Jurassic Park.*
- Dirección: Steven Spielberg.
- Guion: David Koepp y Michael Crichton.
- Intérpretes: Sam Neill, Laura Dern, Jeff Goldblum, Richard Attenborough, Ariana Richards, Joseph Mazzello, Wayne Knight, Samuel L. Jackson, Bob Peck, Martin Ferrero, B.D. Wong, Miguel Sandoval, Gerald R. Molen.
- Música: John Williams.
- Fotografía: Dean Cundey.
- Producción: Universal Pictures / Amblin Entertainment.
- Año: 1993.
- Duración: 120 minutos.
- Nacionalidad: Estados Unidos.

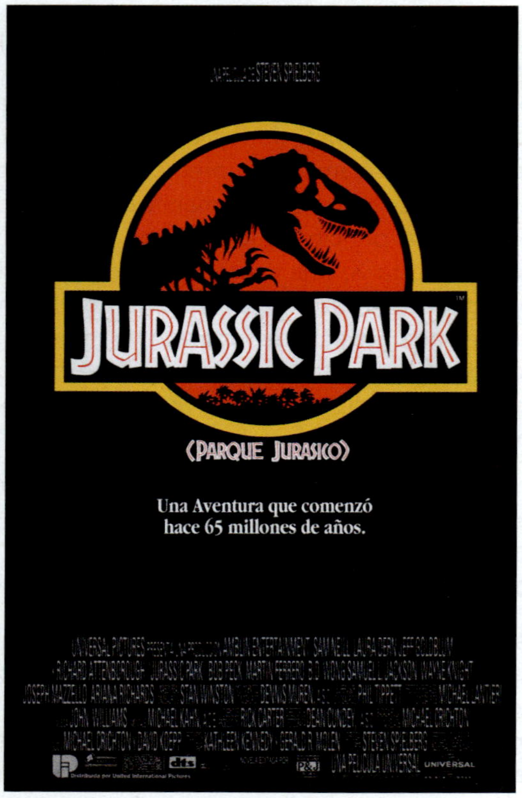

Resumen del argumento

El multimillonario John Hammond (Richard Attenborough) tiene una gran idea para construir un espectacular parque temático: acondicionar una isla remota en la que los visitantes puedan observar dinosaurios reales. Con la última tecnología disponible para la manipulación del ADN, los científicos consiguen clonar braquiosaurios, triceratops, velociraptores y un tiranosaurio rex, utilizando para ello el contenido genético conservado en la sangre de insectos fosilizados que les picaron hace millones de años y después quedaron atrapados en ámbar.

Antes de abrirlo al público, invita a una pareja de eminentes científicos y a un matemático para que comprueben la viabilidad del proyecto. También viajan al parque los nietos de su creador. Los paleontólogos Alan Grant (Sam Neill), Ellie Sattler (Laura Dern) y el matemático Ian Malcolm (Jeff Goldblum) visitan el parque y quedan muy sorprendidos con los resultados obtenidos.

Todo parece maravilloso, pero las medidas de seguridad del parque no tienen en cuenta con suficiente eficacia la capacidad destructiva de la naturaleza ni pueden evitar los males causados por la codicia humana. Así, cuando un problemático empleado manipula el sofisticado sistema de seguridad, los dinosaurios se escapan, obligando a los visitantes del parque a luchar por su supervivencia.

La película muestra entonces, de manera dramática, cómo, a pesar de los enormes adelantos científicos y tecnológicos logrados por el ser humano, seguimos estando expuestos, como en tiempos remotos, a situaciones de enorme violencia y destrucción en las que nos vemos obligados a luchar por la supervivencia. En tales ocasiones solo sirven nuestras armas más elementales: la velocidad de nuestras piernas y la agudeza de nuestra inteligencia práctica.

Comentario

Esta película presenta situaciones de carácter extremo que permiten estudiar las relaciones del ser humano con la naturaleza en toda su pureza, conexiones que habitualmente quedan disimuladas u ocultas en la vida cotidiana. Se muestra entonces la fragilidad humana. Esto sirve para que el ser humano no se considere la cima de la evolución, sino un ser más del planeta Tierra obligado a respetarla y a temer su fuerza, que puede aniquilarlo a pesar de su tecnología y de su ciencia o cuando hace un uso indebido de ella.

En la película se valoran los beneficios de la ciencia, cuyo desarrollo tiene que ser compatible con el respeto a la naturaleza. Es lo que representan los paleontólogos Alan Grant y Ellie Sattler, y el matemático Ian Malcolm. La investigación científica ha de ser compatible con la limitación del control de la naturaleza por parte de la ciencia.

Se ha de rechazar la actitud de quienes están dispuestos a «torturar la naturaleza para arrancarle sus secretos»; por ejemplo, la del millonario John Hammond o la de Donald, el abogado, que muere devorado por los dinosaurios. De este modo se aprende que quien desprecia la naturaleza acaba siendo superado por su fuerza.

Cuestiones para la reflexión

1 *Parque Jurásico* es una película de ciencia ficción. Aun así, ¿se pueden extraer de ella mensajes valiosos y aplicables a nuestra situación? Expón alguno.

2 En un momento de la película, el doctor Grant dice: «Los descubrimientos científicos violan el mundo, son actos violentos que hieren lo que explotan». A lo que el millonario Hammond responde: «No entiendo esa actitud, especialmente por parte de un científico. ¿Cómo podemos dejar de actuar ante las posibilidades que la ciencia nos abre?». Escribe un breve comentario exponiendo tu opinión sobre lo que cada uno de estos personajes dice.

3 La película trata de concienciarnos de que el ser humano es parte de la naturaleza. ¿Qué argumentos se te ocurren para apoyar esta idea?

4 ¿Crees que deberían existir mecanismos de control para evitar un uso indebido de técnicas como la clonación de animales o de seres humanos? ¿A quiénes debería corresponder ese control?

Fotograma de la película en el que se ve al creador del parque y a los tres científicos observando la incubación de los huevos de dinosaurio.

Sugerencias para un debate

¿Es lo mismo evolucionar que perfeccionarse?

A diferencia de los animales, a pesar de milenios de evolución, el hombre nace inacabado en el nivel corporal. (Brueghel de Velours, El paraíso terrenal *(detalle), Museo del Prado, Madrid).*

Introducción al debate

A pesar de los milenios de evolución que han transcurrido hasta que hemos llegado a ser lo que somos, el ser humano nace inacabado en el nivel corporal. La naturaleza no le dota de todo lo necesario para adaptarse al medio y sobrevivir por sí mismo. Por ello, en unión con otros seres humanos, debe suplir sus carencias físicas y perfeccionarse aprendiendo lo que otras generaciones anteriores le han transmitido. Este saber constituye su patrimonio cultural.

Cuestiones para debatir

1 ¿El proceso de la evolución afecta a los seres humanos como especie, como individuos o como ambas cosas a la vez? Razona tu respuesta.

2 ¿En qué consiste la facultad de perfeccionarse de los seres humanos? ¿Qué actividades comprende?

3 ¿Por qué la facultad de perfeccionarse es algo exclusivo de los seres humanos? ¿Por qué no hay una historia de los animales?

4 Algunos animales pueden ser adiestrados para que hagan cosas portentosas, como los que vemos, por ejemplo, en los espectáculos de circo. ¿Es eso perfeccionarlos o qué es?

Un aspecto concreto para discutir

La idea de pueblos felices que han vivido o viven aún «en estado de perfecta armonía con la naturaleza», ¿es un mito o una realidad histórica? Lee atentamente este texto y reflexiona sobre la pregunta que te planteamos.

La armonía del estado de naturaleza

«Si los seres humanos se contentaran con sus rústicas cabañas primitivas, con pieles para vestirse y con plumas y conchas para adornarse, con pintar su cuerpo de muchos colores y perfeccionar y embellecer sus arcos y sus flechas, con tallar sus canoas y fabricar algunos rudimentarios instrumentos de música; en resumen, mientras se ocuparan en cosas que uno solo puede hacer y que no necesitan la intervención de muchas manos, ellos vivirían libres, sanos, buenos y felices todo lo que se puede serlo por naturaleza. Pero desde el momento en que un hombre tiene necesidad de la colaboración de otro, desde que se da cuenta de que es útil para él tener las provisiones necesarias para dos, la igualdad desaparece, se introduce la propiedad, aparece la necesidad del trabajo y los grandes bosques se transforman en campos de labranza, se implanta la esclavitud y la miseria germina y crece cuando vienen los monzones».

Rousseau, J. J., *Discurso sobre el origen de la desigualdad entre los hombres.*

Rousseau presenta una visión idealizada de la vida del hombre en armonía con la naturaleza. (Gauguin, ¿Cuándo te casas?, Museo de Arte, Basilea, Suiza).

Bloque 4

El ser humano desde la filosofía

Tanto la filosofía como las ciencias humanas actuales comprenden al ser humano como una realidad que participa, al mismo tiempo, de lo natural y de lo cultural. De ahí la conveniencia de recurrir a las distintas ciencias que lo estudian (biología, etnografía, antropología cultural, psicología, etc.) para plantear una reflexión filosófica que aborde cuestiones como los condicionamientos biológicos del comportamiento, la relación mente-cuerpo, el papel de la sexualidad, etc. Sobre esta base, el análisis específicamente filosófico trazará las dimensiones propias del ser humano, como su identidad personal, su ser social, su libertad, su mortalidad, etc.

Cuestiones a estudiar

Unidad 8
El cuerpo como base natural

1 La base natural del ser humano: el cuerpo.
2 El cerebro: el problema de la relación mente-cuerpo.
3 Los impulsos y el inconsciente: ello, yo y superyó.
4 La sexualidad: varón y mujer. Lo biológico, lo cultural y lo existencial.
5 Filosofía y «estudios de género».

Unidad 9
Las dimensiones del ser humano

6 Dimensiones del ser humano: la identidad personal y el proyecto de vida.
7 La relación con los otros: convivencia y tolerancia.
8 La amistad y el amor.
9 La existencia y el tiempo: tiempo objetivo y tiempo subjetivo.
10 La muerte.

Unidad 10
La libertad

11 La libertad y sus condiciones: autonomía, autocontrol, responsabilidad.
12 Los límites de la libertad: modos legítimos de restricción de las libertades.

8 El cuerpo como base natural

¿Se puede comparar el cuerpo con una máquina?

«Cada cuerpo orgánico de un viviente es una especie de máquina divina o de autómata natural que sobrepasa infinitamente a todos los autómatas artificiales. Porque una máquina hecha por el arte del hombre no es máquina en cada una de sus partes. Por ejemplo: el diente de una rueda de hierro tiene partes o fragmentos, que no son para nosotros nada artificial y no tienen nada que indique a la máquina en relación al uso al que la rueda está destinada. Pero las máquinas de la naturaleza, es decir, los cuerpos vivos son, sin embargo, máquinas en sus menores partes hasta el infinito. Esto es lo que constituye la diferencia entre la naturaleza y el arte, es decir, entre el arte divino y el nuestro».

Leibniz, G. W., *Teodicea*, § 146.

Actividades

1 ¿Qué diferencia hay, para el autor del texto, entre un cuerpo orgánico y los autómatas artificiales? ¿Podrías poner algún ejemplo que aclarara dicha diferencia?

2 La circulación de la sangre en un cuerpo vivo, el funcionamiento del sistema nervioso, la digestión, etc., son funciones que se cumplen en nosotros de manera automática. ¿Te parecen estos sistemas corporales fundamentos suficientes para apoyar en ellos la idea de que el cuerpo es una máquina?

3 El cuerpo es una realidad natural, mientras que la máquina es una construcción artificial; ¿impide esta diferencia entre ambos reducir el cuerpo a una máquina o es irrelevante?

4 Comenta la frase con la que Leibniz diferencia los cuerpos de las máquinas al final del texto: «los cuerpos vivos son [...] máquinas en sus menores partes hasta el infinito».

Afrodita, *Museo Arqueológico Nacional, Atenas, Grecia.*

1 El cerebro

1.1. Una estructura sumamente compleja

El cerebro humano es una estructura extraordinariamente compleja compuesta por un gran número de unidades elementales interconectadas llamadas **neuronas,** y cuyas innumerables interconexiones se llaman **sinapsis.**

Para hacernos una idea de la compleja organización de nuestro cerebro, baste decir que la cantidad de estados posibles de activación que pueden alcanzar sus neuronas y sus conexiones a partir de los estímulos que recibimos es mucho mayor que el número de partículas conocidas existentes en el universo.

Tal cantidad de posibilidades de nuestro cerebro se explica porque tiene la capacidad de actuar coordinando al mismo tiempo varias de sus estructuras y centros. Entonces, la función puede cumplirse de diversas maneras, según el uso que el cerebro hace de sus medios disponibles de acuerdo con las posibilidades y las necesidades del momento.

El cerebro **pone en funcionamiento sus estructuras y centros reguladores de manera flexible** según las necesidades de cada situación, lo que da al comportamiento humano su característica adaptabilidad.

Los neurólogos han estudiado el cerebro mientras realiza muchas de sus tareas específicas. Con ello, han logrado establecer algunas ideas fundamentales sobre su manera de actuar. Así, la observación de las funciones específicas que cada área del cerebro cumple haciendo funcionar sus correspondientes centros neuronales demuestra **una clara relación entre dichas áreas específicas y la función concreta que regulan.**

Por ejemplo, el lenguaje o el movimiento están regulados por centros situados en áreas específicas de nuestro cerebro. Una lesión en un punto de alguna de estas áreas daría lugar a trastornos muy concretos, como, por ejemplo, la incapacidad de comprender el lenguaje escrito, aunque no afectara a la comprensión del lenguaje hablado, ya que esta función se regula por otro centro distinto del lesionado. Otras lesiones en otros puntos dañarían, por ejemplo, las emociones de un individuo y, al hacerlo, esto repercutiría en habilidades como la toma de decisiones, la estabilidad de sus proyectos de futuro o su comportamiento moral.

En el siglo pasado, la doctrina **epifenomenalista** defendía que **los estados mentales son simples efectos de la actividad cerebral, sin consistencia propia, y que dependen del cerebro como causa que los produce.** Para el epifenomenalismo, solo los procesos físicos son causas reales de otros procesos físicos, mientras que los procesos mentales, aunque existen, son irrelevantes causalmente.

El filósofo francés Henri Bergson reaccionó contra esta teoría y sostuvo que si bien los hechos científicos confirman la indudable relación entre los fenómenos mentales y la actividad cerebral, de ningún modo permiten la simple identificación de ambos tipos de fenómenos. Un vestido puede colgar de un clavo —dice—, pero no depende de él, ni podemos predecir la forma del vestido por la forma del clavo.

Textos en la web

La principal función del cerebro (Henri Bergson, *La energía espiritual*, «El alma y el cuerpo»).

1.2. Mente y cerebro

Existe una **estrecha dependencia entre la mente y el cerebro, puesto que el cerebro es el sustrato material orgánico de la mente.** Sin cerebro no puede haber actividad mental. Sin embargo, los neurocientíficos no se ponen de acuerdo sobre cómo está estructurada esta dependencia y hasta dónde se extiende. Existen diversas teorías sobre la relación entre los fenómenos mentales y la actividad biológica del cerebro. Nos referiremos brevemente a las más importantes.

Textos en la web

Estructuras orgánicas y estructuras mecánicas (Immanuel Kant, *Crítica del juicio*).

1. **Teoría de la identidad:** defiende que la actividad mental es reductible a la actividad neurológica del cerebro.
2. **Teoría del materialismo eliminativo:** niega la existencia de fenómenos mentales y sostiene que toda identificación o reducción de los estados mentales a estados neuronales (o neurales) debe conducir necesariamente a una eliminación de los primeros. Cuando la neurofisiología muestre que todas nuestras creencias, deseos o dolores no son más que configuraciones de eventos neuronales, estas nociones —propias de una psicología popular— dejarán de existir.
3. **Teoría del materialismo ocasional:** admite el carácter irreductible de lo mental y propone una forma débil de materialismo no reduccionista. Cada estado mental se correspondería con un estado neuronal y es idéntico a un estado cerebral, aunque un mismo estado mental puede proceder de distintos estados cerebrales.

El problema de las teorías que reducen lo mental a lo neurológico es que no explican el hecho de que la sensación que tengo cuando siento, por ejemplo, la quemadura de un objeto caliente es mi sensación, única e intransferible. Otra persona a la que el mismo objeto caliente hubiese quemado tendría la suya, sin que existan motivos para pensar que se trata de una misma e idéntica sensación en ambos.

Como hemos visto, la mente es, en los seres humanos, una **propiedad emergente,** es decir, un sistema más complejo que la suma de las partes de las que procede, por lo que no es predecible a partir de los mecanismos de funcionamiento elemental de estas partes.

Cuando pensamos, sentimos emociones, hablamos e interactuamos con el mundo a través de los sentidos, en todas estas actividades interviene nuestra mente, que es una **entidad única e indivisible.**

Se impone, pues, la idea de que la actuación global del cerebro supone la interacción coordinada de las diferentes estructuras que lo integran. Así, toda forma compleja de comportamiento depende de la actuación conjunta de mecanismos específicos del sistema. Por ejemplo, la percepción de los sonidos musicales guarda poca relación con la de los sonidos verbales. Sin embargo, aptitudes tan dispares como las necesarias para orientarse en el espacio, efectuar cálculos aritméticos y comprender construcciones gramaticales complejas están estrechamente asociadas.

El comportamiento humano no es, por tanto, resultado del funcionamiento de las estructuras fijas de nuestro cerebro, sino efecto de la flexible articulación de aquellas que la situación requiere y que el aprendizaje consolida después en forma de hábitos.

Textos en la web

La creatividad proyectiva de nuestra mente (Th.W. Adorno, *Sobre la metacrítica de la teoría del conocimiento. Estudios sobre Husserl y las antinomias fenomenológicas*).

1.3. La filosofía de la mente

Hoy se considera, pues, que la descripción de los fenómenos mentales **no puede quedar reducida a una simple descripción de los estados del cerebro.**

Según el **funcionalismo, la mente funcionaría como un ordenador,** de modo que el mismo cálculo puede ser realizado por máquinas de características y de marcas diferentes. O sea, el mismo software puede ejecutarse en diferentes dispositivos.

Esta teoría tampoco es totalmente satisfactoria, pues, por ejemplo, sabemos que los traductores mecánicos son capaces de traducir un texto del español al ruso en ordenadores de muy diverso tipo, pero esto no significa que el ordenador sepa ni español ni ruso, ni que entienda lo que está traduciendo. O sea, tampoco el funcionalismo es capaz de justificar los aspectos subjetivos y personales que tienen los actos mentales de las personas.

Textos en la web

¿Es la mente o el cerebro quien piensa? (Ludwig Wittgenstein, *Los cuadernos azul y marrón*).

Esto es lo que ha pretendido corregir la llamada **filosofía de la mente.** Esta disciplina parte del trabajo científico de los neurofisiólogos para plantear, a partir de ellos, preguntas filosóficas. Por ejemplo, se plantean cuestiones de carácter ético, como la siguiente: tras un derrame cerebral, un individuo que antes era pacífico y bueno se convierte en un criminal antisocial. Este individuo, ¿es responsable de su comportamiento después de su trastorno cerebral? Sea cual sea la respuesta, se trata de hacer ver que **hay funciones de nuestro cerebro que nos permiten comportarnos como personas singulares en los distintos ámbitos de nuestra vida.**

En todo caso, aún hay mucho que estudiar sobre la relación que existe entre nuestras funciones cerebrales y nuestra personalidad o modo de ser personal. Esto plantea el problema de si algunas diferencias que se dan entre los seres humanos se podrían deber a la forma en que sus cerebros están configurados, ya sea por herencia genética, ya sea por la forma en que cada individuo se ha desarrollado en interacción con su medio ambiente. ¿Por qué hay personas que destacan en cualidades sociales frente a otras con comportamientos gravemente antisociales y criminales? Esto abriría perspectivas con profundas implicaciones éticas, como la posibilidad de restringir la libertad de los delincuentes actuando sobre los centros de sus cerebros que regulan la agresividad y la conducta criminal.

La filosofía insiste, en resumen, en la idea de que **el cerebro es el órgano principal de la subjetivación,** o sea, del proceso mediante el cual un individuo se hace sujeto consciente de unos fenómenos psíquicos (sensaciones, pensamientos, actos, etc.) y de sí mismo como realidad personal de la que brotan esos fenómenos.

Ese proceso empieza por la actividad bioeléctrica que tiene lugar en el cerebro, pero de ahí surge una experiencia mental reflexiva con la que el sujeto se comunica con la realidad exterior a través de unas vivencias. Así surge en el ser humano la **conciencia o experiencia inteligente de su yo.**

Textos en la web

El hombre como ser natural (Karl Marx, *Manuscritos: Economía y filosofía*).

El cerebro determina nuestro comportamiento en los distintos ámbitos de la vida. (Jean Colombe, Caín y Abel, miniatura del Libro de Horas de Luis de Orleans, *Biblioteca Nacional de Rusia, San Petersburgo, Rusia).*

Actividades

1 ¿Te parece adecuada la metáfora que compara el cerebro humano con una especie de centralita telefónica encargada de conectar mensajes entrantes con órdenes salientes de un modo casi mecánico? Razona tu respuesta.

2 Responde a las preguntas sobre el texto:

«El problema mente-cuerpo es el problema de explicar cómo es que los estados de conciencia surgen en los cerebros humanos. En forma más específica [...] es el problema de explicar cómo las sensaciones subjetivas surgen en los cerebros humanos. [...]. Por ejemplo, cuando me muerdo la lengua experimento la sensación subjetiva de dolor. Esta experiencia existe para mí solo. Al mismo tiempo que muerdo mi lengua, tienen lugar en mi cerebro procesos vinculados con ello. Estos procesos incluyen la actividad de células nerviosas. En principio podrían ser observados por un científico independiente que tuviese acceso al interior de mi cabeza. Y si él tratase de describirle a otro científico en qué consiste mi dolor de base cerebral, hallaría que el lenguaje objetivo de la física y de la química resulta totalmente suficiente para ese propósito. A él le parecería que mi dolor de base cerebral pertenece al mundo de la materia física, y a ningún otro. En síntesis, que no es otra cosa que un hecho físico».

Humphrey, N., *Una historia de la mente.*

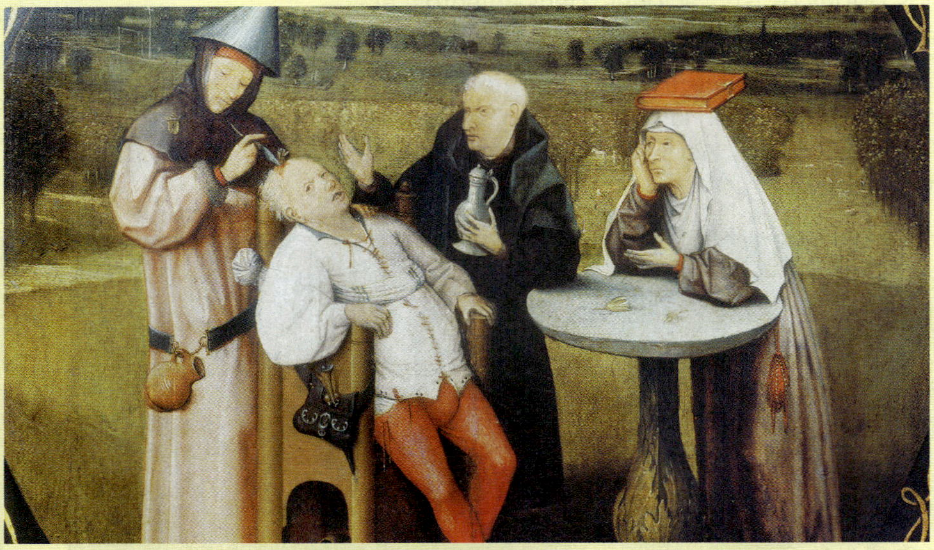

El Bosco, Extracción de la piedra de la locura, *Museo del Prado, Madrid.*

a) De las distintas teorías expuestas sobre la relación mente-cerebro, ¿en qué tipo de explicación encuadrarías lo que dice este texto?

b) ¿Te satisface la opinión de los neurofisiólogos cuando sostienen que todo lo espiritual en el ser humano puede reducirse a la actividad de nuestro cerebro y del conjunto de nuestros sistemas orgánicos? ¿Cuáles serían, para ti, los límites de este materialismo? Argumenta tu respuesta.

c) ¿Admitir que hay relación entre el cerebro y la mente es admitir su equivalencia? Justifica tu respuesta.

3 ¿Se podría comparar la idea de que el cerebro transforma creativamente los impulsos nerviosos y les da un sentido propio con la diferencia que se da entre cómo perciben un árbol el artista que quiere pintarlo y el leñador que lo piensa cortar? ¿Podrías poner algún otro ejemplo?

2 Los impulsos y el inconsciente

2.1. Conciencia e inconsciente

La conciencia

La palabra «conciencia» viene de la expresión latina *cum scientia* ('con ciencia') y alude a la facultad de alguien que mientras ve algo o hace algo lo sabe, se da cuenta de ello. Por ejemplo, tengo conciencia de que ahora es de día, de que estoy en clase, etc.

La conciencia **es el lugar en el que se expresa el yo,** el espacio de su reflexión deliberada, de su autoconciencia y libertad. Además, el yo también es el origen de la acción, y al que se le atribuye la responsabilidad de lo que se hace. En este sentido, la palabra «conciencia» alude a esa instancia que desde lo profundo nos dice lo que está bien y lo que está mal. O sea, la conciencia **es lo que hace del individuo un sujeto moral.**

El inconsciente

Inconsciente es **todo lo que escapa a la conciencia.** Por ejemplo, nuestras reacciones automáticas de tipo reflejo, el funcionamiento fisiológico de nuestros sistemas corporales y órganos. Alguien es inconsciente también cuando se duerme o cuando no mide las consecuencias de sus actos.

En general, se dice que son inconscientes **los estados en los que un individuo no es dueño de sí mismo.** En todos estos sentidos, lo inconsciente marca el límite del conocimiento que tenemos de nosotros mismos y de nuestro autocontrol.

Sigmund Freud, el gran psiquiatra vienés del siglo XX, inventor del psicoanálisis, afirmó en relación a lo inconsciente que no basta con aumentar nuestro conocimiento y nuestro saber para hacer retroceder en nuestras vidas lo inconsciente y que reine en todo la conciencia.

Nuestro inconsciente tiene un funcionamiento autónomo que nunca llega a hacerse consciente, pero que está influyendo siempre en nuestro comportamiento sin que nos demos cuenta de ello. Por ello, este influjo de las fuerzas inconscientes, al igual que las pasiones y los condicionamientos educativos y culturales, limitan la autonomía y la responsabilidad de los individuos.

Es, pues, un problema filosófico importante determinar hasta qué punto un individuo es dueño de sus pensamientos y de sus acciones; o sea, en qué medida es libre y, por tanto, responsable de sus acciones.

La noción de inconsciente empezó ya a adquirir importancia para los psicólogos del siglo XIX que trabajaban sobre los umbrales de la sensación, que señalaron que una gran parte de la vida psíquica es de naturaleza inconsciente.

También Hermann von Helmholtz desarrolló su doctrina de la **inferencia inconsciente,** según la cual las percepciones proceden de inferencias basadas en los datos que pueden suministrar los sentidos, sin necesidad de intervención de la conciencia.

Después de Freud, el más importante de sus discípulos, Carl Gustav Jung, intentó extender la noción de inconsciente y habló de un **inconsciente colectivo,** que generalizaba la concepción freudiana del ello y se abría a una interpretación de índole más culturalista.

Más recientemente, Jacques Lacan ha proseguido el psicoanálisis freudiano, pero ha reformulado la noción de inconsciente, que, según él, **está estructurado como un lenguaje,** cuyos significantes constituyen al sujeto.

Textos en la web

El descubrimiento psicoanalítico del inconsciente (Sigmund Freud, *Metapsicología. Lo inconsciente*).

2.2. Los impulsos

Freud define el inconsciente como **el ámbito de los impulsos psicofísicos primarios, ligados a la naturaleza corporal del ser humano,** y que son, básicamente, los impulsos de autoconservación y los impulsos sexuales. Son, por tanto, las fuerzas que traducen las exigencias biológicas del cuerpo en el psiquismo y en su actividad.

La palabra «inconsciente» designa, pues, esa actividad psíquica excluida de la conciencia por fuerzas que le cierran el paso, y que **es mucho más básica, más profunda que la actividad consciente.** Por eso, respecto a lo inconsciente, la conciencia no es más que la superficie del mar de fondo de lo inconsciente, y sus procesos y su dinamismo solo se comprenden a la luz de las relaciones que los actos psíquicos mantienen con los impulsos y con sus metas.

Estos impulsos se caracterizan porque buscan siempre su satisfacción, y solo la alcanzan si se suprime el estado de excitación de la exigencia biológica de la que brotan. Freud dice, por ello, que los impulsos solo se rigen por el **principio del placer,** o sea, por la exigencia de satisfacción incondicional e inmediata de su necesidad, sin respetar ningún orden lógico ni ninguna limitación objetiva procedente de la realidad, de la sociedad y de la conciencia.

La sociedad tiene que ser necesariamente represiva de los impulsos inconscientes, limitando el principio del placer, pues la vida en sociedad exige de cada individuo el sacrificio de sus impulsos irracionales y de su egoísmo con vistas al trabajo y a la colaboración de todos para resolver las necesidades comunes.

Frente a la presión continua del principio del placer, el **principio de realidad** impuesto por la sociedad expresa la dirección de una tarea esencial para todo ser humano: la de renunciar a este circuito continuo de deseo y satisfacción (real o imaginaria) que no se produce sin dolor, displacer y malestar para los individuos.

Los fenómenos de la sexualidad infantil y su importancia en la configuración de la personalidad, y los resultados del análisis de los síntomas neuróticos, de los sueños, etc., en un primer momento, hicieron considerar a Freud que los impulsos sexuales (la libido) formaban un grupo fundamentalmente separado, distinguiendo dos tipos de energía para explicar los conflictos neuróticos: la libido o energía sexual y los instintos del yo o censura.

Sin embargo, en una segunda etapa, Freud **agrupó junto con la libido los impulsos de conservación,** que más que oponerse entre sí parecían funcionar conjuntamente como aspectos de un **instinto vital total** al que llamó ***eros.*** Por el contrario, Freud llama ***thanatos*** a los **impulsos de muerte** como un grupo de instintos de signo opuesto a los impulsos de vida o *eros*.

2.3. El ello, el superyó y el yo

Freud da una explicación muy penetrante e inteligente del conflicto permanente que, en todo individuo, existe entre su conciencia y su inconsciente. El conflicto tiene lugar entre las tres instancias en las que se estructura nuestra personalidad.

El ello

Freud llama así **al inconsciente como ámbito de los impulsos primarios, sexuales *(eros)* y agresivos *(thanatos),* que solo quieren y buscan la satisfacción inmediata e incondicional.** Puesto que la realidad no hace posible casi nunca esta satisfacción, esos impulsos producen fantasías, sueños o comportamientos neuróticos, a través de los que se consigue una satisfacción de tipo sustitutorio.

Textos en la web

¿Qué son las emociones? (Epicteto, *Manual*).

Textos en la web

El síntoma como traducción de un impulso (Sigmund Freud, *Introducción al psicoanálisis*).

Textos en la web

La lucha entre *eros* y *thanatos* (Sigmund Freud, *El malestar en la cultura*).

Textos en la web

El ello y su análisis (Sigmund Freud, *Introducción al psicoanálisis*).

El yo ha de fortalecerse para controlar los impulsos sexuales y agresivos del ello. (Goya, Duelo a garrotazos, *Museo del Prado, Madrid).*

El superyó

La segunda instancia de nuestra personalidad es el superyó, que es **el conjunto de normas y prescripciones sociales y morales que hemos interiorizado durante la infancia en el proceso de nuestra educación,** y que son, por tanto, también en parte inconscientes.

El superyó es, pues, **la instancia moral que presiona sobre el yo exigiéndole el control de los impulsos del ello y el cumplimiento de las obligaciones y prohibiciones sociales interiorizadas.** La autoridad moral no está, pues, solo fuera de nosotros, sino también dentro como fuerza de contención y represión.

Textos en la web

¿Cómo se forma el superyó? (Sigmund Freud, *Moisés y la religión monoteísta*).

El yo

El yo es solo una pequeña parte del psiquismo del individuo. **Es la conciencia,** y representa como la parte flotante de un iceberg que oculta su enorme volumen bajo el agua.

En todo caso, **el yo es el escenario de una lucha continua en tres frentes: el ello, el superyó y las exigencias de la realidad.** La lucha la inicia el principio del placer que rige los impulsos inconscientes y cuyo deseo de satisfacción choca con las prohibiciones morales del superyó y con el principio de realidad, que obligan al yo a reflexionar sobre las negativas consecuencias previsibles que se derivarían tanto de la satisfacción como de la no satisfacción de los impulsos primarios.

Entonces, la función del yo en este conflicto es **activar el juicio y la decisión voluntaria para actuar como árbitro consciente y racional en esta lucha.** Cuando no es capaz de hacer esto y el conflicto no se resuelve por la acción de la conciencia, entonces interviene la **represión** para hundir el problema en el inconsciente, produciendo malestar y neurosis.

En resumen, el individuo humano, que ha de vivir necesariamente en sociedad, siente a cada momento la amenaza de que afloren a su vida consciente las fuerzas y los deseos reprimidos de su inconsciente, especialmente sus impulsos sexuales y agresivos. Para actuar en esta situación, el yo ha de fortalecerse ampliando su formación y su cultura. Freud lo resume en esta frase: «El principal objeto del psicoanálisis es ampliar y reforzar el ámbito del yo a costa del ello y del superyó».

Actividades

1 La hipótesis freudiana del inconsciente, ¿equivale a las explicaciones neurológicas y bioquímicas acerca de los procesos orgánicos que funcionan en nuestro cuerpo automáticamente? ¿Qué diferencias ves?

2 Responde a las preguntas sobre el texto:

«En lo referente a la cultura, la tendencia de la sociedad a limitar la vida sexual es no menos evidente que su impulso a ampliar su propia influencia. La cultura debe sustraer a la sexualidad una gran cantidad de energía psíquica que necesita para sí misma. A este respecto, la sociedad se comporta frente a la sexualidad como un poder que quisiera dominar a los individuos para explotarlos. El temor a la rebelión de lo que ha sido reprimido invita a serias medidas de precaución. Nuestra cultura europea occidental ha llegado al máximo en este sentido. Empieza prohibiendo cualquier manifestación de vida sexual en los niños porque entiende que no es posible frenar la pasión sexual de los adultos si no se empieza por la infancia».

Freud, S., *El malestar en la cultura.*

Rubens, La danza de los aldeanos, *Museo del Prado, Madrid.*

a) ¿A qué se debe el enfrentamiento que Freud señala en este texto entre sexualidad y cultura?

b) ¿Crees que la represión es la solución a este enfrentamiento? ¿Qué otras alternativas se te ocurren?

c) ¿Estás de acuerdo en que los problemas de ajuste entre sexualidad y cultura son el origen de muchos desequilibrios psíquicos? ¿Podrías poner algún ejemplo?

3 El descubrimiento del inconsciente en el ser humano, ¿lo condena al desconocimiento de sí mismo? Argumenta tu respuesta.

4 De igual modo que hay un inconsciente psicológico individual, ¿crees que hay un inconsciente sociológico colectivo? ¿De qué estaría compuesto?

3 La sexualidad: varón y mujer

3.1. Lo biológico, lo cultural y lo existencial

La sexualidad es el **conjunto de los fenómenos fisiológicos y psíquicos ligados al ejercicio de las funciones sexuales.** Este ejercicio tiene sus bases biológicas en las distintas funciones que cumplen varones y mujeres en el proceso de reproducción.

Para Freud, la sexualidad es **la forma principal del impulso de vida o *eros*,** que comienza cuando el individuo nace y se va manifestando de formas diversas a lo largo de las distintas fases de su desarrollo evolutivo. En las primeras etapas, el ejercicio de la sexualidad no está ligado a los órganos genitales, sino a la excitación de otras zonas erógenas. Esto da pie para distinguir entre lo genital y lo sexual, que abarca muchas más cosas que las relativas a la genitalidad.

En la psicología experimental contemporánea, el sexo se estudia como uno de **los motivos fisiológicos de la conducta, tanto animal como humana.** Su base fisiológica se atribuye a un superávit de hormonas masculinas y femeninas, responsable de un determinado desequilibrio interior que se restaura mediante un acto sexual que sirve de alivio a la presión de una excitación excesiva.

En el caso del ser humano, entran en juego importantes **factores culturales que modulan de muchas maneras la conducta sexual en sus manifestaciones,** pudiendo llegar a producir incluso el fenómeno de la castidad. No solo intervienen, pues, en la motivación sexual humana los sentidos, el hipotálamo y los estados hormonales del organismo, junto a la presencia del estímulo erótico. También procesos imaginativos, afectivos y cognoscitivos superiores envuelven con sus contenidos y valores culturales todo el proceso de la atracción sexual y los comportamientos que esta atracción desencadena.

El impulso sexual, pues, y los comportamientos que están determinados por él **se configuran de manera muy decisiva por el influjo de las costumbres y de las normas de la cultura en la que los individuos se han socializado.**

En el siglo xx, el filósofo Jean Paul Sartre estudió la sexualidad como estructura fundamental de la existencia humana y ámbito esencial para su expresión y realización. Según él, el atractivo que despierta en nosotros un cuerpo ajeno que nos seduce no solo se debe a que está estructurado de forma distinta del nuestro y lo percibimos como nuestro complemento biológico, sino que esa atracción es también un reto para nosotros, el desafío que nos impulsa a salir de nosotros mismos para realizarnos con otro u otra en la complementariedad del amor.

3.2. Masculino-femenino

La importancia de la influencia de lo cultural en la sexualidad se puede apreciar, por ejemplo, en la comparación de la valoración premoderna de la mujer con respecto a la que se empieza a extender en nuestra época.

Casi a lo largo de toda la historia, las mujeres han vivido vidas diferentes de las de los hombres, a menudo recluidas en lugares propios y desempeñando roles definidos, con un acceso mucho más limitado a la educación, a la política, a la riqueza, a los derechos ciudadanos; en una palabra, a la libertad. **Han sufrido una discriminación por razón de sexo.**

Esta discriminación se trataba de justificar argumentando que las mujeres son fisiológicamente más débiles e inferiores tanto corporal como intelectualmente; que eran seres demasiado dominados por lo emocional y lo pasional, y menos por lo racional; que estaban más cercanas a la naturaleza que a la cultura. Así se justificaban su estatus social diferente y su obligación de vivir subordinadas a los hombres.

Textos en la web

Deseo sexual y voluntad de vida (Arthur Schopenhauer, *El mundo como voluntad y representación*).

Textos en la web

Civilización y sublimación de la sexualidad (Sigmund Freud, *Introducción al psicoanálisis*).

Textos en la web

Sublimación no represiva y desublimación represiva (Herbert Marcuse, *Psicoanálisis y política*).

Por otra parte, siempre se ha considerado al varón el prototipo de la persona humana. Y si el varón es el modelo o ideal de la persona, entonces aquello en lo que las mujeres difieren del varón se contempla como carencia, defecto y limitación. Esto coloca a las mujeres en una posición subordinada y hace evidente la necesidad de un cambio hacia la libertad que ha de pasar por **el cuestionamiento de estas justificaciones y de ese ideal masculino y patriarcal del ser humano.**

En la actualidad, los movimientos feministas han conseguido que se admita ampliamente por parte de la opinión pública que esos antiguos argumentos de que la mujer tiene menos capacidad racional que el varón y de que está más dominada por las pasiones y los sentimientos no eran más que el pretexto para obligarla a dejarse dominar por el varón, a obedecerlo y a someterse a él.

Hoy en día, se considera **una cuestión de justicia que varones y mujeres tengan las mismas oportunidades y derechos en la sociedad, sin discriminación.** Esta equiparación con el varón debe transformar, por tanto, muchos aspectos de la imagen tradicional de la mujer; por ejemplo, su papel en la familia como la que tiene la obligación, en exclusiva, de ocuparse de la casa y del cuidado de los hijos.

Textos en la web

Lo masculino y lo femenino como construcciones culturales (Margaret Mead, *Sexo y temperamento en tres sociedades primitivas*).

3.3. Filosofía y estudios de género

La superación de la tradicional discriminación de la mujer y la comprensión de las diferencias sexuales como complementariedad han conducido a la promoción de cambios en el orden social, político y económico en favor de la igualdad. Por ello vienen luchando, desde hace más de dos siglos, los movimientos feministas.

La filosofía intenta contribuir a lograr este objetivo mediante la crítica y la revisión de los argumentos con los que se ha tratado de justificar ese estado de asimetría inaceptable. En este sentido, para garantizar el ejercicio de una verdadera libertad a las mujeres, filósofas actuales consideran necesario reformular las categorías centrales de las distintas disciplinas (psicología, sociología, política, filosofía, derecho, etc.) y los métodos con los que se produce el pensamiento. Es en lo que trabajan, en general, los llamados estudios de género.

La mujer siempre ha sido considerada inferior al varón, física e intelectualmente, en favor de un ideal masculino y patriarcal del ser humano. (Poussin, El rapto de las sabinas, *Museo Metropolitano de Arte, Nueva York, Estados Unidos).*

La idea que se defiende en estos estudios es que si tradicionalmente las mujeres eran educadas fomentando en ellas el sentimentalismo y el servilismo, ahora deben ser educadas para **fomentar en ellas la razón y las mismas capacidades que se promueven en los varones.** Ello las pondrá en disposición de participar, como a los varones, en la vida pública y de mantener, así, relaciones de igualdad.

Por tanto, no basta solo con reclamar los mismos derechos, sino que también es preciso lograr que tanto los varones como las mujeres tengan igual poder para dar forma a las normas y a los derechos. De ahí la reivindicación de que las mujeres tengan presencia en igualdad de condiciones con los varones en los puestos de alta responsabilidad en la política, en las instituciones o en las empresas.

Destacadas intelectuales del pasado siglo, como Simone de Beauvoir o Virginia Woolf, impulsaron el reconocimiento de las mujeres en los ámbitos filosófico y ético. La razón moderna debe reconocer tanto las injusticias que han sufrido y sufren las mujeres como los errores cometidos por los filósofos para justificarlas. Se propone, pues, un autoanálisis crítico de esa misma razón para clarificar por qué obedece a un tipo de funcionamiento patriarcal. El objetivo no es, sin embargo, abolir la diferencia propiamente sexual de modo que nada distinga ya al varón y a la mujer; más bien se ha de **construir otro modelo ideal de ser humano que supere al tradicional** y que sea de tal naturaleza que pueda ser aplicable a todos los seres humanos, con sus diferencias sexuales, raciales o culturales.

Actividades

1 Responde a las preguntas sobre el texto:

«El cuerpo no es un objeto. Es siempre algo diferente de lo que es, es siempre sexualidad a la par que libertad, enraizado en la naturaleza en el mismo instante en que se transforma por la cultura, nunca cerrado en sí y nunca rebasado, superado. Ya se trate del cuerpo del otro o del mío propio no dispongo de ningún otro medio de conocer el cuerpo humano más que el de vivirlo, eso es, recogerlo por mi cuenta como el drama que lo atraviesa y confundirme con él. Así pues, soy mi cuerpo, por lo menos en toda la medida en que tengo un capital de experiencia y, recíprocamente, mi cuerpo es como un sujeto natural, como un bosquejo provisional de mi ser total. Así, la experiencia del propio cuerpo se opone al movimiento reflexivo que separa al objeto del sujeto y al sujeto del objeto, y que solamente nos da el pensamiento del cuerpo».

Merleau-Ponty M., *Fenomenología de la percepción*.

a) Identifica las tres ideas fundamentales de este texto.

b) El autor defiende que somos cuerpos sexuados. ¿Qué consecuencias tiene eso en el modo en el que nos posicionamos en el mundo?

c) Reflexiona sobre el hecho de que nuestro cuerpo es, a la vez, aquello con lo que percibimos y uno de los objetos que podemos percibir. Escribe un breve comentario al respecto.

2 En el lenguaje cotidiano existen muchas expresiones que reproducen la diferencia sexista entre varones y mujeres. ¿Crees importante corregirlas? ¿Se te ocurre algún ejemplo?

3 ¿En qué cosas es preciso defender la igualdad entre varón y mujer, y en qué cosas es preciso defender su diferencia? Intercambiad opiniones en clase sobre este asunto.

En la web

Encontrarás una autoevaluación interactiva.

Un autor, una obra

Sigmund Freud, *Cinco lecciones de psicoanálisis*

Resumen de la obra

Esta obra recoge las cinco conferencias que Freud impartió en Estados Unidos en 1909. La primera cuenta un caso clínico. A una mujer con el síndrome de histeria de conversión le desaparecen los síntomas al descubrir su sentido.

En la segunda conferencia, Freud expone su nueva concepción de la histeria. Las deficiencias que ocasiona en el lenguaje y en la motricidad son efecto de traumas psíquicos vividos en la angustia e inasimilables por el sujeto. La represión de los conflictos genera la neurosis, pues la censura impide que afloren a la conciencia. La terapia psicoanalítica consistirá en tratar de explorar el inconsciente a través de determinado tipo de técnicas.

La tercera conferencia se ocupa del análisis de los sueños y de los actos fallidos, de los lapsus y de los síntomas neuróticos. Actos fallidos son las acciones con las que el individuo hace o dice lo contrario de lo que tenía intención de decir o hacer. Se trata de equivocaciones, confusiones al oír o al hablar, olvido de palabras o nombres de personas o pérdidas de objetos determinados. La tarea analítica descubre en todos estos fenómenos los deseos e impulsos que el sujeto trata de disimular ante su propia conciencia.

La cuarta conferencia versa sobre los trastornos de la sexualidad y del complejo de Edipo. Este complejo define una etapa fundamental en la evolución del niño, en la que muestra un afecto profundo hacia la madre y actitudes ambivalentes hacia el padre. Freud aporta diversos argumentos para defender la importancia fundamental de este complejo.

Por último, en la quinta conferencia, Freud trata del arte y de la sublimación como mecanismo para desviar la energía sexual hacia fines culturales evitando la represión.

Textos seleccionados

Texto 1: Los síntomas

«La paciente desarrolló en el trayecto de su enfermedad, que se extendió por dos años, una serie de perturbaciones corporales y anímicas merecedoras de tomarse en cuenta con toda seriedad. Sufrió una parálisis con rigidez de las dos extremidades del lado derecho, que permanecían insensibles, y a veces esta misma afección en los miembros del lado izquierdo; perturbaciones en los movimientos oculares y múltiples deficiencias en la visión, dificultades para sostener la cabeza, una intensa tos nerviosa, asco frente a los alimentos y, en una ocasión, durante varias semanas, incapacidad para beber no obstante una sed martirizadora; además, disminución de la capacidad de hablar, y, por último, estados de ausencia, confusión, delirio, alteración de su personalidad toda, a los cuales consagraremos luego nuestra atención. [...] Si ese cuadro clínico aparece en una joven en quien una indagación objetiva demuestra que sus órganos internos vitales (corazón, riñones) son normales, pero que ha experimentado violentas conmociones del ánimo, los médicos no juzgarán muy grave el caso. Afirmarán no estar frente a una afección orgánica del cerebro, sino ante ese enigmático estado que desde los tiempos de la medicina griega recibe el nombre de histeria».

Freud, S., *Cinco lecciones de psicoanálisis.*

Texto 2: La curación a través de la palabra

«Se consiguió hacer desaparecer los síntomas patológicos cuando en la hipnosis se recordaba, con exteriorización de afectos, la ocasión y el asunto a raíz del cual esos síntomas se habían presentado por primera vez. "En el verano hubo un período de intenso calor, y la paciente sufrió mucha sed; entonces, y sin que pudiera indicar razón alguna, de pronto se le volvió imposible beber. Tomaba en su mano el ansiado vaso de agua, pero tan pronto lo tocaban sus labios, lo arrojaba de sí como si fuera una hidrofóbica. Era evidente que durante esos segundos caía en estado de ausencia. Solo vivía a fuerza de frutas, melones, etc., que le mitigaban su sed. Cuando esta situación llevaba ya unas seis semanas, se puso a razonar en estado de hipnosis acerca de su dama de compañía inglesa, a quien no amaba, y refirió entonces con todos los signos de la repugnancia cómo había ido a su habitación, y ahí vio a su perrito, ese asqueroso animal, beber de un vaso. Ella no dijo nada, pues quería ser cortés. Tras dar todavía enérgica expresión a ese enojo que se le había quedado atascado, pidió de beber, tomó sin inhibición una gran cantidad de agua y despertó de la hipnosis con el vaso en los labios. Con ello la perturbación desapareció para siempre"».

Freud, S., *Cinco lecciones de psicoanálisis.*

Texto 3: La hipótesis del inconsciente

«El estudio de los fenómenos hipnóticos nos había familiarizado con la concepción, sorprendente al comienzo, de que en un mismo individuo son posibles varios agrupamientos anímicos que pueden mantener bastante independencia recíproca, "no saber nada" unos de otros, y atraer hacia sí alternativamente a la conciencia. En ocasiones se observan también casos espontáneos de esta índole, que se designan como de "doble conciencia". Cuando, dada esa escisión de la personalidad, la conciencia permanece ligada de manera constante a uno de esos dos estados, se lo llama el estado anímico consciente, e inconsciente al divorciado de él. En los consabidos fenómenos de la llamada "sugestión poshipnótica", en que una orden impartida durante la hipnosis se abre paso luego de manera imperiosa en el estado normal, se tiene un destacado arquetipo de los influjos que el estado consciente puede experimentar por obra del que para él es inconsciente; y siguiendo este paradigma se logra ciertamente explicar las experiencias hechas en el caso de la histeria. [...] Donde existe un síntoma, se encuentra también una amnesia, una laguna del recuerdo; y el llenado de esa laguna conlleva la cancelación de las condiciones generadoras del síntoma».

Freud, S., *Cinco lecciones de psicoanálisis.*

Cuestiones para comentar

1 ¿Crees que se contradice la hipótesis del inconsciente con el propósito de intentar tomar conciencia de él? ¿Cómo se puede conocer lo que es inconsciente?

2 El funcionamiento autónomo del inconsciente, ¿vuelve inútil el objetivo de intentar controlar nuestros deseos e impulsos? Argumenta tu respuesta.

3 ¿Afecta el descubrimiento freudiano del inconsciente a la vieja definición del ser humano como animal racional? ¿En qué sentido?

4 Si las pulsiones del inconsciente humano son tan fuertes y determinantes, ¿significa esto que, para el psicoanálisis, el ser humano no es responsable de sus actos? Justifica tu respuesta.

La filosofía va al cine

El cerebro, la mente y la percepción de la realidad

Matrix

- Título original: *The Matrix*.
- Dirección: Andy Wachowski, Lana Wachowski (AKA Larry Wachowski).
- Guion: Andy Wachowski, Lana Wachowski (AKA Larry Wachowski).
- Intérpretes: Keanu Reeves, Laurence Fishburne, Carrie-Anne Moss, Hugo Weaving, Joe Pantoliano, Marcus Chong, Paul Goddard, Gloria Foster.
- Música: Don Davis.
- Fotografía: Bill Pope.
- Producción: Warner Bros / Village Roadshow Pictures / Groucho II Film Partnership.
- Año: 1999.
- Duración: 131 minutos.
- Nacionalidad: Estados Unidos.

Resumen del argumento

Thomas Anderson (Keanu Reeves) es un brillante programador de una respetable compañía de software. Pero fuera del trabajo es Neo, un *hacker* que un día recibe una misteriosa visita.

La película plantea que, en el futuro, casi todos los seres humanos habrán sido esclavizados, tras una dura guerra, por las máquinas y las inteligencias artificiales creadas por ellos mismos. Los seres humanos son usados por las máquinas para obtener energía, y los pocos humanos descendientes de los que no cayeron en las redes de los robots o que han sido liberados de Matrix viven en la ciudad Zion.

Desde allí, una pequeña flota de naves se mueve por el subsuelo, entrando de forma clandestina en Matrix y tratando de liberar cada vez a más personas conectadas, buscando a aquellos que intuyen que algo no es correcto en el ilusorio mundo en el que viven. Algunos de los capitanes de estas naves, como Morfeo (Laurence Fishburne), creen que hay alguien en Matrix que es «El Elegido», la persona que acabará con la guerra, con las máquinas, según una antigua profecía. Morfeo se fija en Neo, que vive atrapado en Matrix sin saberlo, creyendo que él puede ser «El Elegido».

Neo es liberado gracias a la acción de Trinity (Carrie-Anne Moss), miembro de la tripulación de Morfeo, pero, a la vez, es perseguido por unos programas de Matrix, los agentes, liderados por Smith (Hugo Weaving), que pretenden acceder a los ordenadores de Zion gracias a la traición de otro subordinado de Morfeo, Cypher. Los agentes consiguen capturar a Morfeo, y Neo tiene que rescatarlo arriesgando su vida. Al final de la película, Neo se revela como «El Elegido» y acaba con Smith.

Comentario

Matrix (y las películas hechas siguiendo su modelo) sirve para ilustrar muchos de los temas clásicos de la filosofía; por ejemplo, el de nuestro conocimiento de la realidad: ¿cómo podemos tener certeza de que nuestro mundo no es una ilusión, o sea, una simple realidad virtual? En la base de la película está la idea de que la mente humana es inseparable del cerebro, y que los pensamientos, deseos, emociones, recuerdos e imaginaciones son el resultado de la actividad cerebral.

Esta idea no es ciencia ficción, sino que es la imagen de la mente humana que se abre paso a partir de los actuales estudios sobre el cerebro. Estos estudios, que se conocen con el nombre de «neurociencia», tienen como objetivo entender cómo ha evolucionado el cerebro y cómo su actividad biológica es la base de nuestros estados mentales.

En la película, los seres humanos no tienen conciencia de ser explotados como esclavos porque su cerebro está conectado a un ordenador que simula una situación de vida en libertad. Sin embargo, cuando el programador de ordenadores y *hacker* Thomas Anderson, o sea Neo, está desconectado de la realidad virtual de la matriz y su cerebro vuelve a conectarse con sus órganos de los sentidos, entonces comienza a experimentar la realidad verdaderamente «real».

Actualmente, la visión de la mente humana que proporcionan las neurociencias permite una nueva perspectiva sobre los temas clásicos de la filosofía, desde la metafísica a la epistemología y desde la lógica a la ética.

Cuestiones para la reflexión

1. La película alerta sobre la fascinación que sobre nosotros ejercen las máquinas y la cibernética, hasta el punto de desconectarnos de la realidad. ¿Estás de acuerdo con ese mensaje? Razona tu respuesta.
2. Neo se presenta como el salvador de la humanidad. ¿De qué hay que salvar actualmente a los seres humanos?
3. ¿En qué se puede comparar el mundo real que descubre Neo con el inconsciente freudiano sobre el que flota la conciencia y del que el ser humano es prisionero?
4. ¿En qué se parece la resistencia del inconsciente a reconocer los impulsos y los deseos que lo constituyen a la resistencia de Neo a la realidad que descubre?

Fotograma de la película en el que se ve a Neo, «El Elegido», luchando con Smith, el programa de Matrix que trata de aniquilar a los rebeldes.

Un juego para responder a una cuestión

¿Pueden pensar las máquinas?

Una cuestión fundamental para las neurociencias y para la informática es determinar si pueden pensar las máquinas en el mismo sentido en que piensa el ser humano.

Propuesta de un juego

Para dar una respuesta práctica a esta pregunta, te proponemos el siguiente juego, que llamaremos «juego de imitación», ideado por Alan Turing en su libro *¿Puede pensar una máquina?* Han de intervenir en él tres personas: un varón (A), una mujer (B) y un interrogador (C), que puede ser de cualquier sexo.

Instrucciones del juego

El interrogador se coloca en una habitación, separado de los otros dos participantes en el juego. El objetivo del juego para el interrogador es determinar cuál de los otros dos es el varón, y cuál, la mujer. Se refiere a ellos con las letras X e Y, y al final del juego dirá «X es A e Y es B», o bien «X es B e Y es A». El interrogador puede formular a A y a B preguntas como la siguiente: «¿Podría X decirme la longitud de su pelo?».

Supongamos que, de hecho, X es A; entonces deber ser A quien conteste. La misión de A en el juego consiste en tratar de conseguir que C se equivoque al realizar la identificación. Su respuesta, por lo tanto, podría ser: «Mi pelo está cortado a capas y los cabellos más largos miden unos 23 cm».

Para evitar que el tono de la voz ayude al interrogador, las respuestas se darán por escrito. Otra alternativa es que un intermediario repita las preguntas y las respuestas.

El objetivo del juego para el tercer jugador (B) es ayudar al interrogador. Su mejor estrategia consistirá, probablemente, en dar respuestas verdaderas. Puede añadir a sus respuestas cosas tales como «Yo soy la mujer, ¡no le haga caso!», pero sin garantía de seguridad, puesto que el varón puede hacer observaciones similares.

Objetivo del juego

Pues bien, una vez efectuado el juego nos preguntamos: «¿Qué ocurrirá cuando una máquina realice el papel de A en este juego?». ¿Se equivocará el interrogador cuando el juego se haga así con la misma frecuencia que cuando se realiza entre un varón y una mujer? Si te fijas bien, estas preguntas reemplazan a aquella de la que hemos partido: «¿Pueden pensar las máquinas?».

Un aspecto concreto para complementar la cuestión

Para aportarte algún dato más, con el fin de que dispongas de otros elementos de juicio a la hora de ofrecer una respuesta a la pregunta planteada, he aquí un pequeño texto. En él se critica la actitud de muchos neurólogos, que tienden a reducir nuestros pensamientos y experiencias a simples mecanismos maquinales de las neuronas. Con el ejemplo de la percepción de un color, el autor quiere mostrar el carácter específico e insustituible de la subjetividad y de la conciencia.

Contra el mecanicismo neuronal

«Admitamos que un conjunto de neuronas se encuentra en un cierto estado cuando el ojo es estimulado por el límite visible del espectro de descomposición de la luz solar correspondiente a las mayores longitudes de onda. Se constatará en ese caso la concomitancia de estos dos fenómenos físicos: por un lado, un rayo luminoso cuya longitud de onda media se sitúa en torno a los 630 nanómetros y que incide sobre la retina; por otro, después de un proceso de cálculo neuronal complicado, un cierto número de neuronas se encuentra en una situación X. Pues bien, no es posible comprender, en este encadenamiento físico, de dónde pueden surgir en la percepción del color rojo los matices del escarlata o del bermellón. Porque el color no está en el mundo externo, que solo conoce diferencias de longitud de onda, ni está en la maquinaria neuronal, que solo conoce conexiones o estados de excitación incoloros».

Lévy, P., *Inteligencia de los mecanismos, mecanismos de la inteligencia.*

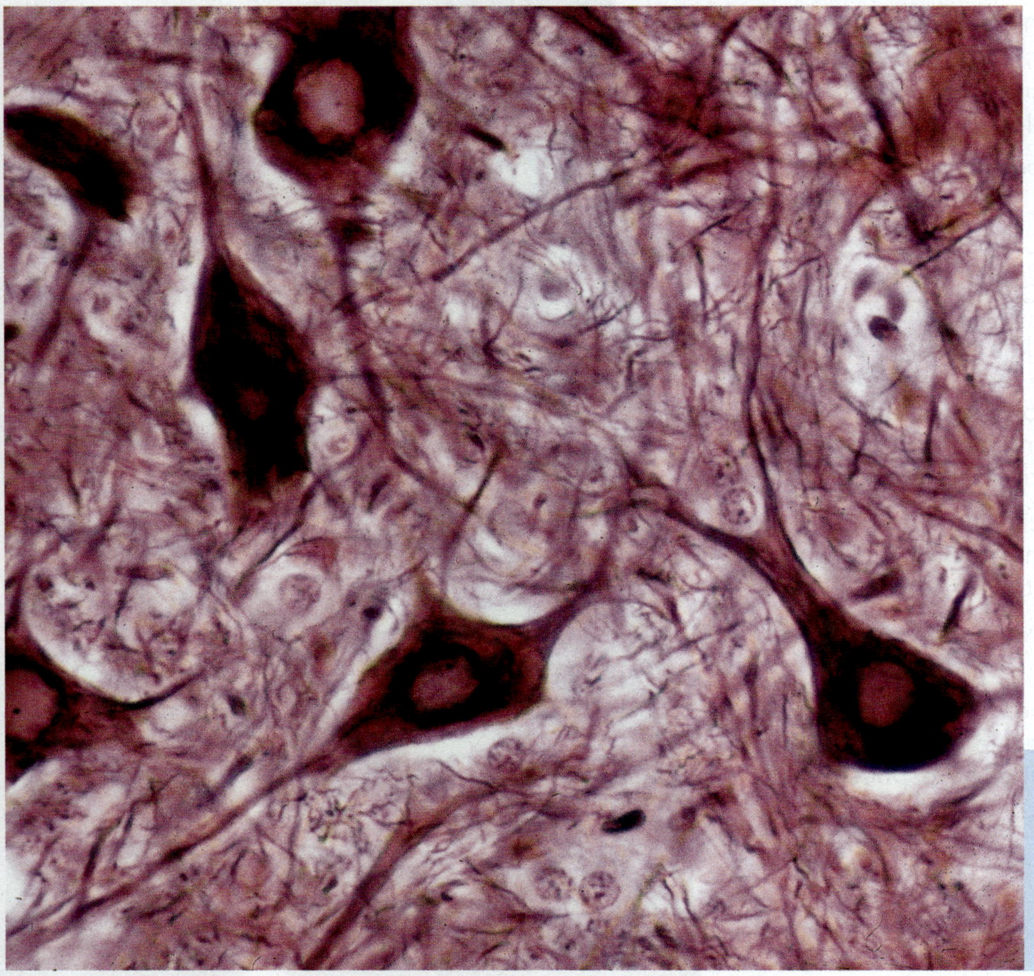

No hay que confundir la conciencia y el pensamiento con un determinado estado neuronal. (Neuronas del sistema nervioso central teñidas con carbonato de plata).

9 Las dimensiones del ser humano

¿Qué significa ser persona?

«Un hombre ebrio y un hombre sobrio, ¿son la misma persona? Si no lo son, ¿por qué es castigado por lo que ha hecho cuando estaba ebrio incluso si no se daba cuenta de lo que hacía? Porque son la misma persona, de igual modo que un sonámbulo que camina y hace otras cosas mientras está dormido es responsable del daño que ha podido causar. Las leyes humanas castigan sin tener en cuenta como defensa válida la ignorancia debida a la embriaguez o al sonambulismo. El castigo se aplica a la persona que no puede demostrar de manera indudable que no tuviera conciencia de lo que hacía. Solo en el Juicio Final, cuando todos los secretos queden al descubierto, cada uno recibirá el veredicto que le conviene, porque su propia conciencia será quien lo acuse o lo exculpe».

Locke, J. *Ensayo sobre el entendimiento humano*, § 22.

Actividades

1 Además de la sobriedad y de la embriaguez, y de la vigilia y del sonambulismo de los que habla Locke, piensa en otros ejemplos de conducta en los que, en diferentes momentos, un mismo ser humano puede comportarse como si fuera varias personas distintas.

2 ¿En dónde reside la diferencia entre una persona que padece amnesia y un hombre ebrio? ¿Son ambos igualmente responsables de sus actos?

3 ¿Qué es, desde tu punto de vista, lo característico de la conciencia?

4 Según tu opinión, el fundamento de la identidad personal, ¿estaría en la conciencia o en la memoria de nuestra vida anterior? Justifica tu respuesta.

5 ¿Qué diferencias podrías señalar entre conciencia y persona?

Johann Heinrich Füssli, Lady Macbeth sonámbula, *Museo del Louvre, París, Francia.*

1 La identidad personal

1.1. Sujeto, individuo y persona

La conciencia, tal como la hemos estudiado en la unidad anterior, es un principio de identificación, porque es, para cada uno, **su yo o su condición de sujeto.**

La palabra «sujeto» viene del latín *subiectum*, que significa 'lo que subyace debajo', o sea, **lo que subsiste en el individuo a lo largo de su evolución en el tiempo y de sus cambios.** Pero esto que subsiste, en realidad, es solo la memoria de que en el pasado, hasta donde alcanzan nuestros recuerdos y la conciencia que ha acompañado nuestro existir, siempre hemos sido quienes ahora somos. Esta es la base de la **identidad,** y no el hecho de que tengamos dentro o consistamos en una esencia individual eterna e inalterable.

Textos en la web

La identidad personal (John Locke, *Ensayo sobre el entendimiento humano*).

La génesis del concepto de sujeto

En el siglo XVII, el **filósofo racionalista** Descartes hizo del yo el punto de partida y el fundamento de su filosofía, y lo concibió como una **sustancia pensante** *(res cogitans)* y, por tanto, autónoma y permanente.

Esta concepción del yo pronto fue criticada por los **filósofos empiristas** y, en concreto, por Locke y por Hume. Según ellos, el yo no es más que **la conciencia pasajera de un conjunto de sensaciones.**

Kant trató de resolver esta polémica entre racionalistas y empiristas mediante la distinción entre un yo empírico o fenoménico y un yo inteligible o nouménico. El **yo empírico** es el que **podemos captar con nuestra conciencia y nuestra experiencia empírica.** El **yo nouménico** es aquel cuya existencia deduce la razón práctica como **exigencia o condición para el ejercicio de la libertad y de la moral.**

Textos en la web

Crítica al yo como sustancia (David Hume, *Tratado de la naturaleza humana*).

Este sujeto inteligible o nouménico, según Kant, es permanente, el fundamento de la propia singularidad y de la identidad personal, y el principio de la autonomía, la inviolabilidad y la dignidad humanas.

Individuo y persona

Comprendiendo así nuestra identidad, es posible conciliar en nuestra personalidad lo individual y lo colectivo.

La palabra **«individuo»,** aplicable a cada uno de nosotros, significa etimológicamente 'lo que no puede ser dividido o descompuesto sin perder su naturaleza identificable'. **Designa, pues, nuestra originalidad y particularidad como seres únicos,** y es a lo que socialmente se refiere nuestro nombre, nuestros apellidos y el número de nuestro DNI. En este sentido, se entiende que cada uno es una personalidad única formada por la síntesis de sus factores hereditarios y aprendidos, y que determina sus comportamientos y decisiones.

Por su parte, la palabra **«persona»,** que también se nos aplica para definirnos, significa etimológicamente 'máscara de teatro' o 'personaje', y se empleaba antiguamente para referirse al papel que cada uno representa en la sociedad. Actualmente, tiene, más bien, un sentido moral y jurídico, pues **ser persona es ser sujeto de derechos en igualdad con las demás personas.**

La identidad jurídica y moral de las personas se construye, así, sobre la base de la universalidad: los mismos derechos y deberes jurídicos y morales para todos. Lo cual puede y debe ser compatible con el hecho de que cada persona tenga su personalidad individual, con todo lo que la diferencia de los demás: su cuerpo, su biografía, sus opiniones, sus gustos y sus preferencias. Esta identidad psicológica se construye, entonces, en la dimensión de la singularidad.

1.2. La inteligencia, la voluntad y los deseos

La inteligencia se define como la capacidad de resolver problemas. (Ingres, Edipo y la esfinge, *Museo del Louvre, París, Francia).*

Una de las características que distinguen a los seres humanos y los definen como humanos es la facultad de pensar, que les permite preguntarse quiénes son y sobre su naturaleza y su identidad. En esto se diferencian de los animales, que están sometidos ciegamente a las determinaciones y necesidades de su naturaleza.

El ser humano, en cambio, **puede volver su atención sobre sí mismo,** porque no le basta con satisfacer sus necesidades biológicas. **Necesita saber qué va a hacer con su vida, qué metas va a perseguir a lo largo de ella, qué sentido le va a dar.** Y, a veces, para lograr eso, tiene incluso que oponerse a lo que exigen sus necesidades biológicas inmediatas. Por ejemplo, para defender la libertad o la justicia, muchos seres humanos han llegado hasta a dar su vida por esas nobles causas.

La inteligencia

En la actualidad, se distingue la inteligencia del entendimiento, que es la capacidad de pensar, y se le otorga un sentido más bien psicológico. En este ámbito, se define la **inteligencia** como **el conjunto de capacidades o aptitudes de tipo superior con las que el ser humano se adapta a su medio ambiente.**

El psicólogo suizo Jean Piaget la define como la forma superior de adaptación del organismo al medio a través del pensamiento, de la abstracción, del aprendizaje, de la simbolización, de la comprensión o de la capacidad de relacionar datos.

De un modo más genérico, también se suele definir la inteligencia en psicología como **la capacidad de resolver problemas,** lo cual supone el recurso al concepto y a la capacidad de razonamiento, sea inductivo o deductivo.

La voluntad y los deseos

Junto a la inteligencia y la capacidad de reflexión, otra facultad importantísima del ser humano es su voluntad. **La voluntad es el poder de decidirse a actuar, o bien de resistirse e inhibir la acción.**

Aunque en la filosofía tradicional se la definía como el apetito racional, o sea, el deseo sometido a la racionalidad o al entendimiento, el descubrimiento del inconsciente y su dinámica autónoma nos lleva a concluir que la voluntad no siempre está necesariamente vinculada a la inteligencia y al pensamiento. Así lo demuestran los muchos actos contrarios a la inteligencia y a la razón que los seres humanos cometemos voluntariamente.

Esto significa que la mayoría de las veces **la voluntad está influida por los deseos, aunque tampoco se puede confundir la voluntad con el deseo.** Podemos querer algo que no deseemos hacer, pero que sabemos que hemos de hacer inevitablemente. Por ejemplo, dar una mala noticia a un ser querido. Y al revés, podemos desear algo pero decidir que no vale la pena el esfuerzo de tratar de conseguirlo. Por ejemplo, figurar en el libro Guinness de los récords.

El deseo es la aspiración a un bien que nos falta: un objeto, una persona, una situación. Representa un placer esperado, pues su satisfacción contribuiría a darnos algo que nos complementa. Deseamos alcanzar lo que no tenemos para sentirnos plenamente satisfechos.

Esta condición humana de ser deseante nunca se satisface completamente. En primer lugar, porque no es posible conseguir todo lo que se desea. Y, en segundo lugar, porque el deseo vuelve a suscitarse una y otra vez sin descanso: cuando deseamos algo y lo alcanzamos, enseguida deseamos otra cosa, y luego otra.

Esta sed insaciable de cosas —de dinero, de placeres, de poder— puede condenarnos a la inquietud y a la infelicidad; por ello, muchos filósofos aconsejan moderar los deseos y cultivar la serenidad de ánimo para librarse de la insatisfacción.

En la historia de la filosofía, **los deseos se han considerado el exponente de la parte irracional y animal del hombre, sobre la que debería dominar siempre la racionalidad.** Así, Platón piensa que los deseos nacen de la parte concupiscible del alma, y como son ciegos, necesitan la guía de la razón para ser orientados a lo bueno. Para los filósofos epicúreos son apetitos irracionales que han de moderarse mediante un cálculo de los placeres.

Por esta razón, ya desde Aristóteles, suele considerarse que **el sentido de la ética es la lucha entre los deseos y la razón,** entendida como el dominio de nuestras inclinaciones al bien o al mal en cuya decisión ha de ejercitarse nuestra libertad.

1.3. El proyecto de vida

A diferencia de los animales, los seres humanos no estamos determinados a ser toda la vida lo que ya somos al nacer. **Hemos de planificar, desarrollar y construir nuestra existencia decidiendo en cada momento lo que queremos realizar.**

Esto es así porque nuestra existencia discurre sobre el eje del tiempo: nuestro presente se enriquece con lo que nos han transmitido desde el pasado quienes nos han precedido y se proyecta en el futuro hacia lo que queremos conquistar. El tiempo es, pues, la dimensión en la que se ha de realizar el proyecto de nuestra vida.

Cuando decimos que el ser humano necesita realizar su proyecto de vida, afirmamos que la existencia humana no es un simple vivir, o sea, hacer el recorrido, durante un tiempo determinado, del nacimiento a la muerte, como hacen los animales.

Textos en la web

La razón y los apetitos (Platón, *República*).

Textos en la web

Idea e impulso a perseverar en el ser (Baruch Spinoza, *Ética demostrada según el orden geométrico*).

Textos en la web

El ciclo interminable del deseo y la insatisfacción (Arthur Schopenhauer, *El mundo como voluntad y representación*).

Existir es habitar el tiempo, tener conciencia de vivir y buscar un sentido a nuestra vida; o sea, es tener que inventar nuestra propia existencia. El ser humano será lo que pueda y quiera hacer consigo mismo y con su vida.

Este proyectarse solo se puede hacer **dentro de unos límites,** que son las condiciones físicas, sociales y culturales que el individuo no puede modificar. Por eso se dice que nuestra vida es un problema para sí misma y la solución de ese problema.

Para los **pensadores existencialistas,** el proyecto de vida no es meramente un plan, no se reduce a ser aquello hacia lo que el hombre tiende, sino que **constituye su verdadero ser,** porque el ser humano no es una esencia ya hecha y estable, sino que tiene que hacerse, pues no es otra cosa que lo que el individuo haga de sí mismo. Martin Heidegger afirma que la única esencia del ser humano consiste en ser un «ser-posible». Este poder ser lo vertebra la temporalidad.

Jean Paul Sartre añade que el proyecto aparece como la conciencia de la libertad para cambiar nuestro proyecto una y otra vez, con el riesgo y la angustia continuos de la amenaza del fracaso. En suma, **en el proyecto de vida se proyecta la posibilidad misma en tanto que posibilidad de ser uno mismo.** El carácter abierto del proyecto, su permanente inacabamiento, solo tiene un límite, siempre anticipado: la muerte. Por ello, Heidegger dice que el ser humano es un «ser para la muerte».

Continuamente hemos de proyectar, pues, nuestro modo de ser y de vivir, tenemos que anticipar las posibilidades hacia las que vamos a orientar nuestra vida, ordenar nuestra actividad futura, y tratar de ir haciendo real nuestro proyecto de vida en el marco de nuestra convivencia con los demás seres humanos, que también tienen que realizar cada uno el suyo. Se han de conjugar, por tanto, en el propio proyecto de vida, nuestras dimensiones personal y colectiva.

Textos en la web

La proyección del yo ideal (Sigmund Freud, *Introducción al psicoanálisis*).

Actividades

1 Responde a las preguntas sobre el texto:

«Estar en posesión del yo en su representación: este poder eleva al ser humano infinitamente por encima de todos los seres vivos sobre la Tierra. Por él es una persona; y gracias a la unidad de la conciencia en todos los cambios que pueden sobrevenirle es una misma y única persona, es decir, es un ser enteramente diferente (por su rango y dignidad) de cosas como los animales irracionales, de los que se puede disponer como se quiera. Y esto incluso cuando no puede decir todavía yo. Hay que subrayar que el niño que ya sabe hablar no empieza sino muy tarde a decir yo. Antes habla de sí mismo en tercera persona (Carlos quiere comer, quiere jugar, etc.). Y parece que una nueva luz aparece cuando empieza a decir yo. Pues antes solo se *sentía,* y a partir de ahora se *piensa*».

Kant, I., *Antropología desde el punto de vista pragmático,* I, § 1.

a) ¿Qué es lo que garantiza, según el texto, la unidad de la conciencia?

b) ¿Cómo define Kant la persona?

c) Según el texto, ¿por qué los niños se refieren a sí mismos con la tercera persona cuando empiezan a hablar?

2 ¿Qué es lo que otorga al ser humano su dignidad como persona?

3 ¿Son distintas las necesidades de los deseos? Razona tu respuesta.

4 ¿Qué lugar ocupan los otros en la construcción de nuestro proyecto de vida?

2 La relación con los otros

2.1. ¿Es el hombre un ser social por naturaleza?

Muchos animales viven agrupados en enjambres, hordas o manadas de manera instintiva. Pero los seres humanos no estamos, como estos animales, impulsados a vivir en sociedad de manera instintiva. Si vivimos en sociedad es porque, **para hacer posible y más confortable nuestra existencia,** nos hemos visto obligados a convivir juntos y organizarnos.

A cambio de las ventajas que esta convivencia, cooperación y reparto del trabajo nos reportan, la vida en sociedad representa, sin embargo, también para nosotros una **renuncia incesante,** porque **nos exige imponernos limitaciones y someternos a leyes y reglas comunes para todos.** Esta es una de las raíces más importantes de los conflictos y de la violencia social.

Cuando el ser humano se deja llevar por sus impulsos y sus deseos irracionales, tiende siempre a la desmesura. Entonces, la ambición, la competitividad o la envidia muestran que lo que uno desea, con frecuencia, también lo desean los demás.

Todos buscan su provecho y su placer, y tratan de rehuir el dolor como tendencias más inmediatas de nuestra naturaleza. En realidad, **estas tendencias son las que dan origen a la sociedad,** no la existencia de un amor natural del hombre hacia sus semejantes.

La búsqueda incesante y egoísta de la satisfacción de las necesidades y los deseos genera, pues, lucha y conflicto con los otros, que buscan también lo mismo y nos disputan los limitados bienes y placeres capaces de satisfacernos.

Thomas **Hobbes**, filósofo del siglo XVII, decía que las dos pasiones dominantes del ser humano son la **avidez natural,** por la que cada uno pretende gozar él solo de los bienes comunes, y la **razón natural,** por la que cada uno huye de la muerte violenta como del peor de los males naturales. El primero de estos postulados excluye, de entrada, que el hombre sea un animal social, como afirmaba Aristóteles.

Aunque los hombres necesiten unos de otros, no tienen, según Hobbes, un instinto que los mueva a la benevolencia y al amor recíproco. Por tanto, toda sociedad nace, o de la necesidad recíproca, o de la ambición, pero nunca del amor o de la benevolencia hacia los demás. **El temor recíproco es, por tanto, lo que induce a aceptar la vida en sociedad,** pues los seres humanos tienen la tendencia a dañarse mutuamente, viven en el antagonismo que se deriva de la escasez de los bienes por los que se compite y de la discrepancia de las opiniones.

En términos parecidos y en el mismo siglo, **Spinoza** dice que lo que lleva a los seres humanos a asociarse es **su necesidad de sobrevivir y de seguridad.** Esto conduce a la comprensión racional de la necesidad de la sociedad y a la aceptación voluntaria de las leyes que conlleva su ordenamiento. Por tanto, el fundamento de la sociedad no es ninguna virtud o perfección a perseguir, sino el mero ser, o sea, las mismas pasiones y necesidades humanas tal como se encuentran en la realidad.

Por otro lado, aunque los seres humanos tienen estas tendencias comunes, también hay otras cosas en las que son diferentes. Por ello, tal vez nos resultan extraños o los percibimos como una amenaza a nuestra seguridad y a nuestro bienestar. Distintas creencias, razas, patrias, lenguas, opiniones se convierten entonces en causa de conflicto y de antagonismo cuando los individuos no han asumido las necesarias actitudes de tolerancia y solidaridad. Esto lleva a Sartre a decir que «el conflicto es la significación original del hallarse ante los otros». En cambio, filósofos como Rousseau o Schopenhauer enseñaron que la relación con los otros debería estar presidida siempre por la compasión, que nos une a todos ante el sufrimiento de las miserias de este mundo.

Textos en la web

¿Puede el ser humano realizar su existencia estando solo? (David Hume, *Disertación sobre la naturaleza humana*).

2.2. Convivencia y tolerancia

La construcción intersubjetiva de la identidad personal

El ser humano convive, pues, con otros seres humanos que, al mismo tiempo, se le parecen y se distinguen de él. No se identifican con él, pero comparten con él muchas características comunes.

La relación con los otros se denomina **intersubjetividad** y, a pesar de los conflictos que conlleva, **es la condición para ir construyendo la propia identidad,** pues los otros son el referente con el que me comparo, me distancio o me asemejo para ir dando forma a mi propia personalidad.

Podemos comprender esto si pensamos en la moda. Tratando de ir a la moda intento distinguirme y expresar mi propia identidad, pero lo hago adoptando las reglas de vestir o de peinarme compartidas por otros, porque, de alguna manera, para luchar por ser yo, tengo que ser, al menos en parte, como son los otros en los que me fijo y a los que trato de asemejarme.

Sin los otros, sin lo que piensan y dicen de mí, no sé si soy servicial, egoísta, mentiroso, simpático, inteligente, seductor o celoso, porque no soy todo eso sino en mi contacto y convivencia con los demás. La conciencia que tenemos de nosotros mismos se desarrolla, pues, en nuestras relaciones con los demás y gracias a estas relaciones.

Definición y límites de la tolerancia

El principio esencial que debe presidir la vida en sociedad es el de tolerancia, como expresión de una libre coexistencia de perspectivas diversas en materia de moral o de política. **La tolerancia se identifica con el pluralismo de los valores, de las opiniones políticas, de los grupos raciales, de las lenguas, de las creencias religiosas o de los intereses económicos.**

No obstante, a este pluralismo se le plantea el grave problema de si se deben tolerar también los individuos, grupos, ideologías o intereses que tienen como objetivo impedir, cuando no destruir directamente, la posibilidad misma de esa coexistencia plural en paz de todas las opciones.

El filósofo empirista John Locke, que vivió en Inglaterra en el siglo XVII, desarrolló una importante e influyente reflexión sobre la tolerancia religiosa en el marco de su propósito de establecer los límites del poder civil en materia religiosa. En este sentido, llevó a cabo la clasificación de las acciones y de las opiniones de los hombres en tres categorías:

1. Esta categoría se compone de **las acciones y las opiniones que no se refieren al gobierno ni a la sociedad,** y entre estas sitúa las opiniones puramente ideológicas y religiosas. En este ámbito, Locke propone una **tolerancia ilimitada.**
2. La segunda categoría da cabida a **las opiniones y las acciones que, sin ser buenas ni malas, se refieren a la sociedad y a las relaciones entre los hombres,** y entre estas coloca las que conciernen al trabajo, al matrimonio y a la educación de los hijos. Aquí defiende Locke una **tolerancia limitada por la exigencia de no debilitar el Estado ni causar daños a la comunidad.**
3. El tercer tipo incluye, para finalizar, **las opiniones y las acciones que no solo conciernen a la sociedad, sino que, además, son buenas o malas en sí mismas,** como las virtudes y los vicios morales. En este caso, Locke **excluye toda clase de tolerancia.**

Textos en la web

Razones para la solidaridad (René Descartes, *Correspondencia con Isabel de Bohemia y otras cartas*, «Carta del 15 de septiembre de 1645»).

2.3. La amistad y el amor

La importancia de la amistad

La relación con los otros llega a su máxima perfección humana en la amistad y en el amor. Sobre la amistad, Aristóteles dice que es **el bien más necesario de la vida,** por encima del poder y de la riqueza, pues estos bienes no se pueden conservar ni disfrutar si no se tienen amigos. También Epicuro consideraba la amistad uno de los aspectos centrales de su ética y de la forma de vida del sabio.

En realidad, la amistad no se basa en una coincidencia de ideas u opiniones, sino en una convergencia de actitudes prácticas o morales en virtud de la cual **el amigo se comporta con su amigo como consigo mismo.** Cuando la amistad se basa en la mera utilidad o en el placer, parece destinada a acabarse cuando el placer y la utilidad cesan. La amistad no es la mera benevolencia, porque esta puede ir dirigida también hacia personas desconocidas y puede quedar oculta para quien la recibe.

La naturaleza del amor

En cuanto al amor, es una fuerza unitiva y armonizadora basada en el sexo, en la concordia política y en la amistad.

Como relación interindividual, **el verdadero amor no anula la realidad individual ni la autonomía del ser amado,** sino que la refuerza mediante un intercambio recíproco de beneficios, con el que cada uno busca el bien del otro como el suyo propio.

La persona a la que amo no es una prolongación de mí mismo que pueda estar a mi servicio. Es otra persona a la que no puedo, en ningún caso, reducir a un simple objeto. Le debo respeto y el reconocimiento de su autonomía de decisión, así como los mismos derechos que quiero que se me reconozcan a mí.

Textos en la web

¿Cómo sé si estoy enamorado? (Maurice Merleau-Ponty, *Fenomenología de la percepción*, «El cogito»).

El amor no anula al ser amado, sino que lo refuerza y reconoce su autonomía de decisión. (William Holman Hunt, El pastor distraído, *Galería de Arte de la Ciudad de Manchester, Gran Bretaña).*

En relación con la filosofía, **Platón** enseñó que el origen del amor está en la carencia e insuficiencia características del ser humano, y, por tanto, **es deseo de poseer la plenitud de la belleza y el bien.**

Las formas del amor varían de acuerdo con las formas de la belleza a la que tiende, comenzando por la belleza sensible y acabando en la belleza de la sabiduría. Platón describe de qué modo puede el alma elevarse desde el amor por la belleza sensible hasta el amor a la sabiduría, que es la filosofía, y cómo la locura de la pasión erótica se convierte entonces en un don de los dioses.

Con el **cristianismo,** el amor *(caritas)* se convierte en un concepto teológico. Se transforma en **un mandamiento destinado a configurar una comunidad de creyentes como reino de Dios o Iglesia.** Su fuerza está representada por el Espíritu Santo.

En el siglo XIX, **los poetas y los filósofos románticos** desarrollan la idea del antiguo pensador Empédocles, que veía el amor como **la fuerza cósmica que mueve y une las cosas.** Los románticos hablan del amor como **unidad absoluta e infinita** o como **esencia misma del ser,** entendido más como un fenómeno cósmico o metafísico que como un acto humano.

Textos en la web

La idealización mística del amor (Guillermo de Saint Thierry, *De natura et dignitate divini amoris*).

Actividades

1 Responde a las preguntas sobre el texto:

«La mayor parte de los que han escrito sobre las repúblicas suponen que el hombre es un animal político, nacido con una cierta disposición natural a la sociedad. Pero si consideramos más de cerca las causas por las cuales los hombres se reúnen en sociedad, pronto aparecerá que esto no sucede sino accidentalmente y no por una disposición especial de la naturaleza. Hallamos en la naturaleza del hombre tres causas principales de discordia: primera, la competencia; segunda, la desconfianza; tercera, la gloria. La primera causa impulsa a los hombres a atacarse para lograr un beneficio; la segunda, para lograr seguridad; la tercera, para ganar reputación. Con todo ello es manifiesto que durante el tiempo en que los hombres viven sin un poder común que los atemorice a todos, se hallan en la condición o estado que se denomina guerra; una guerra tal que es la de todos contra todos».

Hobbes, T., *El ciudadano*, I, 1, 2.

a) ¿Por qué dice Hobbes que el ser humano no es un animal político por naturaleza?

b) ¿Podrían, según tu parecer, justificar estos argumentos la represión social y el autoritarismo? Argumenta tu respuesta.

c) Relaciona lo que dice este texto con la teoría darwiniana de la selección natural, estudiada en la unidad 7.

d) ¿Te parece exagerada esta opinión de Hobbes o la consideras acertada? Razona tu respuesta.

2 ¿Puedo ser yo mismo sin los otros o, por el contrario, los necesito inevitablemente para ser yo?

3 ¿Cuáles son, en tu opinión, las principales diferencias entre la amistad y el amor?

4 ¿Cómo puede el amor superar el sentimiento de aislamiento de las personas y preservar, al mismo tiempo, su propia integridad?

3 La existencia y el tiempo

3.1. ¿Qué significa «existir»?

En sentido general, **la existencia designa el hecho de ser** y, en filosofía, se distingue de la esencia del mismo modo que se distingue lo real de lo posible. Por ejemplo, es posible definir la esencia de un triángulo como un polígono de tres lados, aunque no exista el dibujo concreto de ningún triángulo. Esto significa que la existencia de triángulos concretos no afecta a su esencia. **Los filósofos escolásticos** llamaban «existencia» al ser que recibe su ser de otro. En concreto, Tomás de Aquino decía que **todo ente es una esencia actualizada por el ser.**

En **la filosofía contemporánea** se comprende la existencia no como el simple hecho de ser o de existir, sino como **aquello que constituye la esencia misma del ser humano.** El hombre, desde esta perspectiva, no es la especie humana o una noción general, sino el individuo humano considerado en su absoluta singularidad.

Aplicada, pues, al ser humano, la existencia no es simplemente estar vivo, sino que su esencia es su existencia. Para entender mejor el alcance de esta idea, podemos recurrir a la etimología de la palabra «existir». En latín *existere* significa 'salir fuera de uno mismo', 'trascenderse', 'estar tendiendo hacia algo más allá de sí mismo'. Lo que expresa es **la necesidad del yo de no limitarse ni quedarse reducido a lo que ya es, sino de proyectarse continuamente hacia fuera y conocer el mundo, relacionarse con los demás y desarrollar su proyecto de vida.**

Esto significa que todo ser humano **vive su existencia en el mundo de manera contingente.** Contingente designa lo que podría perfectamente no ser, o no haber sido, o ser de otro modo. Nuestra existencia nos sitúa continuamente ante posibilidades que son siempre inciertas, y que, por tanto, nos pueden beneficiar o perjudicar. Al tener que elegir entre ellas sin conocer sus efectos y sus consecuencias, corremos el peligro de equivocarnos y frustrar nuestro proyecto de vida.

El ser humano es, pues, siempre **un conjunto de posibilidades con las que puede triunfar o fracasar, según el uso que haga de su libertad de elección y de la responsabilidad que concierne a ese uso.**

Esta concepción se complementa con la idea de subjetividad. **Søren Kierkegaard,** el fundador de la filosofía existencialista, en clara actitud de rebelión contra el idealismo de Hegel y su espíritu de sistema, que subordina lo individual a lo general, defendió **el valor de la existencia subjetiva y «singular».**

Categorías como la preocupación, la culpa, la angustia o la soledad afectan al hombre singular, al modo concreto de su existir, que es lo que el existencialismo convierte en objeto del análisis filosófico. Como decía Miguel de Unamuno, el «hombre de carne y hueso» debe convertirse en el único sujeto y objeto de toda filosofía. Tanto Heidegger como Sartre ponen de relieve, a su vez, que **el ser humano solo comprende su esencia a partir de su existencia.**

Textos en la web

¿Qué son las «crisis existenciales»? (María Zambrano, *Hacia un saber sobre el alma*).

3.2. Tiempo objetivo y tiempo subjetivo

Tanto los seres humanos como todas las cosas del mundo están sometidas al tiempo: nacemos, crecemos, envejecemos y morimos. En este sentido, el tiempo es como un río en el que nos bañamos y que arrastra inexorablemente nuestras vidas.

Esto suscita un asombro del que surge la pregunta por nuestra existencia y su valor. ¿Es la vida humana una cosa insignificante? Si antes de nacer no éramos nada y después de morir el mundo seguirá existiendo sin necesidad de nosotros y sin que se note mucho que ya no estamos en él, ¿no convierte esto nuestra existencia en algo superfluo o absurdo?

La respuesta es que «no», porque a la conciencia del tiempo al que está sometida mi existencia debe acompañarle siempre la conciencia de mi libertad para proyectarla y darle un determinado sentido. El tiempo, entonces, no es solo la fuerza que poco a poco me disuelve y me destruye, sino también **la duración que necesito para realizar esa existencia que yo he elegido ser.**

Esto no significa que el tiempo de nuestra vida sea algo de lo que podemos disponer como de nuestra propiedad. No podemos hacer lo que queramos con nuestro tiempo, sencillamente porque es irreversible, o sea, no podemos retroceder en el tiempo, y si lo perdemos, no es posible ya recuperarlo.

Para aprovechar y administrar bien el tiempo, el ser humano suele traducirlo en espacio para poder medirlo. Es lo que hacen los relojes, los calendarios, las agendas y los horarios. Ellos nos marcan el **tiempo objetivo,** frente al cual existe **la vivencia subjetiva del tiempo, que cambia de una persona a otra y según las situaciones.** Por ejemplo, una hora de tiempo objetivo se nos suele pasar muy rápida cuando lo estamos pasando bien y muy lenta cuando estamos tristes o aburridos.

Henri Bergson ha sido, probablemente, el que con más penetración ha captado esta distinción. Por un lado, pues, está **el tiempo espacializado, que es el tiempo cronológico del sentido común y con el que trabaja la ciencia.** Y por otro, está **el tiempo como duración de la vida de la conciencia subjetiva.**

Lo que caracteriza al tiempo objetivo es ser siempre homogéneo, isotrópico y reversible. La ciencia tiende a considerar todo lo real desde un punto de vista estático, fijo, que detiene el auténtico movimiento, lo que conduce a las concepciones deterministas y a la negación de la libertad. Bergson se enfrentó a la teoría de la relatividad de Einstein, en cuanto dependía de la concepción clásica del tiempo. De hecho, Einstein afirmó la relatividad de la medida temporal, pero siguió considerando el tiempo como orden de sucesión. Por el contrario, **el tiempo que capta la intuición subjetiva, el tiempo de nuestra existencia, es heterogéneo e irreversible.**

Textos en la web

El orden y el tiempo (Immanuel Kant, *Crítica de la razón pura*).

Textos en la web

La estructura edípica del tiempo (Arthur Schopenhauer, *Parerga y Paralipomena*, «Aforismo 142»).

3.3. La muerte

La filosofía ha pensado en la muerte a partir del hecho de que sea posible en cualquier momento de nuestra existencia. De este hecho extrae algunas conclusiones; por ejemplo, **la de la finitud o limitación de nuestra vida, y no solo de nuestra vida, sino también de todas las posibilidades que se nos ofrecen en la vida.** Todas son limitadas, ya que nuestra vivencia de ellas acabará cuando llegue nuestra muerte. Martin Heidegger lo expresa así: «La muerte es la nulidad posible de las posibilidades humanas y de la existencia misma del ser humano».

En realidad, experimentamos el paso del tiempo como una especie de movimiento irreversible que lo conduce todo y en el que todo va desapareciendo de manera constante. El instante presente se pierde en el pasado, que ya no es, para ser enseguida sustituido por otro instante futuro que todavía no existe.

Es difícil encontrar consuelo a esta realidad, aunque los seres humanos lo han buscado una y otra vez. Por ejemplo, Epicuro decía que no hay por qué temer a la muerte, ya que «mientras existimos, la muerte no existe aún para nosotros, y cuando la muerte nos llega, entonces somos nosotros los que ya no existimos».

La estructura temporal de nuestra existencia es tan implacable que **el ser humano ha soñado siempre con liberarse del tiempo,** bien a través de la esperanza religiosa en una eternidad después de la muerte, bien mediante la imaginación proyectada hacia un futuro en el que tal vez fuera posible viajar y desplazarse a través del tiempo.

Textos en la web

El ser humano como «ser-para-la-muerte» (Martin Heidegger, *El ser y el tiempo*).

Como muestran los restos paleontológicos de la prehistoria, desde muy antiguo **la especie humana ha elaborado complejas creencias y mitos religiosos relativos a la muerte,** acompañados de ritos funerarios destinados tanto a asegurar el descanso de los difuntos, como a evitar su retorno al mundo de los vivos en la forma de fantasmas. Varios filósofos, por su parte, como Platón, Montaigne o Schopenhauer, han considerado una de las tareas fundamentales de la filosofía **la preparación para la muerte** o, al menos, llevar a cabo una meditación sobre la muerte.

Las creencias religiosas que afirman **la inmortalidad del alma** suelen recurrir, para apoyar esa fe, al **dualismo cuerpo-alma.** En concreto, para el cristianismo, como antes para el orfismo (que influyó en Platón), la muerte debe entenderse como la liberación del alma de la cárcel corporal. En cambio, **Aristóteles** concibe el alma como forma del hombre cuya materia es el cuerpo, lo que implica que **el alma no puede subsistir independientemente del cuerpo, por lo que no es inmortal.**

Las doctrinas dualistas y religiosas más que asumir, pues, la muerte como negación radical de la vida lo que hacen es negarla, convirtiéndola en meramente corporal y declarándola solamente **un «tránsito» a otra forma de vida.** Es decir, **en lugar de tratar de la muerte, tratan de explicar la resurrección.**

Así, las doctrinas vinculadas a una concepción lineal del tiempo, como la cristiana, creen en una única resurrección. Por el contrario, las doctrinas orientales encuadradas en una concepción cíclica del tiempo creen en reencarnaciones sucesivas o en la transmigración de las almas. Por último, desde posiciones panteístas, la muerte es la disolución de lo singular (del individuo) en la totalidad, pues la vida humana es un momento o una chispa en el continuo latido de la vida del cosmos.

Textos en la web

El filosofar como un ejercitarse en morir (Platón, *Fedón*).

Actividades

1 ¿Es el ser humano una esencia, una existencia o ambas? Explica tu respuesta.

2 ¿Es correcta la afirmación siguiente: el tiempo real es el tiempo objetivo y el tiempo subjetivo es una simple sensación ilusoria? Justifica tu respuesta.

3 Responde a las preguntas sobre el texto:

«La muerte es el momento de la liberación de una individualidad estrecha y uniforme que, lejos de constituir la sustancia íntima de nuestro ser, representa más bien como una especie de aberración. La libertad auténtica y primitiva reaparece en ese momento que, en el sentido apuntado, puede considerarse como una *restitutio in integrum* (restitución al estado primitivo). De aquí procede, al parecer, esa expresión de paz y sosiego que se dibuja en el rostro de la mayor parte de los muertos. En general, la muerte del hombre de bien es dulce y tranquila; pero morir sin repugnancia, morir de buen grado, morir con alegría es privilegio del hombre resignado, de aquel que renuncia a la voluntad de vivir y reniega de ella, porque él solo quiere una muerte real, y no aparente; por consiguiente, no siente ni el deseo ni la necesidad de permanencia de su persona. La existencia que conocemos la deja sin pesar. Lo que la sustituye es la nada a nuestros ojos, precisamente porque nuestra existencia, comparada con esa, no es más que nada. La fe budista la llama nirvana».

Schopenhauer, A., *El mundo como voluntad y representación*.

a) Según el autor, ¿la esperanza en otra vida suprime el miedo a la muerte?

b) ¿Qué distingue en este texto la muerte real de la muerte aparente?

c) ¿Qué quiere decir Schopenhauer cuando afirma que nuestra existencia «no es más que nada»?

En la web

Encontrarás una autoevaluación interactiva.

Un autor, una obra

Platón, *El banquete*

Resumen de la obra

Esta obra recoge los discursos de algunos comensales invitados a un banquete y que eligieron el amor como tema sobre el que conversar.

El primero en hablar es Pausanias, que distingue entre el amor vulgar, que se refiere a los cuerpos, y el amor celeste, que se refiere a las almas.

Aristófanes, por su parte, cuenta el mito de los andróginos, divididos por los dioses como castigo en dos mitades que se buscan mutuamente para volver a unirse. Con este mito, trata de expresar la insuficiencia humana y su necesidad de complementariedad como el impulso del que nace el amor.

De esta misma necesidad humana parte Sócrates, que es el último en intervenir en la conversación. Para él, el amor desea algo que no posee y de lo cual tiene necesidad. Entonces cuenta el mito de que el amor es, a la vez, hijo de la Pobreza y de la Abundancia. No es, pues, ningún dios, sino un genio que, al no poseer la belleza como los dioses, la desea. Tampoco posee la sabiduría, sino que aspira a poseerla y es, por tanto, filósofo, mientras que los dioses son sabios. El amor es, pues, deseo de belleza; y la belleza se desea porque es el bien que nos hace felices. La belleza es, en definitiva, el objeto del amor.

Pero la belleza posee grados diversos a los cuales el ser humano puede elevarse solo sucesivamente a través de un lento camino. En primer lugar, está la belleza de un cuerpo bello que atrae y rinde al ser humano. Después, se da cuenta de que por encima de esta belleza corporal está la belleza del alma y, más arriba aún, la belleza de las instituciones y de las leyes. A continuación, se halla la belleza de las ciencias y, en fin, por encima de todas las demás, la belleza en sí, que es eterna, superior al devenir y a la muerte, perfecta, siempre igual a sí misma y fuente de toda otra belleza.

Textos seleccionados

Texto 1: El origen de los sexos

«Nuestra antigua naturaleza no era en los tiempos primitivos la misma de ahora, sino diferente. La forma de cada persona era redonda en su totalidad, con la espalda y los costados en forma de círculo. Tenía cuatro manos, el mismo número de pies que de manos y dos rostros perfectamente iguales sobre un cuello circular. Eran también extraordinarios en fuerza y vigor, y tenían un inmenso orgullo, hasta el punto de que conspiraron contra los dioses. Entonces, Zeus los castigó cortándolos en dos mitades a cada uno. Una vez que fueron seccionados en dos partes, añorando cada uno su propia mitad se juntaba con ella y rodeándose con las manos y entrelazándose unos con otros, deseosos de unirse en una sola naturaleza, morían de hambre por no querer hacer nada separados. Y cada vez que moría una de las mitades y quedaba la otra, la que quedaba buscaba otra y se enlazaba con ella, ya se tropezara con la mitad de una mujer entera, lo que ahora precisamente llamamos mujer, ya con la de un hombre, y así seguían muriendo. Compadeciéndose entonces Zeus, trasladó sus órganos genitales hacia la parte delantera para que si en el abrazo se encontraba hombre con mujer, engendraran, pero si se encontraba varón con varón, hubiera, al menos, satisfacción de su contacto, descansaran, volvieran a sus trabajos y se preocuparan de las demás cosas de la vida».

Platón, *El banquete*, 189c-191c.

Texto 2: Del amor a los cuerpos al amor a la sabiduría

«Quien quiera ir por el recto camino en la experiencia del amor ha de comenzar desde joven dirigiéndose a los cuerpos bellos, y enamorarse en primer lugar de un solo cuerpo y producir así bellos discursos; luego debe comprender que la belleza que hay en cualquier cuerpo es afín a la que hay en otro y que, si es preciso perseguir la belleza de la forma, es una gran necedad no considerar una y la misma la belleza que hay en todos los cuerpos. A continuación debe considerar más valiosa la belleza de las almas que la del cuerpo, de suerte que si alguien es virtuoso de alma, aunque tenga un escaso esplendor de cuerpo, séale suficiente para amarlo. Después debe apreciar las normas de conducta y las ciencias, y ver la belleza de estas para no ser mediocre y corto de espíritu, apegándose, como un esclavo, a la belleza de un solo ser, sino que, vuelto hacia ese mar de lo bello del espíritu y contemplándolo, engendre muchos bellos y magníficos discursos y pensamientos en ilimitado amor por la sabiduría».

Platón, *El banquete*, 210b-d.

Texto 3: El amor platónico a la belleza ideal

«Quien haya sido instruido en las cosas del amor, tras haber contemplado las cosas bellas en ordenada y correcta sucesión, descubrirá de repente, llegando ya al término de su iniciación amorosa, algo maravillosamente bello por naturaleza, a saber, aquello mismo por lo que precisamente se hicieron todos los esfuerzos anteriores, que, en primer lugar, existe siempre y ni nace ni perece, ni crece ni decrece; en segundo lugar, no es bello en un aspecto y feo en otro, ni unas veces bello y otras no, ni bello respecto a una cosa y feo respecto a otra, ni aquí bello y allí feo, como si fuera para unos bello y para otros feo. Ni tampoco se le aparecerá esta belleza bajo la forma de un rostro ni de unas manos ni de cualquier otra cosa de las que participa un cuerpo, ni como un razonamiento, ni como una ciencia, ni como existente en otra cosa, por ejemplo, en un ser vivo, en la tierra, en el cielo o en algún otro, sino la belleza en sí, que es siempre consigo misma específicamente única, mientras que todas las otras cosas bellas participan de ella».

Platón, *El banquete*, 210e.

Cuestiones para comentar

1 Según el mito de los andróginos primitivos, la sexualidad como búsqueda de un complemento en el otro sexo no era necesaria. ¿Consideras que la necesidad del otro sexo y el deseo de encontrarlo es una pérdida para los seres humanos o una condición positiva?

2 Según dice Platón en el segundo de los textos, el amor de un cuerpo bello engendra bellos discursos. ¿Por qué crees que Platón realiza tal afirmación? Explica tu respuesta.

3 Pasar del amor a los cuerpos al amor por las almas y sus cualidades espirituales, ¿crees que continúa siendo amor? ¿En vez de verdadero amor, no sería, más bien, admiración, amistad o cariño? Justifica tu respuesta y, en su caso, señala las diferencias que encuentras entre esas dos formas de afecto.

4 ¿Qué piensas de lo que comúnmente se llama «amor platónico»? ¿Cómo lo definirías? ¿Se puede encontrar la belleza absoluta y en sí o, por el contrario, es solo un ideal?

La filosofía va al cine

¿Qué es un ser humano?

Blade Runner

- Título original: *Blade Runner*.
- Dirección: Ridley Scott.
- Guion: David Webb Peoples y Hampton Fancher.
- Intérpretes: Harrison Ford, Rutger Hauer, Sean Young, Daryl Hannah, Edward James Olmos, Joanna Cassidy, Brion James, Joe Turkel, M. Emmet Walsh, William Sanderson, James Hong, Morgan Paull, Hy Pyke.
- Música: Vangelis.
- Fotografía: Jordan Cronenweth.
- Producción: Warner Bros. Pictures.
- Año: 1982.
- Duración: 112 minutos.
- Nacionalidad: Estados Unidos.

Resumen del argumento

La historia que narra esta película transcurre en una versión futurista de la ciudad de Los Ángeles, Estados Unidos, durante el mes de noviembre de 2019. Describe un futuro en el que seres fabricados utilizando técnicas de ingeniería genética, a los que se denomina «replicantes», son empleados en trabajos peligrosos y como esclavos en las «colonias exteriores» de la Tierra.

Estos replicantes, fabricados por la Tyrell Corporation para ser «más humanos que los humanos» —especialmente los modelos «Nexus-6»—, se asemejan físicamente a los seres humanos, aunque tienen una mayor agilidad y fuerza física; sin embargo, carecen de la misma respuesta emocional.

Tras un sangriento motín ocurrido en el planeta Marte, los replicantes fueron declarados ilegales en el planeta Tierra, donde trabajaban como esclavos. A partir de ese momento, un cuerpo especial de la policía, los *Blade Runners*, se encarga de rastrear y de matar —o de «retirar», de acuerdo con los términos que emplea la propia policía— a los replicantes fugitivos que se encuentran en la Tierra.

Con un grupo de replicantes suelto en Los Ángeles, las autoridades llaman a un policía retirado, Rick Deckard (Harrison Ford), para que dirija las operaciones policiales y elimine a los replicantes fugitivos, muy peligrosos, pues uno de ellos, Roy Batty (Rutger Hauer), es un soldado de élite.

Deckard visita la Tyrell Corporation, la empresa inventora y que fabrica los replicantes, y se encuentra con Rachael (Sean Young), que trabaja en esta compañía, pero que no sabe que es replicante. Deckard descubre este hecho y se lo dice. A continuación, detecta y elimina a todos los replicantes rebeldes, pero se convierte en amante de Rachael y huyen juntos.

Comentario

En *Blade Runner* se reflexiona sobre las implicaciones de la tecnología en el ambiente y en la sociedad. En esta película se percibe una profunda crítica del poder de las multinacionales y del poder de la policía, que se ejercen ampliamente sobre el individuo, particularmente representado por la programación genética de los replicantes.

El dominio sobre la naturaleza en la época en la que se sitúa la película, el año 2019, alcanza ya una gran escala, pues los animales son creados como meros instrumentos. Este contexto opresivo explica por qué muchas personas se van a las colonias exteriores. En la película se hace un uso intensivo de las imágenes manipuladas para llamar la atención sobre la distorsión de la realidad y de la capacidad de percibirla.

Toda esta ambientación proporciona un aire de incertidumbre al tema central de *Blade Runner:* examinar lo humano. Para descubrir a los replicantes, se utiliza una prueba de empatía (Test Voight-Kampff), con preguntas centradas en el trato a los animales, que funcionan como indicador esencial de la «humanidad» de alguien. Los replicantes son retratados como personajes apáticos y, mientras que los humanos muestran pasiones y preocupaciones por los otros, la masa de la humanidad en las calles es fría e impersonal. La película va tan lejos como para poner en duda la naturaleza de Deckard y obligar a los espectadores a reflexionar sobre qué significa ser humano.

Cuestiones para la reflexión

1. Según la película, ¿en qué se distinguen los seres humanos de los replicantes?
2. Rachael se convence de que es una replicante cuando Deckard le describe algunos de sus recuerdos de infancia que ella no tenía. ¿Podemos decir que nuestra memoria es la base de nuestra identidad personal?
3. ¿Cómo juzgarías el comportamiento de Deckard si también él fuera un replicante?
4. ¿Te parece moralmente aceptable esclavizar a los replicantes y utilizarlos como mano de obra forzada, a pesar de ser tan parecidos a los humanos? ¿Qué debería diferenciar a los replicantes de los humanos para que esté bien usarlos como instrumentos para el trabajo?

Fotograma de la película en el que se ve al policía Rick Deckard y al replicante Roy Batty conversando durante la pelea que protagonizan para «retirar» al replicante.

Un cuento, un enigma

Educarse para ser uno mismo

Presentación de un cuento

Si entendemos que lo natural es lo innato en el ser humano, lo cultural, por el contrario, es lo aprendido por medio de la educación. La función de la educación consiste, por tanto, en convertir nuestras aptitudes naturales en hábitos, saberes y competencias con los que vivir en sociedad.

Por ello, podríamos decir que la educación proporciona al individuo una especie de «segunda naturaleza», cuyo código de base no es el de los genes, sino el de una herencia cultural.

Bokuden y sus tres hijos

Bokuden, gran maestro de sable, recibió un día la visita de un colega. Con el fin de presentar a sus tres hijos a su amigo y mostrar el nivel que habían alcanzado siguiendo sus enseñanzas, Bokuden preparó una pequeña estratagema: colocó un jarro lleno de agua sobre el borde de una puerta deslizante de manera que cayera sobre la cabeza de aquel que entrara en la habitación. Tranquilamente sentado con su amigo, ambos frente a la puerta, Bokuden llamó a su hijo mayor. Cuando este se encontró delante de la puerta, se detuvo en seco. Después de haberla entreabierto, cogió el jarro antes de entrar. Entró, cerró detrás de él, volvió a colocar el jarro sobre el borde de la puerta y saludó a los dos Maestros.

—Este es mi hijo mayor —dijo Bokuden sonriendo—, ya ha alcanzado un buen nivel y va camino de convertirse en maestro.

A continuación, llamó a su segundo hijo. Este deslizó la puerta y comenzó a entrar. Esquivando por los pelos el jarro, que estuvo a punto de caerle sobre la cabeza, consiguió atraparlo al vuelo.

—Este es mi segundo hijo —explicó al invitado—, aún le queda un largo camino que recorrer.

El tercero entró precipitadamente y el jarro le cayó pesadamente sobre el cuello, pero antes de que tocara el suelo, desenvainó su sable y lo partió en dos.

— Y este —respondió el Maestro— es mi hijo menor. Es la vergüenza de la familia, pero aún es joven.

Cuestiones para reflexionar sobre el cuento

1 Cada individuo muestra su singularidad cuando se lo compara con otros y se distingue de ellos. ¿Crees que el mensaje de este cuento es mostrar eso con un ejemplo?

2 ¿Cómo afecta la educación al desarrollo de la personalidad, igualando al individuo con los demás y con la norma o permitiéndole cultivar su originalidad y sus diferencias?

3 En culturas como la japonesa o la china antiguas, se daba mucha importancia a las artes marciales en la educación de las personas más cultas. ¿Qué opinión te merece esto? ¿Cómo influye el desarrollo de las capacidades corporales en el perfeccionamiento del individuo como persona?

4 Este es un cuento de la tradición japonesa. ¿Qué diferencias podrías señalar entre lo que sepas de la cultura japonesa y la nuestra?

Un aspecto concreto sobre el que reflexionar

El siguiente mito nos enseña, de un modo alegórico, que el otro no puede ser suplantado ni convertido en un sucedáneo de mí mismo. El otro, que está frente a mí con su rostro, su mirada y sus palabras, es alguien como yo, pero, a la vez, distinto de mí.

Al otro se lo puede encontrar a través del deseo, fuerza vital o existencial que indica la necesidad de una complementariedad. Pero el deseo es también una fuerza de autoafirmación, que degenera en egoísmo cuando el individuo solo se ama a sí mismo.

La historia de Narciso

«Un caluroso día de verano, cansado de la caza, se sentó el joven Narciso junto a una fuente atraído por la frescura y el silencio del lugar. Tenía sed y se inclinó para beber. Pero de repente sintió nacer en él una sed nueva. Mientras bebía quedó seducido por su imagen que se reflejaba en el agua tranquila, y quedó enamorado de su propia belleza. Inmóvil se quedó fijado en la contemplación de sí mismo, como una estatua esculpida en mármol de Paros. Miraba sus ojos que brillaban como estrellas, sus cabellos dorados dignos de Apolo, sus mejillas frescas y lisas, su cuello de marfil, su boca graciosa, su piel de lirio y de rosas. Inconscientemente se deseó, se convirtió a la vez en el sujeto y el objeto de su amor, en el cazador y la presa, en el que prende el fuego y el que se abrasa. ¿Cuántas veces intentó besar el elusivo estanque? ¿Cuántas veces sumergió sus brazos buscando abrazar el cuello que ahí veía? ¡Oh ingenuo y enloquecido joven!, ¿por qué intentas abrazar a una huidiza imagen? Pero como la cera amarilla se derrite ante un suave calor, como la helada se funde ante el sol de la mañana, lo mismo le ocurrió a él. Agotado por el amor, así desfallecía y era lentamente consumido por su oculto fuego. No permaneció mucho aquel color rubicundo, mezclado con blanco, ni la fuerza y el vigor o todo aquello que era placentero de contemplar. Finalmente, Narciso dejó caer su cabeza sobre el césped y murió, cerrando los ojos que estuvieron tan maravillados por su excepcional belleza. En el lugar donde estuvo su cuerpo, brotó una flor cuyo amarillo centro estaba rodeado de blancos pétalos».

Ovidio, *Metamorfosis*, 25.

El deseo puede degenerar en el egoísmo cuando el individuo solo se ama a sí mismo. (Abraham van Diepenbeeck, Narciso contemplándose en el estanque*).*

10 La libertad

¿Consiste la libertad en hacer lo que uno quiera?

«¿Qué se entiende por libertad cuando se aplica a acciones voluntarias? Desde luego no podemos querer decir que las acciones tienen tan poca conexión con motivos, inclinaciones y circunstancias que las unas no se siguen de los otros y que las unas no nos permiten inferir la existencia de los otros. Pues se trata de cuestiones de hecho manifiestas y reconocidas. Entonces, solo podemos entender por libertad el poder de actuar o de no actuar de acuerdo con las determinaciones de la voluntad; es decir, que si decidimos quedarnos quietos podemos hacerlo, y si decidimos movernos, también podemos hacerlo. Ahora bien, se admite universalmente que esta hipotética libertad pertenece a todo el que no es prisionero y encadenado. Aquí, pues, no cabe discutir. Cualquiera que sea la definición de libertad que demos, debemos tener cuidado en observar dos requisitos: primero, que no contradiga hechos; segundo, que sea coherente consigo misma. Si observamos estos requisitos y hacemos inteligible nuestra definición, estoy convencido de que la humanidad entera será de una sola opinión respecto a esta».

Hume, D., *Investigación sobre el conocimiento humano.*

Actividades

1 ¿Defiende Hume que el poder de la voluntad está determinado por causas y motivos que impiden considerarlo libre? ¿Deja margen para la libertad?

2 ¿Qué objeciones se te ocurre que se pueden plantear contra la existencia de la libertad?

3 La libertad, ¿te parece un hecho evidente o solo una hipótesis que hay que demostrar?

4 ¿Cómo caracterizarías una «voluntad libre»?

Frédéric-Auguste Bartholdi, Estatua de la libertad, *Nueva York, Estados Unidos.*

1 ¿Es libre el ser humano?

1.1. Libertad y liberación

La libertad y sus tipos

La palabra «libertad» alude, genéricamente, a **la posibilidad de elegir sin dependencias ni coacciones externas.** Por ejemplo, decidirse por una profesión, emprender un viaje, elegir pareja, votar a un partido político. Designa la capacidad de autodeterminación de un individuo o de un grupo social.

La libertad, en este sentido, es poder hacer lo que uno quiera, elegir una acción por uno mismo **sin estar sometido a condicionamientos que nos obliguen a actuar en contra o al margen de nuestra voluntad.**

Esto no significa que uno solo sea libre cuando hace lo que quiere sin restricciones ni límites. La libertad no es dejarse llevar por los impulsos, el deseo de placer o las pasiones inmediatas. Esto sería comportarse sin reglas ni valores ni principios ni respeto a las libertades y a los derechos de los demás. Cuando se actúa de este modo, lo más frecuente es deslizarse hacia la violencia, la provocación y la propia autodestrucción.

Es preciso distinguir entre libertad sociológica, psicológica y moral:

1. La **libertad sociológica** alude a la autonomía de que goza el individuo frente a la sociedad, y **se refiere a la libertad política o civil,** garantizada por los derechos y las libertades que amparan al ciudadano en las sociedades democráticas.
2. La **libertad psicológica** es, normalmente, la capacidad que posee el individuo, «dueño de sí mismo», de **no sentirse obligado a actuar a instancias de su motivación más inmediata.**
3. La **libertad moral,** por su parte, es la **capacidad del ser humano de actuar de acuerdo con la razón,** sin dejarse dominar por los impulsos y las inclinaciones espontáneas de la sensibilidad. Esta es la libertad que se conoce comúnmente como «libre albedrío».

Textos en la web

¿Qué es un querer libre? (G.W. Leibniz, *Nuevos ensayos sobre el entendimiento humano*).

La realización concreta de la libertad

La palabra «liberación», por su parte, hace referencia a **la posibilidad concreta y objetiva de realizar la libertad en las condiciones psicológicas, económicas, culturales, sociales y políticas apropiadas.**

Marx y el marxismo han defendido que el problema de la libertad se resuelve realmente como **tarea práctica de transformación del mundo de modo que desaparezca toda situación de dominio del hombre sobre el hombre,** en la que es imposible la libertad.

El **psicoanálisis** ha puesto de relieve, en cambio, **la importancia de los procesos inconscientes en la determinación del comportamiento consciente del hombre.** Para Freud, la realización de la libertad no es posible sin la integración madura de estos procesos; es decir, sin la facultad del yo de enfrentarse al automatismo irreflexivo de los instintos y a la pulsionalidad de las fuerzas inconscientes.

Tanto Marx como Freud consideran la inteligencia el factor liberador propiamente dicho, porque permite al individuo tomar conciencia de sus motivaciones y decidir su acción sin someterse necesariamente a condicionamientos educacionales, biológicos, sociales o históricos. **La libertad es la base tanto de la responsabilidad como de la dignidad de la persona, así como de su legítima exigencia de autonomía social.**

Textos en la web

Lo que depende de nosotros y lo que no (Epicteto, *Manual*).

Según el determinismo, la libertad humana es ilusoria, pues estamos sometidos a las leyes naturales y a las circunstancias sociales. (*Théodore Géricault, Marina*).

1.2. El determinismo

Hay científicos y filósofos que creen que **la libertad de elección por parte de los seres humanos es ilusoria, y afirman que hay un determinismo que nos impulsa a actuar siempre de la manera como actuamos.** Por ejemplo, nos determinan las leyes naturales que afectan a todos los seres vivos o las leyes sociales y jurídicas que nos imponen obligaciones por la fuerza; nos determinan también las cualidades y las deficiencias físicas y mentales con las que hemos nacido, que no han sido objeto de nuestra elección; nos determinan la educación que hemos recibido, nuestra familia, nuestros conflictos infantiles; etc.

¿Se puede decir, entonces, que existe el libre albedrío? ¿No son las acciones humanas el producto de una larga y complicada cadena de causas y efectos que obliga a que sean como son y que no puedan ser de otro modo? La concepción determinista del mundo está presidida por la idea de un orden inmutable y constante en las relaciones entre todos los fenómenos del universo.

El desarrollo de la ciencia moderna y el determinismo

El desarrollo de la ciencia moderna, que se ha producido en lucha constante contra la superstición y en favor de una racionalización del mundo, impuso la idea de **un orden cósmico regulado por el principio de causalidad.** El mundo es una red perfectamente articulada de causas y efectos, trabados en una armonía autosuficiente cuya actividad se repite invariable y mecánicamente.

La ciencia es capaz de descubrir las leyes que rigen este orden mecánico, poniendo a disposición del ser humano un elevado poder de dominio técnico. La previsión cierta de los acontecimientos futuros se basa en este determinismo. De modo que la aparente indeterminación de la acción humana, o sea, la ilusión de la libertad, se debería, en realidad, al hecho de que **somos incapaces de conocer todas las leyes que rigen la naturaleza y todas las relaciones de causa-efecto que hay detrás de cada acción.**

Textos en la web

La contraposición entre libertad y determinismo (Maurice Merleau-Ponty, *Fenomenología de la percepción*).

El concepto de determinismo, si no la palabra misma, apareció en los siglos XVII y XVIII cuando se impuso el modelo mecanicista de la ciencia física clásica. Según este modelo, Laplace, astrónomo y discípulo de Isaac Newton, enunció en 1814 el principio determinista por excelencia: una poderosa mente imaginaria que conociera en un instante dado todos los hechos que acaecen en el mundo y las leyes a que están sometidos podría conocer también todos los acontecimientos pasados y futuros para cualquier otro instante. En realidad, este no era sino el resultado de uno de los principios del mecanicismo según el cual **todo cuanto sucede está determinado por una causa.**

La libertad en el ámbito moral

Frente a este problema, Kant aporta una buena solución. Él entiende que mientras el ámbito de la naturaleza está regido, en efecto, por ese completo determinismo que discurre con una necesidad inalterable, **la libertad tiene su lugar propio en el dominio de lo moral.**

La libertad es la característica principal del espíritu, de tal modo que el principio de la libre actuación y la libre decisión pertenece estructuralmente a la existencia humana. El hecho de la transformación histórica del mundo demuestra que **no todos los fenómenos están rigurosamente predeterminados por leyes físicas inexorables, sino que es posible el despliegue de nuevas posibilidades de organización en virtud de la acción humana.**

Textos en la web

¿Es posible conciliar libertad y determinismo? (Immanuel Kant, *Crítica de la razón pura*).

1.3. Libertad y responsabilidad

La libertad, fundamento de la responsabilidad

Más que una antítesis entre determinismo y libertad, sería más apropiado hablar de posibilidades y de límites; o sea, de la posibilidad de realizar una libertad relativa precisamente con la ayuda del conocimiento de las leyes y de las fuerzas que regulan establemente el mundo.

La aparición de la física cuántica en el siglo XX ha debilitado el viejo determinismo causal al establecer un límite de precisión en la descripción de los fenómenos. Por ello, Heisenberg formula el principio de indeterminación, según el cual no es posible formular predicciones definidas para el conjunto de los sucesos subatómicos.

Desde entonces, físicos y filósofos discuten sobre cómo hay que interpretar el indeterminismo de la física cuántica y si, y hasta qué punto, obliga a revisar la teoría del determinismo causal tal como lo ha sostenido y entendido la física clásica.

Si los seres humanos estuviéramos determinados a actuar por fuerzas a las que estamos sometidos sin poder evitarlo, seríamos irresponsables. No se podría distinguir entre acciones buenas y malas, justas e injustas. Por ejemplo, cuando un águila caza un cordero, no puede ser considerada responsable de su acción, porque actúa para satisfacer su necesidad de comer. Si el pastor la atrapa, es para evitar que mate otros animales, no para hacer justicia y castigarla por el crimen que ha cometido.

Para poder hablar de responsabilidad y de justicia, hay que reconocer en los seres humanos la libertad de acción y la capacidad de dirigir su comportamiento y sus fines. Por ejemplo, la pregunta «¿Pueden los criminales evitar hacer lo que hacen?» significa que solo puede haber una moralidad genuina si podemos actuar libremente. Si no somos libres, no podemos ser considerados responsables de nuestros actos y no deberíamos ser ni acusados ni elogiados por ellos.

Textos en la web

¿Son libres las acciones que no tienen justificación? (René Descartes, *Meditaciones metafísicas*, «Meditación cuarta»).

Textos en la web

No hay espacio para la responsabilidad en un mundo sometido a las leyes de la ciencia (Immanuel Kant, *Crítica de la razón pura*).

En qué consiste la responsabilidad

Continuamente tenemos que decidir cómo actuar ante situaciones y problemas cuya solución no está dada de antemano. Esta capacidad de elegir cómo actuar, aunque se ejerce siempre dentro de ciertos límites, es nuestra libertad. Sin libertad, el ser humano no puede ser responsable. **Ser responsable es poder responder de nuestros actos y asumir sus consecuencias.** Se es responsable de un acto:

1. Cuando se ha querido hacerlo y se ha hecho.
2. Cuando se ha hecho, aun sin querer.
3. Cuando no se ha querido hacerlo ni se ha hecho, pero dependía de nosotros evitar que tal hecho ocurriera.
4. Y, por último, cuando se ha querido hacerlo, aunque no se haya hecho.

En cada uno de estos casos se trata de responsabilidades distintas: así, en los tres primeros casos, hay una responsabilidad penal o civil, y en el último, solo moral.

Las condiciones de la responsabilidad son:

1. La existencia de una ley (social o moral).
2. Estar en posesión de nuestras facultades mentales (los enfermos mentales no son responsables).
3. Y actuar libremente (no se es responsable de actos cometidos bajo coacción).

Actividades

1 ¿Qué diferencia hay entre libertad psicológica y libertad moral?

2 Responde a las preguntas sobre el texto:

«Si los hombres no tuviesen experiencia de que hacemos muchas cosas de las que después nos arrepentimos, y de que a menudo, cuando hay en nosotros conflicto entre afectos contrarios, reconocemos lo que es mejor y hacemos lo que es peor, nada impediría que creyesen que lo hacemos todo libremente. Así, el niño cree que apetece libremente la leche, el muchacho irritado que quiere libremente la venganza, y el tímido, la fuga. También el ebrio cree decir por libre decisión del alma lo que, ya sobrio, quisiera haber callado, y asimismo el que delira, la charlatana, el niño y otros muchos de estas características creen hablar por libre decisión del alma, siendo así que no pueden reprimir el impulso que los hace hablar. De modo que la experiencia misma, no menos claramente que la razón, enseña que los hombres creen ser libres solo a causa de que son conscientes de sus acciones e ignorantes de las causas que las determinan, y, además, porque las decisiones del alma no son otra cosa que los apetitos mismos».

Spinoza, B., *Ética demostrada según el orden geométrico,* Parte tercera, proposición 2.

a) ¿Crees que en este texto se expresa la posición de un determinista? Razona tu respuesta.

b) ¿Podrías poner algún ejemplo contrario a los que pone Spinoza para defender que la libertad no es simplemente una ilusión?

c) Comenta la frase: «los hombres creen ser libres solo a causa de que son conscientes de sus acciones e ignorantes de las causas que las determinan».

3 Pon un ejemplo de responsabilidad legal y otro de responsabilidad moral, y explica en qué consiste la diferencia.

2 Las condiciones de la libertad

2.1. Autonomía y dominio de uno mismo

Una acción verdaderamente libre es aquella que es causada por la persona que la realiza y es aceptada por ella como su propia elección y responsabilidad. Los seres humanos, cuando tienen verdaderas alternativas, al elegir, actúan como causas iniciales de los efectos que provocan. En este hecho se basan las ideas de responsabilidad, de merecimiento de acusación o de elogio, de gratitud, de castigo, de resentimiento o de perdón.

Por consiguiente, se pierde la libertad cuando uno no es el verdadero autor de sus actos, por ejemplo porque actúa bajo coacción. La coacción es un poder que fuerza al individuo a actuar contra su voluntad.

Si el origen de esa coacción es exterior al sujeto, el sujeto no actúa libremente. Ahora bien —y esto es muy importante—, si es la propia voluntad del individuo la que se obliga a sí misma a actuar, esa coacción puede tener el carácter de obligación moral, y entonces es un efecto de la libertad. A esto se lo denomina **autonomía** o autodeterminación: **capacidad de darse uno a sí mismo sus propias leyes, actuar respetando normas que se aceptan libremente por decisión propia, consentir conscientemente en obedecer las leyes y tener la voluntad de hacerlo.**

Su opuesto es la **heteronomía,** que **es el hecho de que la ley se me imponga desde fuera, sin que yo le dé mi adhesión voluntariamente.** O también cuando me dejo dominar y esclavizar, desde dentro, por una pasión que hace que pierda mi libertad y me impide decidir con sensatez y equilibrio.

Para Kant, este es el concepto fundamental de su teoría ética. La autonomía es, para él, condición intrínseca de la libertad y, por tanto, de la moralidad: **es la facultad que tiene la voluntad de autodeterminarse solo por respeto al deber.**

Textos en la web

La libertad es también libertad de obedecer (Blaise Pascal, *Pensamientos*).

La heteronomía consiste en obrar obedeciendo leyes impuestas por alguna instancia ajena a la propia voluntad. (Aarón y Moisés con las Tablas de la Ley, Apocalipsis Gulbenkian, *Museo Calouste Gulbenkian, Lisboa, Portugal).*

En cuanto coinciden libertad y responsabilidad, la autonomía es la raíz de la moralidad y su condición necesaria, y, por ello, las acciones morales no son imputables a un sujeto que no sea autónomo, es decir, libre o responsable.

En este sentido, **la pasión es la inclinación que impide a la voluntad autodeterminarse en conformidad con principios racionales.** A diferencia de la emoción, la pasión puede dominar por completo la personalidad y la conducta del sujeto. Por eso, por el peligro que representan para la libertad moral del ser humano, Kant rechaza cualquier tipo de exaltación de las pasiones.

También los filósofos estoicos pensaban que las pasiones, como alteraciones de la tranquilidad del ánimo, son enfermedades de las que el sabio no debe dejarse contagiar, sino que su elección debe ser la de mantenerse indiferente y controlar cualquier tipo de emoción o pasión. Sentir, pues, emociones y dejarse llevar por ellas es cosa de necios. **Como Kant, también los estoicos consideran que las emociones y las pasiones deben ser moderadas y dominadas por la razón.**

2.2. Libertad y cumplimiento de la ley

Lo opuesto a la libertad no es, por tanto, la obediencia a las leyes y a los valores que se deben respetar, sino el hecho de estar dominado por las pasiones y los caprichos, y no ser capaz de autocontrolarse. Por ejemplo, ¿se puede considerar más libre a un ladrón que se apropia de un dinero que no es suyo que a un honrado ciudadano que vive pobremente respetando las leyes? ¿Es libre un violador que abusa y se aprovecha de su víctima?

Ahora bien, la libertad no es solo la capacidad de autodeterminación en el plano individual, sino también un ejercicio colectivo regulado por leyes comunes.

Si las pasiones dominan la voluntad humana y se imponen sobre la razón, impiden la libertad moral del ser humano. (Tiziano, La bacanal de los andrios, *Museo del Prado, Madrid).*

Es preciso, pues, comprender la libertad en conexión con la existencia de leyes justas que posibiliten la realización social de los individuos y los liberen de la violencia y del caos.

La libertad es, entonces, un tipo de obediencia a lo establecido por las leyes, y eso le señala unos determinados límites, pero la convierte también en un derecho. No es posible vivir sin leyes y sin el orden jurídico y legal que ellas establecen como garantía para el ejercicio de las libertades: de expresión, de asociación, de conciencia, de manifestación, de libre comercio, de militancia política, etc.

En lugar, pues, de afirmar que «mi libertad acaba donde empieza la de los demás», sería más adecuado decir que «mi libertad comienza donde comienza la de los demás», ya que la libertad solo es posible con el buen funcionamiento de la convivencia y de la sociedad que beneficie a todos.

Es cierto que, en este sentido, la libertad es más un ideal a perseguir que una realidad plenamente realizable, pues existe propiamente en el esfuerzo que se desarrolla para conquistarla y en virtud de ciertas condiciones históricas que la sostienen en su ejercicio.

Textos en la web

Libertad y condición humana (Jean-Jacques Rousseau, *El contrato social*).

Textos en la web

La opinión pública como instrumento de sujeción política (David Hume, *Ensayos políticos*, «De los primeros principios de gobierno»).

2.3. «Libertad de» y «libertad para»

La distinción entre «libertad de» y «libertad para» fue propuesta por el filósofo británico del siglo XX Isaiah Berlin, que define ambas del modo siguiente:

1. **La «libertad de» es la ausencia de coacción y de obstáculos a la actuación del individuo por parte de los demás.**
2. **La «libertad para» consiste en la autonomía del individuo,** que es dueño de sí mismo, pero consciente también de los deberes de racionalidad y moralidad que le impone esta autonomía.

Elementos de ambas concepciones se encuentran ya en Platón, que concibe la libertad, o la moralidad, como el sometimiento de la parte sensitiva e irascible del hombre a su parte racional. De manera parecida piensan Descartes, Spinoza, Rousseau, Kant y Hegel, entre otros muchos autores clásicos de la filosofía.

Así pues, ser libre incluye tanto estar libre de presiones y condicionamientos opresivos («libertad de» o «libertad respecto de») como el poder de configurar y desarrollar autónomamente el propio proyecto vital («libertad para»). El sentido más inmediato en el que pensamos ante la palabra «libertad» es el de «libertad de».

Las libertades de poder viajar de un país a otro o de poder expresar en público nuestra opinión sobre las acciones del gobierno sin que nos detenga la policía son ejemplos de «libertad de». Decimos que vivimos en un país libre cuando no se nos niegan estos derechos, y si se restringe su ejercicio, podemos denunciarlo ante la justicia porque atenta contra nuestro derecho a la libertad.

No obstante, la simple no injerencia de coacciones externas en nuestras ideas, acciones y decisiones no agota todo el significado del concepto de libertad. Junto a la «libertad de» ha de existir también la «libertad para» disponer de las condiciones básicas necesarias para la realización de una determinada forma de vida: la salud, la educación, medios económicos suficientes, autocontrol o la posibilidad de participar en la vida pública y social.

Por tanto, no son solo los regímenes políticos los que dan o privan a las personas de su libertad, sino también las condiciones materiales de su existencia. Los seres humanos no tenemos una verdadera libertad si nuestras necesidades básicas no están garantizadas.

Textos en la web

Violencia, ignorancia y libertad (Aristóteles, *Ética a Nicómaco*).

La pobreza, la enfermedad, la explotación económica o la falta de educación, por ejemplo, son impedimentos para el desarrollo de capacidades humanas básicas e impiden el ejercicio de la libertad. **Por tanto, la libertad no solo define un espacio propio en el que los demás o el Estado no tienen derecho a intervenir porque cada individuo es responsable de su propia libertad, sino que designa también un ideal de vida.**

Sobre este ideal, sin embargo, hay discrepancia de opiniones, pues, por un lado, están quienes opinan que el único ideal que permite organizar las relaciones entre los seres humanos no es el de la igualdad, sino el de la equidad. Por ejemplo, en una ciudad asediada, en la que los alimentos escasean, ¿hay que dar la misma ración a todos por igual, o bien deben tener más los que más esfuerzo físico despliegan para su defensa?

Por otro lado, están los que opinan que los poderes públicos, en representación del conjunto de los ciudadanos, tienen que asumir determinadas funciones de ordenamiento y racionalización de los derechos y de las libertades para que sea posible el buen uso compartido de la libertad en igualdad de condiciones.

Actividades

1 Responde a las preguntas sobre el texto:

«Allí donde un objeto de la voluntad es puesto como fundamento para prescribir a la voluntad la regla que ha de determinarla, esta regla no es más que simple heteronomía, y el imperativo se halla condicionado del siguiente modo: hay que obrar de tal o cual modo si se quiere este objeto o porque se quiere este objeto. Por consiguiente, no puede nunca mandar moralmente, o lo que es igual, categóricamente. Ya sea que el imperativo determine la voluntad por medio de la inclinación, como sucede con el principio de la propia felicidad, ya sea que la determine por medio de la razón dirigida a los objetos de nuestra voluntad posible en general, como ocurre con el principio de la perfección, resulta que nunca se autodetermina la voluntad de un modo inmediato. [...] Una voluntad absolutamente buena, cuyo principio tiene que ser un imperativo categórico, quedará, pues, indeterminada con respecto a todos los objetos y contendrá solo la forma del querer en general como autonomía, es decir, que la aptitud que posee la máxima de toda buena voluntad de hacerse a sí misma ley universal es la única ley que se autoimpone la voluntad de todo ser racional sin que intervenga como fundamento ningún impulso o interés».

Kant, I., *Fundamentación de la metafísica de las costumbres*, capítulo 2.

a) ¿Cómo explicarías la paradoja de que para ser libre es preciso obedecer las leyes?

b) ¿Por qué insiste Kant en que la obediencia a la ley moral debe ser imperativa?

c) ¿Por qué en la aceptación autónoma de la ley no puede intervenir como fundamento ningún impulso o interés?

2 Un ser humano privado del uso de la razón, ¿sigue siendo libre?

3 Un individuo que esté en la cárcel, ¿puede sentirse libre? ¿De qué tipo de libertad se trataría? Justifica tu respuesta.

4 ¿Qué condiciones mínimas debe garantizar un régimen político a sus ciudadanos para que puedan ejercer su derecho a la libertad?

3 Los límites de la libertad

3.1. La libertad no es un derecho absoluto

¿Por qué podemos, como individuos, reclamar y defender nuestro derecho a la libertad? ¿Es la libertad un derecho inalienable de todo individuo? ¿Cómo se justifica?

Justificaciones de nuestro derecho a la libertad

La forma más antigua de justificar este derecho fue la que defendía que los seres humanos tenemos un **«derecho natural» a la libertad.** O sea, la libertad sería uno de nuestros derechos fundamentales e innatos, de modo que cualquier forma de opresión y de despotismo sería moralmente condenable. Sin embargo, la fundamentación de la libertad en la naturaleza humana puede dar lugar a una defensa inaceptable de la libertad como un derecho absoluto de los más fuertes.

El filósofo «utilitarista» inglés del siglo XIX John Stuart Mill defendió una estimación de la libertad como **requisito necesario para lograr el ideal moral último al que debe tender todo individuo civilizado: conseguir el máximo de felicidad para el mayor número de personas.** Para este filósofo, la libertad no es un derecho natural, sino un **derecho moral.** Y, por tanto, no puede ser un derecho absoluto.

Limitaciones de nuestro derecho a la libertad

Especial relevancia adquiere, entonces, la cuestión de determinar los criterios de limitación de las acciones particulares, en función de lo que se estime como bien y de los juicios de valoración moral.

En la adopción de estos criterios pueden colisionar las convicciones personales con las costumbres y normas morales de la sociedad o de un grupo humano, pues puede considerarse que estas últimas son, o formulan, la norma objetiva de moralidad, mientras que la conciencia moral es, a la vez, norma subjetiva, pero última e inmediata de la moralidad. En ese caso, **el criterio moral de una persona ha de poner de acuerdo la norma objetiva de moralidad con su propia conciencia.**

Somos libres para realizar determinadas acciones, pero estamos obligados también a realizar o a abstenernos de otras como condiciones, en ambos casos, de nuestro derecho a la libertad. Por ejemplo, no tenemos libertad para conducir saltándonos las reglas del Código de Circulación.

La anterior es una limitación civil y jurídica, pero también hay limitaciones morales que debemos respetar. Por ejemplo, ¿somos libres para exponer en un lugar público imágenes pornográficas? Una persona con ideas racistas, ¿puede animar públicamente a otros a comportarse de manera racista? Estas preguntas nos introducen en la cuestión de los límites que debe tener la libertad individual.

Textos en la web

Libertad y ley moral (Immanuel Kant, *Crítica de la razón práctica*).

Textos en la web

Libertad arbitraria y represión (Herbert Marcuse, *Eros y civilización*).

3.2. Modos legítimos de restricción de las libertades

Aunque entendemos que el derecho de expresión forma parte de las libertades que se deben reconocer a todos, cuando alguien celebra una fiesta en su casa con música estridente a altas horas de la noche molestando a sus vecinos consideramos razonable que la policía intervenga y le impida hacer eso. En este caso, un uso mal entendido del derecho a la libertad ocasiona un perjuicio a otros.

También está justificada la intervención de los poderes públicos para impedir que algunos ciudadanos se causen daños a sí mismos, por ejemplo, consumiendo drogas. Aquí el concepto de daños personales es lo que justifica la limitación de las acciones de los posibles causantes de esos daños.

Analicemos ahora el caso de un escritor que publica un libro cuyo contenido ofende los sentimientos religiosos de muchos de sus lectores. ¿Justificaría esta posibilidad la implantación de la censura? Claramente no, pues esta es una situación en la que el perjuicio tiene el carácter de daño moral, y no físico. No debe tener, pues, una limitación regulada por ley de antemano (como sería una ley de censura), sino juzgada por los tribunales en el caso de que se valore en ella un delito.

Puede haber casos en los que la difusión de opiniones y comportamientos que para algunos (o incluso para la mayoría) resulten ofensivos contra sus creencias no solo no sea un daño, sino un beneficio moral. Por ejemplo, cuando se denuncian extendidos usos o costumbres denigratorios o alienantes para los seres humanos.

Para justificar estas limitaciones, los filósofos «prescriptivistas» definen los juicios morales como imperativos que tienen un contenido obligatoriamente prescriptivo y que son la conclusión de un razonamiento moral o de un silogismo práctico cuyas premisas son un principio moral y un hecho. Así, la expresión prescriptiva: «Cumple la promesa que me hiciste», contiene implícitamente las ideas de «me hiciste una promesa» y «te estoy expresando mi deseo de que la cumplas». Ese requerimiento es la conclusión de un razonamiento que apela a los principios tácitos que se supone que comparten todos los hablantes de una misma comunidad.

Textos en la web

La mutua limitación de los diversos poderes (Charles de Montesquieu, *Del espíritu de las leyes*).

3.3. La tensión entre libertad e igualdad

Armonizar la libertad con la justicia social no es asunto fácil. Para ejemplificar su complejidad analicemos el caso del liberalismo económico. Esta doctrina rechaza la intervención del Estado en la vida económica de una nación. Defiende la existencia de mecanismos inherentes al propio desarrollo económico capaces de asegurar el equilibrio de la oferta y la demanda, siempre que se respeten la libre competencia y la propiedad privada de los medios de producción.

Siguiendo esta doctrina, se produjo el desarrollo del capitalismo moderno. En nuestros días, el neoliberalismo, continuador de esa tradición, defiende mayor libertad de empresa, de competitividad, de circulación de capitales y de personas, de contratación laboral de modo que el Estado no intervenga imponiendo condiciones, restricciones ni controles de ningún tipo.

Esta doctrina parte de una formulación abstracta de la «igualdad de todos los hombres», sin contemplar las desigualdades económicas y sociales de hecho. Sin embargo, la relación entre libertad e igualdad es más compleja, pues una cosa es la igualdad de las personas con derecho a la libertad y otra es la igualdad real en el disfrute de ella.

La pobreza, la enfermedad, la incapacidad y la falta de educación impiden el desarrollo de algunas capacidades humanas básicas. Estos impedimentos, de hecho, limitan la oportunidad de disfrutar del derecho a la libertad garantizado por las sociedades liberales como la nuestra. Por esta razón, para algunos, resulta difícil creer que se pueda promover la libertad sin abordar la cuestión de la igualdad.

Hay, pues, quienes defienden que el reconocimiento del derecho a la libertad de todos los individuos implica promover la igualdad, incluso mediante alguna forma de redistribución de los recursos. Entre los que defienden la necesidad de mecanismos correctores de las desigualdades para hacer posible una mayor justicia social por parte del Estado estuvo John Maynard Keynes, seguido luego por muchos economistas y sociólogos. Frente a ellos, los neoliberales, que siguen las tesis del economista y sociólogo August von Hayek, piensan que la idea de justicia social debe entenderse a la luz de un equilibrio más sutil que el de la simple igualdad.

Textos en la web

Justicia e igualdad (Aristóteles, Ética a *Nicómaco*).

Textos en la web

Los peligros de la desigualdad (Jean-Jacques Rousseau, *El contrato social*).

Actividades

1 ¿Por qué el reconocimiento de la libertad como un derecho natural conduciría a que los más fuertes impusieran su ley?

2 Responde a las preguntas sobre el texto:

«El único objeto que autoriza a los hombres, individual o colectivamente, a turbar la libertad de acción de cualquiera de sus semejantes es la propia defensa; la única razón legítima para usar la fuerza contra un miembro de una comunidad civilizada es la de impedirle perjudicar a otros; pero el bien de este individuo, sea físico, sea moral, no es razón suficiente. Ningún hombre puede, en buena lid, ser obligado a actuar o a abstenerse de hacerlo porque de esa actuación o abstención haya de derivarse un bien para él, porque ello le ha de hacer más dichoso o porque, en opinión de los demás, hacerlo sea prudente o justo. Estas son buenas razones para discutir con él, para convencerlo o para suplicarle, pero no para obligarlo o causarle daño alguno si obra de modo diferente a nuestros deseos. Para que esta coacción fuese justificable, sería necesario que la conducta de este hombre tuviese por objeto el perjuicio de otro. Para aquello que no le atañe más que a él, su independencia es, de hecho, absoluta. Sobre sí mismo, sobre su cuerpo y su espíritu, el individuo es soberano».

Mill, J.S., *Sobre la libertad.*

a) ¿Qué límites a la libertad se establecen en este texto?

b) Pon algún ejemplo en el que sea legítimo el ejercicio de la autoridad para limitar la libertad individual.

c) ¿Sobre qué cosas, según el texto, tiene el individuo libertad absoluta?

3 ¿Crees que el sistema democrático debería favorecer más la igualdad que la libertad, o viceversa? Señala los pros y los contras de cada opción.

4 ¿Podrías poner algún ejemplo de situaciones en las que el ejercicio de la libertad individual haya supuesto un alto precio para su protagonista?

Tiziano, Prometeo, *Museo del Prado, Madrid.*

En la web

Encontrarás una autoevaluación interactiva.

Un autor, una obra

Eric Fromm, *El miedo a la libertad*

Resumen de la obra

El autor parte de la lucha ilustrada por la libertad para superar el modelo de la sociedad medieval, rompiendo las cadenas que, si bien otorgaban seguridad, impedían la emergencia y la existencia misma de los individuos, porque, al romper con sus vínculos primarios, el individuo se descubre a sí mismo y a los demás como individuos, descubre la naturaleza como algo distinto de sí y, por tanto, como algo que debe dominar —desde el punto de vista práctico— o como algo que puede disfrutar —desde el punto de vista estético—. La Ilustración descubre también la riqueza y la pluralidad del mundo compuesto por muchos pueblos y territorios que hay que conocer y explorar, y se impregna del espíritu cosmopolita.

Sin embargo, a este impulso progresivo se oponen una y otra vez las fuerzas regresivas, que no quieren romper los vínculos primarios que otorgan seguridad. Las ideologías políticas que arraigan y se sustentan en estos impulsos regresivos llevan a sentir todo lo ajeno y distinto como una amenaza, porque cualquier emergencia de lo individual desata en los individuos intoxicados por la regresión los sentimientos de inseguridad, de duda, de soledad y de angustia.

El problema de fondo es grave, pues la soledad moral lleva al individuo a la desintegración mental, lo mismo que la inanición lo lleva a la muerte física. El riesgo y la tentación son, entonces, buscar de manera regresiva —o sea, entregando la propia libertad a otro o a otros— la conexión con objetivos, valores y tareas capaces de proporcionar un sentimiento de participación, de comunión con los demás y de integración en un todo. Fromm recuerda que de aquí sacó su tremenda fuerza el nacionalismo nazi que inició la Segunda Guerra Mundial.

En suma, la gran transformación técnica de nuestra sociedad ha potenciado enormemente la instrumentalización de los seres humanos, que se convierten en cosas. El resultado es un individualismo que sume a las personas en la soledad y la incomunicación, porque atrofia las fuerzas de la solidaridad entre los seres humanos e impide la integración profunda del hombre con la naturaleza. En esta situación, la angustia y el aislamiento incitan a los individuos a sentir miedo a la libertad.

Textos seleccionados

Texto 1: La emergencia del ser humano y el reto de su libertad

«Antes de que se inicie el proceso de individuación y el sujeto emerja como individuo separado e independiente, hay una fase de la vida tanto histórica como individual en la que unos vínculos orgánicos mantienen unidos aún a los seres humanos con la naturaleza y con su grupo familiar. Durante este período no existen todavía ni la libertad ni la individualidad, como tampoco se siente esa angustia de la soledad que lleva a echar de menos el arraigo, la pertenencia y la integración en el todo. Solo cuando el individuo madura desaparecen esos vínculos primarios y se puede hablar de un ser humano libre cuyo principal reto es orientarse en el mundo y realizar adecuadamente su libertad y su proyecto de vida. La crisis de la adolescencia representaría más o menos este momento: el niño ha crecido, se ha hecho mayor y lucha por cortar los vínculos orgánicos y defender su libertad y su independencia».

Fromm, E., *El miedo a la libertad.*

Texto 2: La tentación de renunciar a la propia libertad

«No hay ser humano si no es en virtud de una libertad y una autonomía que lo desligan y lo separan de la vida natural y animal. Este proceso de emergencia del individuo implica la pérdida de la originaria identidad con el mundo y con los otros, de manera que nuestro modo de obrar ya no viene fijado por un código genético hereditario ni por mecanismos instintivos automáticos. Tenemos que decidir lo que vamos a hacer y, sobre todo, quienes queremos ser. Pero como esto implica inevitablemente angustia, soledad, responsabilidad, la tentación regresiva acecha a cada paso. La sociedad y el mundo aparecen fuera de nosotros como elementos muy poderosos, incontrolables, amenazadores y peligrosos. Muchas personas ceden a este impulso a abandonar la propia individualidad, a superar el sentimiento de soledad mediante la entrega de su libertad a otra persona, a un líder, a una ideología, a la construcción o defensa de una patria mitologizada, etc. Todos estos, y otros muchos, son comportamientos de regresión que necesariamente tienen un carácter de sometimiento».

Fromm, E., *El miedo a la libertad.*

Texto 3: La dialéctica individuo/sociedad y los límites de la libertad

«La relación dialéctica que el individuo mantiene con la sociedad implica que esta desarrolla un cierto tipo de condiciones y de necesidades que motivan las acciones y sentimientos del individuo. Pero, a su vez, las respuestas o comportamientos de los individuos en virtud de la interiorización de esas necesidades se transforman en fuerzas poderosas que contribuyen de manera eficaz a determinar la marcha del proceso social. No obstante, el ser humano no es un horizonte de formas completamente indeterminadas e incondicionadas a las que pueda adaptarse de una manera voluntarista y fácil; no es infinitamente moldeable a la carta, ni es capaz de reciclarse en cualquier otra cosa en función de las condiciones que él se proponga. El ser humano es un producto del proceso histórico y social. Y esto significa que hay determinados mecanismos y condiciones que le son inherentes y que le imponen ciertos límites. Hay factores en el ser humano que son constantes, como, por ejemplo, la exigencia de satisfacer las necesidades biológicas. Cualquier hombre tiene unas necesidades básicas que satisfacer, entre las que se encuentran no solo el hambre y la sed, sino también la de relacionarse con el mundo externo, la necesidad de evitar el aislamiento y la soledad moral. Sin embargo, el modo en que puede o debe satisfacer esas necesidades es ya algo dialécticamente condicionado por la situación histórica y social en la que el individuo vive».

Fromm, E., *El miedo a la libertad.*

Cuestiones para comentar

1 ¿A qué llama Fromm «tentación regresiva»? ¿Por qué la compara con la infancia y la situación de integración de los individuos en el mundo natural?

2 Si dialéctica es una relación de síntesis entre lo positivo y lo negativo, ¿qué quiere decir que el individuo tiene una relación dialéctica con la sociedad?

3 ¿Cómo cambia, según los textos, el sentido de la libertad entre la Edad Media y la Ilustración?

4 ¿Podrías poner algún ejemplo que exprese cómo los seres humanos estamos social e históricamente condicionados?

La filosofía va al cine

La lucha por ser libre

Cadena perpetua

- Título original: *The Shawshank Redemption*.
- Dirección: Frank Darabont.
- Guion: Frank Darabont.
- Intérpretes: Tim Robbins, Morgan Freeman, Bob Gunton, James Whitmore, Gil Bellows, William Sadler, Mark Rolston, Clancy Brown, David Proval, Jeffrey DeMunn, Jude Ciccolella, Don McManus, Alfonso Freeman.
- Música: Thomas Newman.
- Fotografía: Roger Deakins.
- Producción: Columbia Pictures / Castle Rock Entertainment.
- Año: 1994.
- Duración: 142 minutos.
- Nacionalidad: Estados Unidos.

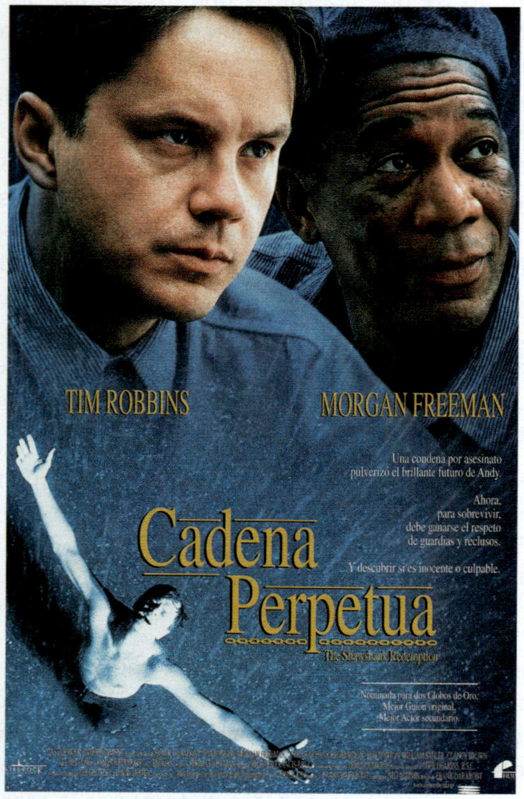

Resumen del argumento

Acusado del asesinato de su mujer y del amante de esta, el vicepresidente de un banco, Andrew Dufresne (Tim Robbins), tras ser condenado a cadena perpetua, es enviado a la cárcel de Shawshank.

A su llegada a la cárcel, al ser recibido por el director, Samuel Norton (Bob Gunton), este no deja lugar a dudas en relación con el régimen de terror que allí impera ni sobre la arbitrariedad con la que actúan los carceleros, que maltratan física y psicológicamente a los internos, los tratan como les place, especialmente el capitán Byron Hadley (Clancy Brown).

Una persona de la sensibilidad de Andy Dufresne, que es un gran aficionado a la literatura y, sobre todo, a la música clásica, supone una provocación para los demás presos, quienes responden maltratándolo con suma brutalidad. A largo plazo, sin embargo, surte efecto que Andy se mantenga fiel a sus principios, pues su sereno modo de ser atrae a varios de los presos, en particular a Red (Morgan Freeman). Red tiene fama de ser capaz de obtener cualquier tipo de cosas; por ejemplo, consigue para Andy un martillo de geólogo y un póster, primero de Rita Hayworth, de Marilyn Monroe después y posteriormente de Raquel Welch.

Con el paso del tiempo, tras numerosos avatares y duros episodios, Andy obtiene también la confianza del personal de vigilancia, hasta el punto de que el director del establecimiento penitenciario hace de él su mano derecha y utiliza sus conocimientos financieros para defraudar impuestos. Esta situación hace que el director impida que se revise el proceso de Andy Dufresne cuando se presenta la oportunidad. Sin embargo, el exbanquero no pierde de vista su objetivo: escapar del penal de Shawshank y marcharse a vivir tranquilamente en Zihuatanejo, en México.

Comentario

Esta película ejemplifica cómo un ser humano conquista su libertad contra la injusticia y la corrupción. Nadie va a dar la libertad a Andy, su protagonista, encerrado en la cárcel por un crimen que no había cometido, si no la consigue él mismo luchando contra quienes lo oprimen y contra el peso de la sociedad. La esperanza de ser libre, a la que Andy continuamente alude, se convierte al fin en realidad. Incluso ese proceso de conquista requiere de él el esfuerzo de la soledad, pues ni siquiera le comenta sus planes a su mejor amigo ni comparte con él esa esperanza.

En un momento de esta película, mientras el protagonista oye un aria de Mozart, dice que la libertad es algo interior y profundo que nadie puede robarle a un ser humano, lo mismo que la música. Lo que se pone de manifiesto con esta expresión es que la libertad es una manera de ser de la conciencia, como la música. No es algo externo y accidental, sino algo de lo que se debe tener conciencia.

La mayoría de los demás presos no son libres: en primer lugar, por el hecho de estar entre rejas, pero también porque tampoco son conscientes de que podrían serlo en su interior. No son capaces de conquistar su libertad interior y, por tanto, tampoco la exterior. Es lo que ejemplifica el viejo Brooks Hatlen (James Whitmore), que se ahorca pocos días después de haber sido puesto en libertad.

Cuestiones para la reflexión

1 La historia que cuenta esta película transcurre en un período de 19 años. ¿Cómo contribuye el modo de tratar el paso del tiempo a la viva escenificación de las dificultades del protagonista para recuperar su libertad?

2 Tras escuchar un aria de Mozart, uno de los presidiarios exclama: «Ha sido como si un hermoso pájaro hubiese entrado en nuestra monótona jaula y hubiese disuelto aquellos muros, y por unos breves instantes hasta el último hombre de Shawshank se sintiera libre». ¿En qué medida la libertad es un sentimiento?

3 ¿Qué papel desempeña la esperanza en la conquista y realización de la libertad?

4 ¿Cómo pueden la culpa y la expiación fortalecer el deseo de libertad?

Fotograma de la película en el que se ve a Andrew Dufresne charlando con Red, su mejor amigo en la prisión de Shawshank.

La filosofía en imágenes

La defensa de la libertad: la revolución

Introducción

El revolucionario actúa cuando cierto número de ciudadanos están convencidos de que las condiciones de ejercicio del poder no responden a valores que ellos consideran indeclinables, como, por ejemplo, el de la libertad. Entonces creen necesario imponer un cambio de actitud mediante la fuerza revolucionaria.

Delacroix, *La libertad guiando al pueblo*

Cuestiones para analizar una obra de arte

1 Fíjate en el lugar que ocupa la mujer en el cuadro, en cómo va vestida, en lo que lleva en las manos. ¿Qué simboliza rodeada de las figuras que le sirven de marco?

2 ¿Qué significado tienen la libertad caminando sobre los muertos, y los hombres y el muchacho que la siguen?

3 Mediante los colores, Delacroix intenta plasmar el sentimiento y la disposición de ánimo de los personajes del cuadro. ¿Qué sentimientos transmite?

4 Los personajes que aparecen en el cuadro pertenecen a todas las clases sociales. ¿Qué concepto de libertad se defiende en esta revolución? ¿Por qué se simboliza con la figura de una mujer del pueblo con el pecho al descubierto?

La defensa de la libertad: la prisión

Introducción

Dice Michel Foucault que el espacio de la prisión manifiesta la omnipotencia de la ley, que establece las obligaciones y las prohibiciones con las que se defiende la libertad y el orden social. Sin embargo, la ley también determina el orden y el lugar que cada uno ocupa en la vida social. Con la ley se combate lo arbitrario y los abusos del poder.

Giovanni Battista Piranesi, *Prisiones imaginarias,* Plancha XIV

Cuestiones para analizar una obra de arte

1 El carácter laberíntico y los elementos arquitectónicos de esta cárcel imaginaria transmiten una imagen de inmensidad y de lejanía. ¿Por qué un prisionero tendría que sentirse inmensamente alejado? ¿Alejado de qué y por qué?

2 Observa el diminuto tamaño de los personajes y la grandeza del edificio. ¿Qué otros detalles expresan el poder de la coacción institucional sobre el prisionero?

3 ¿Se concibe al reo en esta imagen como un cuerpo sin vida interior? ¿Qué concepto de lo que significa cumplir una condena entraña esta representación?

4 ¿Qué función crees que debe cumplir la cárcel: castigar a quienes han perjudicado a otros o intentar rehabilitar al reo? Razona tu respuesta.

Bloque 5

La racionalidad práctica: ética y filosofía política

La ética es la disciplina filosófica que estudia los aspectos de la acción humana vinculados con los valores y las normas que deberían regir los comportamientos de los individuos y la vida social. Se planteará, pues, la búsqueda de la felicidad, cuyo objetivo es la realización del bien, y se estudiarán distintas teorías éticas y los problemas actuales de la ética aplicada. Y en su dimensión social, al ser humano se le plantean retos como el de la organización de la sociedad, la economía, la política y el derecho. Para comprenderlos, han de conocerse las teorías sobre el origen de la sociedad y el Estado; el poder y su legitimación; la diversidad de regímenes políticos y sus diferencias, dando especial importancia a las condiciones del sistema democrático.

Cuestiones a estudiar

Unidad 11
La acción moral

1 La búsqueda de la felicidad y su relación con la virtud y la sabiduría.

2 La realización del bien: razón práctica y conciencia moral.

3 Teorías éticas: consecuencialismo y formalismo.

4 El sentido del deber y su cumplimiento: legalidad y moralidad.

5 Problemas actuales de la ética aplicada.

Unidad 12
Orden político, justicia y derecho

6 La justicia, el derecho y sus fundamentos.

7 El orden político y sus formas: las teorías clásicas.

8 Las ideologías políticas: conservadurismo, liberalismo, socialismo, nacionalismo.

9 El orden democrático en la actualidad.

Unidad 13
Poder y Estado: legitimidad y gobierno

10 El Estado y sus formas: origen y desarrollo.

11 El poder y sus diferentes concepciones.

12 Legitimidad y legalidad: las normas de convivencia y su suspensión en el estado de guerra.

11 La acción moral

Bueno y malo, ¿son principios absolutos?

«Para explicar lo que entendemos por bien y mal, podemos decir que un objeto es bueno cuando por sí mismo debe existir, y malo cuando por sí mismo debe no existir. Si está en nuestro poder hacer que algo exista o no exista, debemos tratar de hacerlo existir si es bueno y no existir si es malo. Cuando algo es bueno, lo apropiado es que con su existencia experimentemos placer. Cuando algo es malo, lo apropiado es que con su existencia experimentemos dolor. Pero todas estas caracterizaciones presuponen en realidad las ideas de bien y mal, y consiguientemente solo son útiles como medios para suscitar las ideas apropiadas, y no como definiciones lógicas. […] La ciencia puede discutir acerca de las causas de lo deseable y de lo rechazable, así como de los medios para su realización, pero no puede contener ningún juicio genuinamente ético, porque se refiere a lo que es verdadero y falso».

Russell, B., *Ensayos filosóficos*.

Actividades

1 Según el texto, ¿cuál es la fuente de nuestro sentido de lo bueno y lo malo? ¿Es la razón? ¿Son los sentimientos, o bien es el interés? Argumenta tu respuesta.

2 ¿Cómo crees que se forma la conciencia moral? ¿Consideras que es innata o, por el contrario, que es fruto de la educación?

3 Si, según el texto, lo apropiado es que con lo bueno experimentemos placer, mientras que con lo malo suframos dolor, ¿sería moral buscar el propio placer mediante un cálculo razonable del cumplimiento de nuestros deberes?

4 ¿Saber lo que es bueno y lo que es malo basta para garantizar el comportamiento moral? Justifica tu respuesta.

Veronés, El sacrificio de Isaac, *Museo del Prado, Madrid.*

1 La búsqueda de la felicidad

1.1. Naturaleza de la felicidad

Dice Pascal, filósofo francés del siglo XVII: «Todos los seres humanos, sin excepción, buscan ser felices, aunque difieran en los medios que emplean para ello. La felicidad es el motivo de todas sus acciones, incluso de las que causan la perdición».

También Aristóteles pensaba que el ser humano busca un bienestar del que pueda decir que le satisface plenamente. Esto sucede a causa de la imperfección humana, que necesita completarse mediante un determinado uso de la libertad. **La felicidad no nos viene dada, sino que tenemos que conquistarla.**

Para algunos filósofos antiguos, las condiciones de la felicidad eran la salud, una buena fortuna y una educación que garantizase el éxito social. Actualmente, muchos piensan también que la comodidad, la seguridad, la salud, el dinero, el poder y los placeres son condiciones necesarias para la felicidad. Pero ¿es eso cierto?

Platón y Aristóteles consideraron que **la felicidad es el bien supremo,** y que los demás bienes (el dinero, los honores, los placeres, etc.) se buscan como medios para alcanzar la felicidad, la cual **es un fin en sí misma.** Otros filósofos antiguos siguieron la inspiración de Aristóteles.

Es preciso tener en cuenta, sin embargo, que, como fin, la felicidad se desea, pero solo se eligen los medios para alcanzarla. Se puede, por tanto, aspirar a ella, pero podemos no conseguirla, porque no depende de nuestra decisión. Por eso Kant define la felicidad como «el estar contento con la propia existencia». Nada nos garantiza ser felices, ni siquiera la moralidad, es decir, el ser moralmente bueno, que solo hace al hombre digno de ser feliz, pero no necesariamente lo hace feliz.

Se podría, por tanto, definir la felicidad como un **estado de plenitud continuada, ligada a la satisfacción de nuestros deseos más fundamentales y al hecho, no del todo controlable por nosotros, de realizar nuestras potencialidades como seres humanos.** Es la experiencia de un estado estable de alegría y de dicha.

Se distingue, por tanto, de la alegría, que es la exteriorización de la satisfacción del vivir, y de la dicha, que es el sentimiento interior de la alegría, de la que proviene. También se distingue del placer, que es el efecto de una satisfacción puntual de un deseo o una necesidad. Mientras que el placer es instantáneo o pasajero, la felicidad debería ser permanente.

En suma, lo que mejor caracteriza la felicidad es que consiste en una situación de riqueza interior y cultivo de la espiritualidad, de paz, porque los deseos están satisfechos, y de armonía consigo mismo y con los demás. En este sentido, **es el ideal de realización más completa posible del ser humano.**

Textos en la web

La felicidad es un modo de actuar deseable (Aristóteles, *Ética a Nicómaco*).

Textos en la web

El placer y la virtud (Séneca, *De la vida bienaventurada*).

1.2. Sabiduría, virtud y felicidad

El **hedonismo** es la doctrina filosófica que insiste en que **el placer es el principal componente de la felicidad.** El filósofo griego Epicuro, que fue su principal defensor, afirma, sin embargo, que para que esto sea así es precisa una buena dosis de sabiduría, pues hay que conocer las necesidades del cuerpo y del alma para elegir satisfacer los deseos que verdaderamente nos dan la felicidad. O sea, hay una sabiduría de los deseos que se funda en una tarea de la razón.

Por tanto, **no cualquier placer hace al ser humano feliz.** Los placeres que excitan excesivamente y mueven el alma al gozo y la alegría conllevan agitación y cambios en el estado de ánimo que terminan creando dependencia y esclavitud, y no son capaces de producir una situación de paz y de felicidad estable y duradera. Esta solo la produce **el placer como ausencia de perturbaciones y de dolores.**

Solo cuando el cuerpo no está turbado por nada goza de la plenitud de su ser y conoce, de ese modo, el placer. Esto sugiere que este placer, una vez alcanzado en esa situación del cuerpo, se experimenta en su nivel más elevado de perfección. De ahí que Epicuro afirme que la duración no aumenta el placer, y que se puede gozar de un modo pleno y total tanto en un día como en cien años.

Como son necesarias muy pocas cosas para conocer la felicidad —no tener hambre, ni sed ni frío; no padecer ni dolor del cuerpo ni turbación del alma—, Epicuro multiplicaba las recomendaciones de sobriedad, que era, por otra parte, el primero en practicar.

Así pues, más que una búsqueda de placeres sensibles intensos y pasajeros, la concepción epicúrea de la felicidad como equilibrio corporal y ausencia de dolor y de turbación impone la moderación en lo referente a las satisfacciones. **Solo los deseos y las necesidades naturales deben satisfacerse,** lo que significa liberarse de las demás necesidades inútiles y de todos los deseos superfluos.

Se impone, pues, la prudencia en la elección del tipo de placeres de los que se va a disfrutar: lo inteligente es renunciar a los placeres que en el futuro van a causar un dolor mayor y resistir el dolor que a la larga producirá un placer mejor.

Textos en la web

La felicidad como posesión del sumo bien (Agustín de Hipona, *Del libre albedrío*).

Textos en la web

Felicidad, seriedad y juego (Aristóteles, *Ética a Nicómaco*).

1.3. La dificultad de ser felices

No obstante, puesto que la naturaleza de la felicidad es la de ser un estado permanente de perfecta y completa satisfacción, se ha de estimar como **un ideal al que solo podemos aproximarnos parcial y temporalmente.** Las dificultades de la existencia, las desgracias personales y colectivas que azarosamente pueden sobrevenirnos, nuestra fragilidad corporal, la lucha de nuestro deseo de felicidad con los deseos de los otros, todo esto hace imposible lograr esa estabilidad continuada del bienestar que define la felicidad.

Por otra parte, nunca es posible la satisfacción de todos nuestros deseos. Dice Schopenhauer que, en nuestra vida cotidiana, el domingo representa el aburrimiento, mientras que los otros seis días de la semana son el deseo. Esto significa que cuando al fin se logra satisfacer un deseo, pronto nos aburre tener lo ya alcanzado y entonces surge otro deseo y luego otro, de modo que esta inquietud no nos deja nunca ser felices.

Contra lo que defendía Epicuro, Kant considera que la felicidad no tiene su origen en la satisfacción de los instintos o de lo que en el hombre constituye su parte animal. Idealmente, la felicidad es, para él, **el sumo bien como síntesis de vida virtuosa y felicidad.** Ahora bien, Kant observa que **nada garantiza en este mundo esa coincidencia de vida virtuosa y felicidad:** los buenos no tienen garantizada la felicidad, sino que pueden sobrevenirles desgracias, injusticias y sufrimientos lo mismo que a los malos. Tampoco hay nada que garantice la perfecta coincidencia de los deseos y las tendencias del individuo con los acontecimientos del mundo.

Por ello, Kant opina que la felicidad no es del todo realizable en este mundo. La naturaleza no se preocupa de que sean satisfechas las tendencias, inclinaciones y voliciones del hombre. Ni tampoco esas necesidades, tendencias y deseos permanecen estables en un estado de satisfacción plena y, por tanto, de quietud.

En este sentido, algunos representantes del **utilitarismo** han subrayado el hecho de que en la consecución de la felicidad no solo son importantes las actitudes individuales y subjetivas, sino que, en la medida en que depende de circunstancias y condiciones objetivas, es preciso tener en cuenta aspectos que afectan **al conjunto de la sociedad.**

Textos en la web

Las condiciones de la felicidad (Séneca, *De la vida bienaventurada*).

Textos en la web

El superyó y la infelicidad (Sigmund Freud, *El yo y el ello*).

Actividades

1 Señala las diferencias que, a tu juicio, existen entre el placer, la alegría y la felicidad.

2 Responde a las preguntas sobre el texto:

«No debemos pues escuchar a los que nos aconsejan no cuidarnos más que de las cosas humanas, porque somos hombres, y porque somos mortales ocuparnos solo de las cosas mortales. Sino que en la medida de lo posible debemos hacernos inmortales y hacerlo todo para vivir de conformidad con la parte más excelente de nosotros mismos, ya que, aunque sea pequeña por sus dimensiones, supera y en mucho a todas las cosas por su poder y dignidad. Además, lo esencial de cada cual parece identificarse con este principio, ya que lo que manda es tan excelente. Y sería absurdo no elegir la vida de esta parte, sino la de otra. Por último, lo que hemos dicho anteriormente cobra aquí también todo su valor: lo que es propio a cada uno por naturaleza es lo mejor y más agradable para cada uno. Lo que le es propio al hombre es la vida de la inteligencia, ya que esta constituye esencialmente al hombre. Y esta vida es también la más feliz».

Aristóteles, *Ética a Nicómaco,* X, 6 y 7.

Giorgione, Los tres filósofos, *Museo de Historia del Arte, Viena, Austria.*

a) ¿Cuál es, para Aristóteles, el ideal de la felicidad? Exprésalo con tus propias palabras.

b) ¿Debe el sabio huir de la sociedad para ser feliz? ¿Se puede ser feliz en soledad?

c) ¿Crees que los filósofos o los científicos son más felices que los comerciantes, los artistas o los militares? Razona tu respuesta.

3 ¿Está hecho el hombre para ser feliz? Comenta algunas razones que apoyen tu opinión.

4 ¿Corresponde a los poderes públicos organizar la felicidad de los ciudadanos? ¿Es ese el sentido que, por ejemplo, tienen las grandes fiestas organizadas por las instituciones públicas?

2 La realización del bien

2.1. Razón práctica y conciencia moral

Función de la conciencia moral

Según Platón y Aristóteles, la felicidad se relaciona con la virtud, o sea, con la búsqueda y el cultivo del bien, no tanto con el placer. Cuando hacemos el bien, nos sentimos satisfechos porque cumplimos con nuestro deber, aunque ello suponga renunciar a algún posible placer puntual en favor del esfuerzo y la disciplina.

Así pues, la moral se sitúa en un terreno intermedio entre la impulsividad pura (propia de los animales) y la racionalidad absoluta (que sería propia de supuestos seres exclusivamente espirituales que no tuvieran cuerpo ni impulsos sensibles, como Dios o los ángeles). Para vivir moralmente, dice Kant, el ser humano debe superar los comportamientos impulsivos y analizar sus deseos a la luz de su razón.

Para la realización de un comportamiento moralmente bueno, los seres humanos contamos con la razón práctica o conciencia moral, que es **la actividad mental por la que nos representamos la rectitud, o la ausencia de rectitud, de una decisión, acción u omisión.** La razón práctica, que es algo que se adquiere en el proceso de socialización, es, pues, la facultad de hacer juicios o valoraciones morales y comprender la obligación incondicional que impone el sentido del deber. Se suele distinguir entre:

1. **Conciencia moral antecedente:** precede a la realización del acto, a la decisión de actuar o no actuar. Se percibe como una sugerencia de la razón a hacer el bien.
2. **Conciencia moral consecuente:** es posterior a la acción, decisión u omisión, y consiste en una reflexión o juicio de la razón sobre lo hecho, decidido u omitido.

De los criterios morales absolutos a la conciencia moral

Llevar a cabo el propio proyecto de vida, tanto en lo personal como en lo colectivo, representa el deber fundamental de todo ser humano y, en consecuencia, el criterio último para la valoración ética de lo bueno y de lo malo.

Ha habido épocas históricas en las que los criterios morales han estado basados en los mandamientos de una determinada religión. Actualmente, esto ya no es así, por lo que no disponemos de soluciones dogmáticas y válidas sin discusión para enfrentarnos a los problemas éticos, sino solo de principios formales.

Esta situación genera la continua necesidad de reinterpretar principios morales tradicionales a fin de que sean aplicables a las nuevas condiciones de vida. Por ejemplo, ahora es posible concebir un ser humano en un tubo de laboratorio o mantener artificialmente la vida vegetativa del cuerpo tras la muerte cerebral, por lo que las decisiones relativas al nacimiento y a la muerte se han vuelto mucho más complejas.

Puesto que la moral ya no aplica criterios absolutos, las decisiones éticas han de tomarse a partir del reconocimiento de la variabilidad y la diversidad de reglas y de normas que guían la conducta moral. Esta diversidad se debe a la aceptación de la autonomía individual en relación con la moral, de modo que es el individuo quien debe decidir sobre lo que es o no correcto en vez de limitarse a tener que obedecer un mandamiento divino absoluto.

La conciencia se considera la norma última de la moralidad, lo cual implica la obligatoriedad de atenerse a ella en el terreno práctico. La conciencia es principio de moralidad justamente porque obliga. No debe, sin embargo, entenderse que se trata de una obligatoriedad subjetivamente entendida, sino **objetivamente fundada por el carácter eminentemente social de la conciencia.**

Textos en la web

«Es» y «debe» (David Hume, *Tratado de la naturaleza humana*).

2.2. Moral, ética, metaética y filosofía de los valores

Distinción entre moral y ética

Con la palabra **«moral»** se suele designar en filosofía **el conjunto de costumbres y de normas por los que debe regirse el comportamiento de una persona para que sea juzgada como moralmente buena.**

Por **«ética»**, en cambio, se entiende **la reflexión acerca de qué se ha de considerar una conducta buena y cómo hay que fundamentar los juicios morales cuando se aplican a la distinción entre el bien y el mal.** A la ética también se la define como la ciencia de los principios de la moral, siendo la moral la aplicación concreta de estos principios en las acciones humanas.

Es una realidad empírica que las morales han sido y son muchas y diversas en las distintas épocas históricas y regiones del mundo. La pluralidad de las éticas se debe, en cambio, a las diferentes teorías que se han propuesto para explicar y fundamentar las morales concretas.

Tanto la moral, que se mueve en el terreno de la realización práctica, como la ética, que se refiere al plano de la reflexión teórica, se enfrentan a situaciones problemáticas que requieren una decisión (sobre cómo actuar en el terreno práctico o sobre cómo fundamentar la acción buena en el plano teórico).

La fundamentación teórica que proporciona la ética puede entenderse como la justificación de las normas y las valoraciones morales (ética normativa), o bien como la definición y el análisis de la idea de bueno (fundamentación metaética).

Ética de los valores

Algunos autores del siglo XX se separan de esta clasificación al sustituir la noción de bien por la noción de valor. Definen el **valor** como un **modo de ser objetivo, simple y necesario que permite diseñar una ética material de los valores resistente al relativismo.**

Para Max Scheler y Nicolai Hartmann, por ejemplo, el relativismo es una amenaza seria que afecta a las éticas del bien al poder ser considerado este como mero objeto de preferencias subjetivas. La ventaja, para estos autores, de su noción de valor es que se trata de algo anterior e independiente de las elecciones de las voluntades subjetivas de los individuos. El fundamento de la ética lo constituiría, pues, **la intuición inmediata de los valores y de sus relaciones jerárquicas, que son realidades metafísicas.**

Otras formas de fundamentación de la obligación moral

También desde perspectivas no estrictamente filosóficas, otras teorías tratan hoy de explicar el fenómeno de la obligación moral no por referencia a un bien supremo o a un valor objetivo ni en función de una conciencia del deber universalmente sentida, sino desde lo que se considera como **la causa de esa obligación moral.**

Así, el psicoanálisis concluye que por la educación, y debido a las normas y a los valores sociales que hemos asimilado a lo largo del proceso de socialización, se configura nuestra conciencia moral acerca de lo que debe o no debe hacerse.

Desde el punto de vista de ciertos sociólogos, por otro lado, se explica la moral como parte de la ideología mediante la que se justifica un determinado orden social. El individuo estaría condicionado, en definitiva, por los valores y las normas ideológicamente dominantes.

Textos en la web

Conocimiento moral y acción (Arthur Schopenhauer, *El mundo como voluntad y representación*).

2.3. Éticas consecuencialistas y éticas formales

En la búsqueda de la felicidad, los utilitaristas la conciben como el mayor bien para el mayor número posible de personas. (Seurat, Un domingo por la tarde en la isla de la Grande Jatte, *Instituto de Arte de Chicago, Estados Unidos).*

A lo largo de la historia, se han propuesto doctrinas éticas que **hacen depender la valoración de lo bueno y de lo malo de los fines prácticos o consecuencias que se derivan de ellos para la existencia humana.**

Ética eudaimonista

En la antigua Grecia, Sócrates, Platón y Aristóteles formularon la primera ética consecuencialista. Según la ética eudaimonista de Aristóteles, **la felicidad es el bien supremo, y su búsqueda, el fin de la acción moral.** Se cree que el que conoce y practica lo bueno es, por ello, feliz. O sea, la *eudaimonía* (palabra griega que significa 'felicidad') es la consecuencia natural de la virtud.

Por tanto, obedecer las prescripciones morales y someterse a las leyes no solo es lo más seguro, sino el único modo de conquistar la felicidad duradera. No es que se proponga el acatamiento ingenuo e irreflexivo de las leyes, sino que se considera su obediencia como exigencia de lo más conveniente para el ciudadano.

A esta concepción de la ética ya trató el estoicismo de darle una justificación metafísica, al considerar que la virtud es el modo de comportamiento que se ajusta a la razón y, por tanto, que es conforme a la naturaleza misma del universo.

Ética utilitarista

El utilitarismo considera que **el bien supremo es la utilidad, definida como «el mayor bien para el mayor número posible de personas».** Para definir la utilidad, los defensores del utilitarismo consideran necesario, como criterio de toda acción, calcular y valorar la cantidad de placer y de dolor, de felicidad y de infelicidad, de satisfacción y de insatisfacción que se van a seguir de ella. El único criterio racional de que disponemos para apreciar la moralidad de un acto es, por tanto, **la consideración de las consecuencias que se derivan de él para la felicidad humana.**

La primera formulación del utilitarismo por autores como Jeremy Bentham y John Stuart Mill tenía un claro carácter hedonista. Se identificaba «utilidad» con «placer» y con «felicidad». En el pasado siglo, el utilitarismo ha adoptado, en cambio, expresiones más complejas. La felicidad con la que se identifica la utilidad debe comprender también la satisfacción de otras capacidades de carácter social, estético o existencial. Se distingue también entre:

1. El **utilitarismo de la regla,** según el cual lo que hay que someter al principio moral de la utilidad es una regla general de acción, no las acciones individuales.
2. El **utilitarismo de la acción** sostiene que una acción concreta puede ser moral por las consecuencias de bienestar para un mayor número, aun cuando vaya en contra de alguna regla general moral, como, por ejemplo, «no mentir».

Ética formal kantiana

Frente a estas teorías consecuencialistas, aparece otro modo de entender la ética, según el cual **el bien se define como mero objeto de la voluntad o de las reglas que la rigen.** Es decir, **se atiende, ante todo, a las normas que rigen la voluntad humana en vez de a sus consecuencias.** Esto significa que se considera el bien supremo como aquello a lo que la voluntad tiende en cumplimiento de tales normas.

La concepción de Kant es formal porque parte de que existe la ley moral como un hecho. O sea, como algo constitutivo de lo humano, en toda sociedad existen normas y costumbres morales. Esto permite unir la obligación moral a la razón y considerarla formal, universal e igualmente obligatoria para todo ser racional.

Textos en la web

El formalismo kantiano (Immanuel Kant, *Fundamentación de la metafísica de las costumbres*).

2.4. ¿Qué es un acto moralmente bueno?

Como hemos dicho, la metaética es la reflexión filosófica sobre lo que debe entenderse por un acto bueno. Se pueden distinguir en ella dos orientaciones principales:

1. Por una parte, están las **teorías cognitivas,** que afirman que es posible demostrar la bondad moral de una acción por medios racionales. Entre ellas, cabe distinguir el intuicionismo y el descriptivismo.
2. Por otro lado, en cambio, están las **teorías no cognitivas,** según las cuales no es posible. Hay que recurrir, por tanto, al sentimiento o a la intuición. Entre ellas, cabe distinguir el emotivismo y el prescriptivismo.

Intuicionismo

Según G. E. Moore, el concepto de lo bueno, criterio fundamental de valoración ética, es indefinible. Solo se llega a saber qué es bueno mediante una intuición. Pretender analizarlo, descomponiéndolo en propiedades o características, sería tratarlo como si fuera un objeto material.

Así pues, según el intuicionismo, **las verdades morales son conocidas por intuición, y por intuición sabemos que un acto bueno es un acto moral.**

Emotivismo

El emotivismo es la posición sostenida por Alfred J. Ayer, quien considera que **ningún enunciado moral tiene valor cognoscitivo ni descriptivo.** Al no referirse a nada verificable, se trata de enunciados que no son ni verdaderos ni falsos. **Son pseudoenunciados, que solo expresan los gustos personales y los sentimientos morales de quienes los emiten.**

Partiendo de Ayer, Charles L. Stevenson distingue, sin embargo, en los enunciados morales un contenido descriptivo y un contenido imperativo indefinido; este sería el propiamente moral. Por ejemplo, en «esto es bueno» habría una descripción y la sugerencia a otro para que opine también esto mismo («yo lo apruebo y tú deberías también aprobarlo»). A diferencia de Ayer, Stevenson sostiene que el método científico o empírico de verificación no es el adecuado para la ética.

Prescriptivismo

Se trata de la doctrina según la cual **los enunciados éticos expresan prescripciones o mandatos, pero de tal naturaleza que permiten adoptar criterios de discusión sobre las argumentaciones morales.**

Las normas éticas deben ser seguidas por todos los seres humanos en la medida en que todos participamos de una aceptación común de los valores que sostienen nuestra vida en sociedad. Por ejemplo, «no robarás» es un imperativo. A la pregunta de «¿por qué?», se responde que «hay que respetar las propiedades de los demás si queremos que se respeten las nuestras». El respeto a la propiedad ajena es un valor que debe cumplirse en cualquier ocasión y para cualquier persona.

Descriptivismo

Se opone al prescriptivismo, pues considera que lo propiamente moral no es ni lo prescriptivo ni lo universal. **Lo moral es simplemente lo regulado con normas por ser algo que se considera vitalmente importante o fuente de conflictos internos o causa de conflictos externos.**

Según algunos de estos autores, los criterios por los que algo se llama «bueno» dependen de cualidades naturales, por lo que se pueden realizar analogías semánticas, por ejemplo, entre «un buen reloj» y «un buen hombre».

2.5. El sentido del deber

Según Kant, el comportamiento de los seres humanos debe adecuarse a la moral porque lo que nos diferencia de los animales es que, en nosotros, no coinciden generalmente lo que la razón comprende y lo que la voluntad quiere. En los animales esto no sucede, porque ellos nacen con un código genético que les prescribe, de manera instintiva, todos sus comportamientos. Sin embargo, **el ser humano nace como un ser libre que tiene que decidir en cada momento entre lo que comprende que es bueno y su tendencia a dejarse llevar por lo malo.**

Esta libertad es la causa de que sean necesarias normas morales racionales que, de manera imperativa, nos obliguen y guíen las decisiones de nuestra voluntad hacia el cumplimiento del deber. **El objetivo de la moral es, pues, que nuestras acciones se realicen lo más posible de acuerdo con la razón y obedeciendo sus mandatos, en lugar de estar motivadas por nuestros impulsos.**

Puesto que lo racional es racional para todos, lo moral es actuar de tal modo que nuestras acciones puedan resultar moralmente aceptables para todos los demás seres humanos. De ahí que Kant defina así lo que él llama el imperativo categórico de su moral, o sea, la norma fundamental a seguir: «Obra de tal modo que lo que motive tu voluntad pueda servir siempre como norma de leyes universales».

Kant le da también a este imperativo categórico otras formulaciones. Por ejemplo, esta: «Procede de tal manera que trates a la humanidad, tanto en tu persona como en los demás, siempre como un fin y nunca como un medio».

Lo primero que advertimos en estas fórmulas es que **se trata de un mandato imperativo, no de un consejo.** Es así porque el ser humano posee, por su condición humana, una voluntad débil perfectamente capaz de realizar todo tipo de comportamientos irracionales e inmorales.

Como hemos dicho antes, precisamente por ser libre, el ser humano puede elegir entre seguir sus impulsos sensibles o, por el contrario, dejarse guiar por la razón. Entonces, **la ley moral se tiene que expresar como obligación incondicional de que el individuo conforme sus acciones al deber moral.**

En la segunda fórmula, el imperativo categórico implica **el reconocimiento de los demás seres humanos como sujetos morales,** es decir, como personas para los que la ley moral debe poder valer lo mismo que para nosotros, y esto exige el respeto a su dignidad.

Esta formulación del imperativo categórico pone de manifiesto de forma más clara que la universalidad del imperativo categórico no consiste en poner de acuerdo a todos los seres humanos sobre un fin a perseguir (la felicidad, por ejemplo), sino solo en reconocer la dignidad humana tanto en uno mismo como en los demás.

Textos en la web

La implantación del sentido del deber en los niños (Henri Bergson, *Las dos fuentes de la moral y de la religión*).

Textos en la web

Lo bueno como búsqueda de la felicidad del otro (Immanuel Kant, *La metafísica de las costumbres*).

2.6. Legalidad y moralidad

Para Kant, el ser humano puede hacer uso de su razón para alcanzar bienes objetivos que lo son por sí mismos, no porque satisfagan los deseos subjetivos o las necesidades de los seres humanos. Esto es así porque el ser humano es capaz de formular **juicios «desinteresados»,** o sea, que **no están obligatoriamente subordinados a los deseos, a las necesidades materiales, a los impulsos, etc.**

Precisamente estos juicios desinteresados son los juicios propiamente morales, porque en ellos **la razón es la que determina a la voluntad de manera inmediata, en vez de permitir que lo hagan los objetos del deseo.** A esta voluntad determinada directamente por la razón Kant la llama una **«voluntad buena».**

Kant entiende la moralidad como la obediencia incondicional a la ley moral. (Charles-Alphonse Dufresnoy, La muerte de Sócrates, *Palacio Pitti, Florencia, Italia).*

Kant dice, además, que solo esta voluntad buena es un bien en términos absolutos, ya que los demás bienes (la inteligencia, las riquezas, etc.) pueden ser mal empleados, y esto impide que se los pueda considerar bienes en sentido absoluto.

En cambio, la voluntad buena sí es un bien absoluto, porque **actúa únicamente obedeciendo a la ley moral.** La condición para que la voluntad buena sea un bien moral es que actúe solo por obediencia y por respeto a la ley moral, por deber.

Ahora bien, si actúa conforme a la ley moral, o conforme al deber, pero lo hace por miedo, coacción o esperando obtener beneficios, esa acción no es una acción moral, al no estar determinada directamente y de forma inmediata por la ley moral.

Esto lleva a Kant a distinguir entre legalidad y moralidad, en función de los motivos que inspiran la acción moral:

1. **La legalidad es la mera conformidad con la ley moral de una acción que se ejecuta por otros motivos distintos del puro respeto a la ley moral.** Por ejemplo, se actúa por interés económico, para evitar algún daño, etc.
2. **La moralidad es la conformidad inmediata de la voluntad con la ley moral, sin que intervengan en ella otros motivos distintos.**

Textos en la web

Sentido del deber y fanatismo (Hannah Arendt, *Eichmann en Jerusalén*).

Actividades

1 ¿Es la objeción de conciencia una actitud de desobediencia civil? ¿En qué casos sí y en cuáles no? Pon algunos ejemplos y explica tu opinión.

2 ¿Sostiene Kant que los juicios de valor son consecuencia de una definición previa del bien supremo? ¿Por qué se considera su ética una ética formal?

3 Los filósofos han justificado la necesidad de comportarse moralmente mediante la felicidad, la utilidad, la salvación eterna o el cumplimiento del deber. ¿Qué motivo te convence más y por qué? ¿Se te ocurre algún otro?

4 ¿Has pensado en que la moral pudiera ser simplemente una estrategia utilizada históricamente por los poderosos para manipular y dominar a los demás? ¿Cómo te imaginas una sociedad en la que no hubiese reglas morales debidamente fundamentadas?

5 Responde a las preguntas sobre el texto:

«El concepto de deber exige de la acción que concuerde objetivamente con la ley, y de su máxima que respete subjetivamente la ley como modo único de determinación de la voluntad por ella. Y en esto se funda la diferencia entre la conciencia de haber obrado conforme al deber o por deber, es decir, por respeto a la ley: lo primero (la legalidad) es también posible si las inclinaciones fueran solamente los motivos determinantes de la voluntad; lo segundo (la moralidad), en cambio, el valor moral, solo debe consistir en que la acción se haga por deber, es decir, solamente por amor a la ley».

Kant, I., *Crítica de la razón práctica,* capítulo 3.

a) Según este texto, ¿qué entiende Kant por deber moral?

b) ¿Niega Kant todo valor moral a los sentimientos y a las inclinaciones subjetivas? ¿Solo sería moral la acción que logra vencer una inclinación mediante la obediencia a la razón?

c) ¿Se contradicen la obediencia al deber y actuar con libertad?

6 ¿Incluye el cumplimiento del deber la obediencia a leyes injustas? Pon algún ejemplo que justifique lo que opinas al respecto.

3 Problemas actuales de ética aplicada

3.1. Los avances técnicos y la ética

La creciente complejidad y el imparable desarrollo de nuestro mundo han producido situaciones nuevas que requieren la aplicación de criterios éticos que ya no pueden ser proporcionados de manera precisa por las consideraciones genéricas de las doctrinas éticas del pasado. Hacen falta orientaciones para casos específicos que exigen una elección moral concreta que nunca antes se había imaginado que pudiera presentarse. Por tanto, **ya no son suficientes las éticas normativas (las que se ocupaban de elaborar códigos de reglas morales universales) ni una abstracta llamada al cumplimiento del deber.**

La mayor parte de las nuevas cuestiones éticas se generan hoy por los avances científicos y por los asombrosos adelantos técnicos que continuamente se producen. Uno de los ámbitos más amplios de aplicación de la ética es, por esta razón, el de la bioética, que se ocupa de las decisiones relativas al tratamiento de las enfermedades, a los métodos de reproducción, a la donación y el trasplante de órganos, a los experimentos de ingeniería genética, a los usos terapéuticos de las células madre, etc.

Tal vez sea en este ámbito de la bioética en el que se han producido los cambios más importantes como resultado de los avances de la medicina y de la biología, en particular de la biología molecular y de la genética. Hay quienes limitan el ámbito de la bioética a las ciencias de la salud, mientras que otros lo amplían a todas las ciencias biológicas, en tanto que buscan mejorar la calidad de la vida humana.

Es necesaria una teoría ética racional que pueda fundamentar y justificar los juicios morales que han de emitirse en la sociedad actual, caracterizada por el pluralismo ideológico y la secularidad, y que han de ser aceptados por individuos que se atienen a criterios de moralidad distintos de los tradicionales.

Aparte de la bioética, constituyen, por ejemplo, otras áreas de aplicación actual de la ética las cuestiones morales sobre las relaciones de los seres humanos con los animales no humanos y el medio ambiente natural, o las garantías morales que deben regir el funcionamiento de las empresas y las relaciones comerciales.

En todos estos casos es evidente la naturaleza interdisciplinar de la reflexión, pues la comprensión de todas estas cuestiones requiere la contribución de muchas disciplinas: precisa de conocimientos de los aspectos médicos, de las consecuencias jurídicas y, por supuesto, un análisis filosófico de los temas y conceptos morales.

Textos en la web

Ética de la convicción, ética de la responsabilidad (Max Weber, *La política como vocación*).

3.2. La bioética

Se pueden distinguir tres tipos principales de cuestiones de las que se ocupa la bioética:

1. **Las relacionadas con la reproducción y el nacimiento de los seres humanos:** la bioética se ocupa de los problemas planteados por las nuevas técnicas de reproducción, del diagnóstico prenatal y de la posibilidad, en un futuro, de la clonación reproductiva de seres humanos (o sea, provocar el nacimiento de un ser humano genéticamente idéntico a otro), o de la ingeniería genética humana (que permitiría la aparición de individuos con rasgos genéticos, al menos en parte, predeterminados).

   Estas y otras posibilidades técnicas provocan graves riesgos de deshumanización, pero también pueden ser el origen de nuevos derechos, como el derecho a la libertad de procreación, el derecho a la integridad genética o los derechos del embrión y de los no nacidos.

2. **Las planteadas en el contexto de la atención a la salud y de la relación entre médico y paciente:** actualmente, ha cambiado profundamente la relación entre el médico y el paciente. Hoy en día se reconoce, por ejemplo, el derecho del paciente a ser informado del diagnóstico del médico y a aceptar o a rechazar el tratamiento al conocer los riesgos o los efectos secundarios que puede conllevar. Este derecho lo tiene el paciente incluso si su negativa puede llevarlo a la muerte.
3. **Las que afectan a las decisiones que uno puede tomar con respecto a su propia muerte y a la de los demás:** a finales del pasado siglo XX, se llegó a establecer una nueva forma de dictaminar la muerte de los seres humanos; la muerte ya no es la detención de los latidos del corazón (parada cardíaca), sino el cese de toda actividad cerebral. Sin embargo, actualmente es posible mantener con vida los cuerpos de las personas con muerte cerebral mediante máquinas que prolongan la vida vegetativa de los pacientes que no pueden ser curados. En situaciones así se plantea y se discute cómo actuar de manera que se armonice el respeto a la vida con el derecho a una muerte digna.

Textos en la web

¿Pueden los seres vivos ser reducidos a una máquina? (René Descartes, *Los principios de la filosofía*).

3.3. Otros retos de ética aplicada

La necesidad de producción industrial de alimentos para dar de comer a una población cada vez más numerosa ha obligado al uso de técnicas que establecen condiciones de vida antinaturales y crueles para los animales. También la experimentación con fines médicos que utiliza distintas especies animales, como ratones o monos, y que los someten a situaciones de sufrimiento e incluso de muerte ha suscitado la cuestión de **los derechos de los animales y la responsabilidad individual y pública que debería existir de tratarlos de la manera adecuada.** Diversos estudiosos han denunciado la crueldad de estas prácticas con argumentos detallados en favor de una sensibilización que impida en lo posible este tipo de situaciones.

Los derechos de los animales y la ética ecológica son problemas actuales de ética aplicada. (Leandro Bassano, Sacrificio de Noé después del diluvio, *Museo del Prado, Madrid).*

Del mismo modo, las agresiones al medio ambiente, a los bosques y, en general, a los recursos naturales han dado lugar a la promoción de una **ética ecológica** que exige que se respeten los derechos de los individuos, presentes y sobre todo futuros, a respirar un aire puro, a beber un agua limpia y a disfrutar de un paisaje no destruido ni contaminado. De particular importancia en esta línea es la atención que se presta al uso de la energía nuclear, y a su potencial de destrucción sobre la vida del planeta en caso de accidente.

También la organización de la producción y distribución de bienes en las actuales empresas transnacionales, el aumento enorme de las relaciones comerciales a nivel planetario, la función de los bancos de apoyo financiero a toda esta actividad y la salvaguarda y la defensa de los derechos de los consumidores han dado lugar a lo que hoy se conoce como **ética empresarial o ética de los negocios.**

En este ámbito de la ética aplicada se intenta establecer el conjunto de los derechos y deberes que están obligados a cumplir todos los agentes de la industria, el comercio y el mundo financiero para generar un clima positivo de confianza mutua. El cumplimiento de estos principios éticos profesionales redundará positivamente en un gran beneficio tanto de los empresarios como de los consumidores.

Textos en la web

Ética y condiciones laborales (Karl Marx, Manuscritos: *Economía y filosofía*).

Actividades

1 ¿Se ha de poder realizar todo lo que es posible técnicamente? ¿Deben ponerse límites a los avances científicos? Argumenta tu respuesta.

2 Infórmate sobre lo que es el «testamento vital» que pueden dar por escrito los pacientes cuando ingresan en un hospital. ¿Qué principios morales están implicados en él?

3 ¿Qué acciones podrían servir para desarrollar en las personas la conciencia ecológica; o sea, el deber de respetar y de conservar la naturaleza?

4 Responde a las preguntas sobre el texto:

«Es probable que llegue el día en que el resto de la creación animal pueda adquirir aquellos derechos que jamás se les podrían haber negado a no ser por obra de la tiranía. Los franceses han descubierto ya que la negrura de la piel no es razón para que un ser humano haya de ser abandonado sin remisión al capricho de un torturador. Quizá un día se llegue a reconocer que el número de patas, la vellosidad de la piel o la terminación del *os sacrum* son razones igualmente insuficientes para dejar abandonado al mismo destino a un ser sensible. ¿Qué ha de ser, si no, lo que trace el límite insuperable? ¿Es la facultad de la razón o quizá la del discurso? Pero un caballo o un perro adulto es, más allá de toda comparación, un animal más racional, y con el cual es más posible comunicarse, que un niño de un día, de una semana e, incluso, de un mes. Y aun suponiendo que fuese de otra manera, ¿qué significaría esto? La cuestión no es si pueden razonar o si pueden hablar, sino: ¿pueden sufrir?».

Bentham, J., *Introducción a los principios de la moral y de la ley.*

a) ¿En qué principios se basa el autor para justificar que se deben reconocer derechos a los animales y tratarlos con consideración?

b) ¿Hay un deber de tratar bien a los animales? Compara este texto con la doctrina kantiana del deber y redacta un breve comentario al respecto.

c) Admitiendo que el sacrificio de animales sea necesario para alimentar a las personas, ¿qué límites pondrías a los derechos de los animales y por qué razones?

En la web

Encontrarás una autoevaluación interactiva.

Un autor, una obra

Epicuro, *Carta a Meneceo*

Resumen de la obra

Epicuro, filósofo griego que vivió entre los siglos IV y III a.C., defiende el hedonismo, y sostiene que el fin de la vida humana es el placer, pero no se trata del placer puramente material, sino que es más bien un placer de índole espiritual y afectivo, y, por tanto, tranquilo y duradero.

Las numerosas críticas de las que ha sido objeto el epicureísmo y las grandes tergiversaciones ideológicas a las que se ha visto sometido a lo largo de toda la historia de la filosofía muestran el inmenso grado de agresividad que provocaron sus ideas, por lo que estas fueron deformadas hasta la caricatura por parte de sus enemigos, en uno de los más grandes movimientos de falsificación y de manipulación intelectual de toda la historia de las ideas.

En este sentido, se le acusó de libertino y de vivir como los cerdos, preocupado solamente de los placeres sensuales. Sin embargo, para Epicuro, el auténtico placer solo se alcanza cuando se consigue la autarquía; esto es, el pleno dominio de uno mismo, de los propios deseos y de los afectos.

Pero la autarquía no es entendida por Epicuro como un estado de completa insensibilidad y de eliminación de todas las pasiones, como preconizaban los estoicos, sino que es la eliminación de los obstáculos que se oponen a la felicidad: los temores y las preocupaciones, las penas y los dolores.

Para Epicuro, el sabio será aquel que conozca las verdaderas necesidades, que deben reducirse a lo indispensable para que no nos inquieten los deseos de poseer más, ya que el verdadero placer no se halla en los bienes materiales, sino en el saber y en la amistad. El cuidado de estos bienes, así como la consecución de los placeres, producen la *ataraxia*, es decir, la serenidad y el equilibrio del ánimo. Se debe saber dosificar los placeres materiales y se han de ordenar en función de los placeres espirituales, que son de mayor valía. Con ello, se eliminan los otros dos obstáculos que impiden la felicidad: la búsqueda desordenada de placeres y el miedo al dolor.

Textos seleccionados

Texto 1: El placer es el principio y el fin de la vida feliz

«Decimos que el placer es el principio y el fin de la vida feliz. Lo hemos reconocido como el primero de los bienes y, conforme a nuestra naturaleza, él es el que nos hace preferir o rechazar las cosas, y a él tendemos tomando la sensibilidad como criterio del bien. Y puesto que el placer es el primer bien natural, se sigue de ello que no buscamos cualquier placer, sino que en ciertos casos despreciamos muchos placeres cuando tienen como consecuencia un dolor mayor. Por otra parte, hay muchos sufrimientos que consideramos preferibles a los placeres, cuando nos producen un placer mayor después de haberlos soportado durante largo tiempo. Por consiguiente, todo placer, por su misma naturaleza, es un bien, pero todo placer no es deseable. Igualmente, todo dolor es un mal, pero no debemos huir necesariamente de todo dolor. Y, por tanto, todas las cosas deben ser apreciadas por una prudente consideración de las ventajas y molestias que proporcionan. En efecto, en algunos casos tratamos el bien como un mal, y en otros, el mal como un bien».

Epicuro, *Carta a Meneceo*.

Texto 2: No cualquier placer nos da la felicidad

«Cuando decimos que el placer es el soberano bien, no hablamos de los placeres de los pervertidos ni de los placeres sensuales, como pretenden algunos ignorantes que nos atacan y desfiguran nuestro pensamiento. Hablamos de la ausencia de sufrimiento para el cuerpo y de la ausencia de inquietud para el alma. Porque no son ni las borracheras, ni los banquetes continuos, ni el goce de los jóvenes o de las mujeres, ni los pescados y las carnes con que se colman las mesas suntuosas, los que proporcionan una vida feliz, sino la razón, buscando sin cesar los motivos legítimos de elección o de aversión, y apartando las opiniones que pueden aportar al alma la mayor inquietud. Por tanto, el principio de todo esto, y a la vez el mayor bien, es la sabiduría. Debemos considerarla superior a la misma filosofía, porque es la fuente de todas las virtudes y nos enseña que no puede llegarse a la vida feliz sin la sabiduría, la honestidad y la justicia, y que la sabiduría, la honestidad y la justicia no pueden obtenerse sin el placer. En efecto, las virtudes están unidas a la vida feliz, que a su vez es inseparable de las virtudes».

Epicuro, *Carta a Meneceo.*

Texto 3: Pensar en la muerte no tiene por qué impedir que nos sintamos felices

«Acostúmbrate a pensar que la muerte no es nada para nosotros, puesto que el bien y el mal no existen más que en la sensación, y la muerte es la privación de sensación. Un conocimiento exacto de este hecho, que la muerte no es nada para nosotros, permite gozar de esta vida mortal evitándonos añadirle la idea de una duración eterna y quitándonos el deseo de la inmortalidad. Porque si una cosa no nos causa ningún daño en su presencia, es necio entristecerse por esperarla. Así pues, el más espantoso de todos los males, la muerte, no es nada para nosotros porque, mientras vivimos, no existe la muerte, y cuando la muerte existe, nosotros ya no somos. Por tanto, la muerte no existe ni para los vivos ni para los muertos, porque para los unos no existe, y los otros ya no son. Pero la gente huye de la muerte como del mayor de los males, y la reclama otras veces como descanso de los males de su vida. El sabio, en cambio, ni rechaza el vivir ni teme el no vivir; pues ni el vivir le parece un mal ni cree un mal el no vivir. Y así como de ninguna manera elige el alimento más abundante, sino el más agradable, así también goza del tiempo más agradable, y no del más duradero».

Epicuro, *Carta a Meneceo.*

Cuestiones para comentar

1 ¿Por qué considera Epicuro un mal la «inquietud para el alma»? ¿Qué tipo de serenidad identifica él con la felicidad, la de la ausencia de deseos o la de la satisfacción de los deseos?

2 ¿Es Epicuro un defensor incondicional del placer? ¿Se opone a algunas formas de placeres? ¿A cuáles?

3 Comenta la frase: «en algunos casos tratamos el bien como un mal, y en otros, el mal como un bien».

4 ¿Te parece que puede ser compatible sentirse feliz con la conciencia de que vamos a morir? ¿Cómo argumentarías una respuesta positiva y otra negativa a esta pregunta?

La filosofía va al cine

La responsabilidad moral

El Club de los Poetas Muertos

- Título original: *Dead Poets Society.*
- Dirección: Peter Weir.
- Guion: Tom Schulman.
- Intérpretes: Robin Williams, Robert Sean Leonard, Ethan Hawke, Josh Charles, Dylan Kussman, Gale Hansen, James Waterston, Allelon Ruggiero, Norman Lloyd, Kurtwood Smith, Melora Walters, Welker White, John Cunningham, Debra Mooney, Lara Flynn Boyle.
- Música: Maurice Jarre.
- Fotografía: John Seale.
- Producción: Touchstone Pictures / Silver Screen Partners IV.
- Año: 1989.
- Duración: 124 minutos.
- Nacionalidad: Estados Unidos.

Resumen del argumento

En un elitista y estricto colegio privado de Nueva Inglaterra, en Estados Unidos, un grupo de alumnos descubre la poesía, el significado del *carpe diem* —'aprovechar el momento'— y la importancia vital de luchar por alcanzar los sueños gracias a un excéntrico profesor de literatura llamado John Keating (Robin Williams).

En clase, el profesor pide a sus alumnos que observen el gráfico de coordenadas que la introducción del libro de texto utiliza para definir la poesía y lo califica de «basura». Les dice que arranquen esa página, pues él considera que la poesía carece de estructura y no ha de atenerse a ninguna norma. Solo crea y piensa en algo quien se siente libre y da a su creación el énfasis que necesita al margen de todos los esquemas.

Los alumnos descubren, mediante el anuario de su promoción, que el profesor formó parte del Club de los Poetas Muertos. Cuando le preguntan directamente en clase, él les explica que el grupo se reunía en una cueva y escribían poesía, pensaban libremente y expresaban sus emociones a través de «una verborrea que fluía como la savia de un árbol herido». Los chicos deciden crear un nuevo Club de los Poetas Muertos y, encabezados por Neil (Robert Sean Leonard), una noche se escapan a la cueva y celebran un ritual que consiste en actuar y comportarse como si en la cueva no tuviesen vigencia los prejuicios de la sociedad ni hubiese nadie que pudiese oprimirlos.

Hasta tal punto disfrutan de su libertad que declaran la guerra a la disciplina del colegio. Pero de su entusiasta revolución estudiantil y de su pasión por el teatro y por la vida bohemia se seguirán trágicas consecuencias: uno de los alumnos se suicida, y ello determinará la expulsión del profesor.

Comentario

Esta película plantea el siguiente problema: ¿se puede considerar al profesor Keating responsable del suicidio de Neil? ¿También son responsables su estricto e intransigente padre y la disciplina autoritaria del colegio? Aunque el filme se inclina más por esta última posibilidad, la respuesta correcta debería ser que, aunque estos no son legalmente responsables, sí son indirectamente responsables morales. Neil se suicida como resultado de las presiones contradictorias que todos ejercen sobre él, y su acción adquiere cierto sentido si se la analiza a partir de los conceptos de la ética kantiana.

La influencia del profesor estimula a los alumnos a preguntarse sobre sí mismos, sobre sus deseos para el futuro y sobre el sentido de su educación. La irrupción de valores buenos como la creatividad o la libertad de pensamiento acaba produciendo consecuencias trágicas, pero también tiene consecuencias positivas, como la superación de la timidez y los complejos de Overstreet, que logra conquistar a la chica que ama.

Por ello, Keating no es directamente responsable. Su intención era moralmente buena por ser racional y virtuosamente motivada, pero esto no le exime de alguna responsabilidad indirecta. En un momento de la película, Keating le dice a otro profesor que quiere educar a sus alumnos para que piensen y decidan por ellos mismos; es decir, defiende el ideal kantiano. Y el otro profesor le responde: «¿A los 17 años?».

Cuestiones para la reflexión

1. ¿Consideras que fue ética la conducta del profesor Keating al inculcar a sus estudiantes formas libertarias de comportarse e ideas para las que tal vez no estaban suficientemente maduros? Razona tu respuesta.
2. Cuando los estudiantes se rebelaban contra la disciplina del colegio, ¿lo hacían como signo de madurez o por agradar a Keating?
3. ¿Qué tipo de responsabilidad achacarías a Keating por la muerte de Neil? ¿Merecía ser expulsado del colegio?
4. ¿Se puede aplicar a esta película el principio kantiano de que la razón es la que guía la voluntad moral al margen de las emociones y de las pasiones?

Fotograma de la película en el que se ve al profesor Keating rodeado por sus alumnos.

Sugerencias para un debate

¿Qué son las aporías éticas?

Vista de Manhattan, Nueva York, desde Long Island.

Introducción al debate

Imaginemos que un terrorista ha escondido una bomba atómica en la isla de Manhattan, en Nueva York, que estallará a mediodía del 4 de julio, a menos que se libere a diez terroristas de su organización. Imaginemos que la policía lo detiene la misma mañana del 4 de julio, y que el terrorista se muestra dispuesto a morir antes que revelar dónde está colocada la bomba. ¿Qué debe hacer la policía?

Si se respeta el derecho del terrorista detenido a no ser torturado como establecen las convenciones de los países civilizados, morirán millones de personas. Si el único modo de salvar las vidas de tanta gente es someter al terrorista al dolor más espantoso posible, ¿qué razones éticas pueden aducirse para no hacerlo?

Cuestiones para debatir

1 ¿Cuál es tu opinión sobre este dilema? ¿Qué implicaciones crees que se derivan de él?

2 ¿Echa por tierra esta situación tanto el normativismo en la moral como el formalismo kantiano o se podría justificar aquí la aplicación de la tortura como un deber de la razón práctica: buscar la verdad y evitar las muertes? Argumenta tu respuesta.

3 ¿Debe tener excepciones el principio kantiano de que la moral debe ser universal? ¿Cuándo? ¿Cómo justificarías esas excepciones?

4 ¿Constituye este caso otra prueba de la necesidad del mundo moderno de criterios éticos que ya no pueden ser proporcionados de manera precisa por las consideraciones genéricas de las doctrinas éticas del pasado? Argumenta tu respuesta.

Un aspecto concreto para discutir

El filósofo francés Jean Paul Sartre opina que la moral kantiana no vale para resolver las aporías morales. En momentos de dificultad para encontrar una orientación moral, él defiende una ética ajustada a cada situación. Y para ilustrar esa idea pone el ejemplo de un joven que vino a consultarle durante la ocupación alemana de Francia en la Segunda Guerra Mundial, y le expuso su indecisión ante la siguiente aporía.

Sobre la elección moral

«Uno de mis alumnos me vino a ver en las siguientes circunstancias: su hermano mayor había sido muerto en la ofensiva alemana de 1940, y este joven quería vengarlo. Su madre vivía sola con él muy afligida por la muerte del hijo mayor, y su único consuelo era él. Este joven tenía, en ese momento, la elección de partir para Inglaterra y entrar en las Fuerzas francesas libres —es decir, abandonar a su madre— o bien permanecer al lado de su madre, y ayudarla a vivir. Se daba cuenta perfectamente de que esta mujer solo vivía para él y que su desaparición —y tal vez su muerte— la hundiría en la desesperación. En consecuencia, se encontraba frente a dos tipos de acción muy diferentes: una concreta, inmediata, pero que se dirigía a un solo individuo; y otra que se dirigía a un conjunto infinitamente más vasto, a una colectividad nacional, pero que era por eso mismo ambigua, y que podía ser interrumpida en el camino. Al mismo tiempo dudaba entre dos tipos de moral. Por una parte, una moral de simpatía, de devoción personal; y por otra, una moral más amplia, pero de eficacia más discutible. Había que elegir entre las dos. ¿Quién podía ayudarlo a elegir? ¿Quién puede decidir a priori? Nadie. Ninguna moral inscrita puede decirlo. La moral kantiana dice: no tratéis jamás a los demás como medios, sino como fines. Muy bien; si vivo al lado de mi madre la trataré como fin, y no como medio, pero este hecho me pone en peligro de tratar como medios a los que combaten en torno a mí; y recíprocamente, si me uno a los que combaten, los trataré como fin, y este hecho me pone en peligro de tratar a mi madre como medio».

Sartre, J.P., *El existencialismo es un humanismo.*

Fuerzas francesas libres desfilando bajo el Arco del Triunfo tras la liberación de París de la ocupación alemana en el año 1944.

12 Orden político, justicia y derecho

La justicia como exigencia social

«El hombre, nacido en el seno de una familia, ha de mantener la vida social por necesidad, inclinación natural y hábito. Esa misma criatura, a medida que progresa, se ve impelida a establecer la sociedad política, a fin de administrar justicia, sin la cual no puede haber paz, seguridad ni relaciones mutuas. Debemos, pues, considerar que toda la vasta máquina de nuestro gobierno no tiene en última instancia otro objeto a propósito que administrar justicia o, en otras palabras, servir de soporte a los doce jueces. Reyes y parlamentos, armadas y ejércitos, funcionarios de la Corte y el Tesoro, embajadores, ministros y consejeros privados, todos se hallan subordinados en sus fines a esta parte de la administración. Incluso el clero, en la medida en que su deber lo llama a inculcar la moralidad, puede justamente ser considerado, en lo que hace a este mundo, sin otro objeto útil para su ministerio. Todos comprenden la necesidad de la justicia para mantener la paz y el orden como comprenden lo necesario de la paz y el orden para el mantenimiento de la sociedad. Y, sin embargo, a pesar de una necesidad tan grande y obvia —¡tan frágil o perverso es nuestro natural!— resulta imposible mantener a los hombres fieles y constantes en la senda de la justicia».

Hume, D., *Del origen del gobierno.*

Actividades

1 ¿Cuál es el objetivo último de las instituciones políticas, según el texto?

2 ¿Qué razón da Hume para explicar las dificultades de aplicar la justicia en la sociedad?

3 ¿Opinas, como el autor del texto, que es imposible mantener a los seres humanos en la senda de la justicia? Razona tu respuesta.

Luca Giordano, Escalera del claustro del Monasterio de San Lorenzo de El Escorial, Madrid, (la justicia, detalle).

1 Fundamentos de la justicia y el derecho

1.1. El derecho natural

Por derecho se entiende **el conjunto de normas que regulan la conducta humana y permiten la convivencia en sociedad.** El derecho tiene un componente objetivo y otro subjetivo:

1. Desde un punto de vista objetivo, el derecho se refiere a las instituciones y normas que regulan la vida social.
2. Desde una perspectiva subjetiva, el derecho se refiere a lo que les está permitido hacer a los individuos dentro del marco de las normas en sentido objetivo.

El primer modo de ofrecer una justificación al ejercicio del derecho es el que se desarrolla desde la Antigüedad y la Edad Media, y se conoce bajo el nombre de **derecho natural,** o **iusnaturalismo. Defiende la existencia de unos derechos innatos, naturales, previos y prioritarios a la ordenación jurídica de los estados.** El conjunto de estos derechos es variable dependiendo de los autores, pero suelen destacar el derecho a la vida, a la seguridad, a la libertad, a la propiedad y a la resistencia ante la opresión.

Esta teoría presupone que hay un **fundamento universal de los derechos** y que todos los seres humanos pueden disfrutar de ellos sin ningún tipo de discriminación. Ante estos derechos naturales, los estados tendrían que limitarse a garantizarlos y protegerlos.

La teoría del derecho natural tiene sus orígenes en la antigua Grecia. En la tragedia *Antígona*, de Sófocles, se opone la ley de la ciudad y el derecho de naturaleza divina de los familiares a enterrar a sus muertos. También algunos sofistas, como Antifonte, defendieron la existencia de unos derechos naturales universales, y Aristóteles expuso que existía una justicia natural frente a la justicia legal.

En el estoicismo griego y romano, se desarrolló el concepto de **cosmopolitismo:** el universo (cosmos) sería como una ciudad o un estado (polis) en la que **todos los humanos gozarían de los mismos derechos.** Luego esta idea pasó al cristianismo, y es Tomás de Aquino quien teorizó la cuestión de la **ley natural** como manifestación del poder de Dios y su prioridad ante las leyes políticas. Sin embargo, fue en la época moderna cuando esta teoría se desarrolló a fondo: Hugo Grocio y John Locke pusieron las bases de lo que ha sido la concepción del derecho natural.

Sus manifestaciones en la realidad política han sido las declaraciones de derechos en las revoluciones estadounidense (1776) y francesa (1789). En el siglo XX, esta forma de pensamiento jurídico se ha plasmado en la Declaración Universal de los Derechos Humanos (1948). Aunque en esta declaración los derechos no se consideran «naturales», sí se los concibe como universales e inalienables.

Textos en la web

La ley de los hombres y la ley divina (Sófocles, *Antígona*).

Textos en la web

La ley natural (Tomás de Aquino, *Suma teológica*).

1.2. El positivismo jurídico

Frente a la teoría iusnaturalista, el **positivismo jurídico,** o **iuspositivismo,** es otro modo muy distinto de fundamentar el derecho. Desde esta perspectiva teórica, **los derechos individuales derivan de la legislación sancionada por una organización estatal (derecho positivo).** Los derechos no son fruto de ninguna naturaleza humana ni tendrían un alcance universal, sino que son tan solo las libertades concedidas por las autoridades políticas de un país determinado.

Así pues, el fundamento del derecho no radica en una naturaleza humana universal, sino **en la voluntad política de un pueblo encarnada en unas instituciones que garantizan y conceden los derechos a los individuos.** Cada pueblo, por tanto, goza de los derechos que ha articulado a través de sus instituciones políticas.

La idea según la cual el derecho deriva de las instituciones políticas se desarrolló especialmente en el siglo XIX y a principios del XX. En este contexto, destacan las figuras de Carl Schmitt y Hans Kelsen. Juristas claramente opuestos por su ideología (Schmitt era partidario del nacional-socialismo y Kelsen era demócrata), ambos compartían la idea de que el derecho no se podía fundamentar en una teoría natural del derecho: para Kelsen, el derecho tenía que surgir de un procedimiento legal, mientras que para Schmitt derivaba de una decisión del soberano.

En última instancia, la diferencia entre iusnaturalismo y positivismo remite a la relación entre moral y política:

1. Para el **iusnaturalismo, la política está subordinada a la moral,** y los derechos de los individuos marcan los límites de la acción política.
2. Para el **positivismo, la política es totalmente independiente de la moral,** de modo que los derechos son el resultado de una acción política (procedimiento legal, decisión soberana, etc.), no de una reflexión sobre la naturaleza humana.

Textos en la web

La positividad de la ley (Hans Kelsen, *La teoría pura del derecho*).

1.3. La justicia

Textos en la web

La justicia y la igualdad de derechos (John Rawls, *Teoría de la justicia*).

En nuestra sociedad, los seres humanos nacen con igualdad de derechos (y deberes). Todos tienen derecho a ser tratados ante la ley sin discriminación por razón de sexo, de raza o de religión. Sin embargo, no nacen, de hecho, iguales. Cada uno nace con características y cualidades distintas en lo físico, en lo social, en lo económico, que él no elige, pero que determinan las oportunidades que va a tener en su vida. El sentido de la justicia se impone entonces para corregir esta situación y procurar en lo posible el logro de una sociedad justa.

Para algunos filósofos actuales, justicia, en este sentido, significa, ante todo, **«equidad» en la distribución de los costes y los beneficios sociales.** El primer problema a resolver entonces es el de los criterios con los que han de distribuirse los bienes sociales: según la necesidad, el mérito, el esfuerzo o la colaboración, etc.

En este sentido, John Rawls ha elaborado una interesante concepción de la justicia basada en las ideas clásicas del contractualismo. **Una sociedad justa es la que reconoce la necesidad de eliminar algunas de las desigualdades producidas por el azar natural y social,** incluso si esto implica una reasignación de los recursos, por ejemplo, a través de impuestos.

La justicia ha de corregir las desigualdades naturales y sociales con las que parten los individuos. (Isidre Nonell, Pobres esperando la sopa, *Monasterio de Monserrat, Barcelona).*

Para Rawls, el contrato social es **el fundamento moral de la sociedad,** porque remite a una situación inicial hipotética en la que los individuos deben establecer las condiciones en las que están dispuestos a vivir en sociedad. O sea, son los individuos los que han de plantear las normas de justicia que están dispuestos a adoptar.

En esta situación original imaginaria, en la que cada individuo ignora cuál será el lugar y la parte que le ha de tocar viviendo en sociedad —y que podría ser fuente no de elección racional, sino de prejuicios interesados—, se prescinde incluso de criterios morales, y todo individuo ha de elegir solo por motivos egoístas. En estas condiciones, no queda más remedio que adoptar la estrategia propia de la teoría de juegos: dada la incertidumbre, asegurarse de la situación posible menos mala.

En la actualidad, se han puesto de manifiesto los límites de una concepción de la justicia que se mantenga dentro de los límites de los Estados-nación para plantearse la cuestión de una **justicia internacional.** La extraordinaria disparidad de recursos de que disponen las naciones, la desigualdad entre países desarrollados y en vías de desarrollo, ha llevado a muchos pensadores a considerar la posibilidad de una acción jurídica correctiva en el plano internacional.

Considérense, por ejemplo, las materias primas procedentes de los países menos desarrollados, adquiridas a bajos precios y utilizadas para la producción de bienes disfrutados por las sociedades más desarrolladas; o los bajos salarios de los trabajadores de los países en vías de desarrollo, que elaboran muchos de los productos vendidos en las sociedades más prósperas. Tiene sentido, por tanto, decir que las condiciones de vida de los habitantes del planeta están interconectadas y son mutuamente dependientes. Ante tal situación, no parece sostenible la idea de que los principios de la justicia hayan de tener como límites los Estados-nación.

Textos en la web

La imagen de la justicia perfecta (Max Horkheimer, *Teoría crítica*).

Actividades

1 ¿Qué plantea la teoría del derecho natural?

2 Señala las principales diferencias entre iusnaturalismo y positivismo jurídico.

3 ¿Debería subordinarse la política a la moral? ¿Te parece aceptable que política y moral no se interfieran ni se condicionen? Razona tu respuesta.

4 Responde a las preguntas sobre el texto:

«Primer principio: Cada persona ha de tener un derecho igual al más amplio sistema total de libertades básicas, compatible con un sistema similar de libertad para todos. Segundo principio: Las desigualdades económicas y sociales han de ser estructuradas de manera que sean para: a) mayor beneficio de los menos aventajados, de acuerdo con un principio de ahorro justo, y b) unido a que los cargos y las funciones sean asequibles a todos, bajo condiciones de justa igualdad de oportunidades. [...] Concepción general: Todos los bienes sociales primarios —libertad, igualdad de oportunidades, renta, riqueza y las bases de respeto mutuo— han de ser distribuidos de un modo igual, a menos que una distribución desigual de uno o de todos estos bienes redunde en beneficio de los menos aventajados».

Rawls, J., *Teoría de la justicia*.

a) ¿Por qué en la situación original hipotética que postula Rawls nadie conoce su lugar en la sociedad?

b) ¿Qué puede hacer justas las desigualdades sociales, según el texto?

c) ¿Qué formas de desigualdad social podrías citar que te parezcan injustas?

2 El orden político y sus formas

2.1. ¿Qué se entiende por «política»?

Concepto filosófico de política

Aristóteles decía que el ser humano es un «animal político». Esta expresión significa que **necesita vivir en sociedad para realizarse humanamente.** Es decir, que una sociedad humana no es una suma o un agregado de individuos humanos ya existentes. No hay individuos, seres humanos al margen de otros humanos o previos a ellos. Por el contrario, se es humano porque ya hay una sociedad en la que humanizarse.

La empatía, el amor y la solidaridad forman parte de la mente humana y la hacen posible. Pero, además, la relación social y el diálogo se producen porque hay separación entre las personas. Diferencias, divergencias y, en ocasiones, conflictos.

Una de las funciones principales de la política es **establecer un puente para comunicarnos y poder convivir.** Esta separación no es nada malo, porque es lo que nos hace existir como sujetos. Aunque es dolorosa, resulta, sin embargo, necesaria, puesto que es el fundamento de nuestro desarrollo personal y, algunas veces, del progreso social.

Por todas estas razones, es imposible ocuparse seriamente del ser humano y de la realidad sin ocuparse de las normas, los principios, las leyes, las instituciones y los valores que organizan su vida política.

Desde la reflexión filosófica, se entiende por política **la ciencia o el arte que se encarga de organizar la vida social, de regular las relaciones entre los individuos de una comunidad, de plantear los objetivos comunes que esta comunidad pretende conseguir y de diseñar las instituciones necesarias para ello.** En consecuencia, la política no es tan solo un ámbito más de nuestra sociedad, sino que es la esfera rectora en la que se toman las decisiones que afectan al núcleo de la sociedad.

Textos en la web

¿Qué es la política? (Max Weber, *Escritos políticos*, «La política como vocación»).

Perspectiva histórica sobre el concepto filosófico de política

En la historia de la filosofía, se han entendido por política, fundamentalmente, estas dos cosas:

1. La **teoría del Estado:** así entiende Platón la política cuando escribe su obra *República*. En ella describe, de un modo utópico, los elementos y la forma que ha de tener un Estado ideal. También puede plantearse como teoría sobre el origen y el fundamento del Estado o como teoría sobre la justicia en general.
2. El **arte de gobernar,** así como la acción política misma encaminada a la conquista del poder. En este sentido, ya Aristóteles consideraba que es competencia de la política determinar los modos de formación y de mantenimiento de los gobiernos.

En el Renacimiento, Maquiavelo puso de relieve el aspecto más pragmático y amoral —o inmoral— de la política, al presentarla como **el arte de dirigir con cualquier tipo de medios las acciones de los individuos en la sociedad civil y en el Estado.** En este último sentido, el término política puede adquirir connotaciones peyorativas.

El ejercicio del poder y su permanente riesgo de corrupción o los conflictos de intereses entre los grupos dirigentes plantean problemas de difícil solución, como contemplamos en la política de las democracias contemporáneas. Surgen así cuestiones como la desconfianza de los ciudadanos en los políticos, la falta de neutralidad y de veracidad en la información de los medios de comunicación, las promesas realizadas durante las campañas electorales que luego no se cumplen, etc.

Textos en la web

¿Puede basarse la política en algo más que en el interés? (Émile Durkheim, *La división del trabajo social*).

2.2. Las teorías clásicas

El Estado ideal platónico

Cuando Platón hizo su propuesta de cuál consideraba el mejor orden político tenía a la vista los inconvenientes y los defectos de los regímenes políticos de su época. Por su alta valoración de la filosofía y de la vida dedicada a la sabiduría, consideró que el criterio más adecuado para identificar la mejor forma de gobierno era la sabiduría de los gobernantes. Por tanto, para él, **el mejor orden político era el del gobierno de los sabios o filósofos.**

Pero también hay otras formas de gobierno, además de esta aristocracia de los sabios, que, no obstante, Platón considera erróneas, y que son:

1. La **timocracia:** literalmente, 'gobierno de la fama y del honor'. Los gobernantes ansiarían prestigio y honores, de modo que el gobierno sería inestable.
2. La **oligarquía:** aunque significa 'gobierno de pocos', se entiende como el gobierno de los más ricos. Las desigualdades sociales se acrecentarían.
3. La **democracia:** o 'gobierno del pueblo', que para Platón suponía un exceso de libertades, desorganización y falta de preparación de los gobernantes.
4. La **tiranía:** es el gobierno en el que un individuo concentra todos los poderes políticos, por lo que las leyes dependen de su voluntad.

La búsqueda aristotélica del bien común

El principal discípulo de Platón, Aristóteles, propuso otra forma de clasificación de las formas de gobierno distinta de la de su maestro, y basada en dos criterios diferentes a la sabiduría: el número de gobernantes y la búsqueda del interés común.

Esta diferente forma de entender la política y de clasificar las formas de gobierno se debe a que, para Aristóteles, la política no depende tan solo del saber, sino, sobre todo, de **la búsqueda del bien de la comunidad,** tarea para la que se necesitan experiencia y práctica.

Los sistemas de gobierno ideales pueden degenerar en formas corruptas desde el momento en que prima el interés particular sobre el de la comunidad. La distinción aristotélica ha perdurado en la historia política occidental como el esquema básico para entender los sistemas de gobierno.

Sistemas de gobierno		
Criterio 1: Número de gobernantes	Criterio 2: Búsqueda del bien común	
	Interés común (formas ideales)	Interés particular (formas corruptas)
Gobierno de uno	Monarquía ('gobierno de uno solo')	Tiranía (prima el interés de un único gobernante)
Gobierno de pocos	Aristocracia ('gobierno de los mejores o nobles')	Oligarquía ('gobierno de pocos')
Gobierno de todos	*Politeia* o «república», semejante a la democracia (predomina el interés de la comunidad)	Democracia corrupta o demagogia («manipulación del pueblo»)

Textos en la web

Política y formas de gobierno (Aristóteles, *Política*).

2.3. El orden democrático en la actualidad

En los dos últimos siglos, la forma democrática de la política ha logrado una mayor legitimidad y supone un modelo de referencia en la mayoría de sociedades (según Churchill, «la democracia es la peor forma de gobierno, exceptuando todas las demás que se han intentado»). Sobre todo en el siglo xx, el pensamiento político ha opuesto la democracia y el totalitarismo.

La democracia

En la democracia **existe la división de poderes e impera un sistema de derechos y de libertades individuales y políticos que incluyen la participación ciudadana en la elección del gobierno.** Puede adquirir diferentes formas:

1. La **república:** se basa en la democracia tradicional, con división de poderes y libertades básicas. El presidente de la República (cargo electo) ostenta el poder representativo en el exterior, y el primer ministro ejercita el poder ejecutivo.
2. La **monarquía constitucional:** inspirada en la monarquía tradicional, vacía el poder del rey (que reina, pero no gobierna) y le otorga un poder simbólico y representativo, que es hereditario. El poder ejecutivo está en manos del presidente del Gobierno, elegido por la ciudadanía (directa o indirectamente).

El totalitarismo

Al contrario que en la democracia, en el totalitarismo, **el poder está concentrado en una sola institución y la vida social está organizada hasta en su más mínimo detalle por un gobierno cerrado a la intervención ciudadana,** sin que se respeten los derechos ni las libertades civiles ni políticos. Puede adquirir diferentes formas:

1. La **monarquía absoluta:** es la forma tradicional en la que un individuo concentra todos los poderes en su persona. El cargo puede ser hereditario. Los ciudadanos son súbditos sujetos a la ley-voluntad del monarca. La autoridad puede proceder de la tradición histórica, de la religión, etc.
2. La **autocracia:** se suele definir como autocracias tanto a dictaduras como a monarquías absolutas. Significa el poder de un solo individuo: puede ser resultado de un golpe de Estado militar o de una reforma antidemocrática. El autócrata o dictador no reconoce otra fuente de autoridad más que él mismo.
3. La **burocracia:** es el sistema de gobierno centrado en un grupo de funcionarios, administradores y gestores de un partido político o de un Estado. Está vinculado a las dictaduras de partido único que perduran en el gobierno.

La situación actual

En la actualidad se discute sobre los límites del orden democrático debidos, por ejemplo, al peso de las clases económicamente dominantes (la **plutocracia** o 'poder de los ricos') y a la importancia que han adquirido la técnica (la **tecnocracia**), de modo que gobiernan los técnicos especializados en ámbitos como la economía, el derecho o la administración pública, y los medios de comunicación (la **mediocracia**), por su capacidad de crear opinión y de influir en la ciudadanía.

Frente a los eventuales abusos de estos poderes, los ciudadanos pueden ofrecer resistencia mediante **actos de protesta** y de **desobediencia civil.** Según algunos teóricos actuales, los actos de desobediencia civil deben referirse a un caso de injusticia concreta, haber agotado las vías legales y no alterar el orden constitucional.

Textos en la web

Una dificultad de la política actual: conciliar libertad e igualdad (Alexis de Tocqueville, *La democracia en América*).

Actividades

1 Comenta la sentencia siguiente de Carl von Clausewitz: «La guerra es la continuación de la política por otros medios».

Velázquez, La rendición de Breda, *Museo del Prado, Madrid.*

2 Responde a las preguntas sobre el texto:

«La misma enfermedad —dije— que, produciéndose en la oligarquía, acabó con ella, esa misma se hace aquí aún más grave y poderosa, a causa de la licencia que hay, y esclaviza a la democracia. Pues en realidad todo exceso en el obrar suele dar un gran cambio en su contrario, lo mismo en las estaciones, que en las plantas, que en los cuerpos, y no menos en los regímenes políticos.

—Es natural —dijo.

—La demasiada libertad parece, pues, que no termina en otra cosa sino en un exceso de esclavitud, lo mismo para el particular que para la ciudad.

—Así parece, ciertamente.

—Y por lo tanto —proseguí— es natural que la tiranía no pueda establecerse sino arrancando de la democracia; o sea que, a mi parecer, de la extrema libertad sale la mayor y más ruda esclavitud.

—Eso es lo natural, en efecto —replicó».

Platón, *República,* 563e-564a.

a) ¿Cuál es, según Platón, la causa de los cambios de régimen político?

b) Según el autor, ¿cuál es el origen de la tiranía? Razona tu respuesta.

c) ¿Estás de acuerdo con la crítica de la democracia que argumenta Platón? Desarrolla tu respuesta.

3 ¿Podrías poner ejemplos de plutocracia, de tecnocracia y de mediocracia?

4 ¿En qué situación crees que es justo desobedecer la ley? Busca un ejemplo de desobediencia civil en algún medio de comunicación y argumenta si te parece legítimo o no.

3 Las ideologías políticas

3.1. El conservadurismo: el poder de la tradición

A lo largo de la historia, la filosofía política ha elaborado diversas concepciones de los principios y los criterios de ordenación jurídico-política de la sociedad. Una de esas ideologías, el conservadurismo, defiende la idea de **un gobierno fuerte que aglutine todos los poderes del Estado, dado que los seres humanos necesitan de la coacción para poder convivir en sociedad.** Lejos de defender la existencia de derechos individuales, el conservadurismo plantea que los seres humanos tienden al caos: de aquí surge la necesidad de ejercer un fuerte poder sobre ellos.

Como resultado de esta concepción, el conservadurismo, propugnado por figuras como Edmund Burke (que se opuso a la Revolución francesa) o Juan Donoso Cortés (conservador español del siglo XIX), considera que **la tradición (política, religiosa y cultural) ofrece unos vínculos con el pasado que sirven para reforzar los lazos actuales entre los individuos.**

Para el conservador, los sujetos no son autónomos, no tienen derechos ni libertades propios, sino que dependen de la tradición a la que pertenecen. Habitualmente, el conservadurismo defiende la relevancia de la religión en la vida política y es partidario de una unión entre el Estado y las comunidades religiosas (Estado-Iglesia).

Además, desde un punto de vista conservador, el gobierno tiene que concentrar el máximo poder posible y tener estabilidad y continuidad en el tiempo, de modo que el sistema de gobierno más adecuado sería la monarquía hereditaria.

Frente a las ideas de representación política y limitación de los poderes propias del liberalismo, el pensamiento político conservador propone el **principio de autoridad,** garante del orden y la estabilidad social, además de una **concepción elitista de la sociedad,** en la cual habría grupos privilegiados por la tradición.

Textos en la web

El fundamento clásico del tradicionalismo (Cicerón, *Las leyes*).

3.2. El liberalismo: propiedad, seguridad y libertad

El liberalismo político surgió en los siglos XVII y XVIII como reacción al conservadurismo tradicional, y perdura hasta la actualidad. Entre sus representantes más destacados se encuentran Locke, Montesquieu, Humboldt y John Stuart Mill, cuya teoría política participa tanto del liberalismo como del utilitarismo.

Lo esencial en estos autores es **la defensa de los derechos individuales por parte de un Estado que debe reconocerlos y garantizarlos.** Estos derechos son varios, pero pueden resumirse en el derecho a la vida, a la libertad, a la seguridad y a la propiedad. El liberalismo político demanda, en consecuencia, **alguna forma de representación política de la ciudadanía en el Estado.**

Con el fin de realizar esta idea de un Estado liberal, el liberalismo aboga también por la **división de los poderes políticos (legislativo, ejecutivo y judicial),** además de aspirar a la **separación de Iglesia y Estado.** El Estado ha de ser neutral respecto a cuestiones religiosas y no debe interferir en la vida privada de los ciudadanos.

Así pues, uno de los valores políticos vinculados al liberalismo es la **tolerancia,** tanto religiosa como política. Desde la perspectiva liberal, estos derechos básicos fundamentan las libertades civiles (de opinión, de asociación, de matrimonio, etc.) y políticas (al voto, el sufragio pasivo, etc.) de los ciudadanos. Estas libertades deben respetarse frente a cualquier deriva despótica del gobierno.

No obstante, hay que distinguir el liberalismo político del económico. Mientras que el primero defiende los derechos y las libertades de los individuos frente a cualquier intervención del Estado en su esfera privada, **el liberalismo económico exige que el Estado no intervenga en la esfera económica de la sociedad.**

Textos en la web

La concepción liberal del Estado (Baruch Spinoza, *Tratado teológico-político*).

Para el liberal en economía, el mercado se rige por la ley de la oferta y la demanda, y, por tanto, el Estado no ha de interferir en su regulación, por ejemplo, mediante impuestos, fijación de precios o empresas públicas.

Algunos representantes del liberalismo político en el siglo XX han sido Bertrand Russell, Isaiah Berlin y John Rawls. Los principales partidarios del liberalismo económico contemporáneo, cuyo origen se remonta al siglo XVIII con Adam Smith, han sido Friedrich von Hayek y Milton Friedman.

3.3. El utilitarismo: el cálculo de la felicidad

A partir del siglo XVIII, especialmente en el ámbito anglosajón, se desarrolló el utilitarismo, con especial relevancia para la ética, la filosofía jurídica y la filosofía política. El principal defensor de esta teoría fue Jeremy Bentham, aunque John Stuart Mill también está entre sus representantes más destacados.

Estos autores creen que **el objetivo de cualquier decisión política ha de ser maximizar la felicidad de la comunidad y minimizar su sufrimiento.** El criterio fundamental de la ética y de la política es el **principio de utilidad,** de tal modo que **el gobernante tiene que llevar a cabo un cálculo de costes y de beneficios de una acción, y decidir en consonancia con este cálculo.** Esto pone en relación el utilitarismo con el hedonismo ético de la Antigüedad.

El interés de la comunidad es la suma de los intereses de los individuos que la forman y tiene prioridad sobre el interés de los particulares. Así pues, **en beneficio de la comunidad sería legítimo sacrificar el interés de un individuo.** Además, Bentham considera que no podemos hacer distinción entre tipos de placeres, de modo que el cálculo de costes-beneficios es meramente cuantitativo y sitúa en el mismo nivel todos los placeres, deseos y concepciones de la felicidad. Sin embargo, John Stuart Mill defiende que sí hay diferentes tipos de placer: los placeres superiores tienen que ver con la capacidad intelectual humana, que nos distingue del resto de animales, mientras que los placeres inferiores serían aquellos relacionados con la sensación y que compartimos con los otros seres vivos.

Textos en la web

El pragmatismo político utilitarista (David Hume, *Ensayos políticos*).

El utilitarismo considera que el objetivo de la política debe ser favorecer la felicidad de los ciudadanos. (David Teniers el Joven, Fiesta y comida de aldeanos, *Museo del Prado, Madrid).*

El socialismo pretende acabar con la distinción de clases sociales y con la propiedad privada. (Giuseppe Pellizza da Volpedo, *El cuarto estado*, Galería de Arte Moderno, Milán, Italia).

3.4. El socialismo: utopía y revolución

La tradición del socialismo aparece a principios del siglo XIX para reivindicar los derechos de la clase trabajadora (proletariado) frente a la burguesía. La propuesta del socialismo es **la transformación de la sociedad para acabar con las distinciones de clases (nobles, burgueses y trabajadores) y la explotación económica mediante la eliminación de la propiedad privada.** Dentro del pensamiento socialista tenemos que distinguir cuatro corrientes.

Socialismo utópico

Sus máximos representantes fueron Robert Owen y Charles Fourier. Pretendían **acabar con la propiedad privada de los medios de producción** (fábricas, maquinaria, materias primas, etc.) y **crear comunidades alternativas a la sociedad burguesa** (cooperativas y falansterios). Owen creó una colonia cooperativa llamada New Harmony en Indiana, Estados Unidos.

Para estos socialistas, la transformación de la sociedad no podía pasar por el uso de la violencia, sino por nuevas formas de entender las relaciones sociales (familia, trabajo, etc.) y, especialmente, por una educación renovada.

Socialismo científico o comunismo

Fue expuesto por Karl Marx y Friedrich Engels en el *Manifiesto del Partido Comunista*. También defiende la abolición de la propiedad privada, pero no la creación de sociedades alternativas, sino la **transformación de la sociedad existente.** Su intención es **eliminar las diferencias entre las clases sociales** (los propietarios de los medios de producción, o burgueses, y las fuerzas de producción, los proletarios). Para conseguir estos objetivos, legitima el uso de la violencia y la revolución.

El comunismo se apoya en la ciencia de la economía para fundamentar su propuesta política y denunciar la injusticia del sistema capitalista. Además, defiende que las ideas políticas liberales de los burgueses ocultan y justifican las desigualdades sociales y económicas. La revolución comunista tendría tres fases:

1. Una revolución contra la burguesía.
2. Una «dictadura del proletariado», que acabaría con las diferencias de clase.
3. Una asociación libre sin clases sociales en la que cada uno contribuyese a la comunidad según sus capacidades, y recibiese de la comunidad según sus necesidades.

Textos en la web

Socialismo, política y revolución (Karl Marx, *La ideología alemana*).

Anarquismo

Representado por Bakunin, Kropotkin y Proudhon. En general, comparten con las otras formas de socialismo el diagnóstico crítico del capitalismo, pero **se oponen a toda centralización del poder en manos de un grupo (élite intelectual) que dirija a los trabajadores en su lucha.** Esta es la principal crítica al comunismo de Marx y de Engels.

Además de admitir la violencia en la lucha revolucionaria, **niegan el Estado como forma de organización política.** Su objetivo es crear una sociedad nueva desde las raíces: las comunidades anarquistas se basarían en la solidaridad, la igualdad de todos, la ausencia de una autoridad y la libertad.

Socialdemocracia

Se trata de una forma no revolucionaria de socialismo y que no aspira a un cambio violento del orden social, sino tan solo **a mejorar las condiciones de vida de los trabajadores y a una evolución gradual del capitalismo hacia el socialismo.**

Entre sus propuestas estaría la consecución de unos servicios públicos para toda la población y superar así la diferencia económica entre las clases. Para ello, quieren limitar y controlar el mercado y la producción, subordinándolos a las necesidades sociales, crear un sistema impositivo progresivo (mayores impuestos para los más ricos) y de redistribución de la riqueza. Algunos de sus representantes iniciales fueron Lassalle y Bernstein.

3.5. El nacionalismo: cultura y política

La corriente política del nacionalismo defiende que los límites de la unidad nacional tienen que corresponderse con los límites de la unidad política. Dicho de otro modo: **aspira a que todas las naciones puedan encontrar una forma de organizarse políticamente como un Estado independiente.** Los límites políticos y los límites étnico-culturales tienen que coincidir. El nacionalismo, además, se puede combinar con las corrientes políticas arriba expuestas (liberalismo, conservadurismo, socialismo).

La cuestión central a la que tiene que hacer frente el nacionalismo es **definir qué es una nación.** Los criterios pueden ser muy variados: una historia compartida, una lengua, unas creencias religiosas, la voluntad de un conjunto de ciudadanos, etc. Aunque habitualmente se distingue entre el **nacionalismo étnico-cultural** (la nación se identifica por algunos rasgos culturales) y el **nacionalismo democrático** (la nación viene determinada por la voluntad de la ciudadanía). El primer tipo estaría vinculado a la tradición alemana del nacionalismo, mientras que el segundo sería más cercano a la tradición republicana francesa.

Otro aspecto polémico relacionado con el nacionalismo tiene que ver con su origen como ideología política. Principalmente, se han planteado dos teorías al respecto:

1. El **modernismo:** desde esta posición se defiende que el nacionalismo es una teoría política resultante de la acción de los Estados modernos (siglos XVI y XVII en adelante) que buscan y fomentan una población unificada, la nación, de modo que **el nacionalismo crearía la nación.**
2. El **perennialismo:** desde esta perspectiva se afirma la existencia duradera de algunos elementos culturales objetivos que permiten definir los grupos nacionales de forma objetiva. **Las naciones serían, por tanto, grupos culturales históricamente definibles por rasgos particulares y únicos.** El nacionalismo consistiría en la conciencia política de estos grupos.

Estos dos puntos de vista se han completado con otras perspectivas teóricas sobre el tema (etnosimbolismo, primordialismo, posmodernismo, etc.). Entre los principales teóricos del nacionalismo en los siglos XX y XXI hay que destacar a Elie Kedourie, Ernest Gellner, Eric Hobsbawm, Benedict Anderson, Clifford Geertz y Anthony D. Smith.

3.6. El problema de lo apolítico y la «pospolítica»

A finales del siglo XX, con la caída del bloque comunista como actor político mundial, se habló del **fin de la historia** y del **fin de las ideologías.** Esto significaba **el triunfo del sistema económico del capitalismo y la democracia liberal occidental.** Una de las consecuencias de esta forma de pensar es la creencia de que **ya no hay ideologías políticas realmente enfrentadas y diferentes entre sí.** Las diferencias entre izquierda, derecha y centro parecerían haber desaparecido.

Esta difuminación de las alternativas ideológicas ha provocado, a la vez, la sensación entre la ciudadanía de que la política ya no tiene sentido. Muchos ciudadanos se definen como no políticos o no interesados en la política **(apolíticos).** Sin embargo, en muchas ocasiones, la negación de la política se tiene que entender como **una forma de crítica hacia el sistema de partidos predominante en las democracias actuales.**

Una negación total de la política sería una actitud que considera que la gestión de la sociedad debe estar en manos de los más fuertes o de los más preparados. En el fondo, esto también es una teoría política: una autocracia o, en el mejor de los casos, una tecnocracia.

Si la política se convierte en una rama de la economía y la gestión administrativa, y no hay diferencias sustanciales entre las corrientes de pensamiento político, prolifera la **ideología tecnocrática,** según la cual **han de gobernar los expertos en economía, en derecho y en administración.** Esta situación es la que se denomina **«pospolítica»,** el gobierno después de la era de la política.

De este modo, si los partidos políticos tradicionales hacen desaparecer sus diferencias y la ciudadanía se desmotiva (apolítica), un nuevo partido populista y extremista puede ofrecer una diferencia radical con los anteriores y ganarse al electorado. En parte, a esto se debe el auge de la extrema derecha antidemocrática en Europa. Por eso, algunos filósofos políticos defienden que la supervivencia de la democracia depende de recuperar el sentido de oposición y de confrontación en la política y de marcar las diferencias con el adversario.

El debate sobre la situación política actual está abierto y sujeto a los cambios sociales e ideológicos que suceden en nuestro día a día.

Textos en la web

¿Puede haber un deber de desobediencia civil? (Henry David Thoreau, *Desobediencia civil*).

Textos en la web

La necesidad de una nueva educación política (Immanuel Kant, *Reflexiones sobre la educación*).

Actividades

1 ¿Qué dice el pensamiento conservador sobre la mejor forma de gobierno?

2 ¿Cuáles son las principales diferencias entre el socialismo utópico y el socialismo científico? ¿Y entre este y el anarquismo?

3 Responde a las preguntas sobre el texto:

«Parte de las teorías y construcciones que presuponen que el hombre es "bueno" en la forma ya enunciada son liberales y se orientan contra la injerencia del Estado, sin por eso ser propiamente anarquistas. En el caso del anarquismo puro resulta evidente hasta qué punto la fe en la "bondad natural" está en conexión con la negación radical del Estado, que una deriva de la otra y ambas se apoyan recíprocamente. Para los liberales, en cambio, la bondad del hombre no es otra cosa que un argumento con cuya ayuda se pone el Estado al servicio de la "sociedad", y no quiere decir sino que la sociedad posee un propio orden en sí misma y que el Estado le está subordinado. Lo que ocurre es que, en realidad, no son una verdadera teoría del Estado ni una idea política. Todas las teorías políticas propiamente dichas presuponen que el hombre es "malo", y lo consideran como un ser no solo problemático, sino "peligroso" y dinámico».

Schmitt, C., *El concepto de lo político.*

Ulpiano Checa, La invasión de las bárbaros, *cuadro actualmente destruido.*

a) ¿Qué idea sobre la naturaleza humana comparten liberales y anarquistas?

b) ¿Cuál es la diferencia entre liberales y anarquistas respecto al Estado?

c) ¿Qué significa que el Estado está al servicio de la sociedad? Intenta explicarlo con tus propias palabras.

d) ¿Por qué el liberalismo no sería una teoría política en sentido estricto, según Schmitt? ¿Estás de acuerdo con su tesis? Razona tu respuesta.

4 ¿Qué semejanzas y qué diferencias podrías señalar entre el utilitarismo y el hedonismo en relación con el cálculo de los placeres?

5 Busca un caso de reivindicación nacionalista actual. Presenta argumentos a favor y en contra de esa reivindicación.

6 Intenta relacionar el problema de la apolítica y la tecnocracia con la actualidad. ¿Crees que la tecnocracia puede ser una respuesta adecuada a una situación de crisis social, política y económica? Argumenta tu respuesta.

En la web

Encontrarás una autoevaluación interactiva.

Un autor, una obra

Karl Marx y Friedrich Engels, *Manifiesto del Partido Comunista*

Resumen de la obra

Pese a que el texto del *Manifiesto del Partido Comunista* esté firmado por Karl Marx y Friedrich Engels, sabemos que el autor del texto fue Marx. En este librito, escrito para que las ideas del comunismo fueran comprendidas por todo tipo de lectores, se exponen de forma concisa y clara los fundamentos de la crítica socialista al sistema económico del capitalismo.

Publicado en 1848, el texto mantiene su vigencia en la medida en que se considere que nuestra situación actual es semejante a la que se encontraron los socialistas de mediados del siglo XIX: crisis económicas y políticas, alianzas entre los círculos políticos y económicos para salvaguardar sus intereses, explotación laboral, agravamiento de las diferencias económicas entre las clases sociales y entre los países más desarrollados y el resto.

El *Manifiesto del Partido Comunista* expone la filosofía de la historia de Marx: el materialismo histórico. Desde este punto de vista, el desarrollo de la sociedad está provocado por los avances técnicos y económicos. Estos cambios a nivel material son la condición principal para que se produzcan los avances sociales, políticos, intelectuales y culturales en general.

El análisis de la sociedad de su tiempo es, para Marx, la premisa teórica a partir de la cual extraer las pautas necesarias para emprender una acción revolucionaria. Esta revolución ha de transformar la sociedad en el sentido de una eliminación de la injusticia y de las desigualdades.

El principal medio para lograr esta igualdad económica es la eliminación de la propiedad privada. El grupo social que debe asumir el protagonismo de la revolución es el proletariado, la clase trabajadora, que no posee otra cosa más que su fuerza de trabajo.

El sujeto de la historia es la sociedad en su estructura económica, lo que significa que tanto las relaciones jurídicas e institucionales entre los individuos dentro de la sociedad como las formas en las que se organiza el Estado no pueden ser comprendidas si solo se tiene en cuenta esa llamada «evolución general de la humanidad», que es como se entiende generalmente la historia. Para Marx, lo que mueve la historia son los aspectos materiales, políticos y, sobre todo, económicos de la existencia, cuyo ámbito él denomina «sociedad civil».

Textos seleccionados

Texto 1: La lucha de clases

«La historia de las sociedades hasta el día de hoy es la historia de la lucha de clases. Libre y esclavo, patricio y plebeyo, señor y siervo, maestro y oficial, en suma, opresores y oprimidos, han estado y están enfrentados entre sí, han mantenido una lucha ininterrumpida, ya oculta ya abierta, una lucha que en todos los casos terminó con una transformación revolucionaria de toda la sociedad, o bien con el hundimiento conjunto de las clases en lucha. Sin embargo, nuestra época, la de la burguesía, se caracteriza por haber simplificado las contradicciones de clase. La sociedad entera se va dividiendo cada vez más en dos grandes campos enemigos, en dos grandes clases directamente enfrentadas: burguesía y proletariado».

Marx, K., y Engels, F., *Manifiesto del Partido Comunista*, I.

Texto 2: La condición de la clase obrera

«Las armas de que se sirvió la burguesía para derribar al feudalismo se vuelven ahora contra ella. Pero la burguesía no ha forjado solamente las armas que deben darle muerte; ha producido también los hombres que manejan esas armas: los obreros modernos, los proletarios. Con el desenvolvimiento de la burguesía, es decir, del capital, se desarrolla el proletariado, la clase de los obreros modernos, que no viven sino a condición de encontrar trabajo y que no lo encuentran si su trabajo no acrecienta el capital. Estos obreros, obligados a venderse diariamente, son una mercancía como cualquier artículo de comercio; sufren, por consecuencia, todas las vicisitudes de la competencia, todas las fluctuaciones del mercado. La introducción de las máquinas y la división del trabajo, despojando a la labor del obrero de todo carácter individual, le han hecho perder todo atractivo. El productor resulta un simple apéndice de la máquina; no se exige de él sino la operación más simple, más monótona, más rápida. En consecuencia, lo que cuesta hoy día el obrero se reduce poco más o menos a los medios de sostenimiento de que tiene necesidad para vivir y perpetuar su raza. [...] No son solamente esclavos de la clase burguesa, del Estado burgués, sino diariamente, a todas horas, esclavos de la máquina, del contramaestre y, sobre todo, del mismo dueño de la fábrica. Cuanto más claramente proclama este despotismo la ganancia como fin único, más mezquino, odioso y exasperante resulta».

Marx, K., y Engels, F., *Manifiesto del Partido Comunista*, I.

Texto 3: Las ideas dominantes

«Las acusaciones dirigidas contra el comunismo, planteadas desde puntos de vista religiosos, filosóficos e ideológicos en general, no merecen un examen más detallado. ¿Hace falta profundo conocimiento para comprender que al cambiar los hombres sus condiciones de vida, su existencia social, cambian también sus representaciones, sus visiones y conceptos, en una palabra, su conciencia? ¿Qué otra cosa demuestra la historia de las ideas sino que la producción intelectual cambia de forma con la material? Las ideas dominantes de una época nunca han sido otra cosa que las de la clase dominante».

Marx, K., y Engels, F., *Manifiesto del Partido Comunista*, II.

Cuestiones para comentar

1 ¿Qué significa que la historia de las sociedades es la historia de la lucha de clases? ¿Qué resultados tiene esta lucha?

2 Según Marx, ¿qué ha ocurrido de especial con respecto a otras épocas en la sociedad burguesa capitalista de su tiempo?

3 En el siglo XIX, Marx defendía que la maquinización del trabajo haría superflua la tarea de los obreros, los cuales se verían, así, condenados al paro y a la miseria. ¿Crees que esta apreciación se ha cumplido en el siglo XXI, cuando la maquinización de las empresas y su informatización han alcanzado niveles muy elevados?

4 Comenta la frase: «La introducción de las máquinas y la división del trabajo [despojan] a la labor del obrero de todo carácter individual».

5 ¿Cuál es la causa del cambio de las ideas a lo largo de la historia?

6 ¿Qué significa la frase: «Las ideas dominantes de una época nunca han sido otra cosa que las de la clase dominante»?

La filosofía va al cine

La autocracia y el autoritarismo

La Ola

- Título original: *Die Welle*.
- Dirección: Dennis Gansel.
- Guion: Dennis Gansel y Peter Thorwarth.
- Intérpretes: Jürgen Vogel, Frederick Lau, Jennifer Ulrich, Max Riemelt, Christiane Paul, Elyas M'Barek, Jacob Matschenz, Cristina Do Rego, Maximilian Mauff, Maximilian Vollmar, Ferdinand Schmidt-Modrow, Tim Oliver Schultz, Amelie Kiefer, Fabian Preger, Odine Johne.
- Música: Heiko Maile.
- Fotografía: Torsten Breuer.
- Producción: Constantin Film Produktion / Rat Pack Film Produktion / Medienfonds GFP.
- Año: 2008.
- Duración: 110 minutos.
- Nacionalidad: Alemania.

Resumen del argumento

En un instituto alemán se celebra la semana de proyectos, una semana con clases voluntarias sobre diferentes temáticas. Al profesor de historia, Rainer Wenger, le corresponde la clase sobre «Autocracia».

El enfoque que el profesor Wenger consigue dar a la clase es diferente y les resulta muy atractivo a los alumnos; de hecho, la clase acaba tomando una orientación eminentemente práctica: los alumnos simularán que pertenecen a un grupo disciplinado y ordenado. Su nombre será «La Ola», y, como seña de identidad, todos sus miembros vestirán una camisa blanca como uniforme. Algunos alumnos abandonarán la clase al ver el giro autoritario que toma el grupo.

Al poco tiempo de constituirse la organización, algunos alumnos llevan a cabo actos vandálicos en nombre de todo el grupo. La dinámica de «La Ola» se le va escapando poco a poco de las manos al profesor Wenger. Algunos de sus compañeros profesores lo ven como una especie de neonazi, cuando, en realidad, es un profesor alternativo y progresista.

Entre sus alumnos hay algunos que ven en «La Ola» una oportunidad para integrarse en un grupo. Otros, por el contrario, encabezarán la resistencia activa en el instituto ante la influencia que progresivamente va adquiriendo el movimiento. El propósito del profesor Wenger al iniciarse el curso era demostrar a sus alumnos que el retorno del nazismo a Alemania es posible: la tragedia es que el experimento tendrá un precio muy elevado.

Comentario

En 1967, el profesor de historia Ron Jones llevó a cabo este experimento en un instituto de Palo Alto, California. Creó un movimiento llamado «La Tercera Ola»: era un grupo basado en la autoridad, el orden y la disciplina. La película adapta esta historia al contexto alemán con aportaciones muy interesantes. Los alumnos debaten si es posible el retorno del régiman nazi. De hecho, uno de los momentos claves de la película es el diálogo en clase sobre la esencia de la autocracia, cuando los alumnos exponen las condiciones que deberían darse para que se instaure esa forma de gobierno.

En la película se muestra cómo una juventud desorientada y formada en el espíritu democrático parece necesitar alguna figura de autoridad. Esta necesidad de orientación y ejemplaridad es satisfecha por una figura dictatorial, el profesor Wenger, que juega un doble rol: por una parte, es un profesor «enrollado», antiguo anarquista y okupa, que trata a los alumnos de igual a igual, pero, por otra, le corresponde asumir un papel autoritario que poco a poco acaba devorando su personalidad.

Solo al final de la semana de proyectos intentará dar un paso atrás y mostrar los efectos negativos de la autocracia, pero Tim, un alumno marginado por sus compañeros y que ve en «La Ola» una oportunidad de realización personal, no puede aceptar que todo ha sido un experimento.

Cuestiones para la reflexión

1 Describe al personaje del profesor Wenger. Fíjate en las relaciones que mantiene con los alumnos y con los otros profesores.

2 Los alumnos debaten sobre el pasado de Alemania. ¿Qué piensan sobre el pasado nacionalsocialista de su país? ¿Qué posiciones surgen en el debate?

3 Fíjate en el desarrollo del movimiento «La Ola». Describe sus etapas más importantes y su transformación hasta la disolución del grupo.

4 ¿Quiénes forman la resistencia ante «La Ola»? ¿Por qué se enfrentan a ellos? ¿Cómo lo hacen?

5 ¿Por qué crees que el movimiento acaba con un final trágico? ¿Qué mensaje crees que quiere transmitir el director de la película?

Fotograma de la película en el que se ve a los alumnos del profesor Wenger vestidos con el uniforme de «La Ola».

Sugerencias para un debate

¿Cómo funcionan las sociedades democráticas actuales?

Las sociedades democráticas actuales también se enfrentan a problemas que afectan a su propia esencia democrática. (Parlamento Europeo).

Introducción al debate

Para adoptar una perspectiva amplia sobre las sociedades democráticas actuales, podemos profundizar en tres temas de debate sobre algunos de sus aspectos esenciales: podemos realizar un balance crítico sobre cuál es la mejor forma de gobierno; podemos evaluar si necesariamnete hemos de elegir entre la libertad y la seguridad, o se trata de una falsa alternativa, y, por último, podemos reflexionar sobre la desobediencia civil, en qué casos es aceptable y cuándo supone un uso y abuso de la violencia.

Metodología del debate

Te proponemos la siguiente metodología para llevar a cabo esta actividad. Después de que el profesor centre el tema y exponga los puntos de vista que podemos adoptar ante cada cuestión, conviene distribuir los papeles. Lo más recomendable sería formar tres grupos. Cada uno de ellos defendería perspectivas diferentes que habría que exponer y argumentar. Estos grupos tendrían que preparar una pequeña intervención con las ideas básicas que su portavoz expondrá en clase.

Además de los grupos con sus portavoces, en clase haría falta un moderador que concediera los turnos de palabra y de réplica. Otro compañero (secretario) podría tomar notas de lo más importante de las intervenciones. Una posible forma de organizar el debate es la siguiente: primero, cada grupo expone su punto de visa y lo argumenta; luego, en segundo lugar, en el mismo orden, se abre el turno de crítica, y, por último, se inicia un turno de réplica que el moderador, junto con el profesor, debería organizar. Al final del debate, se recogerían las ideas de los grupos y las notas del alumno-secretario en la pizarra para establecer entre todos las conclusiones del debate.

Aspectos concretos para discutir

Para ayudarte en el planteamiento y en el desarrollo de estos temas, te presentamos un breve texto sobre cada uno de ellos.

Sobre el mejor gobierno

«Con gusto acepto el lema según el cual "el mejor gobierno es el que menos gobierna". Y me gustaría verlo realizado más rápida y sistemáticamente. Si se ejecuta, finalmente se resume en este otro lema, en el que también creo: "el mejor gobierno es el que no gobierna en absoluto", y cuando los hombres estén preparados para él, ese será el tipo de gobierno que tendrán. El gobierno es, en el mejor de los casos, un medio; pero habitualmente la mayoría de gobiernos son inútiles, y todos los gobiernos lo son a veces».

Thoreau, H. D., *Sobre la resistencia al gobierno civil.*

Sobre la seguridad y la libertad

«Al aplicar al ciudadano, o mejor dicho al ser humano como tal, las técnicas y dispositivos que fueron inventados para las clases peligrosas, los estados, que deberían constituir el lugar mismo de la vida política, han hecho de él, el ser humano, el sospechoso por excelencia, hasta el punto de que es la humanidad misma la que se ha transformado en clase peligrosa. Hace algunos años, escribí que el paradigma político de Occidente no era ya la ciudad, sino el campo de concentración, y que habíamos pasado de Atenas a Auschwitz. Querría sugerir que el tatuaje apareció sin duda en Auschwitz como el modo más normal y económico de organizar la inscripción y el registro de los deportados en los campos de concentración. El tatuaje biopolítico que nos imponen ahora los Estados Unidos para entrar en su territorio podría ser el signo precursor de lo que nos pedirán más tarde aceptar como la inscripción normal de la identidad de buen ciudadano en los mecanismos y engranajes del Estado».

Agamben, G., *No al tatuaje biopolítico.*

Sobre la desobediencia civil

«La existencia de los Estados democráticos no es condición suficiente para cerrar la discusión sobre toda forma de violencia defensiva, pues de la misma manera que la violencia defensiva es considerada moralmente admisible en el ámbito de las relaciones privadas, esta, la violencia defensiva, puede presentarse aún, en la esfera pública, como un deber moral en aquellos casos en que, declarándose democrático el Estado, hay dudas serias y fundadas sobre la legitimidad del consenso que ha producido la constitución, sobre la ocupación de territorios en litigio, sobre el establecimiento de bases militares, sobre la usurpación de tierras comunales o sobre la imposición forzada de leyes internacionales que enajenan derechos no escritos de determinadas poblaciones o minorías. En todos esos casos, la desobediencia no dejará de ser civil si, en última instancia, inducida o provocada por la violencia de los estados (o del Imperio), se ve obligada a recurrir a determinadas formas de violencia defensiva. [...] Desde el punto de vista ético-político, el colectivo desobediente tiene que saber que el recurso a una violencia de grado equivalente o superior a la de los estados hará de su desobediencia una actuación tan incivil como la de la mayoría de los "soberanos" que en el mundo han sido».

Fernández Buey, F., *Desobediencia civil.*

13 Poder y Estado: legitimidad y gobierno

El Estado, el pueblo y el individuo

«La sociedad natural que es la familia se amplía y convierte en *sociedad universal que es el Estado,* la cual es tanto una unión en la que se entra por libre voluntad y que descansa tanto en el derecho como en la moralidad, pero que, esencialmente, más que aparecer como una sociedad que consistiese en individuos, aparece como espíritu de un *pueblo,* un espíritu en sí unitario, individual. El Estado constituye, en cuanto siendo lo universal, lo contrapuesto a los individuos. Es tanto más perfecto cuanto más los individuos son uno con el espíritu del todo. La esencial actitud de los *ciudadanos* respecto del Estado y su gobierno no es *ni la de obediencia ciega* a sus mandatos ni tampoco la de que *cada uno* hubiese de prestar su *asentimiento individual* a todo lo que el Estado emprende y a todas las medidas que el Estado toma, sino la actitud de confianza y la actitud de una obediencia que sea sabedora de sobre qué van las cosas. Los diversos *estamentos* de un Estado son diferencias concretas conforme a las que los individuos se dividen en clases que sobre todo descansan en la *desigualdad* de riqueza, de educación y de formación, así como en parte estas descansan, a su vez, en la desigualdad de cuna, a causa de todo lo cual los individuos acaban resultando más idóneos para un tipo de actividad en el Estado que para otro».

Hegel, G. F. W., *Enciclopedia filosófica para los últimos cursos de Bachillerato,* §§ 194-198.

Actividades

1 ¿Qué diferencias hay entre la familia y el Estado?

2 ¿Qué significa que el Estado «aparece como espíritu de un *pueblo*»?

3 ¿Con qué criterio se mide la perfección de un Estado?

4 ¿Cuál es la relación entre los ciudadanos y el Estado?

Hyacinthe Rigaud, Luis XIV, *Museo del Louvre, París, Francia.*

1 El Estado: su origen y sus formas

1.1. Definición de Estado

Una de las principales tareas de la filosofía política es la reflexión acerca del Estado. Definir qué es esta institución social y cuál ha sido su origen y su devenir histórico son cuestiones que necesitan respuesta para que entendamos mejor nuestro presente y podamos realizar una crítica de nuestra sociedad, función necesaria que trata de llevar a cabo la filosofía. Si la filosofía consiste en pensar su propio tiempo, como señala Hegel, es evidente que debe reflexionar sobre el sentido de una institución con tanta relevancia política como el Estado.

En primer lugar, habría que definir el Estado como tal. A modo de introducción, podemos decir que el Estado es **el conjunto de instituciones políticas que organizan y regulan el funcionamiento y el orden de una sociedad.** Un Estado estaría definido por tres pilares básicos:

1. El **territorio:** el Estado ocupa un espacio físico delimitado por unas fronteras.
2. La **población:** además del elemento espacial, un Estado posee un referente demográfico, una población, sobre la que ejerce su poder y regula su convivencia. Dependiendo del tipo de Estado, esta población se definirá como un conjunto de ciudadanos o de súbditos.
3. La **soberanía:** por último, el Estado ostenta el poder soberano, la capacidad de promulgar leyes, de gobernar y de administrar la sociedad. La soberanía es este poder político fundamental, que, según el Estado, puede derivar de la divinidad (teocracia), de un individuo (autocracia) o del pueblo (democracia).

Textos en la web

El Estado tiene su origen en las necesidades de cooperación de los individuos (Platón, *República*).

Textos en la web

El Estado como realización suprema de la libertad humana (G. F. W. Hegel, *Filosofía del derecho*).

1.2. El origen del Estado

Sobre el origen y el desarrollo de los Estados existen, al menos, dos teorías. La primera de ellas hace del Estado una institución reciente en la historia de la humanidad, mientras que la segunda convierte esta institución en una manifestación consustancial de la sociedad humana.

Textos en la web

El Estado-máquina (Thomas Hobbes, *Leviatán*).

El Estado, una institución moderna

Según este planteamiento, el Estado **aparece en el tránsito de la sociedad medieval a la sociedad moderna europea,** alrededor de los siglos XV y XVI.

La centralización del poder en manos del monarca, enfrentado a los nobles feudales; la formación de un ejército permanente a su servicio; la consolidación de las fronteras nacionales; la generación de una conciencia nacional; la articulación física del territorio, gracias a redes viarias, y la administración de impuestos mediante una ordenación jurídica y fiscal son algunos aspectos a tener en cuenta en la génesis del Estado. Maquiavelo fue quien dio a esta institución el nombre de Estado.

El Estado, el garante de la sociedad

El Estado sería, de acuerdo con esta perspectiva, **un conjunto de instituciones consustancial a toda forma de sociedad humana.** No habría sociedad humana sin ordenación política y, por tanto, sin Estado

Una concreción de esta teoría sostiene que el Estado surge en contextos con una gran producción económica basada en la agricultura: los grandes Estados imperiales del pasado habrían tenido su origen en zonas fluviales muy productivas (Oriente Próximo, India, China, Egipto, etc.). Su función sería organizar política y económicamente una sociedad próspera (con grandes excedentes productivos).

Textos en la web

El Estado liberal (John Locke, *Carta sobre la tolerancia*).

Problemas de las teorías sobre el origen del Estado

No obstante, estas dos teorías tienen algunos puntos débiles que cabe señalar. El primer punto de vista parece indicar que la aparición del Estado es fruto de un progreso social, jurídico y económico (proceso de racionalización).

Además, el Estado como tal sería un invento de la Europa moderna que luego se habría trasladado a otros lugares del mundo. Esto supone dejar de lado datos que nos ofrecen la historia y las ciencias sociales sobre organizaciones políticas semejantes en otras sociedades.

Por su parte, el segundo punto de vista ofrece un concepto demasiado amplio de Estado y lo convierte en el reverso de toda sociedad humana. Sin embargo, los estudios sobre sociedades no occidentales han demostrado que hay organizaciones políticas (jefaturas) que no se corresponden con el concepto de Estado.

Los jefes de muchos grupos indígenas americanos, por ejemplo, no tienen un poder soberano sobre el resto de individuos que componen el grupo, sino que son portavoces del sentir general, y no poseen tampoco una jurisdicción territorial (son nómadas). Si quisieran convertir su autoridad moral (como diplomáticos con otros grupos, cazadores y guerreros) en un poder total (soberano) sobre el grupo, se arriesgarían a ser depuestos y abandonados.

1.3. Las formas de Estado

A lo largo de la historia de las sociedades humanas han existido diferentes formas de Estado. Los criterios principales para distinguir estos tipos de Estado son:

1. La concentración o la división de poderes (políticos, espirituales, militares, etc.).
2. El mayor o menor recurso a la violencia física como herramienta de control social.
3. El grado de participación de la población (ciudadanos o súbditos) en la administración y gestión de este Estado.

El Estado absoluto

Un único gobernante o un único grupo concentra todas las atribuciones del Estado (dicta leyes, las ejecuta, juzga, tiene el poder militar e, incluso, puede ser representante del poder espiritual).

Esta centralización supone una separación de otros centros de poder en la sociedad (señores feudales, comunidad de fieles), y también de la población, convertida en meros **súbditos.** La soberanía está personificada en un individuo (monarca, emperador), que recibe su legitimidad de la tradición o de la divinidad.

Textos en la web

Del estado de naturaleza a la sociedad civil (Thomas Hobbes, *Leviatán*).

El Estado feudal

En esta forma de Estado no habría un poder único centralizado y omnipotente. **El Estado feudal estaría regido por un conjunto de señores feudales con derechos territoriales y sobre la producción económica.**

Los derechos y los deberes de la población derivan de un poder tradicional basado en los derechos del señor sobre la tierra y sobre los que la trabajan, que deben responder ante el señor feudal. Se trata de una **poliarquía o diversidad de centros de poder,** ya que si existe un monarca, este depende del poder económico y militar de los nobles feudales. El rey es tan solo el *primus inter pares* (el 'primero entre iguales').

El Estado estamental

Esta forma de Estado es propia de sociedades urbanas (la feudal es más propia del mundo rural). **La característica principal del Estado estamental es la división en grupos sociales diferenciados y jerarquizados, con privilegios y deberes.** Este Estado se asemejaría a una pirámide con diferentes niveles o estratos.

Aunque puede haber órganos de decisión en los que estén representados los estamentos sociales, el principio básico del Estado es la **jerarquía** (*hierós*, 'sagrado' y *arché*, 'principio', 'orden'), como en las sociedades de castas o en la sociedad estamental europea. A diferencia del Estado absoluto, el gobernante debe respetar este principio de jerarquía y los derechos y los privilegios que conlleva.

El Estado representativo

Se caracteriza por una mayor división de poderes políticos (ejecutivo, legislativo y judicial), así como por una separación entre poderes políticos, espirituales y militares. El gobernante recibe el encargo de dirigir el Estado por parte de la ciudadanía, que es el **pueblo soberano,** con unos derechos inalienables que el Estado no puede vulnerar. No hay privilegios estamentales.

La división en clases sociales es fruto de la división del trabajo (diferencia económica) y del éxito social (prestigio, reconocimiento). La legitimación del gobierno estatal proviene del procedimiento legal-racional a que está sometido (elecciones, debates, opinión pública, vigilancia judicial, etc.).

1.4. La sociedad civil frente al Estado

La vida política de una sociedad no se agota en el Estado y en los partidos políticos que compiten por lograr una mayor cuota de poder en sus instituciones. En la mayoría de sociedades, y especialmente en nuestra sociedad actual, hay un conjunto de organizaciones con fines sociales y políticos que influye en el modo de ordenar y de administrar la comunidad política. Esto se denomina sociedad civil.

Así pues, **la sociedad civil es el conjunto de agrupaciones, organizaciones y asociaciones de ciudadanos que participan en la vida pública de la sociedad mediante reivindicaciones, manifestaciones, declaraciones públicas, etc.** No tienen como objetivo lograr el poder (como los partidos políticos) ni ánimo de lucro (como las empresas). En este sentido, el ámbito de la sociedad civil se distinguiría tanto de la esfera política profesional como de la esfera económica. Ahora bien, algunos teóricos incluyen las empresas y los mercados en la sociedad civil, frente a otros que separan el ámbito propiamente civil del económico.

Las asociaciones que componen la sociedad civil tienen un **carácter reivindicativo** de los derechos y las libertades religiosas, civiles, laborales o culturales. Ejemplos de estas organizaciones pertenecientes a la sociedad civil son los grupos religiosos, los colectivos vecinales, los sindicatos de trabajadores, las agrupaciones o colegios profesionales y las organizaciones de ayuda y solidaridad (ONG).

La principal función de la sociedad civil en la sociedad actual es la reivindicación de los derechos y las libertades para todos los ciudadanos, así como la crítica a las desviaciones y corrupciones de los partidos políticos, obcecados por el mantenimiento del poder. En este sentido, la sociedad civil participa en la opinión pública y necesita de los medios de comunicación para hacer llegar sus ideas y valoraciones al conjunto de la ciudadanía. La sociedad civil, pues, aporta vitalidad a un sistema político y refuerza los mecanismos democráticos de participación.

Textos en la web

¿Es posible una sociedad civil sin Estado? (Max Stirner, *El único y su propiedad*).

Actividades

1 Responde a las preguntas sobre el texto:

«"Todo Estado está fundado en la violencia", dijo Trotsky en Brest-Litovsk. Objetivamente esto es cierto. Si solamente existieran configuraciones sociales que ignorasen el medio de la violencia *habría* desaparecido el concepto de "Estado" y se habría instaurado lo que, en este sentido específico, llamaríamos "anarquía". La violencia no es, naturalmente, ni el medio normal ni el único medio de que el Estado se vale, pero sí es *su* medio específico. En el pasado, las más diversas asociaciones, comenzando por la asociación familiar, han utilizado la violencia como un medio enteramente normal. Hoy, por el contrario, tendremos que decir que Estado es aquella comunidad humana que, dentro de un determinado territorio (el "territorio" es elemento distintivo), reclama (con éxito) para sí el monopolio de la *violencia física legítima*. Lo específico de nuestro tiempo es que a todas las demás asociaciones e individuos solo se les concede el derecho a la violencia física en la medida en que el Estado lo permite. El Estado es la única fuente del "derecho" a la violencia».

Weber, M., *La política como vocación*.

Goya, La lucha con los mamelucos, *Museo del Prado, Madrid.*

a) Según el texto, ¿cuál es la alternativa al Estado? ¿Estás de acuerdo? Argumenta tu respuesta.

b) Explica la definición de Estado que propone Max Weber en el texto.

c) Este texto se redactó en 1919. Busca información sobre su contexto histórico: ¿qué había pasado en Europa poco antes? ¿Quién era Trotsky? ¿Qué ocurrió en Brest-Litovsk?

2 Resume la definición de Estado y las dos teorías sobre su origen.

3 ¿Qué problemas puede tener un Estado representativo? Busca alguna noticia actual para ilustrar las dificultades propias de este tipo de Estado.

4 ¿Crees que las empresas y los intereses económicos forman parte de la sociedad civil? ¿Hasta qué punto tienen que influir en la política del Estado? Razona tu respuesta.

2 El poder

2.1. Teorías sobre el poder

Se suele asociar la idea de poder con la fuerza, la violencia y el control. Entendemos por poder **la capacidad de controlar y dirigir la acción de otra persona.** En esta línea, la política es el conjunto de técnicas y actividades necesarias para obtener el poder y conservarlo.

No obstante, el poder es un concepto mucho más amplio y ha sido objeto de diferentes definiciones. Aquí presentamos tres clases de teorías sobre el poder.

Teorías sustancialistas

Defienden que el poder es **una capacidad o fuerza física y legal propia de ciertas instituciones** (gobierno, ejército, tribunales, policía, etc.). El poder sería una sustancia o entidad que se posee al ostentar un cargo en tales instituciones sociales. Así, el poder constituye el medio o instrumento fundamental para conseguir los objetivos políticos de un grupo determinado.

Teorías subjetivistas

Según estas teorías, el poder es **una capacidad subjetiva, dependiente de las características de un individuo.** El poder así entendido es la habilidad y la destreza de un sujeto para ganar autoridad, liderar un grupo y asumir el mando político.

Teorías relacionales

Según los defensores de estas teorías, el poder no es ni una fuerza intrínseca a una posición institucional ni una capacidad subjetiva, sino **una relación entre individuos en un contexto determinado.** El poder consiste, pues, en la relación de fuerzas y en las concesiones entre individuos, y hace posible que uno de ellos induzca a otros a actuar en contra de sus voluntades particulares y bajo su control.

Concepto general de poder

De modo general, podemos considerar que el poder sería **la capacidad (individual o institucional) de determinar, dirigir y controlar la acción de otro individuo.** No está, por tanto, solo en las instituciones de gobierno, sino que, como ha señalado Michel Foucault, está entretejido en nuestra vida cotidiana (escuela, familia, etc.).

El poder no es, pues, meramente imposición por la fuerza, o represión, sino que también logra la obediencia por seducción y manipulación psicológica o mediática de los individuos. En las relaciones de poder, además de mediante la violencia, se puede lograr la sujeción y la adhesión de los individuos manipulando sus necesidades y sus anhelos profundos.

Textos en la web

La necesidad de un estudio diferente del poder (Michel Foucault, *Políticas de la filosofía*).

2.2. Fuerza, persuasión y autoridad

Para definir mejor el poder político hay que distinguirlo de otros conceptos con los que se lo puede confundir. La filósofa Hannah Arendt (1906-1975) deslindó el concepto de autoridad o poder político de los de fuerza y persuasión.

En primer lugar, distingue la autoridad política de la mera fuerza o violencia coactiva. **La autoridad supone una capacidad de liderazgo y de mando sobre otros,** de modo que estos reconozcan esa capacidad sin necesidad de que se les aplique ninguna fuerza o violencia para que sigan las indicaciones marcadas.

Por otra parte, la autoridad política tampoco puede confundirse con la simple persuasión. Esta consiste en la habilidad retórica para convencer a los otros, en este caso a la ciudadanía, para ganarse su favor y que obedezcan las leyes establecidas por la autoridad. La persuasión presupone la igualdad entre los que entablan el diálogo y requiere de una argumentación concreta sobre el caso, requisitos que la autoridad no necesita para que se obedezcan sus dictados.

Por tanto, **la autoridad o poder político tiene que distinguirse de la simple fuerza coactiva, pues esta recurre a la violencia, y de la persuasión, que supone igualdad y argumentación.**

Para Hannah Arendt, el ideal es que el poder político se convierta en autoridad y sea reconocido como un poder sin necesidad de recurrir a la violencia ni a la persuasión, que también puede derivar en manipulación. **La autoridad se basaría, pues, en una capacidad y un conocimiento que el gobernante demostraría y que le permitiría lograr el reconocimiento ciudadano.** El objetivo de Hannah Arendt es argumentar que la autoridad en política no tiene que confundirse con el totalitarismo ni con la dictadura.

Textos en la web

La persuasión como instrumento del poder (Platón, *Gorgias*).

2.3. La crítica de la violencia

Como hemos visto, el recurso a la violencia o a la fuerza física es una posibilidad que el poder político del Estado tiene a su alcance para imponer su autoridad política. Para Max Weber, el Estado consiste en el monopolio de la violencia, y aunque para Hannah Arendt la autoridad política debe distinguirse de la fuerza, de la violencia, también ella reconoce que la violencia es un recurso que los Estados utilizan de hecho con cierta frecuencia. Es preciso, pues, distinguir algunos tipos de violencia:

1. La **violencia subjetiva:** consiste en actos de fuerza protagonizados por individuos particulares. Puede tratarse tanto de la simple delincuencia (robos, asesinatos, etc.) como de actos de resistencia o de protesta ante determinadas injusticias sociales.

Los asaltos y atracos son ejemplos de violencia subjetiva cometida por individuos particulares. (Diligencia asaltada por unos bandoleros, grabado coloreado del siglo XIX).

2. La **violencia objetiva:** es aquella que es ejercida por las instituciones sociales en general. Tiene dos modos posibles de manifestarse:
   a. La **violencia simbólica:** se ejerce mediante el lenguaje, las ideas dominantes entre la ciudadanía (que, en ocasiones, puede tratarse de prejuicios) y los símbolos. Aparece en los medios de comunicación, en la publicidad y en la vida cotidiana.
   b. La **violencia sistémica:** se trata de la fuerza coactiva que se aplica a los individuos en la vida cotidiana a través del funcionamiento habitual de las instituciones del Estado y de la sociedad. Esta situación incluye las relaciones económicas (laborales, comerciales, etc.), sociales (vigilancia policial, investigación de sospechosos, etc.) y políticas (detenciones, acciones de la policía antidisturbios, intervención del ejército, etc.).

La violencia objetiva forma parte del funcionamiento habitual o «normal» de la sociedad. Así pues, se trata de una violencia casi invisible, que solo percibimos en grandes altercados o incidentes. Esta violencia objetiva (tanto la simbólica como la sistémica) constituye el trasfondo que hay que tener en cuenta para entender el sentido de las manifestaciones subjetivas de violencia. En caso contrario, caemos en el error de considerar la violencia subjetiva como meras explosiones de irracionalidad de los individuos.

Actividades

1 Responde a las preguntas sobre el texto:

«El poder no es una sustancia. Tampoco es un atributo misterioso sobre cuyos orígenes hubiera que indagar. El poder no es más que un tipo particular de relaciones entre individuos. Y estas relaciones son específicas: dicho de otro modo, no tienen nada que ver con el intercambio, la producción y la comunicación, aunque están relacionadas con ellas. El rasgo distintivo del poder es que ciertos hombres pueden determinar más o menos por completo la conducta de otros hombres, pero nunca de forma exhaustiva o coercitiva. Un hombre encadenado y derrotado está sometido a la fuerza que se ejerce sobre él. No al poder. Pero si se le puede inducir a hablar, cuando su resolución última hubiera podido ser retener su lengua, prefiriendo la muerte, entonces es que se le ha empujado a comportarse de una determinada manera. Su libertad se ha sometido al poder. Se ha sometido al gobierno. Si un individuo puede permanecer libre, aunque su libertad esté limitada, el poder puede someterlo al gobierno. No hay poder sin rechazo o revuelta en potencia».

Foucault, M., *«Omnes et singulatim»: hacia una crítica de la razón política.*

a) ¿De qué tipo de teoría sobre el poder trata el texto? Razona tu respuesta.

b) ¿Qué característica es propia de las relaciones de poder? Define este concepto a partir del texto.

c) ¿Qué diferencia se señala en el texto entre poder y fuerza? Fíjate en la conclusión del texto.

2 ¿Qué diferencia hay entre autoridad y persuasión, según Hannah Arendt?

3 ¿Crees que hay un fundamento universal para los derechos individuales o que solo puede haber derechos en un Estado concreto? Razona tu respuesta.

4 En la sociedad actual, ¿dónde parece residir el poder sobre las decisiones que afectan a las sociedades occidentales?

3 Legitimidad y legalidad

3.1. Formas de legitimación

Los conceptos de legalidad y de legitimidad son fundamentales para entender el funcionamiento y el origen de la política y el ejercicio del poder. Así, podemos definirlos del modo siguiente:

1. La **legalidad** consiste en la **adecuación de una decisión o una acción política al marco legal existente en una determinada sociedad.** Si una decisión política, por ejemplo, se ajusta a la ley o al menos no la contradice, se considera legal.
2. La **legitimidad,** sin embargo, no tiene que ver exactamente con la correspondencia con la ordenación legal vigente en una determinada sociedad, sino con **el reconocimiento social y el fundamento moral de una acción o decisión política.**

   Por tanto, la legitimidad remite a la fuente de validez de las propias leyes que conforman el sistema legal. Por eso, las leyes dictadas por un tirano en contra de la voluntad del pueblo son ilegítimas: la clave es el reconocimiento de la autoridad política por parte de los individuos.

El proceso de legitimación del poder político, por el que este es aceptado y reconocido como autoridad, puede ser, según el sociólogo alemán Max Weber, de tres tipos. A continuación, veremos las tres formas de dominación que, según este autor, logran el reconocimiento popular.

Textos en la web

La necesidad política de legitimación (Nicolás Maquiavelo, *El príncipe*).

Textos en la web

¿Cuál es el fundamento de la legitimación del Estado? (Jean-Jacques Rousseau, *El contrato social*).

Dominación carismática

Este tipo de legitimación se fundamenta en **el carácter peculiar del individuo que alcanza y ostenta el poder.** El carisma del líder es un atributo extraordinario mediante el que seduce a la gente, que se convierte en su seguidora.

El carisma puede radicar en el carácter del sujeto o también en el cargo que ocupa. Son ejemplo de dirigentes carismáticos guías religiosos como el papa o líderes revolucionarios.

Dominación tradicional

Esta forma de legitimación se basa en **el reconocimiento de la autoridad basado en la historia, en la tradición y en las instituciones sociales que la sustentan.** La fuente de este reconocimiento es el mantenimiento de la estructura y del orden sociales.

La jerarquía no depende de los individuos que ocupan los diferentes cargos, pues se mantiene pese a las sucesiones. Un ejemplo de esta segunda forma de legitimación es la monarquía hereditaria.

Dominación legal-racional

En este caso, el reconocimiento público del poder se logra mediante **un sistema legal basado en procedimientos de elección y decisión colectiva diseñados racionalmente.** A través de estos procedimientos se elige a los representantes de la ciudadanía y a los gobernantes.

La clave de esta tercera forma de legitimación está en la objetividad y en la racionalidad del sistema legal en el que se apoya. El ejemplo paradigmático de la dominación legal-racional lo constituyen las actuales democracias representativas occidentales.

Textos en la web

¿Cuáles son las razones de la obediencia de los ciudadanos al poder político? (Max Weber, *Escritos políticos*, «La política como vocación»).

Los usos y las costumbres forman parte del modo de comportarse habitual de los miembros de una sociedad. (Francisco Bayeu, El paseo de las Delicias, *Museo del Prado, Madrid).*

3.2. Las normas de convivencia

Las normas que regulan una sociedad pueden ser de diferentes tipos. Alguien podría pensar que la convivencia sería posible sin normas, pero ¿sería así?

Nos centraremos en el estudio de tres tipos de normas: las leyes instituidas por las autoridades, los hábitos sociales considerados propios por los miembros de la sociedad y las normas morales que cada individuo sigue según su conciencia.

Leyes o normas jurídico-políticas

Sus características esenciales son las siguientes:

1. Son normas escritas y publicadas a disposición de los miembros de la sociedad.
2. Han sido fruto de los procedimientos establecidos por el poder político (decisión del soberano, discusión parlamentaria, etc.).
3. Afectan a todos los ciudadanos y su desconocimiento no excusa de su cumplimiento, que es vigilado por las fuerzas de seguridad del poder ejecutivo.
4. Constituyen el sistema legal de un Estado, y su incumplimiento puede conllevar una sanción administrativa o penal.

Usos y costumbres

Sus características esenciales son las siguientes:

1. Se trata de normas no escritas que siguen de forma casi natural e inconsciente los miembros de una sociedad. Forman parte de su modo de comportarse habitual (saludo, vestido, cortesía, favores y gracias, etc.).
2. Son fruto de la tradición y se apoyan en el rumor, el sentimiento de vergüenza cuando no se siguen, el reproche y otros mecanismos de control social.
3. Se espera que todos los miembros de la sociedad sigan estas costumbres.
4. En caso de que no sean respetadas por alguien, el individuo puede ser objeto de las habladurías, el desprecio y la marginación por parte de la mayoría.

Textos en la web

Las relaciones económicas y la paz civil (Thomas Hobbes, *Leviatán*).

Normas morales

Sus características esenciales son las siguientes:

1. Son fruto de la reflexión y de la conciencia individual.
2. Aunque surgen del individuo, pueden tener una pretensión de universalidad (validez para todos los individuos humanos en cualquier situación).
3. Apelan a la conciencia moral de cada uno de los sujetos, bien se trate de una reflexión racional, o bien de un sentimiento de humanidad o de compasión.
4. El incumplimiento de las normas morales conlleva el reproche social, el remordimiento y la mala conciencia.

3.3. La suspensión de las normas: el estado de guerra

Pese a la importancia de las normas de convivencia que regulan nuestras sociedades, hay ocasiones en las que la situación de normalidad se rompe y las normas quedan en suspenso. En determinadas situaciones extraordinarias o de emergencia, los representantes del poder político (gobierno, parlamento, etc.) pueden declarar un «estado» en el que las garantías y las libertades básicas son secundarias.

Desde una perspectiva crítica, el filósofo italiano Giorgio Agamben se pregunta: ¿hasta qué punto la suspensión de las normas se está convirtiendo en lo normal en muchos países supuestamente democráticos? Para Agamben, el estado de excepcionalidad se vuelve una situación de normalidad si aceptamos la vulneración de derechos en lugares en los que la ley queda en entredicho.

En el marco constitucional y legal español, el Gobierno, autorizado en algún caso por el Congreso de los Diputados, puede declarar los siguientes estados, siempre limitados en el tiempo y respetando la Constitución (art. 116 y Ley orgánica 4/1981).

Estado de alarma

En situaciones de catástrofe natural, crisis sanitaria, paralización de servicios públicos esenciales o desabastecimiento de productos básicos, el Gobierno puede declarar este estado. Permite limitar la circulación de personas, requisar propiedades, ocupar fábricas, racionar ciertos productos o regular el abastecimiento.

Estado de excepción

Es declarado por el Gobierno, previa autorización del Congreso. Se instaura cuando el orden público está en peligro y deja en suspenso la mayoría de libertades básicas: se pueden realizar detenciones preventivas, registros indiscriminados, limitar la circulación, suspender la publicación de ciertas informaciones, etc. Incluye también las medidas del estado de alarma.

Estado de guerra

Es el Gobierno quien lo propone al Congreso. Se declara ante una posible invasión, una insurrección, un golpe de Estado o la puesta en peligro de la integridad territorial del país. Las autoridades civiles ceden gran parte de sus poderes a las autoridades militares, que se hacen cargo de la situación de emergencia, siempre bajo el mando del Gobierno, que asume poderes especiales. Esta autoridad militar debe someterse a la Constitución. Además de las medidas de los casos anteriores, también pueden quedar en suspenso las garantías jurídicas de los detenidos.

Textos en la web

La agresividad como amenaza a la paz social (Sigmund Freud, *El malestar en la cultura*).

Textos en la web

El estado de guerra (Thomas Hobbes, *Leviatán*).

Actividades

1 Busca ejemplos actuales de cada uno de los tipos de dominación que distingue Max Weber y justifica tu elección.

2 Elabora un cuadro en el que anotes el origen y la forma de los diferentes tipos de normas, los mecanismos de obligación de los que disponen y las sanciones que imponen en caso de incumplimiento de dichas normas.

3 ¿En qué tipos de sociedades predominan los usos y las costumbres? Pon algún ejemplo.

4 Responde a las preguntas sobre el texto:

«A mi parecer, no hay nada que la costumbre no haga o pueda hacer. Con razón Píndaro la llamaba, según tengo entendido, "reina y emperatriz del mundo". Las leyes de la conciencia que decimos nacer de la naturaleza nacen de la costumbre. Cada uno tiene en interna veneración las opiniones y costumbres aprobadas y aceptadas en torno suyo, y no puede desprenderse de ellas sin remordimiento ni ejecutarlas sin aplauso. Por ello, cuanto rebasa los linderos de la costumbre se juzga que rebasa los linderos de la razón. Los pueblos educados en la libertad y hechos a mandarse a sí mismos encuentran monstruosa y antinatural toda otra política, mientras los acostumbrados a la monarquía hacen lo mismo a su vez. Y si alguna facilidad les permite desembarazarse de su señor, generalmente con grandes trabajos, en seguida corren a buscar otro, porque no se resuelven a ejercer con ánimo su propio señorío».

Montaigne, M. de, *Ensayos*, «De la costumbre».

Manuel Cabral Bejarano, Procesión del Corpus en Sevilla, *Museo del Prado, Madrid.*

a) ¿Qué relación tienen las costumbres con las normas morales o «leyes de la conciencia»? Razona tu respuesta siguiendo el texto.

b) Según el texto, ¿qué efecto tienen las costumbres sobre las formas de gobierno?

c) Explica esta frase del texto: «cuanto rebasa los linderos de la costumbre se juzga que rebasa los linderos de la razón». ¿Estás de acuerdo? ¿Por qué? ¿Qué consecuencias tiene esta idea?

5 ¿En qué consiste el estado de alarma? ¿Y el estado de excepción?

En la web

Encontrarás una autoevaluación interactiva.

Un autor, una obra

Nicolás Maquiavelo, *El príncipe*

Resumen de la obra

La relevancia de Nicolás Maquiavelo y de su libro *El príncipe* para la teoría política es crucial. Maquiavelo redactó en 1513 este pequeño libro, en el que establece las bases del «realismo político».

El realismo político defiende la separación entre política y moral: la política no puede someterse a razonamientos morales ni a principios abstractos cuyo objetivo sea que los políticos alcancen el paraíso terrenal. Para Maquiavelo, el principal objetivo del gobernante ha de ser adquirir y conservar el Estado.

El príncipe es un breve libro que puede dividirse en cuatro partes principales. En la primera (caps. I-XI), el autor analiza los diferentes tipos de principados, cómo se logran y cómo mantenerlos, y entre ellos se diferencian los hereditarios, los nuevos, los mixtos y los eclesiásticos. En la segunda (caps. XII-XIV), se trata de la seguridad y de las armas, garantías de la autonomía de un principado políticos; por ello, un príncipe que depende de un ejército mercenario es demasiado débil para gobernar con plenas garantías y necesita un ejército nacional propio.

En la tercera parte (caps. XV-XXIII), se exponen los principios del realismo político: partiendo de un análisis de las pasiones humanas, Maquiavelo desarrolla sus ideas sobre la estrategia política. Todos estos principios políticos serán aplicados en la cuarta parte (caps. XXIV-XXVI) a la situación italiana del siglo XVI.

De este análisis extrae la siguiente conclusión: un Estado solo puede ser libre si tiene suficiente fuerza militar para lograrlo. Hay que tener en cuenta que Maquiavelo era un político de la república de Florencia, un pequeño estado dentro de la Italia ocupada y desgarrada por las guerras entre los Estados Pontificios (la Iglesia católica, en tanto que poder terrenal), Francia y España. El propósito de este libro no es otro que buscar al príncipe nuevo que logre mantener la independencia de su patria ante las potencias militares de la época.

No obstante, el análisis de Maquiavelo se centra especialmente en la explicación de cómo ha de comportarse el gobernante si quiere mantener el poder y ganarse el favor del pueblo. Para ello, el «realismo político» aconseja basarse en un conocimiento adecuado de la naturaleza humana (maldad, envidia, ambición, etc.). Los consejos y las reflexiones de Maquiavelo sobre la fortuna, la imagen pública, el uso de la fuerza, el juego entre el decir y el hacer, etc., son de tal profundidad que nos permiten proyectarlos a nuestro presente sin especial dificultad.

Textos seleccionados

Texto 1: El realismo político: la crítica de la utopía moral

«Pero, siendo mi propósito escribir algo útil para quien lo lea, me ha parecido más conveniente ir directamente a la verdad real de la cosa que a la representación imaginaria de la misma. Muchos se han imaginado repúblicas y principados que nadie ha visto jamás ni se ha sabido que existieran realmente; porque hay tanta distancia de cómo se vive a cómo se debería vivir que quien deja a un lado lo que se hace por lo que se debería hacer aprende antes su ruina que su preservación: porque un hombre que quiera hacer en todos los puntos profesión de bueno labrará necesariamente su ruina entre tantos que no lo son».

Maquiavelo, N., *El príncipe*, capítulo XV.

Texto 2: ¿Ser temido o ser amado por el pueblo?

«Nace de aquí una cuestión ampliamente debatida: si es mejor ser amado que temido, o viceversa. Se responde que sería menester lo uno y lo otro; pero puesto que resulta difícil combinar ambas cosas, es mucho más seguro ser temido que amado cuando se haya de renunciar a una de las dos. Porque, en general, se puede decir de los hombres lo siguiente: son ingratos, volubles, simulan lo que no son y disimulan lo que son, huyen del peligro, están ávidos de ganancia, y mientras les haces favores son todos tuyos, te ofrecen la sangre, los bienes, la vida, los hijos —como anteriormente dije— cuando la necesidad está lejos; pero cuando se te viene encima vuelven la cara. [...] Debéis, pues, saber que existen dos formas de combatir: la una con las leyes, la otra con la fuerza. La primera es propia del hombre; la segunda, de las bestias; pero como la primera muchas veces no basta, conviene recurrir a la segunda. Por tanto, es necesario a un príncipe saber utilizar correctamente la bestia y el hombre. Estando, por tanto, un príncipe obligado a saber utilizar correctamente la bestia, debe elegir entre ellas la zorra y el león, porque el león no se protege de las trampas ni la zorra de los lobos. Es necesario, por tanto, ser zorra para conocer las trampas y león para amedrentar a los lobos».

Maquiavelo, N., *El príncipe*, capítulo XVIII.

Texto 3: El dominio de la fortuna y la fuerza de la virtud

«No se me oculta que muchos han tenido y tienen la opinión de que las cosas del mundo están gobernadas por la fortuna y por Dios hasta tal punto que los hombres, a pesar de toda su prudencia, no pueden corregir su rumbo ni oponerles remedio alguno. Puede ser cierto que la fortuna sea árbitro de la mitad de las acciones nuestras, pero la otra mitad, o casi, nos es dejada, incluso por ella, a nuestro control. Yo la suelo comparar a uno de esos ríos torrenciales que, cuando se enfurecen, inundan los campos, tiran abajo árboles y edificios, quitan terreno de esta parte y lo ponen en aquella otra; los hombres huyen ante él, todos ceden a su ímpetu sin poder plantearle resistencia alguna. Y aunque su naturaleza sea esta, eso no quita, sin embargo, que los hombres, cuando los tiempos están tranquilos, no puedan tomar precauciones mediante diques y espigones. Lo mismo ocurre con la fortuna: ella muestra su poder cuando no hay una virtud organizada y preparada para hacerle frente y por eso vuelve sus ímpetus allá donde sabe que no se han construido los espigones y los diques para contenerla».

Maquiavelo, N., *El príncipe*, capítulo XXV.

Cuestiones para comentar

1 Explica qué es el realismo político y qué es una utopía. Busca información sobre autores que hayan diseñado alguna utopía política.

2 ¿Por qué es mejor para un gobernante, en el caso de tener que elegir, ser temido que amado, según Maquiavelo?

3 ¿Por qué el príncipe tiene que saber combatir como las bestias? ¿Qué dos características del buen gobernante simbolizan la zorra y el león? ¿Por qué ha de poseerlas el político?

4 ¿Con qué compara Maquiavelo la fortuna y el azar? ¿Qué consejo da a los gobernantes para que, cuando llegue el momento, puedan hacer frente a los cambios de la fortuna?

La filosofía va al cine

El control estatal de la sociedad

Good Bye Lenin!

- Título original: *Good Bye Lenin!*
- Dirección: Wolfgang Becker.
- Guion: Wolfgang Becker y Bernd Lichtenberg.
- Intérpretes: Daniel Brühl, Katrin Sass, Chulpan Khamatova, Maria Simon, Jürgen Vogel, Michael Gwisdek, Burghart Klaussner, Alexander Beyer, Florian Lukas, Hanna Schwamborn.
- Música: Yann Tiersen.
- Fotografía: Martin Kukula.
- Producción: X Filme Creative Pool / ARTE / WDR / Senator Entertainment.
- Año: 2003.
- Duración: 118 minutos.
- Nacionalidad: Alemania.

Resumen del argumento

Berlín Oriental, octubre de 1989. La madre de Álex (Katrin Sass), una convencida y modélica ciudadana comunista, sufre un infarto cuando ve a su hijo en una manifestación que reclama mayor libertad en la República Democrática Alemana, régimen comunista dependiente de la Unión Soviética. Después de pasar unas horas en prisión, Álex (Daniel Brühl) es liberado para hacerse cargo de su madre.

Tras estar unos meses en coma, la madre despierta en la Alemania reunificada como un país democrático-federal y con una economía capitalista. En este tiempo, Álex vive las transformaciones radicales que implica la reunificación: paro, migraciones masivas a Occidente, sustitución de la moneda, etc., y también cambios personales, como el descubrimiento del amor con la enfermera que cuida de la madre en el hospital.

Afortunadamente, la madre supera el coma, pero su estado de salud es muy frágil y no tiene que sufrir ninguna emoción fuerte. Álex lo tiene claro: ella no puede toparse de bruces con la nueva realidad política y social, con la desaparición del sueño comunista de justicia social por el que había luchado. Descubrir la realidad acabaría con su vida.

Por eso, Álex decide montar un escenario donde todo siga igual que antes: creará una gran mentira para proteger la vida de su madre del choque que para ella supondría la introducción radical del capitalismo en la antigua república comunista. Los esfuerzos de Álex por mantener aislada a su madre se cruzan con su historia de amor con Nadia y con los problemas familiares que van emergiendo poco a poco.

Álex tendrá que hacer frente a la verdad sobre la desaparición de su padre cuando era solo un niño, una verdad que la madre había ocultado con mucho cuidado. De este modo, el cruce de mentiras y de verdades sobre la familia y sobre el régimen político se entremezclan, dándole un toque cómico a la vez que dramático a la película.

Comentario

En la historia de Álex y su madre, podemos encontrar el claro contraste entre la sociedad civil emergente y el Estado comunista. En la antigua República Democrática Alemana, los ciudadanos no gozaban de las libertades básicas que tenían los alemanes de la República Federal Alemana: cuestiones tan cotidianas como las vacaciones, los salarios, la compra diaria o los espectáculos teatrales eran controladas por el Estado, por no comentar nada sobre las libertades de prensa, de pensamiento o de circulación.

En la película podemos ver cómo Álex siente cierta nostalgia por el funcionamiento de su país cuando este es absorbido por la Alemania capitalista. La introducción de la economía capitalista aparece en la película con un tratamiento cómico: la noticia de la instalación de Coca-Cola en la antigua Alemania comunista es transformada por Álex en un acuerdo entre esta empresa y los gobiernos comunistas favorable a estos últimos.

En definitiva, el contraste entre los dos sistemas políticos y económicos se aborda en *Good Bye Lenin!* mediante la historia de Álex y su familia. El juego de verdades y de mentiras en el que se enredan los protagonistas tiene su momento culminante en la escena que da nombre a la película y resume su espíritu: en un momento que nadie vigila a la madre en casa, esta baja a la calle y se pasea por Berlín, percibiendo los cambios que se han producido durante su enfermedad. El momento crucial ocurre en una avenida, cuando la madre ve que se acerca un helicóptero con una estatua de Lenin, el padre de la revolución rusa, que han retirado de una plaza.

Cuestiones para la reflexión

1 ¿Qué reclama la manifestación en la que participa Álex al inicio de la película?

2 ¿Cuáles son las principales diferencias en la vida cotidiana en un régimen comunista y en un régimen capitalista? Toma dos ejemplos de la película y explícalos.

3 ¿Cómo protege Álex a su madre? Analiza alguna de las mentiras o montajes que Álex prepara. ¿Crees que sus mentiras piadosas están justificadas? Argumenta tu respuesta.

4 ¿Cuál es la verdadera historia de la familia de Álex? ¿Qué había hecho su padre? ¿Qué actitud adoptó la madre? ¿Por qué?

Fotograma de la película en el que se ve a la madre de Álex cuando se tropieza en la calle con la estatua de Lenin, que está siendo retirada tras la caída del régimen comunista y la reunificación alemana.

Sugerencias para un debate

¿Es el Estado un instrumento de libertad o de dominación?

Los estados totalitarios del siglo xx aplastaron a los ciudadanos y la sociedad civil mediante la coacción y la violencia. (Alexander Mijáilovich Gerasimov, Lenin en la tribuna, *Museo Estatal de Historia, Moscú, Rusia).*

Introducción al debate

El Estado es una forma de organización política en la que determinadas instituciones (gobierno, administración pública, aparato judicial, parlamento, policía, ejército, etc.) tienen la función de tomar las decisiones que regulan la vida de la sociedad civil. Aunque en las sociedades antiguas se esbozó esta forma de organización, es a partir de la Edad Moderna cuando la autoridad estatal se apoya en una constitución y en la división de poderes (legislativo, ejecutivo y judicial).

Se plantea, entonces, el problema de su legitimidad. Si el poder no se basa en la tradición ni en la religión ni en la naturaleza, ¿qué es lo que lo hace legítimo? E incluso cuando se razona que su autoridad es la expresión de la voluntad del pueblo representada en las instituciones, aún cabe preguntarse: ¿el hecho de ser legítimo basta para justificar su existencia? ¿Es necesario el Estado? ¿Por qué razones tenemos que someternos a sus mandatos y a su coacción?

Por otro lado, a favor de la existencia del Estado, se ha argumentado que es necesario para garantizar la seguridad de todos, defender los intereses de la sociedad promoviendo la justicia y la igualdad de derechos, y arbitrar los medios que hagan progresar la convivencia hacia una mejor realización de nuestras posibilidades como ciudadanos.

Cuestiones para debatir

1. ¿Basta con que un Estado sea legítimo para que sea justo?
2. ¿Puedes señalar algunas formas en las que el Estado abuse de su poder contra la sociedad civil y contra los ciudadanos?
3. ¿Los Estados totalitarios son fenómenos del pasado? ¿Existen riesgos de que vuelvan a aparecer? Justifica tu respuesta.
4. Señala las diferencias entre el Estado, la nación, la patria y la sociedad civil.

Un aspecto concreto para discutir

Según Hegel, el Estado no es el resultado de un contrato social, pues en tal caso se atribuiría a los individuos una voluntad y unas cualidades que presuponen ya la existencia del Estado. Es preciso considerarlo, por tanto, una realidad ontológica consustancial a la existencia social y que confiere su identidad como seres humanos a los miembros de la sociedad civil o de la nación. Así lo expresa él.

El Estado, ¿es una verdadera realidad suprapersonal o un simple instrumento al servicio de nuestros intereses?

«Si se confunde al Estado con la sociedad civil y se le da como destino la tarea de vigilar la seguridad, asegurar la protección de la propiedad privada y de la libertad personal, los intereses de los individuos se convierten en la meta final en vistas de la cual se han unido y se da a entender que depende de la libre voluntad de cada uno convertirse en miembro del Estado. Sin embargo, el Estado es el Espíritu Objetivo, por lo que el individuo no puede tener de verdad una existencia objetiva y una vida ética más que como miembro del Estado. La unión como tal es el verdadero contenido y la verdadera meta, porque los individuos tienen como destino desarrollar una vida universal. Las demás formas de satisfacción de su actividad y de su comportamiento tienen este elemento sustancial y universal como punto de partida y como resultado».

Hegel, G. W. F., *Filosofía del derecho*, 3.ª parte, aforismo 258.

En los estados totalitarios, el individuo está sometido al Estado y todos sus intereses y libertades están subordinados a él. (Día Nacional del Partido Nacionalsocialista Obrero Alemán, celebrado en Nuremberg en 1933).

Bloque 6

Cultura y sociedad

En este último bloque se estudiarán las cuestiones relativas a la condición del ser humano como ser cultural y social. Como ser cultural, todo individuo humano tiene que culturizarse incorporando una lengua y una cultura como modo de vida. Esta cultura, en sentido objetivo, es una herencia común y específica de una colectividad, con esferas distintivas, como las del arte, la técnica, la actividad económica y empresarial, etc. Como ser social, en las actuales sociedades posindustriales, caracterizadas por la globalización y el multiculturalismo, el individuo está sometido a un proceso continuo y acelerado de cambio debido, fundamentalmente, a factores económicos y tecnológicos. En ellas, la capacidad emprendedora y la actividad empresarial adquieren una especial relevancia, y por ello resulta esencial profundizar en su dimensión ética.

Cuestiones a estudiar

Unidad 14
Cultura, civilización, historia

1 La cultura como formación de la personalidad: ¿qué quiere decir «ser culto»?

2 Cultura, civilización e historia: el sentido objetivo de la cultura como herencia común.

3 Etnocentrismo, relativismo cultural, multiculturalismo y globalización.

Unidad 15
Origen y naturaleza de la sociedad

4 La socialización y sus clases.

5 Teorías sobre el origen de la sociedad: la comunidad natural, el contractualismo clásico, el neocontractualismo.

6 Factores del cambio social.

Unidad 16
El arte y la técnica

7 El arte como forma de la cultura: creación artística y experiencia estética.

8 Elementos distintivos de una obra de arte y diferentes concepciones de la belleza.

9 El artista y el proceso de creación.

10 El trabajo y la técnica: el trabajo como acción para transformar el mundo.

11 La técnica y sus concepciones en el desarrollo de la civilización occidental.

Unidad 17
Filosofía y empresa

12 La filosofía y el mundo empresarial: la empresa como proyecto racional y sus dimensiones organizativas, sociales y éticas.

14 Cultura, civilización, historia

La autonomía de las culturas

«Desde los tiempos de Herodoto al menos, se han hecho intentos de dar cuenta de las variaciones culturales existentes en la humanidad. Ciertos pensadores explicaban las diferencias culturales en términos de la influencia del ambiente. Otros se inclinaban a atribuir la variación cultural a diferencias mentales o temperamentales innatas. […] El progreso de la ciencia trajo, sin embargo, un reconocimiento de la cultura como una clase distinta de hechos, como un orden distinto de fenómenos. Se comprendió que la cultura no es sencillamente una respuesta refleja al hábitat, ni una simple y directa manifestación de la naturaleza humana. Se llegó a entender que la cultura humana es un *continuum*, una corriente de hechos que fluye libremente a través del tiempo de una a otra generación y lateralmente de una raza o hábitat a otro. Eventualmente se terminó por ver que los determinantes de la cultura residen dentro de la misma corriente de cultura; que un lenguaje, costumbre, creencia, herramienta o ceremonia es el producto de precedentes y concomitantes elementos y procesos culturales».

White, L., *La ciencia de la cultura*.

Actividades

1 «La cultura…», dice el texto, «… no es sencillamente una respuesta refleja al hábitat». ¿En qué se distinguen las sociedades humanas de los grupos animales?

2 ¿Es compatible la autonomía de las culturas con su interrelación? ¿Pueden enriquecerse unas a otras?

3 La lengua, las costumbres, las creencias, los conocimientos dotan de identidad a una cultura. ¿Cuál de estos elementos es más determinante y por qué?

4 Comenta la frase: «los determinantes de la cultura residen dentro de la misma corriente de cultura».

Campesinos tamizando el arroz, acuarela china del siglo XIX.

1 La cultura forma la personalidad

1.1. ¿Qué quiere decir «ser culto»?

La palabra «cultura» viene del latín *colere*, que significa 'cultivar la tierra'. Por analogía, alude al **cultivo de nuestras capacidades naturales e intelectuales para desarrollarnos como seres humanos e impulsar el avance de la sociedad.** Esa es la misión de la educación: hacernos seres humanos desarrollados y completos.

Una persona culta es, pues, la que ha desarrollado sus conocimientos y hábitos, y se distingue del ignorante, condenado al subdesarrollo personal. También se distingue del erudito, o sea, el que memoriza muchos conocimientos que le permiten ganar concursos en televisión o impresionar a los demás. **La persona culta es la que sabe no por saber, sino para comprender mejor su mundo y a sí mismo.**

Aplicada al individuo, la palabra «cultura» se identifica con el término griego *paideia*, que significa 'educación'. Y Kant la definió, en esta línea, como «la producción en un ser racional de la capacidad de escoger sus propios fines», en el sentido de otorgar «fines superiores a los que puede proporcionar la naturaleza misma».

El otro significado de la palabra cultura es su definición como **herencia no biológica, como todo lo que se aprende socialmente;** es decir, como una realidad objetiva que tiene su existencia en una dimensión distinta de la natural o físico-natural, e incluso fuera de la dimensión meramente psicológica o mental.

El ser humano, dotado de razón y de libertad, necesita formarse, construirse a sí mismo y su medio, porque no se conforma, como los animales, con vivir al servicio de sus puras necesidades biológicas. Su conciencia le abre a logros e ideales que lo trascienden, o sea, que están por encima de él y que lo estimulan a tratar de aproximarse a ellos. Por ejemplo, así ha sido capaz de volar, de viajar por el fondo de los océanos o de vencer muchas enfermedades graves.

El aprendizaje cada vez más desarrollado proyecta al ser humano a un futuro mejor que ha podido conquistar. En esta aspiración a mejorar continuamente y a superarse en los distintos ámbitos de su vida social y de su personalidad, el individuo se descubre y conoce todo aquello que puede ser capaz de conseguir.

A diferencia, pues, de lo que hacen los animales, **el ser humano construye su entorno y lo culturiza.** El entorno humano no es natural, sino que ha sido fabricado y se va modificando generación tras generación. De este modo, la cultura hace que los seres humanos abandonen su inicial estado de naturaleza y se adentren en un estado social y cultural cada vez más rico y complejo.

Este estado no es completamente satisfactorio para el ser humano, pues le produce una situación de conflicto, porque si bien la cultura le permite inventar y construir sus propias condiciones de existencia, una vez construida, **se objetiva y le obliga a someterse a ella, a sus prohibiciones, a sus normas y a todas sus exigencias.**

1.2. Naturaleza, cultura, sociedad

Hemos dicho que la cultura, como actividad humana, convierte el entorno natural del ser humano en un entorno culturizado. El ser humano nace inacabado, en el sentido de que la naturaleza no le dota de todo lo que necesita para sobrevivir.

Si nos fijamos en el cuerpo humano, podemos darnos cuenta de que es imposible que el hombre pueda sobrevivir fuera de un entorno cultural. Por ejemplo, la desnudez que lo expone a las inclemencias del clima le obliga a fabricarse casas y vestidos; la debilidad de sus mandíbulas y de sus dientes le obliga a procesar sus alimentos y a cocerlos; su cerebro es de tal naturaleza que si no se entrena con un aprendizaje adecuado de habilidades y destrezas, no le sirve para nada.

Textos en la web

El arte como símbolo de la cultura (Hannah Arendt, *La crisis de la cultura: su importancia social y política*).

Textos en la web

El científico y el artista (Immanuel Kant, *Crítica del juicio*).

Textos en la web

El primer paso de la naturaleza a la cultura (Sigmund Freud, *Tótem y tabú*).

Esta fragilidad obliga a los hombres a actuar sobre el medio para defenderse de las puras condiciones naturales. Por eso se dice que la cultura separa a los seres humanos de la naturaleza y los inscribe en un desarrollo histórico.

No obstante, también algunos animales actúan sobre su entorno para fabricarse sus propias condiciones de existencia. Por ejemplo, si observamos cómo las cigüeñas fabrican sus nidos, comprobamos que llevan a cabo una construcción muy elaborada utilizando sus picos, sus patas y su fuerza muscular. Y actúan sobre el medio, pues recogen de él las ramas, la hierba y el barro que necesitan.

Pero ¿se puede decir que las cigüeñas han recibido la enseñanza sobre cómo hay que hacer todo eso? No. El código genético heredado de sus progenitores las induce, cuando son adultas, a desarrollar unas pautas de actuación fijadas de manera idéntica para todos los individuos de esa especie.

En la especie humana, en cambio, cuando un niño nace, a partir de ese momento **inicia su proceso de humanización y de socialización, que consiste en asimilar e incorporar poco a poco toda la herencia cultural que forma el patrimonio de la civilización dentro de la que ha nacido.** O sea, aprende una lengua, unas costumbres, unos saberes, unas habilidades, etc.

La cultura que el niño va adquiriendo es la riqueza común de su grupo social, hasta el punto de que todo grupo humano solo existe en virtud del conjunto de las formas de cultura que determinan su vida en sociedad. Hacerse adulto es, entonces, aprender de los demás y de las generaciones precedentes, **desarrollarse mediante la incorporación de la herencia cultural del grupo en el que se ha socializado.**

1.3. Formación y especialización

Cultura es sinónimo de formación o de educación cuando designa el mejoramiento de los seres humanos hasta aproximarse en todo lo posible a su forma ideal, o sea, a lo que constituye lo humano en su forma más genuina.

Los griegos consideraban que, para lograr esa perfección, era necesario el cultivo de la poesía, la elocuencia, la filosofía y, en general, lo que nosotros actualmente llamamos «humanidades». Para los modernos, en cambio, ser culto implicaba añadir a las «humanidades» las ciencias naturales, la matemática, la astronomía o la historia. Así surgió el ideal renacentista del individuo culto, que domina todos los campos del saber.

La creciente industrialización y tecnificación del mundo actual ha hecho indispensable la formación en saberes muy especializados que encierran a los individuos en conocimientos y actividades estrechos y limitados. Esos especialistas lo saben todo sobre un campo muy reducido, y dedican su vida a saber solo de eso.

La especialización ha hecho retroceder el ideal clásico de una formación humana que permita a los individuos tener una cultura general, y cada vez más se orienta la educación hacia el adiestramiento técnico en campos profesionales muy restringidos y específicos. Esto tiene muy graves inconvenientes, como el desequilibrio de la personalidad humana, que solo se centra en una dirección y está incapacitada para afrontar situaciones o problemas de tipo más general, o los obstáculos que crea a la comunicación entre los individuos, al aislar a cada uno en su restringido campo sin capacidad de conectar con lo que queda fuera de él.

Toda educación tiene en su base un ideal del individuo ya formado tal como se quiere conseguir. Transmitir saberes, abrir las mentes a la cultura es una tarea necesariamente unida a la concepción del ser humano que se desea promover.

Textos en la web

Civilización y pacto social (Jean-Jacques Rousseau, *El contrato social*).

Textos en la web

¿La evolución de la cultura es siempre progresiva en todos sus aspectos? (Nicolás de Condorcet, *Bosquejo de un cuadro histórico de los progresos del espíritu humano*).

Textos en la web

Ciencia y política (Jürgen Habermas, *Teoría y praxis*).

Actividades

1 ¿Qué quiere decir que el ser humano es «un ser de cultura»? Piensa en dos o tres argumentos que lo demuestren.

2 ¿Cómo puede actualmente un joven adquirir una cultura general mientras se especializa en una profesión para su futuro?

3 Analiza algunos objetos de tu vida cotidiana. ¿Dónde se inventaron? ¿Dónde se han fabricado? ¿Cómo han llegado a tus manos? Redacta un breve comentario sobre la diversidad cultural en la que vivimos cotidianamente.

4 Responde a las preguntas sobre el texto:

«Nuestro sujeto se despierta en una cama hecha según un patrón originado en el Cercano Oriente, pero modificado en la Europa del Norte antes de pasar a América. Se despoja de las ropas de cama hechas de algodón, que fue producido en la India; todos estos materiales se han transformado en tejido por medio de procesos inventados en el Cercano Oriente. Al levantarse, se calza unas sandalias de tipo especial, llamadas mocasines, inventadas por los indios de los bosques orientales de América del Norte, y se dirige al baño, cuyos muebles son una mezcla de inventos europeos y americanos, todos ellos de una época muy reciente. Se despoja de su pijama, prenda de vestir inventada en la India, y se asea con jabón, inventado por los franceses; luego se afeita, rito masoquista que parece haber tenido origen en Sumeria o en el antiguo Egipto. [...] Una vez que ha terminado de comer [...], lee las noticias del día, impresas con caracteres inventados por los antiguos semitas, sobre un material inventado en China, según un proceso inventado en Alemania. A medida que se va enterando de las dificultades que hay por el extranjero, si es un consciente ciudadano conservador, irá dando gracias a una deidad hebrea, en un lenguaje indoeuropeo, por haber nacido en el continente americano».

Linton, R., *Estudio del hombre*.

Hombre de la tribu masái realizando una fotografía.

a) Resume brevemente la idea principal del texto.

b) ¿Dónde se han originado los siguientes inventos culturales: el pijama, el jabón, el papel, la imprenta?

c) Explica el significado de la paradoja de las últimas líneas del texto.

2 Cultura y civilización

2.1. El sentido objetivo de la cultura: una herencia común

Además de educación o formación humana, la cultura tiene un segundo significado, pues alude también al producto de esa formación. O sea, es también **el conjunto de conocimientos, creencias, prácticas, valores, normas y, en suma, los modos de vivir y de pensar que unen a los individuos de una colectividad** y que se suelen sintetizar bajo el nombre de **«civilización».**

Si la cultura es la respuesta humana a la necesidad de adaptarse al medio y sobrevivir, la civilización se define como el conjunto de elementos que las distintas culturas producen para responder a esa necesidad. Por ejemplo, los instrumentos para el trabajo manual que poco a poco se van perfeccionando hasta las sofisticadas máquinas actuales, las ciencias, las instituciones jurídicas y políticas, las artes, las normas morales y religiosas, los códigos jurídicos, la educación, etc.

Civilizaciones son, pues, las formas de vida más elevadas de determinados pueblos, consideradas como expresión del alto nivel de formación humana alcanzado por esos pueblos. Hablamos así, por ejemplo, de civilización egipcia, de civilización maya o de civilización europea.

Malinowski define la civilización como «el conjunto integrado de instituciones en parte autónomas y en parte coordinadas, que tratan de satisfacer las necesidades fundamentales, instrumentales y sociales, del grupo que las desarrolla». La civilización es, en este sentido, todo lo que los grupos de seres humanos han añadido a su naturaleza a lo largo de la historia, y que no existiría sin la actividad humana. Es **la herencia común de un pueblo en los ámbitos religioso, moral, científico, técnico o estético.** Cada nueva generación recibe ese patrimonio, lo incorpora a través de la educación y lo transmite a la generación siguiente.

O sea, la civilización se identifica más con las conquistas materiales y la organización social, mientras que el término cultura se refiere a los logros que rebasan este ámbito y sirven para ennoblecer la existencia. En este sentido, para algunos autores, la cultura se expresa en el arte, la ciencia, la religión, la filosofía o la literatura, y se manifiesta en las instituciones orientadas a tales fines: escuelas, cines, teatros, bibliotecas, etc.

Esta distinción entre cultura y civilización era frecuente en los ambientes filosóficos alemanes de comienzos de siglo XX:

1. Así, la **cultura** remite más bien a una **concepción de los valores, fundada en la ética y radicada en el mundo interior de la personalidad individual.**
2. La **civilización,** en cambio, designa los **procesos de progreso técnico y material, propios del mundo exterior.**

Textos en la web

Acción humana y objetivación de la cultura (Arnold Gehlen, *El hombre).*

2.2. El etnocentrismo

En qué consiste el etnocentrismo

El etnocentrismo es la actitud que **consiste en estimar los propios pueblo, raza y cultura como la norma absoluta de la civilización y, por tanto, como el modelo para juzgar a las demás civilizaciones y culturas.** Conduce, generalmente, al racismo y a la xenofobia; o sea, al rechazo y al odio al extranjero.

El etnocentrismo es uno de los factores que ha generado mayores dosis de violencia en la historia pasada y presente de la humanidad, pues estar convencido de que la propia cultura es la mejor induce a justificar su imposición a los demás, incluso mediante la fuerza si es preciso.

Textos en la web

El narcisismo como causa del egocentrismo humano (Sigmund Freud, *Obras completas,* «Una dificultad del psicoanálisis»).

Ya los griegos y los romanos antiguos utilizaban la palabra **«bárbaros»** para calificar a los pueblos que no compartían su lengua y su civilización. Por esta razón, los consideraban próximos aún a los animales y al salvajismo. En este sentido, la palabra «civilización», como lo opuesto a la barbarie, expresaba, para ellos, **un juicio de valor que permitía una jerarquización de las culturas desde el punto de vista intelectual, técnico, moral y social.**

También en la época contemporánea, se suele utilizar la contraposición entre pueblos primitivos y sociedades civilizadas, aunque en este caso esa distinción no necesariamente ha de implicar un juicio de valor. Para muchos antropólogos, el estudio de los modos de cocinar de una tribu primitiva es tan digno de atención como el análisis de una sonata de Beethoven.

El rechazo del etnocentrismo conduce a considerar que **cada una de las diferentes culturas tiene su dignidad propia, y que conviene favorecer las particulares expresiones de cada una de ellas.** Todas juntas son el patrón de la humanidad, pues describen las múltiples maneras mediante las que los seres humanos se han adaptado a condiciones de vida muy diferentes. Reconocer esto nos libra del racismo y de la xenofobia. Esta actitud no debe impedir, no obstante, la crítica y el rechazo a creencias, costumbres y prácticas que, en algunas culturas, se manifiestan como claramente inhumanas y degradantes.

El racismo: biología y cultura

Hasta mediados del siglo XX, el racismo se ha entendido desde un paradigma biológico; es decir, **las razas serían grupos humanos diferenciados tanto por su fenotipo (apariencia física) como por su genotipo (genes).** Sin embargo, las investigaciones de genética de poblaciones han demostrado que **a la gran diversidad fenotípica no corresponde una mínima diferencia genética.**

Desde finales del siglo XX, el racismo ha adoptado una fundamentación cultural y ha utilizado el concepto de cultura para justificar la discriminación, la degradación y la violencia sobre el grupo considerado diferente. El otro sería inferior e incompatible con nosotros, no por su raza en sentido biológico, sino por sus costumbres, hábitos, creencias y valores. Su cultura sería incompatible con nuestra forma de vida, y por eso constituiría una amenaza a evitar y a eliminar.

No obstante, el racismo ha asumido formas ideológicas paradójicas, puesto que un racista también puede considerar digno de compasión y de lástima a un grupo social por sus rasgos culturales, y justificar así su desaparición por su propio bien.

Textos en la web

Etnocentrismo y racismo (Claude Lévi-Strauss, *Raza y cultura*).

El relativismo cultural

El relativismo cultural es una reacción ante la intolerancia del racismo. Esta doctrina insiste en que **cada cultura tiene unos valores propios que están bien adaptados a su forma de vida.** Las costumbres y los estándares para juzgar otras culturas serían relativos a una determinada forma de vida.

De este modo, **no podríamos valorar ni juzgar los hábitos, las costumbres y las creencias de otras culturas, ya que entonces estaríamos aplicando nuestros criterios a su cultura,** ignorando que ellos tienen sus propios principios para valorar su cultura. Ante esta dificultad, **la actitud en la relación entre culturas debería ser la tolerancia y el respeto mutuo.**

Sin embargo, el relativismo cultural tiene serias dificultades: ¿qué ocurre con actos que vulneran los derechos humanos? ¿No podemos juzgarlos desde un punto de vista universal? Este relativismo podría conducir a la impotencia frente a instituciones y acciones claramente contrarias a unos derechos humanos universales.

Textos en la web

El relativismo cultural (Claude Lévi-Strauss, *Raza y cultura*).

Los organismos internacionales adquieren cada vez más importancia en la era de la globalización ante el debilitamiento de los estados nacionales. (Sala de la Asamblea de la ONU, Ginebra, Suiza).

2.3. Multiculturalismo y globalización

Qué es el multiculturalismo

La globalización, fenómeno que caracteriza de un modo cada vez más generalizado la vida en nuestro planeta, se explica sobre la base de los siguientes hechos:

1. **La intensificación, a escala mundial, de los intercambios económicos y financieros entre países,** sin barreras jurídicas ni políticas que obstaculicen la libre circulación de bienes y de capitales, que hacen del mundo un mercado único.
2. **La expansión, a nivel planetario, de las nuevas técnicas de la comunicación y la información,** como Internet, las redes sociales, etc., que hacen posible la comunicación instantánea entre los puntos más distantes y remotos del planeta.
3. **El debilitamiento de los estados nacionales y el auge de las estructuras políticas y económicas internacionales,** que adquieren cada vez más competencias en las decisiones que afectan a los ciudadanos.
4. **La generalización de modelos de vida y de pensamiento,** que hacen prevalecer por todas partes los valores del capitalismo occidental.

Por todas estas razones, la globalización ha puesto en conexión, de manera masiva y a nivel mundial, a pueblos, lenguas, derechos, religiones y costumbres diversos. Eso es el multiculturalismo, que representa un reto para la coexistencia de culturas heterogéneas en una misma sociedad, las cuales, siendo muy diversas, han de someterse a un mismo ordenamiento jurídico y político.

Este problema ya se había planteado en otros momentos de la historia, por ejemplo, cuando los españoles descubrieron y colonizaron América obligando a los indios a civilizarse y cristianizarse, acabando así con sus culturas indígenas originales.

Los humanistas del Renacimiento se preguntaron qué podía haber en común en manifestaciones culturales tan distintas como los textos de la antigua cultura griega, los árabes, los hebreos y las civilizaciones del Extremo Oriente. Todo ello representaba una amplia variedad en los modos de existencia humana.

En la actualidad, los problemas surgen por la erosión de las identidades particulares de cada cultura, las cuales se ven amenazadas por todas las novedades que incorporan unas de otras y por la necesidad de abrirse a un nuevo modelo conjunto de funcionamiento social.

La defensa del multiculturalismo

Según el multiculturalismo, **todas las culturas merecen un reconocimiento por parte de las otras, pues incorporan unas características únicas y auténticas que las hacen valiosas como formas de expresión de la diversidad y la creatividad humanas.** Además, una falta de reconocimiento hacia una forma cultural supondría una negación de su valor y una discriminación de los miembros particulares de esa cultura. La aspiración última del multiculturalismo es, por tanto, **el reconocimiento de un derecho a la diferencia cultural y el respeto de esta diferencia en los espacios públicos.**

Sin embargo, en las teorías sobre la diversidad cultural hay una cierta tendencia a lo que se ha denominado el «prejuicio culturalista» o la «concepción estática de las culturas humanas». Esta visión plantea que las culturas humanas son compartimentos estancos y aislados entre sí, pero, en realidad, el cruce entre culturas, los préstamos, los intercambios y la síntesis de fenómenos culturales han desempeñado un papel decisivo en el desarrollo de la historia de la humanidad.

La propuesta del interculturalismo

El interculturalismo intenta desarrollar el **respeto activo de la diferencia cultural y superar las posibles dificultades del multiculturalismo** (guetos, discriminación, incomunicación, insolidaridad fuera del grupo cultural, etc.).

En términos generales, la teoría de la interculturalidad parte de una **actitud de respeto general a todas las tradiciones culturales humanas como formas de expresión de la riqueza de la humanidad.**

Principios básicos del interculturalismo	
Principio de igualdad entre culturas	Todas las culturas son, en principio, igualmente respetables. Son expresión de la creatividad humana.
Principio de autonomía individual	La tradición cultural ha de respetar la autonomía de los individuos. Las personas tienen que poder decidir en libertad.
Principio de diálogo intercultural	Todas las culturas han de ser capaces de dialogar e intercambiar conocimientos y valores con otras formas culturales.
Principio de apertura de las tradiciones culturales	Una cultura es más rica cuanto más abierta esté a las aportaciones de otras culturas y cuanto mejor las sintetice con sus propias tradiciones.
Principio de derecho cosmopolita	En todas las culturas tendrían que respetarse unos derechos básicos universales sin limitación por género, etnia, clase social, religión, etc.

Actividades

1 Señala las distinciones que se pueden establecer entre etnocentrismo, racismo y multiculturalismo.

2 ¿Qué función desempeñan el miedo, el temor y la desconfianza hacia los extraños en las actitudes racistas y xenófobas?

3 ¿Qué ventajas y qué inconvenientes le encuentras a la propuesta del interculturalismo?

4 Responde a las preguntas sobre el texto:

«El multiculturalismo es una forma inconfesada, invertida, autorreferencial de racismo, un "racismo que mantiene las distancias": "respeta" la identidad del Otro, lo concibe como una comunidad "auténtica" y cerrada en sí misma respecto de la cual él, el multiculturalista, mantiene una distancia asentada sobre el privilegio de su posición universal. El multiculturalismo es un racismo que ha vaciado su propia posición de todo contenido positivo (el multiculturalista no es directamente racista, por cuanto no contrapone al Otro los valores particulares de su cultura), pero, no obstante, mantiene esa posición en cuanto privilegiado punto hueco de universalidad desde el que se pueden apreciar (o despreciar) las otras culturas. El respeto multicultural por la especificidad del Otro no es sino la afirmación de la propia superioridad».

Žižek, S., *La tolerancia represiva del multiculturalismo*.

a) Según se comenta en el texto, ¿cuál es el error de base del multiculturalismo?

b) ¿Por qué señala el autor del texto que el multiculturalismo es un racismo «vacío»?

c) ¿Estás de acuerdo con la conclusión del texto? ¿Cómo responderías a la crítica que plantea este texto?

Isidore Laurent Deroy y Jean Baptiste Sabatier, Desembarco de esclavos procedentes de África para su venta, litografía del siglo XIX.

3 La historia

3.1. El acontecer histórico y su conocimiento

El ser humano también es un ser cultural porque tiene una historia, en el nivel personal, y una tradición que se transmite de generación en generación, en el nivel colectivo. El proceso histórico es, pues, al mismo tiempo, **el transcurso objetivo de los acontecimientos a través del tiempo en el que los individuos están insertos y el estudio de ese recorrido plasmado en los conocimientos que los historiadores ofrecen de él.**

El objeto de la historia como ciencia es el estudio del pasado de los pueblos y de las naciones y de la evolución de la humanidad. Sin embargo, actualmente, la historia ya no se comprende como una simple crónica de los hechos sucedidos en el pasado ni como un listado de guerras y de reinados (positivismo histórico). Lo que el historiador intenta, más bien, es **reconstruir las épocas pasadas mediante la aplicación de unos métodos que hagan posible tales reconstrucciones.**

En la actualidad, algunos autores plantean, más bien, la necesidad de atender a las estructuras internas de la sociedad, como la economía, la cultura, los grupos y las relaciones sociales, etc., que constituyen objetos de estudio más susceptibles de tratamiento científico que los simples acontecimientos.

El filósofo inglés del siglo XX Arnold Toynbee se remite a los ciclos vitales de las civilizaciones o de las sociedades —nacimiento, crecimiento y desintegración— para estudiar la historia de manera integral. De todas maneras, aun considerándose ciencia, la historia pertenece al conjunto de las **ciencias humanas o del espíritu.** Su objetivo es comprender las consecuencias de la temporalidad humana.

Frente a la historia, aparte de reflexionar sobre las condiciones del método y del conocimiento histórico, la filosofía estudia el sentido que puede tener como proceso que transcurre en el tiempo. Es decir, los acontecimientos históricos son fruto:

1. Por un lado, de causas naturales (terremotos, sequías, etc.) y de las necesidades de supervivencia de los seres humanos.
2. Por otro, también intervienen en su producción acciones y decisiones que los hombres adoptan haciendo uso de su libertad; por ejemplo, porque quieren aumentar su poder o tomar venganza de algún crimen anterior.

La filosofía se pregunta si es posible dar una explicación o un sentido al conjunto del proceso histórico, de modo que puestos en relación sus acontecimientos unos con otros den lugar a una «historia», a un relato.

Textos en la web

La comprensión de la historia a partir de los textos transmitidos (H. G. Gadamer, *Verdad y método*).

3.2. Las concepciones de la historia

El proceso de racionalización del concepto teológico de historia

Agustín de Hipona, en los siglos IV y V, fue el primer autor que ofreció una concepción global del sentido de la historia a partir de los contenidos de la fe cristiana.

Según esta doctrina teológica, y rechazando la concepción cíclica del tiempo propia del paganismo, el tiempo empieza con la Creación y se consuma con el Juicio Final y la Resurrección; entre tanto, transcurre la historia.

El sentido de la historia es ser un estado intermedio de lucha y confrontación entre la «ciudad de Dios» y la «ciudad terrena», esto es, entre lo espiritual y lo terrenal. El sentido de la vida depende de la elección humana entre el amor a Dios o el amor a sí mismo. Todo cuanto acontece está, por lo demás, previsto y guiado por la Providencia, forma que tiene Dios de intervenir en el mundo.

Textos en la web

Las dos ciudades (Agustín de Hipona, *La ciudad de Dios*).

El primer intento de racionalización de esta visión teológica lo realizó el filósofo italiano Giambattista Vico, en el siglo XVIII, para quien **la historia es producto de la actividad de los seres humanos y de la sociedad civil.** No obstante, la Providencia sigue desempeñando un papel fundamental: la historia es tanto obra de la mente humana como de los designios divinos.

Pero fue el pensador francés Voltaire, también en el siglo XVIII, quien racionalizó por completo la idea teológica de historia, **sustituyendo la Providencia por el progreso y la razón humanos.** Voltaire solo habla de la historia mundana, sin remitirse al ámbito de la fe. Para él, el sentido de la historia está en el progreso que los seres humanos alcanzan en las ciencias, las letras y las artes. En suma, **la historia muestra el progreso de la naturaleza humana, que es la misma en todas las partes.**

La concepción idealista de la historia

Hegel, filósofo alemán del siglo XIX, siguiendo a Kant, sostiene que **la historia es el proceso por el que la humanidad, o el espíritu, tiende hacia una meta final de perfección.** El modo de avanzar es dialéctico, lo que quiere decir que lo negativo de la historia —la injusticia, las guerras, etc.— es una condición necesaria para el avance de la razón hacia esa meta final de perfeccionamiento y consumación.

Hay muchas analogías entre esta visión y la cristiana, pues la historia del reino de Dios es, en Hegel, historia del espíritu, y lo que es Providencia para el cristianismo es, en Hegel, la «astucia de la razón».

El materialismo histórico

También en el siglo XIX, Karl Marx, discípulo de Hegel, contrapuso a esta interpretación idealista de su maestro su propia teoría. Lo esencial del materialismo histórico es la afirmación de que **el desarrollo de la historia transcurre en íntima conexión con los aspectos materiales, políticos y, sobre todo, económicos de la sociedad civil.** Los seres humanos se relacionan mediante el trabajo, el comercio, la política o el derecho. Y puesto que estas relaciones son económicas, Marx deduce que la economía es el motor de la historia.

No es, por tanto, la conciencia, ni el pensamiento, ni las ideas lo que determina la actividad del ser humano y decide lo que este puede llegar a ser, sino que su ser social, es decir, la realidad social, laboral y económica en la que vive es lo que determina su conciencia, su pensamiento, sus ideas y sus creencias, y, por consiguiente, la vida política y social, la religión, el arte y la filosofía.

Así justifica Marx que la historia debe ser entendida, sobre todo, como **historia de la infraestructura económica de la sociedad, sobre la que se levanta la superestructura de sus producciones espirituales.**

Textos en la web

La concepción marxista de la historia (Karl Marx, *La ideología alemana*).

3.3. El progreso

Tanto Hegel como Marx, y antes que ellos Kant y otros muchos filósofos, han pensado la historia como un progreso de la humanidad hacia un futuro mejor, aunque también existe la posibilidad de entender el progreso en sentido negativo, o sea, hacia el mal, hacia la catástrofe o el cataclismo.

Por ejemplo, Voltaire, y como él la mayoría de los ilustrados, pensaba que el sentido de la historia es el progreso que el hombre consigue cultivando las ciencias, las letras y las artes, y desarrollando técnicas de dominio de la naturaleza cada vez más eficaces y modos de organización de la sociedad cada vez mejores.

Textos en la web

Progreso económico y progreso histórico (Karl Marx, *Contribución a la crítica de la economía política*).

En cambio, Rousseau tachó esta concepción de demasiado optimista y ofreció una visión de la historia como **el proceso de degeneración y progresivo deterioro moral del ser humano, a causa de su alejamiento cada vez mayor de la naturaleza y de una vida sencilla en armonía con la naturaleza.** En esta línea pesimista se sitúan, entre otros, Schopenhauer, Nietzsche y, sobre todo, Oswald Spengler.

En la filosofía actual, la Escuela de Frankfurt, en especial Max Horkheimer y Theodor W. Adorno, ha puesto en entredicho la vinculación de la idea de progreso no ya con la historia, sino con el concepto mismo de racionalidad, tal como se ha desarrollado a partir de la Ilustración. Según estos autores, **la «racionalidad instrumental» ilustrada, que se funda meramente en la adecuación entre medios y fines, nace del afán humano de dominio y se enmascara bajo las formas ideológicas que justifican las situaciones de injusticia social.**

Con este enfrentamiento quedan diseñadas las dos visiones, optimista y pesimista, del progreso que alimentaron la polémica y las discusiones entre los filósofos durante los siglos XIX y XX. Esta ambigüedad se debe a que la afirmación o negación de un progreso en la historia es más una cuestión de fe que un hecho demostrable.

Es obvio que la humanidad ha alcanzado un alto nivel de progreso material por el avance de las ciencias y de la técnica, que ha producido una profunda transformación del mundo. Sin embargo, cabe preguntarse si, en el plano humano, nuestra época puede considerarse «mejor» que las épocas pasadas.

Incluso para estar seguros de que el crecimiento técnico es un avance hacia lo mejor, hay que preguntarse por los fines a los que se dirige la aplicación de ese poder. Así, las armas nucleares, ¿son un signo del avance de la humanidad a mejor?

Textos en la web

¿Cómo podemos decidir si hay o no un progreso en la historia? (Claude Lévi-Strauss, *Raza y cultura*).

Actividades

1 ¿Por qué nos interesa a los seres humanos lo que ha ocurrido en épocas pasadas? ¿Es por simple curiosidad? ¿Para qué se escribe la historia?

2 Responde a las preguntas sobre el texto:

«La concepción materialista de la historia parte del principio de que la producción y, junto con ella, el intercambio de sus productos constituyen la base de todo el orden social; que en toda sociedad que se presenta en la historia la distribución de los productos y, con ella, la articulación social en clases o estamentos se orientan por lo que se produce y por cómo se produce, así como por el modo como se intercambia lo producido. Según esto, las causas últimas de todas las modificaciones sociales y las subversiones políticas no deben buscarse en las cabezas de los hombres, en su creciente comprensión de la verdad y la justicia eternas, sino en las transformaciones de los modos de producción y de intercambio; no hay que buscarlas en la filosofía, sino en la economía de las épocas de que se trate».

Engels, F., *Anti-Dühring*.

a) ¿Te parece razonable la conclusión de este texto? Razona tu respuesta.

b) ¿Tiene razón el marxismo cuando afirma que la lucha de clases, o sea la violencia, es el motor de la historia?

c) ¿Hasta qué punto los seres humanos gobiernan o padecen su historia?

3 Unos filósofos defienden el progreso, y otros, el retroceso. ¿Qué actitud te convence más y por qué?

4 ¿Tiene la historia humana algún fin? ¿Hacia dónde crees que se encamina?

En la web

Encontrarás una autoevaluación interactiva.

Un autor, una obra

Tzvetan Todorov, *El descubrimiento de América*

Resumen de la obra

La historia de Occidente es, entre otras cosas, también la historia de la capacidad humana de tolerancia, de aceptación, de reconocimiento y de integración de las diferencias individuales y culturales. Su referente normativo sería la utopía de una situación ideal de diálogo entre culturas en el que ninguna de las voces trataría de reducir a las otras haciéndolas desaparecer.

Un episodio de la máxima trascendencia en esta historia fue lo sucedido a raíz del descubrimiento y la conquista de América, pues ello mostró suficientemente cuán grandes son las dificultades del hombre europeo para aceptar al otro como un sujeto igual a él mismo, aunque sea diferente.

Al constituir uno de los encuentros entre sociedades y entre culturas más asombrosos y aleccionadores que han podido darse, es posible llevar a cabo una lectura de la conquista de América desde las categorías de lo que, en el ámbito de la antropología social, es la problemática de la relación y la convivencia interhumanas.

El resultado de dicho análisis es, inevitablemente, un relato distópico; es decir, un relato repleto de acontecimientos indeseables en el que el resultado no fue, precisamente, el diálogo entre culturas, sino, más bien, la imposición de la cultura europea sobre todas las demás del continente americano. El europeo del siglo XVI no puede reconocer que haya otros sistemas de organizar la experiencia del mundo por parte de hombres diferentes, otros códigos convencionales de comunicación, otra visión de la vida.

Sin embargo, toda una revolución de la mentalidad y de las actitudes también comienza entonces a ponerse en marcha. El descubrimiento del otro puso al hombre europeo ante preguntas fundamentales acerca de la naturaleza del hombre mismo y de su diversidad. Los esfuerzos por responder a estas preguntas lograron, a partir de su influencia en grupos cada vez más amplios, cambiar la mentalidad y agrandar los límites de la percepción y el reconocimiento de la diversidad del otro.

Textos seleccionados

Texto 1: El descubrimiento de la extranjeridad radical

«En ningún descubrimiento anterior de otros pueblos se produce el sentimiento de extranjeridad radical que se produce en este ni, por lo tanto, las conmociones ideológicas y sociales a las que tal sentimiento dio lugar. Tal vez la razón de esta intensidad radique en que el descubrimiento del hombre americano, del indio todavía, no se produce de hecho en virtud de un contacto pasajero o esporádico, como el que habían tenido, por ejemplo, con los pueblos y culturas de Asia, viajeros como Marco Polo. En el caso del descubrimiento de América, por primera vez millones de individuos no europeos, que entran en escena de repente cuando de ellos se ignora absolutamente todo, van a ser sometidos a un esfuerzo misionero prolongado y a un gobierno colonial europeo. De modo que lo que en otros descubrimientos de pueblos extraños fue solo un contacto superficial y pasajero, pasa a ser aquí un contacto mucho más íntimo durante un período de tiempo muy prolongado».

Todorov, T., *El descubrimiento de América*.

Texto 2: La identificación de los propios valores como valores en sí

«Cuando Colón habla del intercambio de pequeños objetos y baratijas entre los españoles y los indios, atribuye a los indios una generosidad rayana, para él, en la estupidez. Está claro que Colón no comprende que el oro solo es más precioso que el vidrio o que un par de zapatos viejos en el sistema de intercambio europeo. Por eso, un sistema de intercambio diferente como el que pudieran tener los indios equivale, para él, a la ausencia pura y simple de sistema, y, por tanto, a la estupidez. Parece como si no se pudiera comprender que los valores económicos, en este caso, son convencionales y que, por tanto, pueden ser diferentes entre grupos humanos diferentes».

Todorov, T., *El descubrimiento de América.*

Texto 3: La diferencia como inferioridad

«Los españoles creían que solo había una clase de humanidad verdadera, el hombre europeo, y que, por tanto, o los indios no eran más que subhombres, o si eran realmente hombres —aunque no lo pareciesen—, entonces tenían que ser como los españoles, tenían que adecuarse al modelo europeo. De modo que, al percibir la diferencia y la alteridad de los indios, esta se traduce inmediatamente en términos de inferioridad. En lugar de ver que se trata también de hombres, aunque distintos, se los considera solo medio-hombres, en un estado de imperfección que los sitúa a mitad de camino entre el hombre y la bestia. Pero, por otra parte, cuando contra esta estimación de que los indios son medio animales se define que también los indios son seres humanos, es para propugnar que hay que civilizarlos para que sean como los españoles, que deben ir vestidos, vivir en ciudades y adoptar los valores y las costumbres civilizadas españolas. Ahora bien, en ningún momento encontramos indicio alguno de que Colón esté dispuesto a reconocer a los indios el derecho a tener una voluntad propia, sino que los considera como esclavos que se pueden vender».

Todorov, T., *El descubrimiento de América.*

Cuestiones para comentar

1 La percepción que tenían los europeos de los indios como seres defectuosos y deficientes, bárbaros necesitados de civilización, ¿era solo un prejuicio etnocéntrico o justificaba la conquista española y la imposición de un dominio colonial? ¿Se te ocurre algún ejemplo de otros intereses subyacentes a actitudes racistas y xenófobas que conozcas?

2 Comenta el dicho común que afirma: «Si es verdad que Colón descubrió América, no descubrió, sin embargo, a los americanos».

3 ¿En qué medida sirvió la conquista de América por los españoles para generar la necesidad de crear un ideal de igualdad que no degenere en identidad, y de una diferencia que no signifique ni superioridad ni inferioridad de unos seres humanos sobre otros?

4 ¿Es utópica, o sea irrealizable, la idea de vivir la diferencia entre culturas en igualdad? Pon algún ejemplo histórico o actual que ilustre tu opinión, en especial si se trata de culturas que han logrado convivir en igualdad, sin imponerse o destruirse la una a la otra.

La filosofía va al cine

El diálogo intercultural

Pequeño Buda

- Título original: *Little Buddha.*
- Dirección: Bernardo Bertolucci.
- Guion: Rudy Wurlitzer y Mark Peploe.
- Intérpretes: Keanu Reeves, Bridget Fonda, Chris Isaak, Alex Wiesendanger, Ying Ruocheng, Raju Lal, Greishma Makar Singh, Sogyal Rinpoche, Khyongla Rato Rinpoche, Geshe Tsultim Gyelsen.
- Música: Ryuichi Sakamoto.
- Fotografía: Vittorio Storaro.
- Producción: Recorded Picture Company / CiBy 2000 / Serprocor Anstalt.
- Año: 1998.
- Duración: 123 minutos.
- Nacionalidad: Reino Unido.

Resumen del argumento

Jesse Konrad (Alex Wiesendanger) es un niño estadounidense que vive con sus padres en Seattle, la mayor ciudad del estado de Washington. Un día aparece en su casa una delegación de monjes budistas que creen que Jesse es la reencarnación de un respetado lama. El monje Champa había tenido un sueño en el que se le aparecía un lugar muy hermoso, en el que había una colina y donde estaba el lama Dorje. Cuando llegaron a la dirección en la que estaba ese lugar, descubrieron que la casa de Jesse estaba situada en la colina con la que él había soñado tantas veces.

Cuando los monjes contaron a los padres de Jesse todo lo ocurrido, estos se quedaron impresionados porque no podían creer que su hijo pudiera ser la reencarnación del lama Dorje. El lama Norbu le regala a Jesse el libro de Buda, en el que aparecen varias escenas que cuentan su vida. Cuando un socio del padre de Jesse muere, este, muy afectado, empieza a cambiar de opinión sobre el budismo.

Los monjes le dicen a la familia que tienen que ir a Bután, porque hay más candidatos para ser la reencarnación del lama Dorje. Entonces, el padre de Jesse decide ir a Bután. Una vez allí, Jesse conoce a Rayu y a una niña india, quienes también son candidatos a ser la reencarnación. Tras varias pruebas y la intervención de un oráculo, el lama Norbu descubre que cada uno de los tres niños es una parte del lama Dorje: Jesse es el cuerpo; Rayu, la mente, y la niña india, el habla o el espíritu.

El lama Norbu, tras meditar durante varios días, muere, y sus cenizas son repartidas entre los tres niños para que las esparzan. Cada uno lo hace en su lugar de origen y de una forma diferente: en el agua, en el aire y en la tierra. Al final, los niños vuelven a sus hogares. Jesse regresa a Seattle con su padre, y se reúnen con su madre, que está esperando un bebé.

Comentario

Esta película permite visualizar el vivo contraste entre la milenaria cultura asiática de los monjes de Bután y la cultura americana actual, desarrollando un tema que permite hacerse cargo de la profunda diferencia entre ambas culturas: la creencia en la reencarnación.

En este sentido, es ilustrativa la fábula que el lama Norbu cuenta a sus alumnos en un momento del filme: una cabra, riendo primero y luego llorando, revela al monje que está a punto de sacrificarla que, precisamente gracias a ese sacrificio, tras 499 vidas como cabra, volverá a ser hombre, mientras que el monje —lo que ella era antes de esas 499 vidas— va a convertirse en cabra en cuanto se muera.

Se cuestiona, pues, ante todo, el concepto occidental de identidad, y se plantea la pregunta de si es la única posible. Se contraponen luego los principales conceptos de la comprensión asiático-oriental de la vida (el samsara, el karma, el dolor, la muerte) a los de la nuestra occidental (la causalidad, la finalidad, el proyecto de vida, la libertad). Y se agudiza la divergencia de mentalidades cuando se opone la creencia oriental del carácter ilusorio e irreal de todo lo que nos sucede al realismo y el pragmatismo propios de Occidente.

Cuestiones para la reflexión

1 Ante el contraste entre la mentalidad budista y la americana mostrado en la película, ¿podrías señalar algunos aspectos de oposición entre ellas y otros de posible convergencia?

2 ¿Calificarías la creencia budista en la reencarnación de pura y simple superstición? Razona tu respuesta.

3 Si consideramos la doctrina de la reencarnación como una metáfora de la existencia humana, ¿puede enseñarnos algo a los occidentales? ¿Qué cosas?

4 La diversidad de culturas, ¿es un obstáculo para la unidad del género humano? Justifica tu opinión.

Fotograma de la película en el que se ve al lama Norbu saludando al pequeño Jesse Konrad.

La filosofía en imágenes

¿Por qué los salvajes son humanos...

Introducción

Para muchos antropólogos, el término «bárbaro» solo tiene un sentido relativo. El bárbaro es simplemente el otro, el que no se parece a nosotros. Y para valorar esa diferencia se suelen señalar los comportamientos más extremos —el canibalismo, el infanticidio, la crueldad guerrera, etc.— desde los valores y los códigos de nuestra civilización.

Preparativos para una comida de caníbales en el Brasil en tiempo de la conquista

Cuestiones para analizar un dibujo

1 ¿Qué elementos de la vida de los hombres no civilizados subraya esta imagen? Fíjate en los personajes, en su raza, en sus rostros, en su entorno y en lo que hacen.

2 ¿Cómo se muestra la barbarie de estos caníbales? ¿Ves, a pesar de ello, detalles que confirman que incluso estos primitivos se distinguen de los animales salvajes?

3 Esta imagen aparece en un libro de historia de América publicado a mediados del siglo XIX. ¿Mostrar tanta crueldad puede justificar la esclavitud y la explotación colonialista de las zonas subdesarrolladas por parte de las naciones civilizadas?

4 El trato que sufre el personaje tumbado, ¿es imaginable en una nación civilizada en la actualidad? ¿Esta clase de aberraciones las llevan a cabo solo los salvajes?

… y los enfermos mentales también?

Introducción

El concepto de locura o enfermedad mental ha constituido, desde antiguo, un modo de etiquetar a personas contra las que se utilizaba la violencia psiquiátrica para controlar el desvío de las normas y convenciones sociales. Para ello se crearon los manicomios, en los que se las encerraba, se las privaba de sus derechos y quedaban estigmatizadas.

Goya, *Corral de locos*

Cuestiones para analizar una obra de arte

1 Mira la habitación, iluminada con la escasa luz que entra por una ventana con barrotes. ¿Por qué se privaba de la libertad y de sus derechos a los enfermos mentales?

2 Los enfermos mentales de este cuadro mantienen diferentes actitudes. Por no seguir los patrones sociales convencionales de conducta, ¿no son personas humanas? Expón las razones por las que deben ser considerados personas.

3 Goya pintó este cuadro cuando triunfaban las ideas ilustradas. ¿Podría ser una denuncia del estado de los manicomios y del rechazo a los enfermos mentales?

4 ¿Cómo se trata hoy a los enfermos mentales? ¿Se respetan sus derechos como seres humanos y viven integrados en la sociedad?

15 Origen y naturaleza de la sociedad

La fábula de los puercoespines

«Un grupo de puercoespines se apiñaba mucho en una fría noche de invierno para evitar congelarse con el calor mutuo. Sin embargo, pronto comenzaron a sentir unos las púas de los otros, lo cual les hizo volver a alejarse. Cuando la necesidad de calor los volvió a aproximar otra vez, se volvió a repetir el mismo problema, de tal manera que oscilaron de acá para allá entre ambos sufrimientos hasta que encontraron una distancia media en la que pudieron resistir mejor. Así, la necesidad de compañía, surgida del vacío y de la monotonía del propio interior, impulsa a unirse a los hombres, pero sus muchos atributos repugnantes y errores insoportables vuelven a separarlos. La distancia intermedia que al final encuentran y en la que es posible que se mantengan juntos es la cortesía y las buenas costumbres. En Inglaterra, a quien no se mantiene a esa distancia se le grita: *Keep your distance!* Debido a ella, la necesidad de calentarse mutuamente no se satisface por completo, pero a cambio no se siente el pinchazo de las púas. No obstante, el que sienta mucho calor interior propio hará mejor en mantenerse alejado de la sociedad para no dar lugar a quejas ni recibirlas».

Schopenhauer, A., *Parerga y Paralipómena*, aforismo 396.

Actividades

1 ¿Qué empuja a los seres humanos a vivir en sociedad, según Schopenhauer?

2 ¿Qué imagen de la sociedad humana sugiere el texto? ¿Estás de acuerdo con su autor?

3 Fíjate en la conclusión del texto: ¿por qué motivo querría alguien alejarse de la sociedad?

4 ¿Crees que es posible vivir en total soledad? ¿Sería deseable? Explica tu opinión.

El Bosco, San Juan Bautista en meditación, *Museo Lázaro Galdiano, Madrid.*

1 La socialización y sus tipos

1.1. Individuo y sociedad

Los conceptos de individuo y de sociedad son interdependientes: no hay individuo humano sin sociedad en la que se socializa y que lo forja como tal, como tampoco hay sociedad que no esté conformada por individuos particulares.

La conciencia del individuo ha sido generada en un contexto social con unas reglas, unos valores y unas costumbres, de modo que ser un individuo en una sociedad tiene matices diferentes a haber sido formado como tal individuo en otra sociedad distinta. Así pues, **el individuo existe por la sociedad en la que se ha formado (psicogénesis, formación de la conciencia individual) y la sociedad existe por los individuos que la componen (sociogénesis, generación de un grupo social).**

Tampoco podemos estudiar la sociedad como si fuera una entidad abstracta, fija y estable más allá de los individuos que la conforman. La sociedad es la agrupación de individuos que mantienen entre sí algún tipo de relación (familiar, profesional, económica, etc.) y que comparten ciertas características mínimas, como el lugar, ciertas actividades o los mismos intereses, que permiten diferenciarlos de otros grupos.

La sociedad permite desarrollar y completar la formación de los seres humanos, que vienen al mundo con cierta inmadurez biológica y no podrían sobrevivir sin la ayuda de los demás. Este proceso de formación y maduración social de los individuos se llama **socialización** y se compone de los siguientes aspectos:

1. Incorporación a un grupo social del que se considera parte solidaria con el todo.
2. Educación en los valores compartidos por la sociedad en la que vive.
3. Aprendizaje de la lengua, la historia y la cultura que articulan y cohesionan el grupo social.
4. Instrucción en unos hábitos, modales y actitudes considerados correctos por el grupo social y necesarios para demostrar la adaptación al grupo.
5. Reflexión individual y libertad dentro del marco social: la construcción de la identidad propia supone una reinterpretación y una conciencia crítica.

La socialización no es un proceso que tenga un final claro. Más bien, mientras el sujeto vive en sociedad y convive con los cambios sociales e históricos, se está socializando durante toda su vida.

1.2. Socialización primaria y socialización secundaria

Socialización primaria

La socialización primaria es la que se produce durante la infancia de los individuos, y su contexto fundamental es el ambiente familiar. También es muy importante el círculo social en el que se mueve la familia, así como las relaciones con otros miembros de su mismo grupo de edad. El niño aprende, básicamente, por imitación y repetición de los modelos que ofrecen los adultos de su círculo social y familiar. En esta fase son muy importantes los sentimientos y las reacciones emocionales para el buen desarrollo y la maduración mental del futuro adulto.

La otra institución decisiva en la socialización primaria es la escuela. En ella se produce no solo el aprendizaje de conocimientos básicos y de actitudes, sino también de educación en valores y en los adecuados modos de comportarse en la vida social.

Textos en la web

Dos concepciones del hecho social (Émile Durkheim, *Las reglas del método sociológico*).

Textos en la web

Sociedad, Estado e individuo (G. W. F. Hegel, *Filosofía del derecho*).

Textos en la web

Prioridad de la sociedad sobre el individuo (Émile Durkheim, *Las reglas del método sociológico*).

Textos en la web

Naturaleza y socialización (Aristóteles, *Política*).

Las teorías de la evolución cognitiva de Piaget y del desarrollo moral de Kohlberg concluyen que los niños adoptan en un principio actitudes egoístas hasta que, completado su desarrollo moral y cognitivo, reconocen el valor de las normas del grupo, pasando por estadios intermedios en los que las normas tendrían validez no por sí mismas, sino por la autoridad del sujeto que las defiende.

Actualmente, la transformación de los modelos familiares (familias monoparentales, recompuestas, etc.) abre el abanico de posibilidades de la socialización primaria, puesto que pueden cambiar los modelos tradicionales que han servido para fomentar las identidades de referencia de los niños.

De la misma manera, las nuevas tecnologías de la información y de la comunicación (desde la televisión a los ordenadores, pasando por los móviles, las videoconsolas y las tabletas) tienen una fuerte influencia en las nuevas formas de convivencia y generación de solidaridad a distancia tanto en la socialización primaria como en la secundaria.

Socialización secundaria

La socialización secundaria es la que tiene lugar mediante la participación de los individuos en instituciones y grupos voluntarios, como la educación posobligatoria, los estudios universitarios, los clubes deportivos, las agrupaciones musicales o las asociaciones culturales o religiosas, las redes sociales, etc. Se trata de actividades libremente decididas por los sujetos, así como su grado de implicación y participación en ellas.

Coincide con la edad en la que los jóvenes van madurando, al mismo tiempo que se replantean sus vínculos familiares, sus amistades y su propia identidad dentro de la sociedad. La afirmación de la propia individualidad se puede producir a veces de forma brusca, y en sociedades como la occidental-moderna se considera hasta cierto punto «normal» una cierta rebeldía.

Otro aspecto a tener en cuenta en la socialización secundaria es la **diferenciación entre la personalidad individual y el rol social de una misma persona,** una distinción que tiene que ver con la dualidad público-privado. La función social que ejerza un individuo no agota por completo la riqueza y la complejidad de su personalidad. En este sentido, la participación en las redes sociales digitales y en otros medios de comunicación, en los que se difumina la diferencia entre lo público y lo privado, genera una pérdida de control sobre la propia privacidad. Esto puede llevar a convertir en públicos aspectos vitales que perjudican no únicamente nuestra imagen pública, sino que, además, empobrecen nuestra experiencia personal.

Textos en la web

La sociedad dentro del individuo (Friedrich Nietzsche, *Fragmentos póstumos*).

1.3. Resocialización

La resocialización consiste en el proceso de aprendizaje e introducción en un contexto social y cultural diferente a aquel en el que se ha socializado el individuo en primera instancia. Esto supone que la persona tiene que hacer frente a un cambio en el marco de referencia de sus coordenadas sociales.

Como ejemplos de resocialización suele plantearse el caso del inmigrante que deja su país y llega a otro en el que tiene que aprender la lengua, las costumbres, el funcionamiento de las instituciones, etc.; también el del preso que ha cumplido su condena en prisión y debe volver a la vida cotidiana (reinserción, reeducación). Igualmente se produciría una resocialización en la situación de un país invadido cuya población tiene que adaptarse a los hábitos, la lengua, las costumbres, las prácticas, etc., del invasor.

La resocialización presupone, pues, una cierta «ruptura» con la socialización precedente, aunque no tiene por qué ser así, ya que se puede dar una especie de síntesis o reinterpretación de las propias costumbres para adaptarlas al nuevo contexto social.

El mestizaje social y cultural, la síntesis de sociedades y de culturas diferentes, es más usual de lo que puede parecer a primera vista, pues todas las sociedades están compuestas, en buena medida, de elementos provenientes de otras. Esto permite la ampliación y el enriquecimiento mutuo de las sociedades vinculadas en un mismo individuo. No obstante, a veces se producen tensiones y conflictos de difícil resolución, que incluso pueden conllevar una crisis individual de identidad y también un conflicto social más amplio.

En la actualidad, en nuestra sociedad globalizada, los procesos de resocialización se producen continuamente. Los movimientos migratorios, la extensión de las nuevas redes sociales y la difusión de las tecnologías de la información y de la comunicación contribuyen en buena medida a que, hasta cierto punto, la resocialización sea un fenómeno social cotidiano de gran alcance.

Actividades

1 Responde a las preguntas sobre el texto:

«La historia del niño salvaje de Aveyron comienza un día de 1797, durante el quinto año de la República francesa, cuando unos campesinos de la región de Lacaune, situada en el macizo central, sorprendieron a un niño desnudo que huía a través de los bosques de la Bassine. Debido a la curiosidad que esto produjo, estuvieron al acecho los días siguientes y, finalmente, lo pudieron ver otra vez buscando bellotas y raíces. En 1798, unos leñadores lo vieron de nuevo y, a pesar de la violenta resistencia que opuso, lo llevaron al pueblo de Lacaune, donde su llegada produjo sensación. [...] Si bien los niños salvajes eran de gran interés para la búsqueda de criterios adecuados que contribuyeran a la definición del hombre, su consideración resultaba igualmente pertinente para la controversia sobre la existencia de las ideas innatas, vinculadas al nombre de Descartes y que era la segunda discusión más importante de la época».

Lane, H., *El niño salvaje de Aveyron*.

a) ¿Por qué motivos crees que existían los niños salvajes? ¿Conoces otros casos reales o de ficción?

b) ¿Por qué fue tan importante el estudio del niño salvaje de Aveyron en los debates de la época?

c) ¿Has visto la película de François Truffaut *El pequeño salvaje*? Si es así, intenta resumir los progresos del pequeño Victor.

2 Indica de qué tipo de socialización se trata en los siguientes casos. Justifica tu respuesta:

a) Una fiesta de cumpleaños infantil.

b) El ensayo de una banda musical juvenil.

c) La solicitud de empadronamiento de un inmigrante.

d) El partido de baloncesto en el patio del instituto.

3 ¿Cuáles crees que son las principales dificultades en el proceso de resocialización? Imagina el caso de un emigrante o de un expresidiario.

2 Teorías sobre el origen de la sociedad

2.1. La comunidad natural

La filosofía social y política se pregunta, entre otras cosas, cómo debería regularse la vida social. Ahora bien, para responder a esta cuestión, siempre se ha supuesto que primero había que imaginar cómo se ha formado la sociedad, cuál fue su origen.

De los antiguos filósofos griegos, Aristóteles defendió la idea de que **el ser humano es un animal social y político por naturaleza, por lo que la comunidad sería previa al individuo.** Los individuos solo se realizan como seres humanos a través de su integración en su comunidad política. El objetivo de la sociedad es el logro del bien supremo, que es una vida feliz para sus miembros. Para lograr esta felicidad, la principal condición que debe cumplirse es la justicia equitativa, es decir, basada en el mérito. Quienes más se esfuerzan y destacan por su excelencia, mayor participación merecen tener en la distribución de los bienes.

La **búsqueda del bien común** es el eje central de la concepción aristotélica de la sociedad. El interés colectivo tiene prioridad sobre el particular, y se logra alcanzar mediante el arte de la política, cuya práctica requiere experiencia, moderación y prudencia.

Durante la Edad Media, Tomás de Aquino siguió la doctrina de Aristóteles. Según él, de igual modo que existe una jerarquía en el orden del mundo natural, lo mismo ha de suceder en la sociedad: **la ley de la sociedad ha de reflejar la ley natural, y la comunidad política debe encajar armónicamente en el cosmos natural.**

La principal novedad que propone es la exigencia de que **la sociedad política —o sea, el Estado— se subordine a la guía de la comunidad espiritual —o sea, a la Iglesia—.** Esto ha de ser así porque la teología, o ciencia sobre Dios, es la que permite conocer las leyes supremas que la política ha de aplicar en la sociedad civil.

Textos en la web

Naturaleza humana y reglas sociales (Nicolás Maquiavelo, *Discursos sobre la primera década de Tito Livio*).

2.2. El contractualismo clásico

Aunque el pensamiento contractualista apareció ya en la antigua Grecia, en la época moderna, tras las guerras de religión del siglo XVII, varios filósofos se replantearon el sentido de la sociedad y ofrecieron un nuevo modelo para explicar el origen de la vida social y los principios que la rigen: **un pacto o contrato entre los individuos para proteger unos derechos naturales previos a la institución del Estado.**

Thomas Hobbes, Baruch de Spinoza, John Locke (filósofos del siglo XVII) o Jean-Jacques Rousseau (ya en el siglo XVIII) son los más importantes teóricos del contrato social. Sus teorías del contrato comparten todas el mismo esquema general:

1. Desarrollan la situación natural de los seres humanos de forma previa a la fundación de la sociedad y del Estado.
2. Exponen un posible contrato entre los individuos para abandonar el estado natural.
3. Diseñan una sociedad y sus instituciones a partir de este contrato.

Pero la teoría contractualista suscita problemas, como, por ejemplo, los siguientes:

1. ¿El contrato social ha sucedido realmente en una época remota de nuestro pasado o es solo un ideal, o incluso una hipótesis, que nos indica cómo debería organizarse la sociedad?
2. ¿El contrato social da origen a la sociedad humana como tal o únicamente al Estado, la institución política que organiza y dirige la vida en sociedad?
3. En el contrato social, ¿qué valor social y político ha de predominar en caso de conflicto: la seguridad, la propiedad, la libertad, la autonomía?

Modelo absolutista de Hobbes

Estado natural	Forma del contrato	Estado social
Inseguridad, miedo y desconfianza entre los seres humanos. Guerra de todos contra todos *(Homo homini lupus).*	Renuncia al derecho de gobernarse a sí mismos de todos los individuos en favor de un poder único y absoluto.	Monarquía o asamblea de gobernantes que reúnen todos los poderes (políticos y espirituales) en una institución. Estado absoluto.

Textos en la web

Vida en sociedad y necesidad de seguridad (Thomas Hobbes, *Leviatán*).

Modelo liberal de Locke

Estado natural	Forma del contrato	Estado social
Libertad natural, propiedad derivada del propio trabajo, pero inseguridad y vulnerabilidad.	Cesión del poder político, pero respetando los derechos naturales (libertad, propiedad y seguridad).	División de poderes y tolerancia religiosa: el Estado debe proteger los derechos de los individuos. Democracia liberal.

Textos en la web

Comienzo de la sociedad política (John Locke, *Dos ensayos sobre el gobierno civil*).

Modelo republicano de Rousseau

Estado natural	Forma del contrato	Estado social
Bondad e ingenuidad de los seres humanos, autosuficientes, libres e iguales.	Puesta en común de las capacidades individuales y sumisión a la voluntad general (interés de la comunidad).	Participación directa en la administración de la comunidad, prioridad de la voluntad general sobre los intereses particulares. Democracia republicana.

Textos en la web

El contrato social según Rousseau (Jean-Jacques Rousseau, *El contrato social*).

Textos en la web

El concepto de «cuerpo político» (Jean-Jacques Rousseau, *El contrato social*).

Entre los distintos modelos de sociedad, la democracia liberal garantiza los derechos de los individuos. (Karl Anton Hickel, Reunión en la Cámara de los Comunes, Galería Nacional de Retratos, Londres, Gran Bretaña).

Rawls limita la desigualdad económica y social, que debe repercutir en beneficio de los más desfavorecidos. (Favelas en Sao Paulo, Brasil).

2.3. El neocontractualismo

Los principios de justicia de Rawls

En el siglo xx, el filósofo norteamericano John Rawls reformuló la teoría contractualista y defendió que la sociedad surge en función de la implantación de determinados criterios básicos e imparciales de funcionamiento. Estos principios, que cualquier ser racional debería elegir, son:

1. El **principio de igual libertad para todos:** todos deben disfrutar de las mismas libertades civiles y políticas básicas: de pensamiento, de opinión, etc.
2. El **principio de desigualdad social y económica,** que solo se justifica si se dan estas dos condiciones:
   a. El **principio de igualdad de oportunidades:** todos deben tener las mismas condiciones de acceso a los puestos privilegiados.
   b. El **principio de diferencia:** la desigualdad social y económica debe repercutir en beneficio de los miembros menos favorecidos de la sociedad.

El libertarismo

A la doctrina de Rawls se opone el liberalismo radical o libertarismo, defendido por el politólogo Robert Nozick. Nozick defiende que **el Estado se tiene que limitar a proteger la propiedad y a garantizar la libertad de los individuos particulares** (modelo basado en Locke).

Por tanto, el Estado debe reducirse a los requerimientos mínimos exigidos por estas condiciones, como, por ejemplo, el mantenimiento del orden público (mediante las fuerzas de seguridad). En consecuencia, Nozick rechaza que el Estado garantice servicios de protección social y de ayuda a los menos favorecidos.

La acción comunicativa

Otros filósofos contemporáneos, como Karl Otto Apel y Jürgen Habermas, han subrayado **la necesidad de que las normas y los principios que han de regular la convivencia sean el resultado de una discusión racional basada en el reconocimiento democrático recíproco de todos los participantes.**

Este procedimiento de creación de las normas sociales insiste, pues, en procesos como la deliberación, la discusión parlamentaria y las estrategias necesarias para comunicarse sin que se produzcan distorsiones que impidan el ejercicio imparcial de la racionalidad.

Textos en la web

Acción comunicativa y racionalidad práctica (Jürgen Habermas, *Teoría de la acción comunicativa*).

Actividades

1 Responde a las preguntas sobre el texto:

«"Sois, pues, hermanos todos cuantos habitáis en la ciudad —les diremos siguiendo con la fábula—; pero, al formaros los dioses, hicieron entrar oro en la composición de cuantos de vosotros están capacitados para mandar, por lo cual valen más que ninguno; plata, en la de los auxiliares, y bronce y hierro, en la de los labradores y demás artesanos. [...] Pues bien, el primero y principal mandato que tiene impuesto la divinidad sobre los magistrados ordena que, de todas las cosas en que deben comportarse como buenos guardianes, no haya ninguna a que dediquen mayor atención que a las combinaciones de metales de que están compuestas las almas de los niños. Y si uno de estos, aunque sea su propio hijo, tiene en la suya parte de bronce o hierro, el gobernante debe estimar su naturaleza en lo que realmente vale y relegarlo, sin la más mínima conmiseración, a la clase de los artesanos y labradores. O, al contrario, si nace de estos un vástago que contenga oro o plata, debe apreciar también su valor y educarlo como guardián en el primer caso o como auxiliar en el segundo, pues, según un oráculo, la ciudad perecerá cuando la guarde el guardián de hierro o el de bronce". He aquí la fábula. ¿Puedes sugerirme algún procedimiento para que se la crean?».

Platón, *República*, III, 415a-d.

a) ¿Cómo justifica Platón en este mito la desigualdad natural entre los seres humanos?

b) ¿Qué clases sociales distingue Platón en esta fábula? ¿Con qué metales relaciona cada una de ellas?

c) ¿Estás de acuerdo con la concepción de la educación que se refleja en el texto? Justifica tu respuesta.

d) ¿Cómo crees que se puede responder a la pregunta final que plantea Platón en el texto?

2 ¿En qué coincide Tomás de Aquino con Aristóteles y qué novedad introduce en su teoría sobre el origen de la sociedad?

3 ¿Qué características comparten todas las teorías del contrato social? ¿Qué diferencias principales, sin embargo, existen entre las teorías del contrato social de Hobbes, de Locke y de Rousseau? ¿Cuál crees que es la más acertada? Justifica tu respuesta.

4 ¿Crees que es posible decidir los principios básicos sobre los que se funda una sociedad tal como lo proponen los neocontractualistas? Razona tu respuesta.

3 El cambio social

3.1. La diversidad de las sociedades humanas

Tradicionalmente, se ha distinguido, de manera muy básica, entre sociedades salvajes y sociedades civilizadas. Las primeras son las que carecen de leyes y donde únicamente se aplica el principio de la fuerza, mientras que en las segundas dominaría la razón. Esta distinción ha sido superada, y hoy se distingue, de un modo mucho más matizado, entre diferentes tipos de sociedades.

Textos en la web

La diversidad de las sociedades humanas (Émile Durkheim, *Las reglas del método sociológico*).

Sociedades cazadoras-recolectoras (50000 a. C. - hasta la actualidad)

Compuestas por pequeños grupos que subsisten mediante la pesca, la caza y la recolección. Existen pocas desigualdades entre los individuos. Las diferencias se centran en los grupos de edad (generaciones) y en los géneros (hombres-mujeres). Actualmente están en proceso de desaparición.

Sociedades de pastores (12000 a. C. - hasta la actualidad)

Formadas por grupos de tamaño variable (de pocos cientos a varios miles), dependen de los animales domesticados para subsistir. Existen desigualdades por grupos. Dominan la metalurgia.

Aparecen las primeras jefaturas o reyes guerreros. Estas sociedades están integradas en estados más grandes, aunque están en proceso de desaparición.

Sociedades agrícolas (12000 a. C.- hasta la actualidad)

Son pequeñas comunidades rurales (no grandes aglomeraciones) que viven del cultivo agrícola complementado con la caza y la recolección de frutos silvestres. Existe desigualdad entre los cazadores y los recolectores.

En estas sociedades, el gobierno está en manos de jefes. Igual que las sociedades de pastores, están integradas en estados más grandes y también en proceso de desaparición.

Las civilizaciones tradicionales se basan en la agricultura, y en ellas se practica el comercio y se amplían las desigualdades entre las clases sociales. (Agrimensores tendiendo la cuerda, pinturas egipcias de las tumbas de Mena y Najt, Valle de los Reyes, Luxor, Egipto).

Estados o civilizaciones tradicionales (6000 a. C. - siglo XIX)

Se sustentan en grandes explotaciones agrícolas. Existe una gran diferencia entre el campo y la ciudad. Se practica el comercio y se desarrolla la manufactura.

Se forma un gobierno articulado y diferenciado. Existen fuertes desigualdades entre las clases sociales, basadas en su función económica y en su poder político. Los imperios tradicionales son sustituidos por nuevas formas de imperialismo.

Sociedades industrializadas (siglo XIX - hasta la actualidad)

Estas sociedades han desarrollado una gran capacidad tecnológica y se basan en un sistema productivo masivo. Son sociedades de consumo y de servicios. Existen fuertes desigualdades entre clases sociales y entre naciones (neoimperialismo).

Las formas de gobierno en este tipo de sociedades se sitúan entre la democracia y la tecnocracia, y se organizan en forma de Estados nacionales. En la actualidad, constituyen el tipo de sociedad predominante y están en expansión bajo diferentes formas. Se habla de un posible cambio hacia sociedades posindustriales.

3.2. Factores del cambio social

Todas las sociedades están en un proceso de cambio constante: sus miembros crecen y se reproducen, de modo que el cambio de las generaciones y las peripecias vitales de los individuos generan transformaciones sociales más o menos lentas.

El antropólogo Claude Lévi-Strauss distinguió entre sociedades frías y calientes: en las primeras, los cambios se producen de forma lenta, pausada y hay cierta estabilidad en sus ámbitos económico, demográfico y tecnológico; en las sociedades calientes, los cambios sociales se dan mucho más rápidamente y, en ellas, la economía, la demografía y la tecnología producen alteraciones bruscas y profundas.

Examinemos, a continuación, los principales factores de cambio social. Estos factores no actúan aislados, sino **interconectados entre sí,** y una alteración en uno de ellos influye en los otros (por ejemplo, un invento técnico puede provocar un cambio económico que influye en la política y en la demografía de una sociedad).

También es posible que se generen **tensiones y contradicciones entre diferentes factores de cambio social:** que un cambio técnico no sea aplicado a la economía o que una nueva idea revolucionaria no sea llevada a la práctica política por intereses económicos. Los sociólogos difieren respecto al peso que conceden a cada uno de estos tipos de factores de cambio social. Veámoslos brevemente.

Factores demográficos

El incremento de población, una reducción drástica de esta o el desequilibrio entre grupos de edad o de género pueden generar cambios en la sociedad. Una sociedad con escasa población joven puede tener problemas de sostenibilidad económica, y un exceso de población puede conducir a migraciones masivas.

Factores económicos

El desarrollo industrial y comercial de una sociedad o una crisis (productiva o financiera) producen cambios profundos en las relaciones laborales de los individuos, que afectan a su subsistencia, además de a sus costumbres. También puede erigir o destruir instituciones sociales y políticas.

Textos en la web

¿Es la fuerza de las pasiones o la razón la que puede unir a los individuos? (Baruch Spinoza, *Ética demostrada según el orden geométrico*).

Factores tecnológicos

El nivel tecnológico de una sociedad condiciona su desarrollo a muchos niveles (economía, cultura, poder militar, etc.). Los grandes inventos, como la rueda, la máquina de vapor o la imprenta, han marcado épocas históricas.

Factores políticos

Las decisiones tomadas desde las instituciones políticas pueden desencadenar cambios sociales en el plano económico o cultural. La política es, en principio, el ámbito desde el que se orienta y gestiona el desarrollo de una sociedad.

Factores culturales

Las ideas, las creencias y los valores de un grupo social también pueden provocar un cambio en la sociedad. El horizonte crítico que se vislumbra al contrastar la realidad social con las ideas y las expectativas impulsa una aspiración de cambio que puede llevar incluso al cambio radical (revolución).

Textos en la web

La alienación como factor de cambio social (Norberto Bobbio, *Igualdad y libertad*).

3.3. La sociedad contemporánea

Las sociedades occidentales del siglo XXI responden a las características de unas sociedades posindustriales avanzadas. De hecho, la tendencia de nuestras sociedades a trasladar la industria productiva a terceros países permite caracterizarlas como sociedades posindustriales. Este tipo de sociedad presenta las siguientes características:

1. Una **economía basada en la producción de alta tecnología y servicios comerciales y financieros,** no tanto en producción industrial.
2. Un **alto nivel de especialización** (hiperespecialización): muchas tareas suponen un gran nivel de práctica y conocimiento especializados.
3. Una **gran influencia de las tecnologías de la información y de la comunicación,** como Internet, y en especial las redes sociales virtuales. Esto provoca también la difusión de la cultura fuera de los límites de la industria cultural.
4. La **deslocalización de las empresas productivas tradicionales hacia los países en desarrollo,** que ofrecen condiciones laborales más flexibles y un sistema fiscal más suave.
5. Unos **sistemas políticos basados en democracias representativas que adoptan un modelo mercantil** (partidos como empresas, programas como mercancías y electores como clientes).
6. La **diversificación de los modelos familiares:** el modelo de familia nuclear está acompañado de familias monoparentales, recompuestas, a la vez que aumenta el número de personas solteras.
7. La **movilidad de los trabajadores:** se exige una mayor movilidad geográfica, pero las migraciones laborales están más reguladas y controladas que la circulación de capitales.

La sociedad contemporánea también se ha definido como la sociedad de la información, dada la relevancia de los medios de comunicación en los cambios sociales. Ahora más que nunca la información es poder. Por ello, la democratización de la información mediante los medios digitales fomenta también una democratización del poder político.

Textos en la web

Los factores de crisis en las sociedades contemporáneas (Norberto Bobbio, *Crisis de la democracia*).

Actividades

1 ¿Cuáles son las principales diferencias entre las sociedades o civilizaciones tradicionales y las sociedades industrializadas?

2 ¿En qué consisten los factores económicos y los culturales del cambio social?

3 Responde a las preguntas sobre el texto:

«Las condiciones de producción y de cambio de la burguesía, el régimen burgués de la propiedad, la moderna sociedad burguesa, que ha sabido hacer brotar como por encanto tan fabulosos medios de producción y de transporte, recuerdan al brujo impotente para dominar los espíritus subterráneos que conjuró. Desde hace varias décadas, la historia de la industria y del comercio no es más que la historia de las modernas fuerzas productivas que se rebelan contra el régimen vigente de producción, contra el régimen de la propiedad, donde residen las condiciones de vida y de predominio político de la burguesía. Basta mencionar las crisis comerciales, cuya periódica reiteración supone un peligro cada vez mayor para la existencia de la sociedad burguesa toda. Las crisis comerciales, además de destruir una gran parte de los productos elaborados, aniquilan una parte considerable de las fuerzas productivas existentes. En esas crisis se desata una epidemia social que a cualquiera de las épocas anteriores hubiera parecido absurda e inconcebible: la epidemia de la superproducción. La sociedad se ve retrotraída repentinamente a un estado de barbarie momentánea; se diría que una plaga de hambre o una gran guerra aniquiladora la han dejado esquilmada, sin recursos para subsistir; la industria, el comercio están a punto de perecer. ¿Y todo por qué? Porque la sociedad posee demasiada civilización, demasiados recursos, demasiada industria, demasiado comercio».

Marx, K., Engels, F., *Manifiesto del Partido Comunista.*

Explotación de una mina de carbón en Inglaterra en el siglo XIX.

a) ¿Por qué se compara en el texto la burguesía con un brujo que no controla ya su conjuro?

b) ¿Cuál es el motor de la historia, según el texto?

c) Resume la descripción de las crisis económicas que aparece en el texto.

4 Además de las características expuestas que definen nuestra sociedad, ¿qué otras crees que podrían caracterizarla? Si la comparas con sociedades del pasado, ¿qué ventajas y qué inconvenientes encuentras?

En la web

Encontrarás una autoevaluación interactiva.

Un autor, una obra

Immanuel Kant, *Ideas para una historia universal en sentido cosmopolita*

Resumen de la obra

Kant considera que, a lo largo de la historia, la especie humana va desarrollando sus disposiciones naturales. Distingue tres clases de ellas: la disposición a la animalidad, por la que el hombre atiende a sus necesidades de supervivencia biológica; la disposición a la humanidad, con la que desarrolla su vida social, y la disposición a la personalidad, en la que el ser humano, además de social, se hace también un ser moral.

A estas disposiciones corresponden tres capacidades: la capacidad técnica, con la que el ser humano domina la naturaleza y se relaciona con las cosas; la capacidad pragmática, con la que aprende a convivir con los demás, relacionándose con los otros hombres a manera de medios, y la capacidad moral, con la que se hace una persona libre que se relaciona con los demás hombres considerados como fines en sí mismos.

El desarrollo de estas capacidades es asunto no del individuo, sino de la especie, pues la vida individual es demasiado corta para el desarrollo pleno de estas disposiciones. Para lograrlo, es necesario que en la naturaleza exista una intención o finalidad, o un plan oculto, hacia el que tienda la especie pese al egoísmo de los hombres individuales.

Esa finalidad la ve Kant en una constitución estatal interior y exteriormente perfecta, en un estado de ciudadanía mundial, donde sea posible el pleno desarrollo de todas las capacidades humanas. Y la naturaleza consigue este fin oculto mediante el conflicto y la oposición constante entre los hombres, debidos a su insociable sociabilidad: el afán de instituir sociedades y permanecer, no obstante, aislados.

El ser humano se ve obligado a construir relaciones sociales o formas nuevas de sociedad con las que superar su tendencia al conflicto, armonizando libertad y sujeción. Del esfuerzo constante por superar la insociable sociabilidad humana nacen la «libertad bajo leyes», única forma posible de libertad social; la cultura; el arte, y el «más bello orden social», bajo el que la sociedad se convierte en un «todo moral», y el mundo, en un Estado en el que puedan desarrollarse todas las disposiciones del ser humano.

Textos seleccionados

Texto 1: El perfeccionamiento de la sociedad como plan secreto de la naturaleza

«El hombre tiene una inclinación a entrar en sociedad [...]. Pero también tiene una gran tendencia a aislarse. [...] El problema mayor del género humano, a cuya solución le constriñe la naturaleza, consiste en llegar a una sociedad civil que administre el derecho en general. Como solo en sociedad, y en una sociedad que compagine la máxima libertad, es decir, el antagonismo absoluto de sus miembros, con la más exacta determinación y seguridad de los límites de la misma, [...] se puede lograr el empeño que la Naturaleza tiene puesto en la humanidad, a saber, el desarrollo de todas sus disposiciones, quiere también la Naturaleza que sea el hombre mismo quien se procure el logro de este fin suyo, como el de todos los fines de su destino; por esta razón, una sociedad en que se encuentre unida la máxima libertad bajo leyes exteriores con el poder irresistible, es decir, una constitución civil perfectamente justa, constituye la tarea suprema que la Naturaleza ha asignado a la especie humana».

Kant, I., *Ideas para una historia universal en sentido cosmopolita.*

Texto 2: La insociable sociabilidad

«Todas las disposiciones naturales de una criatura están destinadas a desarrollarse alguna vez de manera completa y adecuada. [...] En los hombres (como únicas criaturas racionales sobre la tierra) aquellas disposiciones naturales que apuntan al uso de su razón se deben desarrollar completamente en la especie y no en los individuos. [...] El medio de que se sirve la Naturaleza para lograr el desarrollo de todas sus disposiciones es el antagonismo de las mismas en sociedad, en la medida en que ese antagonismo se convierte a la postre en la causa de un orden legal de aquellas. Entiendo en este caso por antagonismo la insociable sociabilidad de los hombres, es decir, su inclinación a formar una sociedad que, sin embargo, va unida a una resistencia constante que amenaza perpetuamente con disolverla».

Kant, I., *Ideas para una historia universal en sentido cosmopolita.*

Texto 3: El orden democrático universal como triunfo de la racionalidad social

«Gracias sean dadas, pues, a la Naturaleza por la incompatibilidad, por la vanidad maliciosamente competidora, por el deseo insaciable de poseer o de mandar. Sin ellos todas las disposiciones excelentes y naturales del hombre dormirían eternamente raquíticas. El hombre quiere concordia, pero la Naturaleza sabe mejor lo que conviene a la especie y quiere discordia. El hombre quiere vivir cómoda y tranquilamente, pero la Naturaleza prefiere que salga del abandono y de la quieta satisfacción, que se entregue al trabajo y al penoso esfuerzo para, por fin, encontrar los medios que lo liberen de esta situación. La constitución republicana es la única perfectamente adecuada al derecho de los hombres. Pero es muy difícil de establecer, y más aún de conservar, hasta el punto de que muchos afirman que la república es un Estado de ángeles, y que los hombres, con sus tendencias egoístas, son incapaces de vivir en una constitución de forma tan sublime. Pero la Naturaleza viene en ayuda de la voluntad general [...] aprovechando esas tendencias egoístas. De modo que solo de una buena organización del Estado dependerá el que las fuerzas de esas tendencias malas choquen enfrentadas y contrarresten mutuamente sus destructores esfuerzos. El resultado, para la razón, es el mismo que si esas tendencias no existiesen, pues el hombre, aun siendo moralmente malo, queda obligado a ser un buen ciudadano».

Kant, I., *Ideas para una historia universal en sentido cosmopolita.*

Cuestiones para comentar

1 ¿El ser humano es un ciudadano porque es un ser social? ¿Se puede entender la sociabilidad humana sin la ciudadanía?

2 ¿Qué opinas del concepto kantiano de «insociable sociabilidad»? ¿Acaso te parece contradictorio o ambos términos se complementan? ¿Podrías poner algunos ejemplos que lo ilustraran?

3 ¿Cómo piensa Kant, según lo que expone en estos textos, que la sociedad humana puede llegar a realizarse como un todo moral? ¿Te parece que propone un proyecto realizable? Justifica tu respuesta.

4 Para Kant, ¿se puede pensar en una sociedad en la que no existan conflictos? ¿En qué medida piensas que los conflictos pueden tener efectos positivos, al menos para la totalidad de la sociedad?

La filosofía va al cine

Estado salvaje y orden social

El señor de las moscas

- Título original: *Lord of the Flies.*
- Dirección: Harry Hook.
- Guion: Sara Schiff.
- Intérpretes: Balthazar Getty, Chris Furrh, Danuel Pipoly, James Badge Dale, Andrew Taft, Edward Taft, Gary Rule, Terry Wells, Braden MacDonald, Angus Burgin, Martin Zentz, Brian Jacobs, Vincent Amabile, David Weinstein, Chuck Bell.
- Música: Philippe Sarde.
- Fotografía: Martin Fuhrer.
- Producción: Castle Rock Entertainment.
- Año: 1990.
- Duración: 90 minutos.
- Nacionalidad: Estados Unidos.

Resumen del argumento

Un avión que transporta a unos cadetes de una escuela militar estadounidense cae en el océano cerca de una isla desierta. Los jóvenes supervivientes consiguen llegar a la isla llevando con ellos al piloto malherido. Al encontrarse allí solos sin alimentos ni ropa ni utensilios, todos comprenden que deben organizarse para subsistir.

Al darse cuenta de las pocas probabilidades que tienen de ser rescatados a corto plazo, deciden implantar unas normas mínimas de convivencia y un reparto de tareas. Sin embargo, pronto uno de ellos decide desmarcarse del grupo, arrastrando consigo a otros. Lo que en principio parece una decisión sin mayores consecuencias, acaba por convertirse en una guerra entre dos bandos, el escindido —que acabará siendo mayoritario y en el que se vive bajo el dominio despótico del cabecilla— y el de los que desean mantener la estructura inicial, que irá reduciéndose en número progresivamente hasta que queden solo dos miembros: Ralph y Piggy.

En un momento de la película, uno de los jóvenes es asesinado con lanzas en medio de una frenética danza durante una celebración del grupo en torno a una hoguera. La negativa a asumir la responsabilidad de este acto arrastrará al grupo a una espiral creciente de violencia y sinrazón. Piggy, que de algún modo encarna la voz de la razón, acabará siendo también asesinado, y después de ello, comienza la persecución de Ralph, para lo cual prenden fuego a la isla.

Una figura muy importante es la cabeza de un cerdo que los jóvenes clavan en medio de la isla. Con el tiempo, esta cabeza se va llenando de moscas. Es el Señor de las Moscas, conocida imagen bíblica que representa al diablo. Presente en la isla, aparece como el símbolo de la fuerza destructiva que aniquila tanto a los seres humanos como la naturaleza.

Comentario

El tema de fondo de esta película es que sin normas e instituciones sociales que organicen la convivencia los seres humanos tienden a caer en el caos, la violencia y el salvajismo. La vida se convierte en una competición por el poder, y quienes se oponen son atormentados y asesinados sin contemplaciones.

No se defiende que los seres humanos sean malos por naturaleza, ni que estén corrompidos por el pecado original, sino que sus deseos y sus necesidades, si no están canalizados y regulados por normas objetivas, desembocan en la guerra y en el caos. Hobbes y Bentham definen a los seres humanos como criaturas de deseo que buscan aumentar su placer y minimizar su dolor. Son egoístas, y se dejan llevar por su interés.

Por tanto, de esta condición se deriva que es beneficioso para los seres humanos, incluso para satisfacer su interés y sus deseos, escapar del estado de naturaleza, unirse para formar una sociedad ordenada. Como dice Piggy en un momento de la película, «es mejor tener reglas y ponerse de acuerdo que perseguirse unos a otros y matarse».

Para escapar del estado de naturaleza, es necesario el «contrato social», que todo el mundo debe firmar implícitamente, aceptando reducir su libertad, sometiéndose a una autoridad central y cumpliendo las normas que hacen posible la convivencia en paz.

Cuestiones para la reflexión

1 Según esta película, el ser humano en estado de naturaleza está lejos de ser el buen salvaje ingenuo e inocente del que hablaba Rousseau y parece más bien una fiera violenta y sanguinaria. ¿Estás de acuerdo con esa valoración? ¿Crees que la civilización hace que los seres humanos dejen de ser salvajes y violentos?

2 Describe brevemente las escenas de esta película en las que se muestra cómo la violencia destruye las relaciones humanas y hace imposible la existencia.

3 Un momento importante de la película es cuando el fuego arrasa la isla. ¿Qué analogía ves entre esta escena y los peligros de la técnica para nuestro mundo?

4 El Señor de las Moscas (la cabeza de cerdo) representa el mal. ¿Por qué su sola presencia se siente cada vez más en los acontecimientos que se desencadenan?

Fotograma de la película en el que se ve al grupo de chicos que han incendiado la isla durante la persecución a Ralph, tras haber asesinado a Piggy.

La filosofía en imágenes

El estado de naturaleza

Introducción

La historia humana empieza cuando el individuo emerge de un estado de unidad indiferenciada con el mundo natural y adquiere conciencia de sí mismo como ser separado y distinto de la naturaleza. Esto es lo que, de manera alegórica, expresa el mito bíblico del pecado original, narrado en el Génesis.

Lucas Cranach el Viejo, *El paraíso*

Cuestiones para analizar una obra de arte

1 ¿A qué relato bíblico se refiere esta imagen? ¿Cuáles son los personajes que aparecen en él? ¿Por qué están desnudos?

2 ¿En cuántas ocasiones aparecen Adán y Eva en el cuadro? Ordena las veces que se los representa y reconstruye la historia.

3 ¿Qué expresan los árboles llenos de frutos? ¿Por qué los animales aparecen en parejas? ¿Qué significa esta imagen de la naturaleza llena de vitalidad y de belleza?

4 ¿Qué idea se desprende de este cuadro respecto al ser humano en estado de naturaleza? ¿Te parece que coincidiría con la frase de Rousseau según la cual «el hombre natural es bueno, pero la civilización lo corrompe y le hace malo»?

El contrato social

Introducción

Rousseau retoma la fórmula del contrato social, ya presente en Locke y en Hobbes, pero no como un pacto entre el pueblo y un soberano, sino que cada individuo se compromete con los demás para conseguir las ventajas de la sociedad conservando la libertad de cada uno, sometiéndose todos al orden objetivo y común de las leyes.

Ambrogio Lorenzetti, *Alegoría del buen gobierno*

Cuestiones para analizar una obra de arte

1. Observa las luces de este cuadro. ¿Qué puede significar que la luz sea antinatural, ya que no hay sombras? ¿Y que la luz tenga un origen desconocido?
2. Abajo, a la izquierda, unos caballeros o nobles pasean tranquilamente por la ciudad sin ningún temor. ¿A qué efecto del buen gobierno remite esta escena?
3. Observa la abundancia de mercancías en la ciudad y el aparente bienestar de los ciudadanos. ¿Es este otro efecto del buen gobierno? ¿Cuál?
4. Sobre todo, fíjate en la escena del centro: un corro de personas que se dan la mano y parecen muy alegres. ¿Qué representan? ¿Por qué las ha situado el pintor en el centro del cuadro? ¿Qué ideario político transmite esta pintura?

16 El arte y la técnica

El mito de Prometeo

«Hubo una vez un tiempo en que existían los dioses, pero no había razas mortales. Cuando también a estos les llegó el tiempo destinado de su nacimiento, los forjaron los dioses. Y cuando iban a sacarlos a la luz, ordenaron a Prometeo y a Epimeteo que los aprestaran y les distribuyeran las capacidades a cada uno de forma conveniente. [...] Como no era del todo sabio, Epimeteo no se dio cuenta de que había gastado las capacidades en los animales y todavía le quedaba sin dotar la especie humana, y no sabía qué hacer. Se le acercó entonces Prometeo y vio a los demás animales que tenían cuidadosamente de todo, mientras que el hombre estaba desnudo, descalzo y sin coberturas ni armas. Así que Prometeo, apurado por la carencia de recursos, tratando de encontrar una protección para el hombre, robó a Hefesto y a Atenea su ciencia técnica, junto con el fuego —ya que era imposible que sin el fuego aquella pudiera adquirirse o ser de utilidad a alguien—, y la ofreció como regalo al hombre. De este modo el hombre consiguió tal saber para su vida; pero carece del saber político, pues este es propiedad de Zeus».

Platón, *Protágoras,* 321a-323a.

Actividades

1 Según este mito, el ser humano nace desnudo, descalzo y sin protección. ¿Es una criatura débil o puede compensar su debilidad con otros medios? ¿Cuáles?

2 Prometeo regala a los hombres la «ciencia técnica» y el fuego, pero no el «saber político». ¿Qué consecuencias tiene esto en el desarrollo de la civilización?

3 Para los griegos, la política era un arte. ¿Cómo explicarías esta relación entre arte y política, y en qué sentido los hombres están privados de él?

4 ¿Es la técnica solo un medio de satisfacer nuestras necesidades fundamentales? Justifica tu respuesta.

Jan Cossiers, Prometeo trayendo el fuego, *Museo del Prado, Madrid.*

1 Creación artística y experiencia estética

1.1. ¿Qué es una obra de arte?

Significado de la palabra «arte»

Para Platón, la palabra «arte» designa **toda actividad humana regulada y ordenada para alcanzar un fin.** Por ejemplo, la conversación, la política, la navegación, la poesía, etc. Aristóteles delimita mucho más el concepto de arte, situándolo en el ámbito de la producción (distinto de la acción moral o política y de la ciencia). Para Aristóteles, arte es **el hábito, acompañado de razón, de producir algo.**

Durante la Edad Media estuvo vigente la distinción entre **artes liberales** (gramática, retórica, lógica, aritmética, geometría, astronomía y música) y **artes mecánicas o artes manuales** (los trabajos ejercidos con el cuerpo). A Kant se debe **la distinción del arte respecto de la ciencia y respecto de las obras de la naturaleza, así como la separación, dentro del arte mismo, de lo mecánico y lo estético.**

A diferencia de la estética, que es la teoría de lo bello, o de la belleza, tanto natural como artificial, la filosofía del arte se ocupa de las denominadas «bellas artes». O sea, **se refiere a las obras creadas por el ser humano, distintas de las hechas por la naturaleza, y que provocan un sentimiento estético.** Sobre ellas se plantean preguntas como: ¿en qué consiste una obra de arte?, ¿por qué y cuándo se considera bella una obra artística?, ¿qué sentimientos expresa y suscita el arte?, ¿imita el arte la naturaleza?, ¿es subjetiva u objetiva la percepción estética?

Textos en la web

El arte, la naturaleza y el oficio (Immanuel Kant, *Crítica del juicio*).

Textos en la web

El arte, la imitación y la naturaleza (Aristóteles, *Poética*).

Elementos constitutivos de una obra de arte

Las obras de arte son captadas por la percepción sensible, y suelen clasificarse en función del sentido o de los sentidos que predominan en su captación. Por ejemplo, las artes plásticas (pintura, arquitectura, escultura) están dirigidas por el sentido de la vista; la música, por el del oído; la danza, por la vista y el oído, etc.

La percepción sensible capta tres tipos de elementos en una obra de arte:

1. **Sensoriales:** corresponden a **las cualidades sensibles de la obra.** La percepción de estas cualidades no se limita a meros estímulos físicos (colores, texturas, luz, movimiento, volumen, etc.), sino a una verdadera experiencia perceptiva, ya que la percepción es siempre percepción de algo organizado y con sentido.
2. **Formales:** corresponden a **la forma estética de la obra.** No solo a su figura, sino a cómo está organizada, cómo se relacionan entre sí los elementos que la conforman haciendo de ella una estructura significativa. Los elementos formales son significativos porque representan algo (por ejemplo, la naturaleza, una ciudad, a una persona) —es decir, son elementos de imitación de la realidad—, o bien porque expresan y transmiten sentimientos, o bien porque sintetizan una variedad de aspectos en un tema, en un desarrollo, etc.
3. **Contextuales:** remiten a **los hechos históricos o vitales de las circunstancias;** es decir, a conceptos, mitos, costumbres, creencias religiosas o cualquier otra referencia con la que está relacionada la obra de arte, el artista creador y la época en la que se ha creado la obra. Encuadran espacio-temporalmente el arte y subrayan sus condiciones sociales, culturales e históricas.

Algunos filósofos contemporáneos han acusado a las teorías del arte de basarse en un error: suponer que las obras de arte tienen rasgos o características comunes, a la manera de condiciones necesarias para que puedan ser consideradas arte. Defienden que el análisis de las obras de arte ha de constituir una actividad crítica sobre obras singulares e irrepetibles, que tiene que comenzar por examinar y clarificar los términos y los conceptos que utilizamos para hablar del arte.

1.2. Belleza objetiva y sentimiento estético

La belleza como ideal objetivo

Platón sostenía que hay **una belleza objetiva que tiene la realidad de una idea o un ideal.** Las cosas son bellas porque **imitan o participan de ese ideal.** A través del amor que despierta la visión de la belleza en las cosas o en los cuerpos bellos, el ser humano se eleva hasta el ideal mismo y conoce, de ese modo, la verdadera belleza.

Por tanto, el sabio no mira a los objetos bellos para disfrutar en ellos de su forma artística sensible, sino que mira a su interior para ver la forma ideal, la idea ejemplar, a la que tanto la naturaleza como el arte deben adecuarse.

Para Platón, la belleza sensible y el amor que despierta es, en realidad, el inicio del proceso que conduce a **«recordar» la esencia o verdad de las ideas.** Esto pone en conexión la belleza objetiva con el bien y con la verdad: la belleza es la manifestación del bien y de la verdad. Al mismo tiempo, relega las cosas bellas, como las que muestra el arte, al ámbito de la mera apariencia.

Así pues, Platón trata por separado la naturaleza de lo bello y la de las artes, sin vincular la belleza con el arte, y relegando a un segundo plano el sentimiento agradable que produce el arte. Esta distinción platónica entre belleza ideal y belleza sensible, y la relación que establece entre lo bello en sí y las cosas que son bellas por participación, configuró la primera teoría del arte, que ha ejercido una poderosa influencia que llega hasta nuestros días.

La belleza como perfección del conocimiento sensible

A diferencia de Platón, Aristóteles consideraba que **la belleza pertenece a la forma sensible.** El arte, según él, **imita la naturaleza, pero, además, perfecciona lo que ella deja inacabado.**

Ya en la Edad Media, Tomás de Aquino definía lo bello como «aquello cuya vista agrada», y consideraba que una cosa es bella si reúne estas tres características: **perfección, proporción o armonía y luminosidad o esplendor.** Son, pues, características que se refieren a la forma perceptible de la belleza y al conocimiento sensible de lo bello.

La reflexión moderna sobre los elementos subjetivos de lo bello no considera necesaria la identidad entre la belleza, la verdad y el bien. Para ser bella, una obra de arte no tiene por qué ser verdadera ni buena. Los filósofos empiristas, durante la Edad Moderna, **destacaron en el arte sus componentes empíricos que suscitan el gusto estético y que nada tienen que ver con lo ideal objetivo y lo perfecto.**

El gusto estético se convirtió, de esta manera, en **una facultad humana específica, encargada de captar y de juzgar la belleza sensible,** mientras que el entendimiento es el encargado de captar la verdad. El suyo no es un conocimiento por conceptos, sino por **percepción del agrado que produce lo bello.** Kant define el gusto como «imaginación libre de quedar fijada por la determinación del entendimiento».

El gusto es, en suma, **la facultad de apreciar las obras de arte mediante las sensaciones y la experiencia con independencia de reglas.** También se lo define como el criterio del juicio estético. Así nació, en el siglo XVIII, la estética como disciplina filosófica autónoma, pues aunque la percepción de la belleza es diferente según los individuos, puede haber un **criterio general de gusto** si recurrimos a la experiencia y a la observación de los sentimientos comunes.

Textos en la web

La experiencia estética (Henri Bergson, *El pensamiento y lo moviente*, «La percepción del cambio»).

La belleza como lo que gusta de forma desinteresada

Para Kant, la belleza es **lo que gusta de forma desinteresada, universal y necesaria:**

1. Gusta de forma desinteresada, porque **gusta por sí misma,** no porque nos produzca placer o porque sea moralmente buena.
2. Gusta de manera universalizable, porque el placer que nos proporciona no lo concebimos solo nuestro, sino que **lo podemos atribuir a todos.**
3. Gusta necesariamente, es decir, no gusta porque sea útil ni porque sea buena o perfecta, sino porque la percibimos, **sin ninguna finalidad.**

Kant distingue entre objetos de belleza libre, que serían los objetos bellos de la naturaleza (las flores, una puesta de sol, etc.), y objetos de belleza dirigidos a una finalidad (religiosa, política, económica, etc.), que serían las obras de arte.

En el siglo XX, la teoría de lo bello se volvió muy compleja, pues se relaciona el efecto estético no solo con la facultad de juicio estético o de gusto, sino con condicionamientos sociales, psicológicos, culturales, económicos. La belleza es un elemento más junto a la comunicación, la psicología, la tecnología o la propaganda.

Por ejemplo, la sociología contemporánea del arte ha criticado el ideal kantiano del arte como contemplación desinteresada de un objeto bello con independencia de las condiciones sociales en que se crea. Para los autores marxistas, el carácter estético de la obra de arte se relaciona con el hecho de que es una obra humana creada en un espacio y un tiempo determinados, y, por ello, histórica y social.

Textos en la web

La objetividad del arte (Theodor Adorno, *Teoría estética*).

1.3. El artista y el proceso de creación

Textos en la web

La creación artística y el genio (Immanuel Kant, *Crítica del juicio*).

Durante muchos siglos solo se consideró al artista un experto que dominaba las habilidades técnicas precisas de una determinada especialidad. Solo a partir del siglo XVIII se vincula la figura del artista con la del **genio,** otorgando un significado nuevo al proceso de creación artística.

La palabra «genio» designa las cualidades sobresalientes de una persona; en especial, **su capacidad para crear, descubrir o inventar cosas nuevas.** La capacidad de crear de un ser humano se comprende como la posesión de una potencialidad y de una fuerza en algún sentido «sobrehumanas». Por eso, Kant definía al genio como «una fuerza de la naturaleza», expresando así un cierto paralelismo entre la capacidad creativa del ser humano y el poder creador de la naturaleza.

Siguiendo esta inspiración, los autores románticos (Schlegel, Novalis, etc.) establecieron una correlación entre el poder creador del artista y el poder creador de Dios, de modo que **el artista tendría algo de divino.** Se comprende la creación artística en general como una imitación, pero no entre arte y naturaleza, sino entre el artista como sujeto creador y la naturaleza como principio productor.

Así, la obra de arte es pensada en términos de **sublimación;** es decir, **se trata de elevar el propio lenguaje particular y las propias ideas o experiencias subjetivas al nivel de un lenguaje universal.** Por esta razón, Novalis definió al poeta como aquel que traduce el lenguaje de los hombres a la lengua de los dioses.

Se distingue, pues, la perfección estática de la belleza natural, cuya unidad es espontánea, acabada e indivisa, respecto de la belleza de una obra de arte, cuya unidad es **construida por la libertad y movida por una aspiración a lo perfecto.** Por eso, Schelling afirmaba que en la obra de arte se produce la captación, por la belleza y a través de una intuición intelectual, de lo infinito que se expresa de un modo finito.

Textos en la web

El inconsciente del artista y su creatividad (Sigmund Freud, *Freud presentado por él mismo*).

Actividades

1 Teóricos del arte del siglo xx han afirmado que el conocimiento de la sociedad es condición necesaria para interpretar toda obra de arte. ¿De qué modos concretos una obra de arte puede reflejar un proceso o un estado social? ¿Podrías poner algún ejemplo?

2 Responde a las preguntas sobre el texto:

«Por lo que se refiere a lo agradable, cada uno reconoce que el juicio por el cual se declara que una cosa agrada, fundándose sobre un sentimiento particular, no tiene valor más que para cada uno. Esto es así porque cuando yo digo que el vino de Canarias es agradable, consiento voluntariamente que se me reprenda y se me corrija el que deba decir solamente que es agradable para mí. Sería una locura pretender acusar de error el juicio de otro, cuando difiere del nuestro, como si hubiera entre ellos oposición lógica; tratándose de lo agradable, es necesario, pues, reconocer este principio: que cada uno tiene su gusto particular (el gusto de sus sentidos). Otra cosa sucede tratándose de lo bello. En esto, ¿no sería ridículo que un hombre que se excitara con cualquier gusto, creyera tenerlo todo resuelto diciendo que una cosa (como por ejemplo, este edificio, este vestido, este concierto, este poema, sometidos a nuestro juicio) es bella por sí? Es que no basta que una cosa agrade para que se tenga derecho a llamarla bella».

Kant, I., *Crítica del juicio*, § 7.

Cézanne, Naturaleza muerta con sopera, *Museo de Orsay, París, Francia.*

a) Este texto hace referencia al vino para oponer la lógica de lo agradable y la de lo bello. ¿Podrías poner otros ejemplos que ayuden a comprender esta oposición?

b) ¿Por qué en un juicio estético sobre lo bello se busca más el parecer de los demás que en un juicio de gusto sobre lo agradable?

c) Kant califica de ridículo a quien quiere imponer su gusto estético como universal. ¿Por qué la facultad del juicio estético no puede emitir juicios de validez universal?

3 ¿Te parece justificado que comúnmente se considere genios y personas excepcionalmente dotadas a los artistas? Argumenta tu opinión.

2 El trabajo y la técnica

2.1. Ciencia, técnica y tecnociencia

Ciencia

La ciencia es, desde la época moderna, **un saber de las causas de los fenómenos y de sus leyes.** Estas leyes se refieren al modo como se producen y se interrelacionan entre sí los acontecimientos y los hechos de la naturaleza.

Por tanto, quien conoce la causa de un fenómeno adquiere un poder sobre él, pues puede decidir poner en acción o no su causa productora tantas veces como quiera. De ahí la famosa frase de Francis Bacon: «Saber es poder», o sea, poder hacer, producir. La ciencia no es, pues, solo un saber teórico sobre el mundo, sino también **saber de la acción y de la intervención eficiente sobre el mundo.**

Técnica

La palabra «técnica» designaba tradicionalmente **el conjunto de procedimientos de un oficio o de un arte,** codificados y transmitidos de maestros a aprendices para obtener un resultado útil. Técnicas son, pues, los procedimientos que prolongan las capacidades de los órganos humanos para actuar sobre la naturaleza.

Las dos condiciones que caracterizaban la noción de técnica eran, por una parte, su aspecto productivo de lo artificial y, por otra, su carácter interesado, o sea, el estar orientada hacia un fin práctico.

En la época moderna, sin embargo, la técnica ha dejado paulatinamente de ser la mera aplicación, por parte del ser humano, de la ciencia al dominio material del mundo, para convertirse en **una superestructura, en cierta medida, autónoma, de origen científico, que domina las sociedades industrializadas.**

Tecnociencia

El término «tecnociencia» designa **las ciencias actuales desarrolladas en estrecha relación con proyectos tecnológicos de aplicación de sus conclusiones, de modo que apenas se distinguen de ellos.** Interaccionan de tal modo que los avances científicos condicionan los tecnológicos, y viceversa.

Se trata, además, de ciencias aplicadas que involucran y hacen confluir gran cantidad de especialidades en sus aplicaciones concretas. Por ejemplo, en la medicina actual intervienen tecnociencias no solo biológicas, sino también químicas (los medicamentos, etc.), informáticas (los análisis, etc.), físicas (radiaciones, etc.).

Se desarrollan en espiral, en el sentido de que, al modificar sus objetos, crean otros nuevos. Por ejemplo, con las mutaciones provocadas en plantas y animales se producen los transgénicos, los clones, etc.

2.2. El trabajo

El trabajo como acción transformadora del mundo

Para Aristóteles, la técnica implicaba un saber práctico, o sea, una **cierta especialización del trabajo,** y, por ello, constituye uno de los tres tipos principales de actividad humana material, junto con la **poiética** (actividad del inventor, del artista o del creador) y la **pragmática** (actividad del artesano). Esto suponía separar el ámbito de las actividades específicamente humanas, como actividades dirigidas a un fin, del ámbito de los instrumentos y las técnicas, desprovistas de finalidad propia.

Textos en la web

Trabajo y realización humana (Immanuel Kant, *Idea de una historia universal en sentido cosmopolita*).

Diversos autores de la época moderna han rechazado esta separación, al subrayar que la actividad humana, en su conjunto (y, por tanto, también el trabajo), no puede desvincularse de los medios y de las técnicas con las que se lleva a cabo: el carpintero lo es porque, con sus herramientas, fabrica una silla; el arquitecto y el albañil, porque, con sus medios, construyen una casa. Tanto el trabajo, pues, como la técnica forman parte de la cultura, **entendida como forma de apropiación y cultivo de la naturaleza por parte del ser humano.**

La definición común del trabajo es la que lo considera como **la actividad mediante la cual el ser humano hace uso de las cosas naturales o transforma el medio en el que vive con el fin de satisfacer sus necesidades.** Por ejemplo, a diferencia de los demás animales, el ser humano no consume muchos de los productos naturales tal como los encuentra, sino que, en los modos y para los fines más diversos, elabora las materias que proporciona la naturaleza conformándolas de acuerdo con sus objetivos.

En la medida en que representa una dependencia y una constricción, el trabajo **es lo opuesto al juego,** y aparece (sobre todo en su aspecto de trabajo manual) como una actividad penosa, un castigo o una maldición (así lo veían los griegos y la Biblia).

Pero el trabajo, **en cuanto realización de un proyecto creativo, es algo distintivo del ser humano,** pues significa un rechazo de lo meramente dado en la naturaleza y su transformación o humanización. En este sentido, el trabajo se distingue del mero esfuerzo físico, de la fatiga, que no implica creatividad, para corresponder a la vocación del individuo y a sus tendencias más profundas.

Textos en la web

Al transformar el mundo mediante su trabajo, el ser humano se transforma a sí mismo (Karl Marx, *El capital*).

La división del trabajo

La tradición occidental ha conocido una larga discusión acerca de la distinta valoración del trabajo manual y del trabajo intelectual, de las artes mecánicas y de las artes liberales, de la vida activa y de la vida contemplativa, en la que ha predominado la consideración positiva de la actividad intelectual y el más o menos enmascarado desprecio del trabajo físico. Sin embargo, a partir de la Ilustración, en el siglo XVIII, la relación que se estableció entre el trabajo y la naturaleza humana supuso un importante giro en la valoración del trabajo de grandes consecuencias para el mundo contemporáneo.

Para Hegel y para Fichte, filósofos idealistas alemanes del siglo XIX, incluso la ocupación más baja, en cuanto conectada con la conservación y la libre actividad de los individuos en el seno de la comunidad, tiene el mismo valor que el trabajo más elevado. Pues, mediante el trabajo, **el egoísmo subjetivo de cada individuo da paso a una colaboración colectiva dirigida a la satisfacción de las necesidades comunes.**

Trabajar, producir y consumir para uno mismo significa hacerlo también en beneficio de los otros. Tal es el sentido positivo de la división del trabajo y de la especialización, que aumentan considerablememte el rendimiento productivo y minimizan el esfuerzo individual.

Marx insiste en esta relación del trabajo con la vida social, hasta el punto de afirmar que **las relaciones de producción constituyen la trama o estructura auténtica de la historia, de la cual son un reflejo las diversas formas de conciencia** (moral, religión, filosofía, etc.). Es importante también la reflexión que Marx realiza sobre el **trabajo alienado;** es decir, el trabajo que se convierte en mercancía en el seno de la sociedad capitalista, que arrebata al proletario su dignidad de persona para convertirlo en mero objeto.

Textos en la web

La alienación del trabajo rutinario (Alexis de Tocqueville, *La democracia en América*).

El descubrimiento y el desarrollo de la agricultura dio lugar al nacimiento de las ciudades, en las que se produjeron los primeros avances técnicos y su separación de los saberes teórico y práctico. (Hermanos Limbourg, *Campesinos segando*, Libro de Horas del duque de Berry, *Museo Condé, Chantilly, Francia*).

2.3. La técnica en el desarrollo de la civilización occidental

Antigüedad y Edad Media

En la prehistoria, antes de la formación de las ciudades, las técnicas se limitaban a instrumentos muy rudimentarios (hachas, flechas, palancas, etc.) utilizados por pequeños grupos tribales nómadas que vivían en estrecha relación con la naturaleza.

Con el descubrimiento y el desarrollo de la agricultura, surgieron los asentamientos estables, y en ellos se fueron desarrollando inventos como la rueda, la escritura, el uso de los metales, la arquitectura y la utilización de las energías eólica e hidráulica. También se organizaron las ciudades, y aparecieron diferencias entre clases sociales, el gobierno, los mecanismos de administración pública, las leyes, los impuestos, el ejército, etc.

La técnica entró a formar parte, junto con el trabajo y las artes, de la acción productiva, a la que se consideraba inferior a la actividad teórica y a la acción política. En un sentido más específico, **técnica era la actividad mediante la que se producían los objetos artificiales a partir de una modificación o alteración de las posibilidades ofrecidas por la naturaleza.**

Como saber aplicado, la técnica era, pues, **una clase de saber distinta e inferior al saber teórico o contemplativo** —que no modifica su objeto— **y al saber práctico** —que articula las acciones humanas (en la ética y la política) con el fin de conseguir la perfección o la felicidad.

Junto a esta descalificación valorativa, el mundo antiguo mostró su recelo y su desconfianza hacia el poder de la técnica, al entender que podía llegar a representar un afán desmesurado por sobrepasar la condición natural del ser humano.

Textos en la web

¿Fueron sencillos los primeros pasos de la técnica? (Claude Lévi-Strauss, *Raza y cultura*).

Las escuelas morales de la Antigüedad tardía criticaron toda producción de objetos artificiales, porque solo servían para aumentar la comodidad de esta vida pasajera y apartaban a los seres humanos de la sabiduría como búsqueda de la verdad y del bien. En la Edad Media, el cristianismo añadió a esta opinión su estimación de la vanidad del conocimiento técnico y del poder terrenal que aportaba frente al objetivo verdadero de la salvación.

Del Renacimiento a la Ilustración

A partir del Renacimiento, el desarrollo de las ciencias naturales exactas (especialmente de la física matemática) produjo inmediatamente **la aplicación práctica del saber científico al dominio técnico de la naturaleza.** En esta época, la estimación de la técnica cambió radicalmente, pues se promovió **la idea del ser humano como dueño y señor de la naturaleza** —incluso como creador junto a Dios—, y para esa condición el dominio técnico era imprescindible.

El primer gran exponente de esta actitud fue Francis Bacon, quien adelantó, en el plano de las ideas, el proyecto de transformación técnica de la naturaleza y del mundo que empezó a ponerse en práctica a partir de la Revolución Industrial. Desde su pragmatismo epistemológico, **Bacon priorizó la vida activa sobre la contemplativa; la práctica, sobre la teoría, y lo útil, sobre lo bello.** También asignó el mismo valor ontológico a los objetos naturales y a los objetos técnicos.

Con el desarrollo de la mecánica, Galileo y Newton elevaron el modelo técnico (la máquina) a metáfora suprema para entender la naturaleza: **el universo era comprendido como una gran máquina que funciona automáticamente.** Y, paralelamente, las ciencias biológicas y médicas acabaron utilizando esa misma metáfora para comprender al ser humano y el funcionamiento de su cuerpo.

La invención de la máquina de vapor y la del telar mecánico hicieron posible la **Revolución Industrial,** o sea, el empleo de nuevas energías y motores que no existían en la naturaleza. La principal novedad fue **la disponibilidad de máquinas que llevaban a cabo el trabajo, y, por tanto, la creación de productos en serie mediante la mecanización de su proceso de producción.**

La apoteosis del mecanicismo y el éxito de este modelo técnico produjeron una profunda transformación de la mentalidad del hombre moderno. Empezaron a proliferar máquinas y artefactos de diversos tipos que impulsaron la industrialización a gran escala, las relaciones comerciales internacionales, la formación de grandes metrópolis, etc. Pero, al mismo tiempo, generaron el proletariado, las revoluciones sociales, las guerras mundiales y profundas modificaciones en las condiciones de vida que se han ampliado en nuestros días.

El mundo actual

Con el desarrollo exponencial de la Revolución Industrial y el uso de nuevas fuentes de energía, como la electricidad, el petróleo y la energía nuclear, **la técnica se ha convertido en el aspecto más destacable del mundo contemporáneo.** Los muchos adelantos técnicos han permitido un gran dominio de la naturaleza y han aumentado la comodidad de una cada vez mayor cantidad de seres humanos.

La tecnología configura hoy de manera directa y decisiva nuestra vida diaria, nuestro hogar, nuestro trabajo, el aprendizaje, los desplazamientos, así como nuestros procesos de comunicación y de decisión. También impregna y configura de manera importante los procesos de producción, almacenamiento, venta, distribución y control de los productos, y la eliminación de residuos o su reciclaje.

Su impacto en nuestra vida ha sido determinante, por ejemplo, en lo que se refiere a la biotecnología, utilizada para la producción de alimentos, el tratamiento de enfermedades, la búsqueda de nuevas posibilidades en el ámbito biológico o bioquímico, etc. Por su parte, las nuevas tecnologías informáticas no suponen solo una revolución en el almacenamiento, ordenación y transmisión de la información, sino que también han transformado radicalmente los modelos fundamentales de conocimiento en el que se inspira nuestra visión del mundo.

El universo ya no se ve como una máquina, sino como **un gran sistema de sistemas definido por flujos de información.** Nuestros conceptos y nuestras analogías explicativas fundamentales se basan ahora, en vez de en las máquinas, en procesos y artefactos asociados a la tecnología de la información y el control de sistemas. Nociones como *feedback*, *software*, sistema, cibernética o *byte* están desplazando a las metáforas tradicionales de la fase industrial en la práctica totalidad de nuestros ámbitos de saber, incluidas la física o la filosofía.

Esta situación ha atraído el interés de muchos filósofos, que, desde el siglo XX, vienen reflexionando sobre las condiciones, los factores, los métodos y las finalidades del desarrollo tecnológico, y también sobre las implicaciones antropológicas, éticas y políticas de una transformación tan radical y profunda de nuestras vidas.

Actividades

1 Explica qué significa que las tecnociencias se desarrollen en espiral.

2 ¿Cuándo el trabajo representa una esclavitud para el ser humano y cuándo representa un modo de realizarse? Argumenta tu respuesta.

3 Responde a las preguntas sobre el texto:

«Hoy en día hemos empezado a "crear", por decirlo así, o sea, a desencadenar procesos naturales propios que nunca se hubieran dado sin nosotros. Ya no se trataría de desencadenar y liberar los procesos naturales elementales, sino de manejar en la vida cotidiana de nuestra Tierra energías y fuerzas que solo se dan en el universo; esto ya se ha hecho, si bien solo en los laboratorios de los físicos nucleares. Si la actual tecnología consiste en canalizar fuerzas naturales hacia el mundo del artificio humano, la futura puede consistir en canalizar las fuerzas universales del cosmos a nuestro alrededor hacia la naturaleza de la Tierra. Queda por ver si estas futuras técnicas transformarán la familia de la naturaleza, tal como la conocemos desde el comienzo de nuestro mundo, en la misma medida, o incluso mayor, en que la presente tecnología ha cambiado la misma mundanidad del artificio humano. La canalización de las fuerzas naturales hacia el mundo humano ha destrozado el determinado propósito del mundo, el hecho de que los objetos son los fines para los que se diseñan los útiles e instrumentos».

Arendt, H., *La condición humana*, capítulo 7.

a) Señala cuál es la idea principal de este texto. ¿Expresa esperanza en relación con la tecnología o, por el contrario, muestra temor?

b) ¿Se ha convertido el objeto técnico en modelo de la objetividad del mundo? Justifica tu respuesta.

c) Comenta la última frase del texto: «La canalización de las fuerzas naturales hacia el mundo humano ha destrozado el determinado propósito del mundo, el hecho de que los objetos son los fines para los que se diseñan los útiles e instrumentos».

3 Filosofías de la técnica

3.1. Actitudes ambivalentes ante la técnica

Tecnofilia

Es la valoración de la técnica como conjunto de posibilidades, medios, herramientas y máquinas al servicio de la humanidad, de sus necesidades y de sus aspiraciones. Se considera que los problemas de la humanidad se pueden resolver gracias a la tecnología. Son problemas relativos a la naturaleza, que debe ser explotada, y a la sociedad, que debe ser organizada de manera funcional y práctica.

Los problemas que se puedan derivar de la aplicación de la técnica han de solucionarse con más técnica, hasta alcanzar el nivel de desarrollo en el que los problemas dejen de existir. Según esta actitud, **el progreso de la tecnología coincide con el de la humanidad,** hasta que se alcance el estado ideal en el que finalice la historia (pues se habrá alcanzado la perfección y ya no será necesario avanzar más).

Los partidarios de la técnica le atribuyen los siguientes efectos positivos:

1. **Es dinamizadora de la cultura:** actualmente, el verdadero motor de la cultura y del progreso no son las invenciones de la cultura teórica, sino las tecnociencias.
2. **Se desarrolla con cierta autonomía:** los objetos técnicos son cada vez más funcionales, están más integrados y son más enlazables en conjuntos.
3. **Se universalizan sus mecanismos de desarrollo:** esto se debe a su independencia de las subjetividades individuales o colectivas, siempre particulares. Así, los grandes proyectos tecnológicos actuales (conquista del espacio, genoma humano, etc.) tienen un alcance transnacional que concierne a toda la humanidad.
4. **Tiene un claro efecto emancipatorio:** la técnica libera al ser humano de sus limitaciones físicas y de sus servidumbres como ser natural. Y lo libera también de la coacción de la religión, de la sociedad, de la política, etc., promoviendo la libertad de investigación, de pensamiento, de crítica, etc.

Textos en la web

La oposición entre el arte y la técnica (Pierre Francastel, *Arte y técnica en los siglos* XIX *y* XX, «Introducción»).

Los grandes proyectos tecnológicos actuales han superado las barreras nacionales y conciernen a toda la humanidad. (Estación Espacial Internacional).

Tecnofobia

Es la actitud de recelo y rechazo a la técnica por miedo a que el ser humano y su mundo sean dominados y destruidos por ella. Estas son, en síntesis, algunas de las acusaciones que, desde esta actitud, se dirigen al desarrollo tecnológico:

1. **Ha hecho cambiar profundamente la relación del ser humano con la naturaleza, reducida a mera materia prima que ha de ser explotada.** La tecnificación ha alterado los ritmos y los equilibrios naturales por la emisión de gases a la atmósfera y por el vertido de contaminantes en los ríos y en el mar. La naturaleza está siendo destruida por la creciente explotación planetaria y debido al alarmante deterioro de la biosfera.
2. El desarrollo de los medios tecnológicos de destrucción masiva (las armas nucleares, las armas químicas, etc.) y el avance de las técnicas de ingeniería genética (la clonación, la investigación con células madre, etc.) **instrumentalizan al ser humano y amenazan su existencia.**
3. **Impone un nuevo modo de vivir que contrasta con lo que antes se consideraban los valores superiores del ser humano:** la reflexión, la búsqueda de la verdad y del bien, la serenidad y la paz internas, el amor al prójimo, etc. Todo eso ha quedado sustituido por la prisa, la maquinización de la vida, el consumismo, el hedonismo, etc. La tecnificación impulsa el consumo de masas y el hedonismo como condiciones para mantener el sistema productivo e induce a privilegiar los valores materiales sobre los espirituales.
4. **Generaliza una visión materialista y desacralizada de la vida que elimina la existencia de límites de carácter moral, religioso o metafísico.** El ser humano y su vida ya no son objeto de un respeto absoluto, pues ni en la naturaleza ni en el universo hay ningún valor en sí ni ninguna finalidad dada. Todo se reduce a cosas. Solo la voluntad humana y sus deseos se convierten en ilimitados.

Como puede verse, esta actitud surge del convencimiento de que es imposible superar la condición humana caracterizada por la finitud. Esta finitud es, a la vez, un límite y una prohibición (mitos de la caída original, de Ícaro, de Prometeo, etc.). Transgredir este límite lleva no solo al fracaso, sino también al castigo en forma de catástrofe, que es la respuesta de la naturaleza a la desmesura humana.

En definitiva, esta actitud se opone a que el ser humano juegue a ser dios. No admite que se comporte como el creador de un nuevo mundo cuando es solo una criatura y Dios o la naturaleza son los auténticos creadores.

3.2. Críticas de los filósofos contemporáneos a la tecnificación

José Ortega y Gasset

Para Ortega, la técnica no es la prolongación de los órganos de acción humana. En ella, no es el ser humano el que se adapta a la naturaleza, sino que es **el conjunto de acciones e instrumentos con los que el ser humano adapta la naturaleza a sus necesidades y a su proyecto de vida.**

A diferencia de los demás animales, el ser humano no coincide con sus necesidades biológicas. Por eso, la técnica forma parte de lo humano y se sitúa por encima de la pura necesidad de sobrevivir. O sea, supera el puro «estar» para conseguir el «bienestar». Se puede decir, así, que la técnica hace al ser humano, lo constituye a partir de su condición de proyecto, puesto que es el ser que vive siempre en movimiento entre lo dado y lo posible. Con este fin, la técnica modifica la naturaleza.

Textos en la web

¿Es arrogante el ilimitado impulso tecnológico del mundo actual? (Friedrich Nietzsche, *La genealogía de la moral*).

Martin Heidegger

Según este pensador, la dominación que la técnica ejerce sobre el mundo a nivel planetario no es sino la realización, por fin, de la tendencia más fundamental del pensamiento occidental, que se ha desarrollado a lo largo de la historia como conocimiento científico orientado a su aplicación práctica.

Heidegger comprende el pensamiento occidental como el proceso al final del cual **el ser es olvidado para atender solo a los entes y a su ordenación como sistema de causas y efectos, de explicaciones y razonamientos orgánicamente articulados.** Cuando el olvido del ser es total, la metafísica se acaba, al quedar completamente realizada su tendencia profunda.

Pues bien, para Heidegger, **este olvido total del ser, como metafísica acabada, es la total organización técnica del mundo.** Esta es la situación en la que no queda ya nada imprevisto o inesperado, no queda ninguna posibilidad de novedades, y nada se sustrae a la completa programación orgánica y administrativa del mundo.

El ser humano, dice Heidegger, se ha dejado apresar, finalmente, por las cosas, y ha caído en una comprensión del mundo como objeto que debe ser explotado y dominado. En este contexto, el cálculo no designa ya la simple práctica del saber matemático, que estructura la planificación y la eficacia de la técnica, sino que se convierte en una ley fundamental del comportamiento humano, una nueva regla que vale para toda clase de acción.

Es decir, **el cálculo se transforma en la actitud de no reconocer como real sino la acción prevista, organizada y planificada.** Cualquier cambio espontáneo, ligado al crecimiento intrínseco de las cosas, es rechazado y excluido. Todo suceder debe quedar inserto en los programas de planificación y explicado con las fórmulas y ecuaciones apropiadas, para que todo esté organizado, disponible, accesible y para que todo tenga solución.

Así pues, a todos los fenómenos se les aplican los procedimientos propios de la maquinización, consagrándose, así, el dominio universal de la productividad y sus mecanismos preestablecidos. Ser hombre en nuestra época es, en definitiva, ser trabajador manual o intelectual; o sea, fabricar, producir, transformar, consumir. De este modo, **el ser humano interioriza la esencia de la técnica y encuentra en ella su identidad metafísica justa y adecuada.**

Textos en la web

La tecnificación del mundo y la nueva humanidad (Martin Heidegger, *Nietzsche*).

Los filósofos de la Escuela de Frankfurt

Los pensadores de la Escuela de Frankfurt, en especial Horkheimer y Adorno, también insisten en **los efectos alienantes sobre el individuo y sobre su libertad que la total organización técnica del mundo supone en nuestra época.** Ahora bien, Habermas es quien lleva a cabo una denuncia crítica específica sobre la técnica como ideología.

Lo primero que estos autores denuncian es que las únicas racionalidad y objetividad que se admiten son las que ofrecen las ciencias físico-matemáticas. Esto es así en virtud del método que estas ciencias aplican, que trata de extenderse también al sujeto humano, a la sociedad y a la cultura.

Con esta aplicación, lo humano y lo social no serían ya objetos para la comprensión, sino solo para la cuantificación y la planificación. **El ser humano, su subjetividad capaz de reflexión y de libertad, su dinámica interpersonal e histórica, en la que interviene su libertad, quedan matematizadas en beneficio de la reducción cientificista y el dominio técnico de la sociedad.**

En el terreno político, esta reducción crea el contexto favorable para **el imperio de la tecnocracia.** La tecnocracia es la supremacía de unos dirigentes que deciden sin que su objetivo sea la emancipación de la sociedad, sino únicamente el poder y la optimización de sus sistemas de programación, de control y de dominio.

Habermas señala que esta apoteosis contemporánea de las tecnociencias impide el ideal ilustrado de una sociedad del conocimiento en la que cada individuo pueda tomar conciencia de su libertad y ejercer su autonomía. El proyecto de regular la sociedad como una megamáquina perfectamente funcional hasta en sus menores engranajes es represivo y dominador. En esta sociedad, **el sujeto queda bajo el control de una oligarquía tecnocrática que gobierna en nombre de una verdad que es la del objeto y no la del ser humano, una verdad que también permite a esa oligarquía asegurar cada vez más su poder.**

Hans Jonas

Para este pensador, la técnica plantea en la actualidad, sobre todo, **el importante problema moral de la responsabilidad de su uso,** pues los progresos técnicos no solo contribuyen a mejorar las condiciones de la vida humana, sino también al deterioro irreversible y a la destrucción del medio natural y del sentido de lo humano.

La discusión de los aspectos cientificistas, pragmatistas y tecnocráticos de los que están impregnadas las tecnociencias actuales debería reorientarse para **conjugar el uso racional de las posibilidades abiertas por la técnica con las orientaciones prácticas, sociales y morales, que han de determinar el respeto a la vida.**

Actualmente, ya en el siglo XXI, la posibilidad de una organización cibernéticamente autorregulada de la sociedad se nos aparece como la expresión máxima de la mentalidad tecnocrática. El ser humano ya no es solo un animal que fabrica instrumentos, sino que él mismo se convierte en un instrumento fabricado, programado e integrado en la megamáquina planetaria. La libertad humana se ha extrapolado y autonomizado en entes y organismos anónimos que consideran lícito hacer cualquier cosa y de cualquier manera, sin atender a las consecuencias, gracias a las posibilidades que otorga la técnica.

No se trata, por tanto, de ir contra el progreso científico-técnico ni de aplicar en el presente modos de vida y modelos normativos del pasado. Consiste en encontrar el modo de **desarrollar una ética específica que reglamente las actividades humanas de uso de los medios técnicos, de modo que se eviten efectos perjudiciales y degeneraciones peligrosas.**

Textos en la web

Los riesgos de la utopía técnica (Hans Jonas, *El principio de responsabilidad*).

3.3. El control social de la técnica

La nueva cultura tecnológica

La gran importancia que se concedía tradicionalmente a la cultura humanística, literaria y teórica, considerada como la auténtica cultura, junto al menosprecio a la actividad técnica no son actitudes ya comúnmente compartidas, sino que se han vuelto estimaciones anacrónicas. En realidad, este era un modo de pensar propio de un contexto de mucho menor desarrollo tecnocientífico que el nuestro.

Se consideraba que el ser humano producía los significados en virtud de su relación lingüística y simbólica con el mundo. De este modo construía la cultura y se comprendía a sí mismo como humano. La relación con las cosas materiales, el trabajo, la fabricación de objetos solo tenía el fin práctico de satisfacer las necesidades humanas, pero no eran parte sustancial de la cultura como tal.

En la actualidad, sin embargo, este modo de pensar ha cambiado radicalmente, debido a la enorme influencia de los cambios tecnológicos. Por ejemplo, los experimentos que se han realizado sobre la clonación o sobre la hibernación, las investigaciones sobre el genoma o sobre el ADN, etc., han hecho cambiar nuestra noción del ser humano.

Esta transformación significa que **las tecnociencias y su aplicación son ahora el principal objeto y contexto de argumentación teórica, moral y política de nuestra cultura,** y han desplazado y subsumido a las demás instancias culturales que tradicionalmente habían desempeñado esta función.

Actualmente, pues, es necesaria una nueva idea de la cultura en armonía con el mundo tecnocientífico que pueda ser el adecuado instrumento de mediación entre la técnica y el ser humano. **Es precisa la génesis de una cultura que articule de manera apropiada naturaleza, técnica y humanidad.**

¿Tecnocracia o democracia?

Tecnófilos y tecnófobos coincidirían, sin duda, en que, considerada en sí misma, la técnica no es ni un monstruo peligroso que amenaza con destruirlo todo ni un instrumento de salvación que vaya a terminar por elevar a los seres humanos a la condición de dioses. **La técnica es buena o mala en función del uso que se haga de ella.**

Por tanto, la cuestión más importante que actualmente se plantea es la de establecer si es posible decidir acerca de ese uso y cómo hacerlo. Entonces, la pregunta es la siguiente: ¿quién decide?, ¿quién controla el uso de la técnica? Y la respuesta no puede ser otra que **la sociedad, mediante un adecuado funcionamiento democrático.** Sin embargo, esto, que en teoría es una idea razonable, tiene muchas dificultades en la práctica.

Por ejemplo, ¿habría que someter a referéndum la política nuclear de una nación o esa es una decisión que deben tomar los expertos, los militares y los científicos? Muchos opinarían que quienes deberían tomar esas decisiones son los especialistas, o sea, los técnicos en el ámbito concreto de la decisión de que se trate. Esta postura favorece el gran poder social que, de hecho, ejercen y tienen en nuestra sociedad los altos ejecutivos, los empresarios o los economistas en la marcha de los asuntos públicos.

Habermas defiende la posibilidad de que **los procesos de toma de decisión se basen en una discusión general, pública y democrática, libre del interés por el dominio.** La mentalidad tecnocrática trata de impedir esta discusión haciendo creer que los informes de los expertos deben tomarse en consideración por encima de las decisiones de los líderes políticos, teniendo siempre la última palabra los análisis científicos y la planificación técnica.

El reforzamiento de esta mentalidad tecnocrática significará, consecuentemente, el abandono de la idea democrática de una racionalización del poder mediante la discusión parlamentaria, crítica en su intención y, a la vez, institucionalmente garantizada. Es decir, **la tecnocracia amenaza con dejar obsoleta la idea de la sociedad como un sistema de interacción democrática entre seres humanos que organizan conscientemente su práctica a través de la comunicación.**

En cualquier caso, el planteamiento racional y el control democrático de la tecnificación constituyen hoy la tarea más importante, tarea que apunta a **un modo de organización democrática mundial,** ya que los cambios tecnológicos nos sitúan a todos los seres humanos en un mismo nivel de implicación, más allá de diferencias geográficas o culturales.

Actividades

1 Según los expertos, para resolver los problemas generados por la técnica se acabarán creando los medios e instrumentos que controlen y solucionen los problemas que surgen de la falta de control de la técnica. ¿Qué objeciones podría poner un tecnófobo a esta afirmación?

2 ¿Es Ortega y Gasset un tecnófilo, un tecnófobo o ninguna de las dos cosas? Razona tu respuesta.

3 Responde a las preguntas sobre el texto:

«En la conciencia tecnocrática no se refleja la ruptura de una totalidad ética, sino la represión de la eticidad como categoría de vida. El núcleo ideológico de esta conciencia es la eliminación de la diferencia entre práctica y técnica. La conciencia tecnocrática viola con ello un interés que es inherente a una de las dos condiciones fundamentales de nuestra existencia cultural: al lenguaje, o más exactamente, a una forma de socialización y de individuación determinadas por la comunicación en el medio del lenguaje ordinario. Este interés se extiende tanto al mantenimiento de una intersubjetividad del entendimiento mutuo como al establecimiento de una comunicación libre de dominio. La conciencia tecnocrática hace desaparecer ese interés práctico tras el interés por la ampliación de nuestro poder de control técnico. La reflexión que está exigiendo esta nueva ideología tiene que remontarse por detrás de un interés de clase determinado históricamente y sacar a luz el complejo de intereses que como tal caracteriza a una especie que se constituye a sí misma».

Habermas, J., *Conocimiento e interés.*

a) Habermas critica que la transformación de las cuestiones prácticas en cuestiones técnicas tiene como objetivo su exclusión de la discusión pública democrática. ¿En qué expresiones del texto se refleja dicha crítica?

b) ¿Por qué dice Habermas que la tecnocracia rechaza el lenguaje como forma de socialización y de individuación humanas?

c) Explica las expresiones: «ruptura de una totalidad ética» y «represión de la eticidad como categoría de vida», y señala sus diferencias.

Barcos destruidos junto a la ciudad abandonada de Mujnak, en Uzbekistán, debido a la desecación del mar de Aral a causa de la actividad humana.

En la web

Encontrarás una autoevaluación interactiva.

Un autor, una obra

Walter Benjamin, *La obra de arte en la época de su reproductibilidad técnica*

Resumen de la obra

Este trabajo de Walter Benjamin, escrito en 1936, desarrolla la idea de cómo la posibilidad de reproducción técnica de la obra de arte, que es simultánea a la transformación social capitalista, hace cambiar la noción tradicional de obra de arte.

En su origen, la obra de arte estaba al servicio de la religión o de la política. Se distinguía por una aureola que la hacía única. Esto significa que la obra de arte auténtica se caracteriza por su aquí y su ahora, o sea, por la unidad de su presencia en el lugar y en el momento en los que aparece.

En la actualidad, las obras de arte producidas por la fotografía o por el cine no tienen esa aura que las hace únicas, sino que, por el contrario, son múltiples y cotidianas. A partir de este hecho, todo lo que rodea el arte queda modificado, tanto la figura del artista como las condiciones de recepción de las obras de arte por parte del público, que el autor analiza en detalle.

En el trasfondo de esta reflexión sobre el arte hay una crítica política al nazismo y a sus intentos de estatalización de la política, contra los que Benjamin defiende una politización del arte.

Según este autor, el arte puede ser un medio para llevar a cabo la transformación interior que debe producirse en la naturaleza humana para que la sociedad cambie, lo cual no tiene lugar por las simples revoluciones políticas. El arte puede llevar a cabo una aproximación de las diferencias que separan a los individuos para formar la unidad de una totalidad no forzada.

En este sentido, frente a la identificación totalitaria, como poder alienante y nivelador, se opone la afinidad del sentimiento estético como mecanismo de reconciliación. Esto plantea un nuevo modelo de relación entre las personas en el que la identificación de unos con el modelo que ofrecen otros no exige el abandono de la propia identidad, sino que permite que coexistan dependencia y autonomía. Y, en la estética moderna, esto es lo que se resiste a una conceptualización teórica para mostrarse plenamente solo en las obras de arte de vanguardia.

Textos seleccionados

Texto 1: De la creación de obras irrepetibles a la reproducción de obras en serie

«La obra de arte ha sido siempre fundamentalmente susceptible de reproducción. Lo que los hombres habían hecho podía ser imitado por los hombres. Los alumnos han hecho copias como ejercicio artístico, los maestros las hacen para difundir las obras y, finalmente, copian también terceros ansiosos de ganancias. Frente a todo ello, la reproducción técnica de la obra de arte es algo nuevo que se impone en la historia intermitentemente, a empellones muy distantes unos de otros, pero con intensidad creciente. Los griegos solo conocían dos procedimientos de reproducción técnica: fundir y acuñar. Bronces, terracotas y monedas eran las únicas obras artísticas que pudieron reproducir en masa. Todas las restantes eran irrepetibles y no se prestaban a reproducción técnica alguna».

Benjamin, W., *La obra de arte en la época de su reproductibilidad técnica.*

Texto 2: El cine, un arte en el que la reproducción técnica es esencial

«Esos hechos preparan un atisbo decisivo en nuestro tema: por primera vez en la historia universal, la reproductibilidad técnica emancipa a la obra artística de su existencia parasitaria en un ritual. La obra de arte reproducida se convierte, en medida siempre creciente, en reproducción de una obra artística dispuesta para ser reproducida. En las obras cinematográficas, la posibilidad de reproducción técnica del producto no es, como por ejemplo en las obras literarias o pictóricas, una condición extrínseca de su difusión masiva, ya que se funda de manera inmediata en la técnica de su producción. Esta no solo posibilita directamente la difusión masiva de las películas, sino que más bien la impone ni más ni menos que por la fuerza. Y la impone porque la producción de una película es tan cara que un particular que, pongamos por caso, podría permitirse el lujo de un cuadro, no podrá en cambio permitirse el de una película».

Benjamin, W., *La obra de arte en la época de su reproductibilidad técnica.*

Texto 3: La transformación artístico-cinematográfica de lo cotidiano

«Parecía que nuestros bares, nuestras oficinas, nuestras viviendas amuebladas, nuestras estaciones y fábricas nos aprisionaban sin esperanza. Entonces vino el cine y con la dinamita de sus décimas de segundo hizo saltar ese mundo carcelario. Y ahora emprendemos entre sus dispersos escombros viajes de aventuras. Con el primer plano se ensancha el espacio y bajo el retardador se alarga el movimiento. En una ampliación no solo se trata de aclarar lo que de otra manera no se vería claro, sino que más bien aparecen en ella formaciones estructurales del todo nuevas. Y tampoco el retardador se limita a aportar temas conocidos del movimiento, sino que en estos descubre otros enteramente desconocidos que en absoluto operan como lentificaciones de movimientos más rápidos, sino propiamente en cuanto movimientos deslizantes, flotantes, supraterrenales. Así es como resulta perceptible que la naturaleza que habla a la cámara no es la misma que la que habla al ojo. Es sobre todo distinta porque en lugar de un espacio que trama el hombre con su consciencia presenta otro tramado inconscientemente».

Benjamin, W., *La obra de arte en la época de su reproductibilidad técnica.*

Cuestiones para comentar

1. ¿Qué cambios puedes señalar en las nociones de original y de copia en relación con una obra de arte cuando existen medios de reproducción técnica que las multiplican de manera idéntica?
2. Describe algunas formas de reproducción técnica de obras artísticas que conozcas.
3. Comenta la siguiente frase recogida en el tercer texto: «Así es como resulta perceptible que la naturaleza que habla a la cámara no es la misma que la que habla al ojo».
4. Explica qué quiere decir el autor al hablar del cine como acceso a nuestro inconsciente visual cuando dice al final del tercer texto: «Es sobre todo distinta porque en lugar de un espacio que trama el hombre con su consciencia presenta otro tramado inconscientemente».

La filosofía va al cine

Tecnificación y trabajo mecanizado

Tiempos modernos

- Título original: *Modern Times.*
- Dirección: Charles Chaplin.
- Guion: Charles Chaplin.
- Intérpretes: Charles Chaplin, Paulette Goddard, Henry Bergman, Chester Conklin, Stanley Stanford, Hank Mann, Allan Garcia, Richard Alexander, Cecil Reynolds, Mira McKinney, Murdock MacQuarrie, Wilfred Lucas, Edward LeSaint.
- Música: Charles Chaplin.
- Fotografía: Rollie Totheroh y Ira Morgan (B&W).
- Producción: United Artists.
- Año: 1936.
- Duración: 89 minutos.
- Nacionalidad: Estados Unidos.

Resumen del argumento

En la primera escena de la película, la aguja de un gran reloj gira hasta llegar a las seis. Entonces aparece un rebaño de ovejas y, a continuación, una enorme cantidad de hombres que sale de la boca del metro y se dirige apresuradamente hacia una fábrica para entrar a trabajar.

Tras observar a través de un monitor diferentes sectores de su compañía, el presidente llama por medio de un timbre al operario que controla la velocidad de las máquinas y le informa de que el ritmo es demasiado lento y el trabajo está atrasado. Le ordena, pues, que aumente la velocidad. Luego, avisa a un capataz porque ve que en una de las líneas de producción hay un problema. El capataz se acerca a la línea y reprende a Charlot, que ajusta tuercas mientras los operarios que le siguen en la cadena de trabajo mecanizada martillean.

Tras haber soportado un experimento con una máquina para comer de manera mecanizada sin dejar de trabajar, Charlot debe continuar trabajando. El ritmo de la cadena de montaje lo supera. Persigue las tuercas y se aferra a ellas con su llave inglesa, hasta que, exhausto, la cinta lo transporta a él también hacia el engranaje de la máquina. Un compañero grita pidiendo ayuda. Una vez fuera de la máquina, Charlot sigue repitiendo mecánicamente el movimiento estereotipado del ajuste, aunque ahora dirigido ya no hacia las tuercas, sino hacia las narices de sus compañeros, de los capataces y hasta a la del presidente de la compañía.

Entonces, es ingresado en un hospital para que curen su trastorno mental. Al salir a la calle, ve que una bandera ha caído al suelo desde un camión que pasaba. La recoge y es tomado por el cabecilla de una manifestación de inmigrantes. La policía lo detiene y es conducido a la cárcel.

Comentario

En esta película se plantean muchos temas que estimulan la reflexión crítica sobre las condiciones de trabajo y de existencia en las sociedades tecnificadas y con economías hiperdesarrolladas.

La organización —en este caso, una fábrica— es una gran máquina en la que los seres humanos forman parte de sus engranajes y están sometidos a su funcionamiento. Charlot encarna a uno de los trabajadores que debe amoldarse a la máquina para no ser reemplazado. Es lo que exige la cadena de producción, en la que ya no es el ser humano quien marca el ritmo de su trabajo, sino la cinta transportadora, y todos deben mantenerlo o serán despedidos.

Por otra parte, el cronómetro —una de las expresiones de las relaciones de trabajo en la organización mecanizada— acaba con el control de los obreros sobre las operaciones, parcializa sus movimientos y los mide, y expropia al trabajador su saber del oficio.

La comunicación es «de arriba hacia abajo», de los jefes a los subordinados. El trato es formal e impersonal. No se da lugar a la comunicación entre los trabajadores, y cuando se da, aparece siempre solo bajo la forma de conflicto.

Cuestiones para la reflexión

1 En esta película se denuncian las condiciones alienantes del trabajador estandarizado. ¿Qué aspectos morales, sociales y políticos concretos recoge esta crítica?

2 En ningún momento el espectador sabe qué tipo de producto es el que se fabrica en esa empresa. Al parecer, tampoco lo saben los operarios. ¿Qué relación del trabajador con el producto de su trabajo se expresa aquí?

3 ¿Cómo se interpretan las tecnologías de la comunicación en esta película, por ejemplo, el uso del monitor desde el que el presidente puede ver toda la fábrica y comunicarse con sus capataces para transmitir sus órdenes?

4 Unos años después del estreno, Chaplin dijo en una entrevista: «La introducción de las máquinas en el trabajo debería ser de ayuda a la humanidad, y no una fuente de tragedia y de conflicto». Comenta brevemente esta opinión.

Fotograma de la película en el que se ve a Charlot a punto de ser aplastado por los engranajes de la máquina que trata de reparar.

La filosofía en imágenes

La belleza formal

Introducción

La teoría platónica de la belleza objetiva, ideal y, por tanto, universal e invariable animó a muchos artistas a buscar un canon de perfección que permitiera juzgar las cosas naturales y las obras de arte comparándolas con esa norma universal de belleza.

Botticelli, *La primavera* (detalle de las tres Gracias)

Cuestiones para analizar una obra de arte

1 Estas figuras de elevada estatura, delgadas, ligeramente alargadas, dibujadas con líneas que marcan los perfiles y con estilizados cuerpos son resultado de un claro proceso de idealización. ¿Qué concepción de la belleza expresan?

2 ¿Qué medios utiliza el pintor para que en la representación de los cuerpos predomine la espiritualización sobre los sentidos?

3 El fondo del cuadro es un bosque y un suelo lleno de flores. ¿Cómo se expresa la idea de la naturaleza sometida al orden racional al margen de lo arbitrario?

4 ¿Es posible hacer un análisis de la obra de arte para descubrir en ella elementos universales detrás de las formas variables? Justifica tu respuesta.

La belleza sensual

Introducción

La experiencia histórica y social ha demostrado la existencia de una gran diversidad de ideales de belleza según las civilizaciones, las épocas y los contextos sociales. La idea, pues, de una belleza universal e invariable no es compatible con la realidad histórica.

Rubens, *Las tres Gracias*

Cuestiones para analizar una obra de arte

1. Señala los aspectos formales de este cuadro, que comparte el mismo motivo que la obra anterior, que reflejen los mayores contrastes entre ambas.
2. En esta obra, el pintor reproduce las exuberantes formas de sus modelos habituales. También están cubiertas en parte con velos transparentes. ¿De qué modo se hacen predominar aquí los aspectos realistas sobre la idealización?
3. ¿Es la belleza una realidad exterior a la mirada del espectador? Razona tu respuesta.
4. La belleza, ¿es independiente del trabajo de los artistas? ¿Es la belleza la que guía el arte o es la actividad artística la que produce las normas de lo bello?

17 Filosofía y empresa

El espíritu empresarial

«Lo imposible no suele pasar deprisa, es como un sueño sin duración, si ocurre ya no existe. Una empresa que vive es una sucesión de imposibles. La fuerza que los concatena, que les da sentido propio y que de alguna forma los gobierna —junto con su socio el azar— es el espíritu empresarial. Empresarios son aquellos seres en cuyas entrañas anida este espíritu, el espíritu de crear, hacer que pasen las cosas, asumir la responsabilidad final de la acción colectiva y correr con el riesgo de las decisiones. ¿Y del lucro qué?, se me dirá. Pues sí, claro, por supuesto. Buena parte de los empresarios son empresarios capitalistas. Pero no es del espíritu capitalista de lo que se habla aquí, sino del espíritu empresarial, un espíritu que va más allá del principio de la maximización del beneficio. Emprender y realizar, crear y hacer crecer proyectos, sin que necesaria o únicamente medie un beneficio. Muchos empresarios convencionales piensan y actúan así, y muchas otras personas también. Abordan su quehacer cotidiano y sus responsabilidades vitales con esa mentalidad. Creen que lo imposible es realizable. Y lo intentan una y otra vez».

Eguidazu, S., *Cada vez lo imposible.*

Actividades

1 ¿Qué quiere decir el autor del texto cuando afirma que una empresa es «una sucesión de imposibles»?

2 En el texto se afirma que el espíritu empresarial y el espíritu capitalista son diferentes. ¿En qué consiste la diferencia entre ambos?

3 ¿Qué lugar ocupa en una empresa, en tu opinión, el principio de «maximización del beneficio»?

4 ¿Cómo definirías con tus propias palabras, a partir de lo que dice el autor del texto, el espíritu empresarial?

El espíritu empresarial se caracteriza por el emprendimiento y la creatividad para impulsar y hacer crecer un proyecto.

1 La empresa como proyecto racional

1.1. ¿Qué es una empresa?

Según Benjamin Franklin, político, científico e inventor y uno de los padres fundadores de los Estados Unidos, el espíritu capitalista nació como actitud que orienta la acción humana a la **búsqueda sistemática y profesional del beneficio económico propio.**

Este espíritu capitalista se fue configurando a lo largo de la época moderna en Europa y en América impulsado por el auge de la burguesía, y se caracterizó por haber incorporado determinadas formas de conducta procedentes de la ética protestante y de su concepción ascética y racional de la actividad económica, como enseña el sociólogo Max Weber en su famosa obra *La ética protestante y el espíritu del capitalismo.*

Los primeros capitalistas fueron propietarios de negocios individuales o familiares (comerciantes, artesanos, prestamistas, etc.) que gestionaban ellos mismos sus empresas.

Con la irrupción de las revoluciones industrial y tecnológica, el mundo del comercio y de la producción se ha hecho más complejo. Ello ha llevado a la constitución de grandes corporaciones empresariales, muchas de ellas multinacionales, en las que la propiedad y la gestión empresarial son cosas distintas.

De esta manera, los propietarios de estas grandes empresas se han convertido en simples accionistas, y las empresas funcionan a partir de una organización jerárquica interna de ejecutivos y trabajadores cuya actividad coordinada se orienta al logro de determinados objetivos.

El objetivo más inmediato de toda empresa es conseguir beneficios, o sea, ganar dinero. Sin esto es imposible que una empresa crezca, sobreviva y aporte puestos de trabajo, progreso y riqueza a una sociedad. Sin el alimento de la ganancia económica, la empresa muere o se atrofia.

Ahora bien, esto también significa que la empresa no ha de vivir solamente para obtener beneficios. Le ocurriría entonces lo que a los individuos que solo viven para comer.

Por tanto, aunque los beneficios sean la razón de ser de la empresa, la empresa debe concebirse como **una realidad racional con sentido propio,** en la que un conjunto de personas, además de ganar dinero, realizan y satisfacen necesidades y aspiraciones distintas: de asociación, de reconocimiento, de autorrealización, de seguridad, de autoestima, etc.

En todo caso, el beneficio económico es lo que permite:

1. Que los accionistas cobren dividendos; es decir, que puedan recibir una remuneración periódica como compensación por el capital que tienen invertido en la empresa.
2. Que los trabajadores tengan un empleo estable gracias al mantenimiento de los puestos de trabajo.
3. Que la sociedad aproveche los impuestos y las cotizaciones que el Estado cobra a las corporaciones empresariales para pagar las prestaciones sociales que benefician a todos los ciudadanos (sanidad, pensiones, educación, etc.).
4. Que los proveedores tengan asegurada la continuidad de las ventas de sus productos o servicios.
5. Que los clientes tengan garantizada la recepción de la producción o de los servicios que proporciona la empresa en cuestión.

Textos en la web

La figura del empresario (Santiago Eguidazu, *Cada vez lo imposible*).

1.2. Principios de organización de la empresa

Planificación de objetivos

Con el fin de asegurar una rentabilidad a largo plazo, la dirección de la empresa necesita **fijar unos objetivos a conseguir.** Para ello, ha de concretar qué productos o servicios va a ofrecer, a quién o a quiénes van a estar dirigidos, en qué cantidades y calidades, y bajo qué condiciones.

Tales objetivos deben ser supervisados y readaptados continuamente en función de las variaciones que se puedan producir entre su logro concreto y los resultados económicos alcanzados.

Elaboración de programas

Una vez definidos los objetivos, la dirección de la empresa debe confeccionar programas y planes de producción que expongan **los caminos y los procedimientos que hay que seguir para alcanzar los objetivos de una manera sostenida e incluso progresiva.** Es decir, los programas recogen una metodología contrastada y precisa con cuya aplicación y seguimiento se asegura el logro y la maximización de los objetivos.

Delegación de responsabilidades

El organigrama de la empresa fija las responsabilidades de los cuadros ejecutivos encargados de llevar a efecto lo recogido en los programas. Se establece así una organización más o menos jerarquizada de los recursos humanos de la empresa.

Los programas deben detallar, en este sentido, **la responsabilidad y las tareas de cada uno de los miembros de la empresa.**

Función de los directivos

Para aumentar la eficiencia en el logro de los objetivos, los directivos, en sus distintos niveles, han de **contribuir al diseño de la política de la empresa** y a su difusión, a la fijación de estándares de resultados, a la organización del trabajo y del personal, a la motivación de dicho personal y a la coordinación y supervisión de sus actividades.

También deben **adoptar medidas de corrección cuando sean necesarias** sobre la base de informaciones, nuevos datos o malos resultados en un momento dado, de modo que se rectifiquen las desviaciones antes de que se produzcan graves pérdidas o disfunciones.

Función de los trabajadores

Los trabajadores deben **ejecutar los planes formulados por los directivos** en la forma especificada en los programas y siguiendo sus indicaciones y sus órdenes puntuales. Pero también se deben tener en consideración su propia iniciativa, su preparación, su experiencia y su creatividad, y se debe reforzar su motivación compensándoles adecuadamente y reconociendo su labor.

En la realidad, solo se puede alcanzar un funcionamiento óptimo de una empresa cuando todas las personas implicadas participan de lo que debe ser la colaboración en la persecución de objetivos, tareas, funciones, distribución del trabajo y conducta esperada.

Textos en la web

Organización empresarial e iniciativa individual (O. H. Nowotny, *La filosofía de la dirección empresarial norteamericana frente a la europea*).

1.3. La corresponsabilidad en el actual modelo participativo

En el modelo participativo, los miembros de la empresa contribuyen a la satisfacción de sus necesidades, de sus expectativas y de su autoestima.

Aunque la obtención de la ganancia económica depende, matemáticamente, de que los costes de funcionamiento de la empresa sean inferiores a los ingresos obtenidos, también depende del funcionamiento de unas relaciones correctas entre clientes, proveedores, trabajadores, accionistas y con la sociedad en su conjunto.

El empresario debe ser, ante todo, un hombre de acción, **capaz de coordinar las fuerzas de unos y de otros con los medios a su alcance para lograr unos objetivos.** Por ello, para él, lo prioritario debe ser emprender y realizar, crear y hacer crecer proyectos sin que necesaria o únicamente medie un beneficio. Esto conduce a un modelo más participativo entre los componentes de la empresa tal como en la actualidad se va extendiendo cada vez más.

En este modelo, los gerentes, el consejo de administración, los accionistas y los trabajadores se implican en un sistema de relaciones en el que todos actúan en respuesta a sus necesidades y a las del conjunto, obteniendo un nivel mayor de productividad. O sea, no funcionan como simples instrumentos que proporcionan beneficios a los accionistas, servicios a los clientes o salarios a los empleados, sino como **personas que contribuyen a la satisfacción de sus necesidades, de sus expectativas y de su autoestima.**

De este modo, los componentes de la empresa tienen la posibilidad de formarse, de crecer personalmente, de implicarse en el logro de los objetivos, de participar en los procesos de deliberación y de decisión, etc. Todo ello constituye la clave de la continuidad y del crecimiento potencial de la organización. Por ello, en las nuevas empresas, la fijación de objetivos, la planificación, la organización, la dirección y el control no son tareas exclusivas de los directivos, sino que todos pueden contribuir en función de sus conocimientos, de sus cualidades y de su capacitación.

Actividades

1 Busca información sobre empresas «sin ánimo de lucro» y diferencia sus características de las empresas ordinarias.

2 ¿Qué función cumple en la organización de una empresa la elaboración de los programas de realización de objetivos?

3 Responde a las preguntas sobre el texto:

«En vez de sostener que los empleados no desean contribuir a los resultados de la empresa, sino que sus esfuerzos son simples medios para alcanzar un fin (la recompensa monetaria, la seguridad o el prestigio), hay que admitir que sienten una gran necesidad de contribuir para que se reconozca su competencia profesional, para encontrar un sentido a su trabajo, para tener la posibilidad de realizarse personalmente. Contribuirán, pues, con su esfuerzo si tienen la posibilidad de hacerlo y si se cumple lo que esperan de la dirección, en lugar de percibirla como algo que restringe sus oportunidades de aportación, al no estar interesada en lo que piensan, sienten o necesitan».

Lawrence, P.R., *The Changing of Organizational Behavior Patterns,* cap. 2.

Además de recibir un salario por su labor, los trabajadores tienen que sentirse realizados en su puesto de trabajo.

a) ¿Defiende el autor de este texto que lo que más importa a los trabajadores de una empresa es cobrar su salario a fin de mes? Justifica tu respuesta.

b) ¿Cómo crees que puede autorrealizarse un trabajador en su puesto de trabajo?

c) Según el texto, ¿qué errores cometen los directivos que desmotivan a los trabajadores?

2 Los negocios y la ética

2.1. ¿Son «amorales» los negocios?

Mucha gente opina que, en el mundo de los negocios, el objetivo de la ganancia económica y la creación de riqueza ha de dejar a un lado los prejuicios éticos. Ética y negocios son cosas separadas, no en el sentido de que los negocios tengan que ser necesariamente inmorales, pero sí «amorales».

Frente a esta opinión, se vienen desarrollando diversas propuestas de ética de los negocios *(business ethics)* que empezaron a formularse en Estados Unidos a mediados del pasado siglo xx, y que se han visto reforzadas recientemente ante los siguientes hechos:

1. La indignación popular que producen los escándalos financieros y los casos de corrupción económica.
2. La formación de asociaciones ciudadanas para la defensa de los derechos de los consumidores, de denuncia de los desastres ecológicos producidos por la actividad económica, etc.
3. La progresiva incorporación de códigos éticos a los programas de desarrollo empresarial para prevenir los perjuicios que se derivan de no respetar la compatibilidad entre lo útil y lo justo, entre la libertad de iniciativa y la responsabilidad de las decisiones, etc.

Con sus inversiones y estrategias, las empresas han de atender, pues, no solo a la especulación y a la ganancia propia, sino también a consideraciones de **responsabilidad social ante las consecuencias no económicas de sus decisiones y acciones económicas.**

Las empresas deben atender, en concreto, al modo justo o injusto mediante el que se realiza su ganancia, a cuáles son las características y el impacto de los bienes producidos, a las estrategias que aplican cuando se realizan los negocios que les afectan, etc.

Textos en la web

Valores éticos y acción empresarial (O. A. Ohman, *A la búsqueda de una filosofía de la dirección de empresas*).

2.2. Cometidos de la ética empresarial

Como una parte de la ética general, la ética de los negocios debe ser una **ética de las consecuencias,** no una ética de las intenciones. En este sentido, se ha de poner el acento en **la responsabilidad de las decisiones y en su impacto para prescribir determinados modelos de comportamiento,** que deben cumplirse de manera normativa.

Para ayudarse en su labor, la ética empresarial ha de articularse con otras disciplinas auxiliares como la economía, la sociología o el derecho.

La finalidad de esta ética es llevar a cabo una valoración moral de los negocios en cuatro niveles:

1. En el nivel de las instituciones económicas de base, como el mercado, la economía planificada, el Estado de bienestar, etc.
2. En el nivel de las organizaciones económicas intermedias, como los bancos, las empresas, etc.
3. En el nivel de las decisiones y de los comportamientos que caracterizan a determinadas relaciones económicas o a determinados roles profesionales específicos, como los de los accionistas, los directivos, los clientes, etc.
4. En el nivel de las acciones y de las dinámicas de las empresas que afectan al medio ambiente.

Textos en la web

Servicio público y búsqueda de beneficios (P. Donham, *¿Es la dirección de empresas una profesión?*).

2.3. Un ejemplo: el código ético bancario

Un código ético bancario debe prescribir, al menos, los siguientes principios fundamentales:

1. El crédito es un derecho que debe concederse sin discriminación, haciendo posible que los más necesitados accedan a él sin abusos.
2. El beneficio del banco es legítimo, pero debe repercutir también en provecho de la sociedad, no como beneficencia, sino para promover la solidaridad y contrarrestar la desigualdad económica.
3. Es ilegítimo el enriquecimiento que se basa en la pura especulación.
4. Deben garantizarse en todo momento la transparencia de las inversiones y su control.
5. La responsabilidad social y ambiental ha de ser un objetivo prioritario, por lo que deben rechazarse las inversiones en actividades relacionadas con la explotación laboral de menores, el daño al medio ambiente, etc.
6. La adhesión de los directivos al código ético debe ser obligatoria y determinante de toda su actividad.

En Estados Unidos se ha fijado la «Triple P» como expresión de los códigos éticos bancarios y empresariales en general: «*People, Planet, Profit*» («Personas, Planeta, Beneficio»). Los ejes sobre los que gira son, aparte de la búsqueda del beneficio económico, los servicios a la sociedad, a la cultura y a la cooperación internacional, y el respeto al medio ambiente mediante un desarrollo sostenible.

Textos en la web

Principios generales de un código ético bancario (*Código ético bancario*).

Actividades

1 La ética empresarial, ¿es una ética descriptiva o prescriptiva? Razona tu respuesta.

2 ¿Cómo diferenciarías entre los preceptos de la ética empresarial y las leyes penales que regulan cómo deben hacerse los negocios?

3 Responde a las preguntas sobre el texto:

«Es cierto que, por lo general, ningún individuo se propone fomentar el interés público ni sabe hasta qué punto lo está fomentando cuando emplea su capital. Buscando su propio interés fomenta frecuentemente el de la sociedad, con mucha mayor eficiencia que cuando se lo propone realmente. Cuando busca solo su propia ganancia, una mano invisible lleva al individuo a fomentar y lograr una finalidad que no entraba en sus propósitos iniciales. Yo nunca he visto que quienes pretendían promover en sus actividades el bien público hayan hecho muchas cosas buenas. Es evidente que el propio individuo es el que desde el lugar en el que se encuentra puede juzgar mucho mejor que ningún estadista o legislador cuál es la clase de actividad a que puede dedicar su capital en el país o cuál es la producción que puede reportarle un mayor beneficio».

Adam Smith, *La riqueza de las naciones*, cap. 3.

a) ¿Qué posición está defendiendo el autor de este texto?

b) ¿De quién te parece que es esa «mano invisible» que actúa sin que los individuos lo sepan y hacia dónde conduce?

c) ¿Sería partidario el autor de que las inversiones de capital se atuvieran a un código ético? Razona tu respuesta.

3 Actividad empresarial y desarrollo sostenible

3.1. La acción empresarial en un mundo globalizado

Desde mediados del siglo xx, el sistema económico y político mundial se ha visto transformado por la liberalización de los mercados, el auge de la economía financiera internacional y la convergencia tecnológica digital, que permiten el flujo de información de forma inmediata a través del planeta.

Estos factores han convertido la globalización en un proceso de interrelación e interdependencia mutua entre países que aglutina factores políticos, económicos, sociales, culturales y tecnológicos. Los planes de desarrollo de las empresas han de tener en cuenta, pues, esta **interdependencia global.**

La globalización influye en el diseño y en la actividad de las empresas en los siguientes sentidos:

1. El **auge de la economía financiera** (o sea, la producción de riqueza gracias a los intereses del capital, el cambio de divisas, las inversiones en bolsa, etc.) ha dejado en segundo plano a la economía productiva (fabricación de mercancías y prestación de servicios).
2. La liberalización de los mercados, la supresión de controles estatales a la actividad económica y las nuevas tecnologías han impulsado la **competitividad internacional** y han permitido la aplicación de estrategias muy efectivas para la reducción de costes y de precios.
3. La deslocalización industrial ha hecho posible el desplazamiento de empresas, o de partes de empresas, a países con condiciones económicas más favorables (menos impuestos, mano de obra más barata, etc.), lo que ha obligado a una **liberalización del mercado laboral.**

Textos en la web

Globalización y capitalismo (Gilles Deleuze y Félix Guattari, *El anti-Edipo: capitalismo y esquizofrenia*).

Textos en la web

El peligro del despotismo seductor (Alexis de Tocqueville, *La democracia en América*).

Los continuos avances tecnológicos han impulsado la competitividad internacional, reduciendo los costes y los precios.

3.2. El mito del crecimiento económico indefinido

La teoría económica capitalista defiende la idea de un crecimiento económico infinito que no tiene en cuenta la limitación de los recursos naturales. En consecuencia, **fomenta el incremento cada vez mayor de las necesidades humanas,** tanto las susceptibles de saturación (alimento, vestido, etc.), como las que no se pueden satisfacer totalmente. Para ello, ha desarrollado estos tres mecanismos:

1. La **publicidad,** creadora del deseo de consumir incluso si no existe la necesidad.
2. El **crédito,** que permite el pago aplazado en un futuro.
3. La **obsolescencia programada** o caducidad acelerada de los bienes adquiridos.

Debido a esta exacerbación de la capacidad productiva de las empresas y del consumo, el medio ambiente está sufriendo transformaciones que ponen en peligro el equilibrio que hace posible la supervivencia de muchas especies animales y vegetales, incluyendo a la propia especie humana.

Entre los problemas medioambientales, además de la puesta en peligro de la biodiversidad del planeta, podemos destacar la polución atmosférica, la destrucción de la capa de ozono y el efecto invernadero, los residuos nucleares y los desechos no biodegradables, la lluvia ácida, la contaminación de las aguas (mares, ríos y acuíferos subterráneos), la desertificación de zonas boscosas y la destrucción de las masas polares con el consiguiente aumento del nivel de los mares.

Estos problemas han provocado la necesidad de tomar conciencia de las condiciones y de los límites del crecimiento económico. Es necesario que se imponga la idea responsable de **desarrollo sostenible,** como guía para las estrategias económicas, políticas y empresariales.

Por tanto, habría que promover estrategias de productividad económica que satisfagan las necesidades de las generaciones presentes, pero sin comprometer las posibilidades de generaciones futuras para atender sus propias necesidades.

El desarrollo sostenible es la teoría que rechaza la idea de que es posible un crecimiento económico ilimitado.

Textos en la web

Las contradicciones del capitalismo globalizado (Herbert Marcuse, *Ensayos sobre política y cultura*).

3.3. La propuesta del «decrecimiento»

El objetivo central de la teoría del decrecimiento es **reducir el crecimiento económico para así evitar la sobreexplotación de recursos.**

Según teóricos del decrecimiento como Iván Illich y Serge Latouche, no podemos consumir como si tuviéramos seis planetas Tierra a nuestra disposición (este sería el nivel de consumo de la población de Estados Unidos).

Las estrategias a implantar y promover son:

1. Transformar los valores de nuestra sociedad y ensayar una relación más armónica con la naturaleza.
2. Disminuir el impacto que produce nuestro sistema productivo, de intercambio y de consumo sobre la biosfera y reducir también riesgos sanitarios y horas de trabajo (reparto de la carga de trabajo).
3. Reutilizar los productos ya utilizados con otros fines y reciclar en todo lo posible los materiales de desecho para evitar el aumento de residuos, la contaminación y el deterioro del medio ambiente y de la salud.
4. Redistribuir mejor la riqueza entre países.
5. Elaborar y consumir los productos respondiendo prioritariamente a los intereses locales y no a los de las multinacionales.

Textos en la web

¿Qué obligaciones tenemos con la naturaleza? (Immanuel Kant, *La metafísica de las costumbres*, «Doctrina de la virtud»).

Textos en la web

Nuestra responsabilidad con las generaciones futuras (Hans Jonas, *El principio de responsabilidad*).

Actividades

1 Explica con tus palabras qué es el desarrollo sostenible.

2 ¿En qué consiste la teoría del decrecimiento? ¿Cuáles son sus propuestas más importantes?

3 Responde a las preguntas sobre el texto:

«Aunque dejáramos de inmediato de tomar tierras y aguas de Gaia para producir comida y combustible y no contamináramos más el aire, la Tierra tardaría más de mil años en recuperarse del daño que ya le hemos causado, y puede que ni ese drástico paso bastara para salvarnos. Todo comenzó hace cien mil años, cuando prendimos fuego a los bosques porque nos resultaba más cómodo para cazar. En ese momento dejamos de ser un animal más e iniciamos la demolición de la Tierra. Nuestra especie es el equivalente a aquella famosa pareja esquizoide, el doctor Jekyll y Mr. Hyde: somos capaces de llevar a cabo las más horribles tareas de destrucción, pero también tenemos el potencial de fundar una civilización magnífica. Hyde nos llevó a usar mal la tecnología. Pero la civilización se derrumbará si abandonamos la tecnología. Debemos, pues, usarla sabiamente, como haría el doctor Jekyll, pensando en el bienestar de la Tierra y no solo en el bienestar de la gente. Por eso es demasiado tarde para seguir la vía del desarrollo sostenible; lo que hace falta es una *retirada* sostenible».

Lovelock, J., *La venganza de la Tierra*.

a) ¿Por qué se dice en el texto que la humanidad es como el doctor Jekyll y Mr. Hyde?

b) ¿Por qué considera Lovelock que no es viable el desarrollo sostenible? ¿En qué consiste la alternativa?

c) ¿Cómo definirías lo que el autor llama «una *retirada* sostenible»?

En la web

Encontrarás una autoevaluación interactiva.

Un autor, una obra

Hans Jonas, *El principio de responsabilidad*

Resumen de la obra

Hans Jonas fue uno de los primeros filósofos que reflexionaron sobre la relación entre la humanidad y el medio ambiente. Nacido en el año 1903, Jonas fue discípulo de Martin Heidegger, uno de los filósofos más importantes del siglo pasado. Como era de origen judío, las leyes nazis obligaron a Jonas a huir de Alemania en la década de 1930.

En el conjunto de su obra filosófica, pueden distinguirse algunos temas principales. Primero, el estudio de la Antigüedad tardía y la gnosis religiosa como trasfondo del cristianismo primitivo. En segundo lugar, se dedicó a las relaciones entre biología y filosofía, concretamente a la cuestión del dualismo psicofísico y a la naturaleza de la vida.

Sin embargo, tras su jubilación, profundizó en un tema que antes solo había esbozado: la fragilidad del medio ambiente y la responsabilidad que tenemos con las generaciones futuras. La obra en la que cristalizó su pensamiento sobre ética medioambiental fue *El principio de responsabilidad*, de 1979.

Este libro es una revisión del concepto de naturaleza y de la relación que con ella ha mantenido la humanidad a lo largo de la historia. La principal aportación de Jonas es la defensa de una ética «orientada al futuro», es decir, de una reflexión moral que tenga en cuenta no solo la finitud humana, sino también la limitación y la fragilidad de la naturaleza y el derecho de las futuras generaciones a vivir en un medio ambiente saludable.

Para conseguir este objetivo, Jonas recurre a la noción de responsabilidad, y reivindica este principio frente al pensamiento moral utópico centrado en la esperanza en la tecnología. De hecho, el título del libro, *El principio de responsabilidad*, hace referencia crítica a uno de los textos clásicos del marxismo utópico, *El principio esperanza*, de Ernst Bloch.

La ética de la responsabilidad supone una dura crítica del pensamiento progresista en general y hace un balance de la propuesta marxista. La alternativa consiste en la reivindicación del temor como deber y condición necesaria para el pensamiento ético, que se concreta en el imperativo de la responsabilidad.

Textos seleccionados

Texto 1: Responsabilidad y temor

«Responsabilidad es el *cuidado*, reconocido como deber, por otro ser, cuidado que, dada la amenaza de su vulnerabilidad, se convierte en "preocupación". Pero el temor está ya como un potencial en la pregunta originaria con la que se puede representar inicialmente toda responsabilidad activa: ¿qué le sucederá a *eso* si *yo no* me ocupo de ello? Cuanto más oscura sea la respuesta, tanto más clara será la responsabilidad; y cuanto más alejado en el futuro se encuentre lo que ha de temerse, cuanto más lejos esté de las propias alegrías y penas y más incierto sea, con tanto mayor diligencia han de ser movilizadas en su favor la clarividencia de la fantasía y la sensibilidad del sentimiento. La *teoría* de la ética precisa de la representación del mal tanto como de la del bien y más aún cuando el mal se ha vuelto poco claro a nuestra mirada y solo puede volver a hacerse patente mediante la amenaza de un nuevo mal anticipado. El temor se convertirá, pues, en el primer deber, en el deber preliminar de una ética de la responsabilidad histórica».

Jonas, H., *El principio de responsabilidad*.

Texto 2: El nuevo imperativo de la responsabilidad

«El imperativo categórico de Kant decía: "Obra de tal modo que puedas querer también que tu máxima se convierta en ley universal". El "puedas" aquí invocado es el de la razón y su concordancia consigo misma. Un nuevo imperativo que se adecuara al nuevo tipo de acciones humanas y estuviera dirigido al nuevo tipo de sujetos de la acción diría algo así como: "Obra de tal modo que los efectos de tu acción sean compatibles con la permanencia de una vida humana auténtica en la Tierra"; o, expresado negativamente: "Obra de tal modo que los efectos de tu acción no sean destructivos para la futura posibilidad de esa vida". El imperativo categórico de Kant estaba dirigido al individuo y su criterio era instantáneo. El nuevo imperativo apela a otro tipo de concordancia; no a la del acto consigo mismo, sino a la concordancia de sus *efectos* últimos con la continuidad de la actividad humana en el futuro. Esto añade al cálculo moral el horizonte *temporal* que falta en la operación lógica instantánea del imperativo kantiano: si este último remite a un orden siempre presente de compatibilidad abstracta, nuestro imperativo remite a un *futuro* real previsible como dimensión abierta de nuestra responsabilidad».

Jonas, H., *El principio de responsabilidad.*

Texto 3: Marxismo y utopía

«Podemos, pues, afirmar que hasta hoy el marxismo no es menos fiel al ideal baconiano que el adversario capitalista con el que compite: el móvil de su realización fue siempre dar alcance al capitalismo y, finalmente, superarlo en los frutos que obtiene de la técnica. En pocas palabras, el marxismo es, por su origen, el heredero de la revolución baconiana y, según su propia concepción, el que está llamado a llevarla a cabo de un modo mejor (esto es, más eficaz) que el capitalismo. Habrá que examinar si también puede dominarla mejor. Nuestra respuesta anticipada es que solo podrá hacerlo si cambia su papel de portador de la salvación por el de conjurador del desastre; esto es, si renuncia a su aliento vital, la utopía. Este sería un "marxismo" totalmente diferente, casi irreconocible hasta en su principio externo de organización. La sociedad sin clases no sería ya el cumplimiento del sueño de la humanidad, sino algo más modesto: la condición de la conservación de la humanidad ante la inminencia de una etapa crítica».

Jonas, H., *El principio de responsabilidad.*

Cuestiones para comentar

1 ¿Qué relación establece Hans Jonas en el primer texto entre responsabilidad y temor? ¿Qué es la responsabilidad y en qué casos es más clara y aún más perentoria? ¿Por qué es necesario el temor como primer deber en una ética sobre la naturaleza?

2 ¿Qué diferencia puedes señalar entre el imperativo categórico de Kant y el nuevo imperativo de la responsabilidad que propone Jonas? ¿En qué se adecúa el nuevo imperativo de Jonas al nuevo tipo de acciones humanas característico de la época actual?

3 ¿Qué crítica plantea Hans Jonas al marxismo? ¿Por qué equipara el marxismo con el capitalismo? ¿En qué coinciden ambos sistemas de producción que los convierte en peligrosos? ¿Qué modificación interna del comunismo defiende el autor?

La filosofía va al cine

La irracionalidad del consumismo

Comprar, tirar, comprar (AKA Fabricados para no durar – La obsolescencia programada)

- Título original: *The Light Bulb Conspiracy.*
- Dirección: Cosima Dannoritzer.
- Guion: Cosima Dannoritzer.
- Música: Marta Andrés y Joan Gil Bardagi.
- Fotografía: Marc Martinez Sarrado.
- Producción: Coproducción España-Francia, TVE / Televisió de Catalunya / Arte France / Article Z / Media 3.14.
- Año: 2010.
- Duración: 52 minutos.
- Nacionalidad: España.

Resumen del argumento

Este documental aborda el problema de la reducción intencionada de la vida de los productos para promover el consumo, estrategia conocida como «obsolescencia programada». Su directora y guionista revela cómo un buen número de empresas diseña sus productos para que duren poco tiempo y, así, incrementar las ventas.

El documental empieza con un simple problema en la impresora de un usuario. A partir de este hecho tan cotidiano, la explicación se retrotrae al inicio de la estrategia de la obsolescencia en los años 20 del siglo XX: el cártel de la bombilla. Ante la prolongada vida de las bombillas, los principales fabricantes decidieron modificar los materiales y el diseño para reducir su vida útil y aumentar las ventas. Los ejemplos de esta estrategia son muy diversos y atañen a productos tan dispares como las medias, los coches o los reproductores de MP3. Además, el documental recoge numerosos testimonios, tanto de diseñadores industriales y empresarios como de historiadores e intelectuales.

En la exposición del documental se combina una perspectiva histórica con otros enfoques más centrados en el presente. Por ejemplo, por una parte, se muestra cómo surgió la idea de la obsolescencia programada en Estados Unidos tras la Gran Depresión de 1929 y cómo se desarrolló luego, y, por otra, analiza ejemplos contemporáneos de obsolescencia y recoge testimonios sobre las consecuencias económicas, laborales y medioambientales de esta estrategia, tanto para los clientes y las empresas con una política industrial diferente como para terceros países que se convierten en los vertederos de los países desarrollados.

La diversidad de las aportaciones de este documental permite hacerse una composición de lugar sobre el problema y las posibles alternativas a un planteamiento industrial y comercial que parece conducirnos a un callejón sin salida.

Comentario

La economía consumista es el objetivo del análisis crítico de este documental, que muestra cómo se ha fomentado la caducidad de los productos para incentivar el consumo. Se presentan los argumentos de los defensores de la obsolescencia programada, pero esta propuesta no está exenta de problemas.

Por ello, el documental propone diversas alternativas a este planteamiento, como el decrecimiento. Un aspecto central del problema es la relación entre los países avanzados y los países en vías de desarrollo: estos se han convertido en un gran vertedero de residuos tecnológicos, aunque esté prohibida su exportación.

Para ilustrar las posibles alternativas a la obsolescencia, el documental recoge ejemplos históricos de productos que han funcionado durante muchísimo tiempo y testimonios de diseñadores industriales y de empresarios dispuestos a cambiar la mentalidad de los productores y a fabricar mercancías eficaces, duraderas, compatibles con el medio ambiente y biodegradables cuando su ciclo de vida acabe.

En definitiva, *Comprar, tirar, comprar* es un documental crítico con el sistema económico imperante basado en el consumo y en la caducidad de los productos. Los hechos y los testimonios que nos presenta son muy diversos, tanto a favor como en contra de la obsolescencia, y por ello es enriquecedor y muestra la complejidad del tema. No obstante, esto no impide la toma de partido de la directora por una nueva economía.

Cuestiones para la reflexión

1 ¿Qué argumentos presentan los defensores de la obsolescencia programada? En el documental, se expone la diferencia entre el consumidor europeo y el americano a principios del siglo XX, ¿en qué consiste esta diferencia?

2 ¿Cuáles son los principales problemas de la obsolescencia? ¿Qué críticas destacarías entre las que presenta la película?

3 Analiza y explica al menos dos ejemplos de esta estrategia que aparezcan en el documental.

4 ¿Qué propuestas alternativas a la obsolescencia programada se exponen?

La obsolescencia programada provoca una gran cantidad de residuos de productos que podrían funcionar durante mucho más tiempo del establecido intencionadamente.

Sugerencias para un debate

Jugar para ganar: ¿lo mismo en el juego que en los negocios?

Muchas veces se compara el mundo de los negocios con un juego de azar en el que todo está permitido.

Introducción al debate

Cualquier buen jugador de póker aprovecha todas y cada una de las oportunidades que se le presentan para ganar a su oponente, siempre que ello no suponga estafarlo. Nadie tendría que pensar por ello que el póker sea malo, y nadie debería mirar mal sus estrategias y sus trucos eficaces para ganar en la medida en que sus reglas sobre lo que está bien y lo que está mal no son las que rigen en la vida personal y social como reglas éticas.

Hay quienes opinan que esto es lo que sucede también en el mundo de los negocios. Si las leyes, tal como están escritas, dan a una persona la oportunidad de enriquecerse de golpe, sería tonto desaprovecharla, porque, de no hacerlo, algún otro lo hará.

Cuestiones para debatir

1. ¿Te parece que pueden tomarse los negocios como un juego como el póker? ¿En qué sentido sí y en qué sentido no?
2. De igual manera que el buen jugador de póker trata de engañar a su contrario para ganarlo, ¿podrían también los ejecutivos de una empresa jugar con los datos y las informaciones en sus relaciones con clientes, sindicatos, proveedores, políticos, etc., si con ello aumentan sus posibilidades de ganar más dinero?
3. ¿Ha de considerarse inmoral el espionaje industrial en todos los casos en los que se practique?
4. Desarrolla tu opinión sobre este lema publicitario de algunas empresas: «Es rentable ser ético».

Un aspecto concreto para discutir

En nuestro sistema económico, casi todo se valora según su utilidad práctica y en función de los beneficios que reporta. Desde la fuerza laboral a las actividades deportivas, artísticas, religiosas o políticas, todo se calcula en función de lo que va a costar; todo tiene un precio. Al convertirse, así, en hegemónica, la esfera económica tiende a invadir los demás aspectos de la vida y de la cultura.

Ahora bien, en el ámbito de las relaciones económicas, es preciso que exista un espacio para la ética y los valores, pues muchos bienes, como la salud, la privacidad, las creencias, los ideales, etc., no pueden valorarse únicamente desde el punto de vista de lo que cuestan o de lo que se puede pagar por ellos.

La conciencia moral, pues, no solo salvaguarda en el ser humano su dimensión propiamente humana, sino que también desempeña una función práctica beneficiosa para todos, como lo demuestra el siguiente ejemplo.

¿Son compatibles la ética y los negocios?

«En cierta ocasión, un fabricante de dentífricos fue acusado de utilizar alcohol barato posiblemente perjudicial para la salud de sus clientes. El director general de la empresa, tras declarar ante un juez, hizo en privado el siguiente comentario:

"No hemos quebrantado la ley. Estamos en un sector industrial altamente competitivo. Si queremos seguir en el mercado, hemos de buscar el beneficio allá donde la ley lo permite. No somos nosotros quienes hacemos las leyes. Las obedecemos, solamente. Por tanto, ¿qué razón hay para que aguantemos posturas del tipo 'nosotros somos mejores que vosotros'? Eso es pura hipocresía. No estamos en este negocio para promover la ética. ¡Fíjense ustedes en los fabricantes de cigarrillos! Si los que hacen las leyes no les han incorporado la ética, no puede esperarse que seamos los hombres de negocios quienes llenen ese vacío. La sumisión de los hombres de negocios a la ética cristiana provocaría la mayor catástrofe económica de la historia"».

En el sistema capitalista todas las actividades tienen un precio, aunque la conciencia moral abre un espacio a bienes no cuantificables económicamente.